2024-2025年版

FINANCIAL PLANNER

前田信弘 Nobuhiro Maeda

FP技能士 学科 1級 合格ポイント&一問一答セレクト問題集

日本能率協会マネジメントセンター

本書の内容に関するお問い合わせについて

平素は日本能率協会マネジメントセンターの書籍をご利用いただき、ありがとうございます。

弊社では、皆様からのお問い合わせへ適切に対応させていただくため、以下①～④のようにご案内しております。

①お問い合わせ前のご案内について

現在刊行している書籍において、すでに判明している追加・訂正情報を、弊社の下記 Web サイトでご案内しておりますのでご確認ください。

https://www.jmam.co.jp/pub/additional/

②ご質問いただく方法について

①をご覧いただきましても解決しなかった場合には、お手数ですが弊社 Web サイトの「お問い合わせフォーム」をご利用ください。ご利用の際はメールアドレスが必要となります。

https://www.jmam.co.jp/inquiry/form.php

なお、インターネットをご利用ではない場合は、郵便にて下記の宛先までお問い合わせください。電話、FAX でのご質問はお受けしておりません。

〈住所〉 〒103-6009　東京都中央区日本橋 2-7-1　東京日本橋タワー 9F

〈宛先〉 ㈱日本能率協会マネジメントセンター　ラーニングパブリッシング本部　出版部

③回答について

回答は、ご質問いただいた方法によってご返事申し上げます。ご質問の内容によっては弊社での検証や、さらに外部へ問い合わせすることがございますので、その場合にはお時間をいただきます。

④ご質問の内容について

おそれいりますが、本書の内容に無関係あるいは内容を超えた事柄、お尋ねの際に記述箇所を特定されないもの、読者固有の環境に起因する問題などのご質問にはお答えできません。資格・検定そのものや試験制度等に関する情報は、各運営団体へお問い合わせください。

また、著者・出版社のいずれも、本書のご利用に対して何らかの保証をするものではなく、本書をお使いの結果について責任を負いかねます。予めご了承ください。

はじめに

本書は、FP 技能検定１級学科試験（基礎編・応用編）の受検対策用の「合格ポイント整理」と「一問一答演習」を組み合わせた要点整理＆問題集です。

FP 技能検定１級学科試験は、試験範囲がとても広く、非常に難易度の高い試験です。そこで本書は試験範囲のすべてを網羅するのではなく、出題頻度が高い項目を中心に要点を整理し、確実に押さえておきたい合格ポイントをまとめました。そして、出題頻度の高いテーマ・項目から一問一答形式の問題を中心に収録しました。「合格ポイント整理」でインプット学習をし、「一問一答演習」で繰り返しアウトプット学習をすることによって知識が定着し、合格力がアップしていくようになるでしょう。

また、本書は効率的に学習できるようになるべくコンパクトにまとめました。持ち運びに便利なハンディサイズのため、通勤途中などのスキマ時間や試験直前でも学習することができ、本書が直前対策用の教材として、受検者の一助となれば幸いです。

本書を活用され、FP 技能検定１級に合格されることをお祈りいたします。

2024 年 6 月

１級ファイナンシャル・プランニング技能士　前田信弘

※本書は、原則として 2024 年 4 月 1 時点の法令等に基づいて作成しています。

ファイナンシャル・プランニング技能検１級学科試験の概要

顧客の資産に応じた貯蓄・投資等のプランの立案・相談に必要な技能の程度を検定するファイナンシャル・プランニング技能検定において、１級はその最上位に位置する検定試験です。

ファイナンシャル・プランニング技能検定の実施機関は、一般社団法人金融財政事情研究会であり、１級学科試験の概要は次の通りです。

【ファイナンシャル・プランニング技能検定１級学科試験の概要】

受検資格	以下のいずれかに該当する者 ①2級技能検定合格者で、FP業務に関し1年以上の実務経験を有する者 ②FP業務に関し5年以上の実務経験を有する者 ③厚生労働省認定金融渉外技能審査2級の合格者で、1年以上の実務経験を有する者 ※「1年以上の実務経験」については、合格・修了の前後を問いません。
試験日	5月、9月、1月
受検地	全国各地で実施
出題範囲	A. ライフプランニングと資金計画 B. リスク管理 C. 金融資産運用 D. タックスプランニング E. 不動産 F. 相続・事業承継
出題形式	【基礎編】マークシート方式による筆記試験　四答択一式50問 【応用編】記述式による筆記試験5題（「B. リスク管理」を除く）
試験時間	【基礎編】10：00～12：30 【応用編】13：30～16：00
合格基準	200点満点で120点以上
受検手数料	8,900円（非課税）

※一般社団法人金融財政事情研究会のHP（https://www.kinzai.or.jp/fp）を基に作成。
※試験概要は変更される場合があります。受検される際は認定機関のHP等で最新情報をご確認ください。

本書の活用法

近年の出題傾向一覧

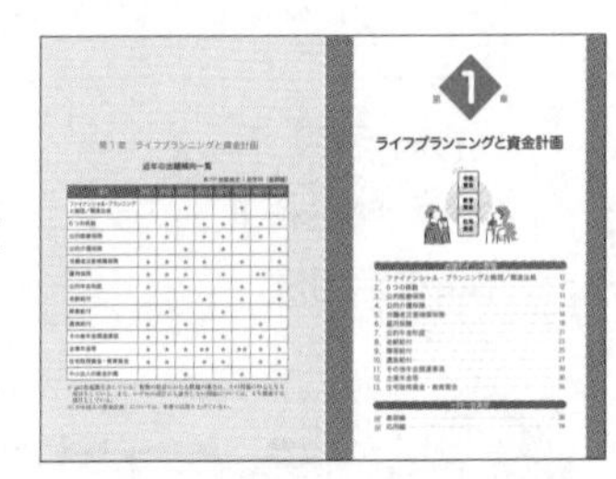

各章のはじめに、その章で取り扱う項目が直近約３年間でどの程度出題されたかを一覧で表示しています。

★の数が多い項目は出題頻度が高く重要なので、重点的に学習を進めていくとよいでしょう。

※一覧にある項目であっても、本書で取り上げていない場合があります。

合格ポイント整理

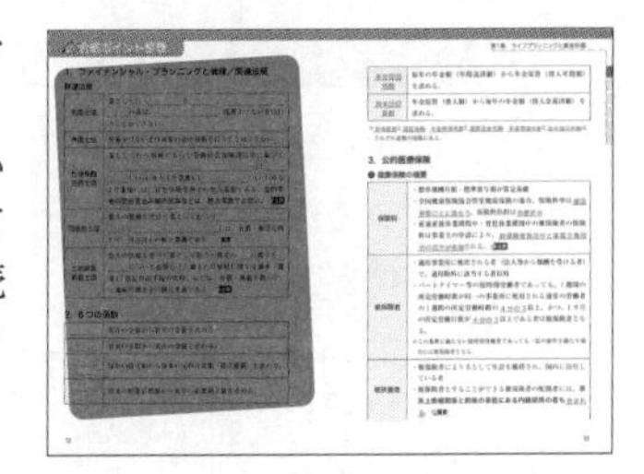

検定試験で頻出の内容について、テーマごとに図表で整理しています。

押さえておきたい部分は太字にしていますが、特に重要なところは赤文字にしています。付属の赤シートをかざしながら読み進めることで、暗記しながらのインプット学習ができます。

一問一答演習

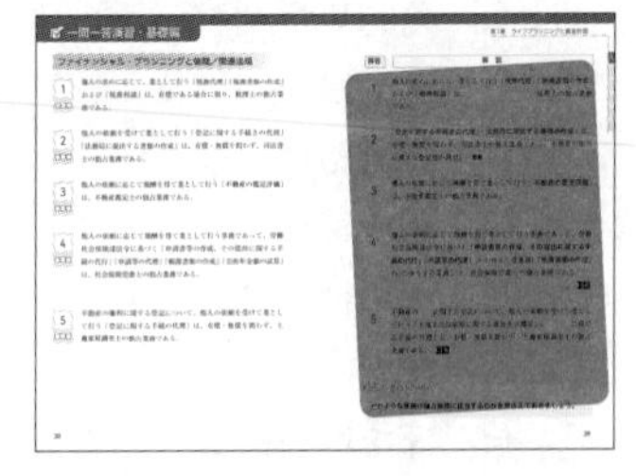

過去の学科試験（基礎編・応用編）の出題傾向を基にした演習問題とその解答・解説が、原則見開きで構成されています。

基礎編は一問一答の○×形式、応用編は筆記試験に向けて具体的な数字や語句を答える形式で、計算問題もあります。

いずれも解答を赤シートで隠しながら、効率よくアウトプット学習ができます。

※出題傾向や紙面の都合により､「合格ポイント整理」とは異なる構成の場合があります。

本書の記号

検定試験で出題される際に気をつけたいところは、以下のアイコンを付けていますので参考にしてください。

- 重要：合格のために必ず覚えておきたい頻出の重要部分です。
- 注意：引っかけ問題など、理解の穴を突くような出題に注意が必要な部分です。
- 改正：法律や制度の改正があった部分です。
- 計算：計算問題として出題されることが多い部分です。

目 次

第1章 ライフプランニングと資金計画

合格ポイント整理

一問一答演習

第2章 リスク管理

合格ポイント整理

第4章 タックスプランニング

合格ポイント整理

一問一答演習

第5章 不動産

合格ポイント整理

本書の演習問題には、ファイナンシャル・プランニング技能検定１級学科試験（一般社団法人金融財政事情研究会実施）の2020年９月～2024年１月に出題された過去問題を修正・加工したものが含まれます。

第１章　ライフプランニングと資金計画

近年の出題傾向一覧

※ FP 技能検定１級学科（基礎編）

項目	2021.9	2022.1	2022.5	2022.9	2023.1	2023.5	2023.9	2024.1
ファイナンシャル・プランニングと倫理／関連法規			★			★		
６つの係数		★		★	★		★	★
公的医療保険	★	★		★	★	★	★	
公的介護保険			★		★			★
労働者災害補償保険	★	★	★	★		★		★
雇用保険	★	★	★		★		★★	
公的年金制度	★		★			★		★
老齢給付				★		★		★
障害給付		★			★			
遺族給付	★		★				★	
その他年金関連事項	★	★		★	★		★	
企業年金等	★	★	★	★★	★	★★	★	★
住宅取得資金・教育資金	★	★		★	★		★	★
中小法人の資金計画			★			★		★

※★は出題数を表している。複数の項目にわたる問題の場合は、その問題の中心となる項目としている。また、いずれの項目にも該当しない問題については、より関連する項目としている。
※「中小法人の資金計画」については、本書では取り上げていない。

ライフプランニングと資金計画

合格ポイント整理

一問一答演習

合格ポイント整理

1. ファイナンシャル・プランニングと倫理／関連法規

関連法規

税理士法	業として行う個別具体的な税務相談、税務書類の作成、税務代理行為は、有償・無償を問わず、税理士でない者は行うことができない。
弁護士法	弁護士でない者は通常の法律事務を行うことはできない。
社会保険労務士法	業として行う事務であって労働社会保険諸法令に基づく「申請書等の作成、その提出に関する手続の代行」「申請等の代理」(いわゆる1号業務)「帳簿書類の作成」(いわゆる2号業務) は、社会保険労務士の独占業務である。**公的年金の受給見込み額の試算などは、独占業務ではない。** 注意
司法書士法	他人の依頼を受けて業として行う「登記に関する手続きの代理」「法務局に提出する書類の作成」は、有償・無償を問わず、司法書士の独占業務である。 重要
土地家屋調査士法	他人の依頼を受けて業として行う不動産の表示に関する表題登記について必要な「土地または家屋に関する調査・測量」「登記申請手続の代理」などは、有償・無償を問わず、土地家屋調査士の独占業務である。 注意

2. 6つの係数

終価係数	現在の金額から将来の金額を求める。
現価係数	将来の金額から現在の金額を求める。
年金終価係数	毎年の積立額から将来の元利合計額(積立総額)を求める。
減債基金係数	将来の貯蓄目標額から毎年の必要積立額を求める。

年金現価係数	毎年の年金額（年間返済額）から年金原資（借入可能額）を求める。
資本回収係数	年金原資（借入額）から毎年の年金額（借入金返済額）を求める。

※終価係数と現価係数、年金終価係数と減債基金係数、年金現価係数と資本回収係数は、それぞれ逆数の関係にある。

3. 公的医療保険

❶ 健康保険の概要

保険料	・標準報酬月額・標準賞与額が算定基礎 ・全国健康保険協会管掌健康保険の場合、保険料率は都道府県ごとに異なり、保険料負担は労使折半 ・産前産後休業期間中・育児休業期間中の被保険者の保険料は事業主の申請により、被保険者負担分と事業主負担分の両方が免除される。注意
被保険者	・適用事業所に使用される者（法人等から報酬を受ける者）で、適用除外に該当する者以外 ・パートタイマー等の短時間労働者であっても、1週間の所定労働時間が同一の事業所に使用される通常の労働者の1週間の所定労働時間の4分の3以上、かつ、1カ月の所定労働日数が4分の3以上である者は被保険者となる。 ※この基準に満たない短時間労働者であっても一定の要件を満たす場合には被保険者となる。
被扶養者	・被保険者により主として生計を維持され、国内に居住している者 ・被保険者とすることができる被保険者の配偶者には、事実上婚姻関係と同様の事情にある内縁関係の者も含まれる。重要

被扶養者	〈被扶養者の要件〉 ・配偶者、子、直系尊属、孫、兄弟姉妹…年収130万円（60歳以上の者等は180万円）未満 ・その他の三親等内の親族…同一世帯かつ年収130万円（60歳以上の者等は180万円）未満

❷ 任意継続被保険者

要　件	・退職日（資格喪失日の前日）までに被保険者期間が継続して2カ月以上あること ・資格喪失日から20日以内に申請すること 重要
保険料	全額自己負担
給　付	原則として新たな傷病手当金、出産手当金は支給されない。

❸ 保険給付

高額 療養費	同一月に同一医療機関で診療を受け、医療機関等に支払う自己負担額が自己負担限度額を超えた額が支給される。同じ世帯で12カ月以内に3回以上高額療養費が支給されている場合は、4回目から高額療養費の算定上、自己負担限度額が軽減される。 重要
傷病 手当金	・支給要件：療養のため、労務不能であり、連続した3日の待期期間の完成などの要件を満たした場合、4日目から支給される。 ※待期期間については、報酬の有無は関係ない。 ・支給額：支給を始める日の属する月以前の直近の連続した12カ月の標準報酬月額を平均した額の30分の1に相当する額の3分の2に相当する金額 ※報酬の全部または一部を受けるときは支給されないが、傷病手当金の額より少ないときは差額が支給される。 ・支給期間：支給を始めた日から通算して1年6カ月 注意

出産 手当金	被保険者が出産日（出産が遅れた場合は出産予定日）以前42日（多胎妊娠は98日）から出産日の翌日以後56日までの範囲で休んで給与が受けられない期間に支給される。 **支給調整**：傷病手当金と出産手当金の両方の給付事由に該当する場合は、**傷病手当金の額が出産手当金の額より多ければ、その差額が傷病手当金として支給される。** 重要
出産育児 一時金	産科医療補償制度に加入する医療機関で出産したとき、1児につき50万円の出産育児一時金が支給される。
資格喪失後 の保険給付	傷病手当金または出産手当金の支給を受けている者であって、退職日まで引き続き**1年以上**被保険者であった者は、退職後も同一の保険者から被保険者として**継続して受けることができるはずであった期間、その給付を受けることができる。**

❹ 後期高齢者医療制度

被保険者	広域連合に居住する 重要 ・75歳以上の者 または ・65歳以上75歳未満で所定の障害の状態にある旨の認定を受けた者 ※生活保護受給者を除く
保険料	公的年金を受給している者は原則として公的年金から天引き（特別徴収）。年金額18万円未満の者や介護保険料と合わせて保険料が年金額の2分の1を超える者は納付書で納付（普通徴収）
自己負担	原則として1割（現役並み所得者は3割、現役並み所得者以外の一定所得以上の者は2割）。毎年8月1日判定

4. 公的介護保険

	第1号被保険者	第2号被保険者
被保険者	65歳以上の者 重要	40歳以上65歳未満の医療保険加入者
保険料	年額18万円以上の公的年金を受給している者は、公的年金から特別徴収	医療保険者が医療保険料として徴収
受給権者	原因を問わず、要介護・要支援となった者	特定疾病によって、要介護・要支援となった者
自己負担	・費用の1割が自己負担（食費、居住費等を除く）注意 ・第1号被保険者で、一定以上の所得の者は、2割または3割の自己負担 注意	
介護の認定	・公的介護保険からの給付を受けようとする被保険者は市町村の認定を受けなければならない。要介護認定の処分は、申請のあった日から30日以内に行われ、認定の効力は、申請のあった日にさかのぼってその効力を有する。 ・要介護認定の有効期間は、新規申請の場合は原則6カ月、更新の場合は原則12カ月	

5. 労働者災害補償保険

適用対象	・原則として1人でも労働者を使用するすべての事業が強制的に適用事業所となる。 ・パートタイマーやアルバイトなど雇用形態を問わず給付の対象。派遣労働者の労災保険は派遣元で加入しているため、派遣先で業務上の負傷をした場合、派遣元を適用事業とする労災保険が適用される。注意

保険料	全額を事業主が負担。労災保険率は事業の種類により異なる。
業務災害	業務起因性と業務遂行性の両方が必要。出張中のケガは業務災害に該当する。
保険給付（病気やケガをしたとき）	・療養（補償）給付：病気やケガをしたときに労災病院や指定病院で必要な治療が受けられる。療養補償給付として受ける療養の給付は労働者の一部負担金はない。 ・休業（補償）給付：療養のため4日以上会社を休み、賃金が支払われないときに休業4日目から給付基礎日額の60%が支給される。通勤災害を除き、3日目までは事業主が労働基準法による休業補償を行う。重要 ・傷病（補償）年金：病気やケガが1年6カ月を経過しても治らない場合、一定の障害等級（1～3級）に該当すれば、休業（補償）給付に代わって給付基礎日額の313日から245日分の年金が支給される。重要
他の社会保険との調整	同一の事由により、障害基礎年金や障害厚生年金の支給と労災保険の保険給付が行われる場合、労災保険の保険給付が減額調整され、国民年金や厚生年金保険の年金給付は全額支給される。

※業務災害については「○○補償給付」、通勤災害については「○○給付」という。

※休業特別支給金：療養（補償）給付を受ける者に対して休業4日目から1日につき給付基礎日額の20%相当額が支給される。

※保険給付については、病気やケガをしたとき以外に、障害者等になったとき（障害（補償）給付、介護（補償）給付）、死亡したとき（遺族（補償）年金、遺族（補償）一時金、葬祭料・葬祭給付）がある。

6. 雇用保険

❶ 雇用保険の概要

被保険者	1週間の所定労働時間が20時間以上であり、継続して31日以上雇用される見込みの者。65歳以上の者は高年齢被保険者
保険料	被保険者に対する給付に充てられる部分については被保険者と事業主が折半、雇用二事業に充てられる分については事業主負担

❷ 求職者給付・基本手当

基本手当受給要件	65歳未満の被保険者で、離職日以前2年間に雇用保険の被保険者期間が通算して12カ月以上（倒産・解雇等特定受給資格者に該当する場合、離職日までの1年間に被保険者期間が通算して6カ月以上） 重要
失業の認定	4週間に1回ずつ前回の認定日から今回の認定日の前日までの期間について行われ、失業の認定を受けた日分の基本手当が支給される。
基本手当日額	・賃金日額×賃金日額に応じた率 ・賃金日額に応じた率：60歳未満は50～80%、60～64歳は45～80%
賃金日額	原則として被保険者期間として計算された最後の6カ月間に支払われた賃金の総額（臨時に支払われた賃金等を除く）を180で除して算出。年齢区分に応じた上限・下限あり 重要
受給期間	原則として離職日の翌日から1年間。病気・妊娠等・介護などで働けない者等は最大4年、60歳以上の定年退職等は最大2年 注意

待期期間 給付制限	最初の受給資格決定日から7日間（待期期間）は支給されない。自己の責めに帰すべき重大な理由によって解雇された場合および正当な理由なく自己都合により退職した場合は、待期期間終了後、さらに3カ月間の給付制限（自己都合の場合、5年間のうち2回までは2カ月）。重要
所定給付 日数	〈自己都合、定年退職の場合〉 ・算定基礎期間10年未満：90日 ・算定基礎期間10年以上20年未満：120日 ・算定基礎期間20年以上：150日 倒産・解雇等による退職の場合、離職時の年齢と算定基礎期間により所定給付日数が決まる。

※求職者給付として高齢者求職者給付金がある。65歳以上の被保険者が離職し、離職の日の翌日から起算して1年を経過する日までに求職の申込みをした場合、一時金として支給される。支給を受けるためには、離職の日以前1年間に被保険者期間が6カ月以上必要

❸ 就職促進給付

再就職 手当	基本手当の受給者が安定した職業に就いたり、一定の条件を備えて独立した場合、就業日の前日における基本手当の支給残日数が所定給付日数の3分の1以上あるときに一時金が支給される。ただし、**離職前の事業主等に再び雇用された場合や過去**3年以内に再就職手当を受け取っている場合は支給対象外。注意

❹ 雇用継続給付

高年齢雇用 継続基本給 付金(基本 手当を受給 せず働く)	算定基礎期間に相当する期間が5年以上ある被保険者に対して支給対象月に支払われた賃金の額が60歳到達時賃金月額の75%未満になる月に支給される。重要 〈支給額〉 ・支給対象月の賃金が60歳到達時賃金月額の61%以下：支給対象月の賃金額の15%

高年齢雇用継続基本給付金（基本手当を受給せず働く）	・支給対象月の賃金が60歳到達時賃金月額の61％超75％未満：支給対象月の賃金に支給率を乗じた額 改正 2025年4月からは賃金額の15％は賃金額の10％に縮小される。
高年齢再就職給付金（基本手当を受給して再就職）	・算定基礎期間が5年以上による基本手当を受け、60歳以降に再就職して雇用保険の一般被保険者となった場合で、再就職後の支給対象月の賃金が基本手当の基礎となった賃金日額の30日分の額（離職時の賃金月額）の75％未満になる月に支給される。 ・再就職手当を受給しておらず、基本手当の支給残日数が100日以上でなければならない。注意
介護休業給付金	被保険者が対象家族（配偶者・父母・子・祖父母・兄弟姉妹・孫・配偶者の父母）を介護するために休業した場合、所定の要件を満たすときに、支給単位期間について支給される。 支給額：休業開始時賃金日額×支給日数×67％ 同一の対象家族の介護について、介護休業を分割して取得する場合、介護休業を開始した日から通算93日を限度として、3回までに限り支給される。重要

❺ 育児休業給付

育児休業給付金	被保険者が1歳または1歳2カ月※（支給対象期間の延長に該当する場合は1歳6カ月または2歳）未満の子を養育するために育児休業を取得した場合、所定の要件を満たすときに、支給単位期間について支給される。 ※「パパ・ママ育休プラス制度（父母ともに育児休業を取得する場合）」を利用する場合は、育児休業の対象となる子の年齢が原則1歳2カ月までとなる。 支給額：休業開始時賃金日額×支給日数×67％ ※育児休業開始から180日経過後（181日目以降）は50％

❻ 教育訓練給付

一般教育訓練給付金	被保険者であった期間が原則3年以上であるか、または被保険者期間を満たす離職後1年以内である者が、前回の教育訓練給付受給から3年以上を経過しているなどの要件を満たし、厚生労働大臣の指定する教育訓練を修了した場合に支給される。 支給額：教育訓練に要した費用の20% ※上限10万円、支給額が4,000円を超えない場合は支給されない。
専門実践教育訓練給付金	一定の要件を満たす者が、専門的・実践的な教育訓練として厚生労働大臣の指定する講座を修了した場合に支給される。 支給額：教育訓練経費の50%に相当する額 ※1年間の上限は40万円（訓練期間は最大で3年間となるため、最大で120万円が上限）。支給額が4,000円を超えない場合は支給されない。

7. 公的年金制度

❶ 国民年金の概要

被保険者	・第1号被保険者：日本国内に住所のある20歳以上60歳未満の者（第2号・第3号被保険者を除く） ・第2号被保険者：厚生年金保険の被保険者（65歳以上の老齢厚生年金・老齢基礎年金の受給権がある者を除く） ・第3号被保険者：第2号被保険者の被扶養配偶者のうち、20歳以上60歳未満の者 ・任意加入被保険者：日本国内に住所のある60歳以上65歳未満の者（第2号被保険者を除く）、日本国民で国外に居住する20歳以上65歳未満の者

資格の取得手続	・第1号被保険者：本人または世帯主が14日以内に住所地の住所地の市区役所または町村役場で手続き
保険料 第1号 被保険者	・納期限：毎月の保険料の納期限は翌月末日。納期限から2年を経過すると時効により納付することができない。注意 ・前納：保険料を6カ月分、1年分、2年分まとめて前納すると割引が受けられる。
学生納付特例制度・納付猶予制度	・学生納付特例制度は学生本人が、納付猶予制度は50歳未満の者とその配偶者が、所得基準を満たす場合に申請により適用される。重要 ・猶予された期間は受給資格期間には反映されるが、老齢基礎年金の額には反映されない。 ・10年以内であれば保険料をさかのぼって納めること（追納）ができる。ただし、承認を受けた期間の翌年度から起算して、3年度目以降に保険料を追納する場合には、承認を受けた当時の保険料額に経過期間に応じた**加算額が上乗せされる**。注意
産前産後の保険料免除	出産予定日または出産日が属する月の前月から4カ月間（多胎妊娠の場合は、出産予定日または出産日が属する月の3カ月前から6カ月間）の保険料が免除。この期間は保険料納付済期間となる。重要

❷ 厚生年金保険の概要

被保険者	適用事業所に使用される70歳未満の者は、厚生年金保険の被保険者となる（強制加入被保険者）。
保険料	標準報酬月額、標準賞与額に対して一定の保険料率により保険料が計算される。保険料は、被保険者と事業主が折半して負担する。**産前産後休業、育児休業等の間は、被保険者、事業主分ともに申出により保険料が免除され、この期間は保険料を負担した場合と同様に扱われる。**注意

8. 老齢給付

❶ 老齢基礎年金

受給要件	受給資格期間：保険料納付済期間＋保険料免除期間＋合算対象期間が 10 年以上 重要
年金額	改正 816,000 円※（2024 年度価額） 計算 20 歳から 60 歳になるまでの 40 年間（480 月）が保険料納付済期間であれば満額 816,000 円※（2024 年度価額）である。480 月に満たない場合は、その期間に応じて年金額が減額される。 重要 ※ 1956 年 4 月 1 日以前生まれは 813,700 円

❷ 付加年金

付加保険料	第 1 号被保険者を対象とした上乗せ年金で、付加保険料は月額 400 円である。国民年金保険料を滞納している者や、国民年金基金に加入している者は付加保険料を納付することはできない。 注意
年金額	200 円×付加保険料納付済期間 老齢基礎年金の繰上げ・繰下げを請求した場合は、付加年金も同様に繰上げ・繰下げとなり、老齢基礎年金と同率で年金額も増減する。 重要

❸ 老齢厚生年金

受給要件	老齢基礎年金の受給資格期間（10 年）を満たし、 ・老齢厚生年金：1 カ月以上 ・特別支給の老齢厚生年金：1 年以上 の厚生年金保険の被保険者期間があること 重要
支給開始	老齢厚生年金：原則として 65 歳
年　齢	特別支給の老齢厚生年金：生年月日に応じて支給開始年齢が異なる。男性は 1961 年 4 月 2 日以後生まれ、女性の場合は 1966 年 4 月 2 日以後生まれの場合は支給されない。 注意

年金額	〈老齢年金のイメージ〉 計算 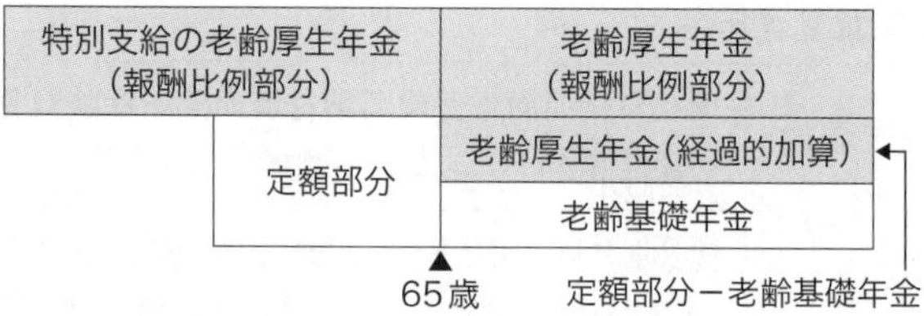 特別支給の老齢厚生年金（報酬比例部分）｜老齢厚生年金（報酬比例部分） 定額部分｜老齢厚生年金（経過的加算） 老齢基礎年金 65歳　定額部分－老齢基礎年金 上の図のように老齢厚生年金の年金額は報酬比例部分と経過的加算からなる。
加給年金額	厚生年金保険の被保険者期間が20年以上ある者が、65歳到達時点（または定額部分支給開始年齢に到達した時点）で、その者に生計を維持されている次の配偶者または子がいるときに加算される。 ・配偶者：65歳未満であること ・子：18歳到達年度の末日までの間の子または1級・2級の障害の状態にある20歳未満の子

❹ 老齢年金の繰上げ支給・繰下げ支給

繰上げ支給	老齢基礎年金・老齢厚生年金は、原則として65歳から受給できるが、希望すれば60歳から65歳になるまでの間に繰り上げて受給することができる。 繰上げ減額率：繰上げ1カ月につき0.4% 重要 老齢厚生年金を繰り上げる場合は、あわせて老齢基礎年金も同時に繰り上げなければならない。
繰下げ支給	65歳で受け取らずに66歳以降75歳までの間で繰り下げて増額した年金を受給することができる。重要 繰下げ減額率：繰下げ1カ月につき0.7% 老齢基礎年金と老齢厚生年金の繰下げは同時に行うことも、別々に行うこともできる。

繰下げ支給	老齢厚生年金を繰り下げても加給年金額については増額されない。注意

❺ 在職老齢年金

在職老齢年金の仕組み	老齢厚生年金を受給している者が厚生年金保険の被保険者であるときに、受給している老齢厚生年金の基本月額※と総報酬月額相当額に応じて年金額が支給停止となる場合がある。70歳以降も厚生年金適用事業所に勤務している場合は、厚生年金保険の被保険者ではないが、在職による支給停止が行われる。
在職老齢年金による調整後の年金支給月額	・基本月額と総報酬月額相当額との合計が50万円※（支給停止調整額）以下の場合：全額支給 ・基本月額と総報酬月額相当額との合計が50万円を超える場合：基本月額－（基本月額＋総報酬月額相当額－50万円）÷2 ※改正 50万円は支給停止調整額（2024年度価額）

9. 障害給付

❶ 障害基礎年金

受給要件	次の3つの要件を満たすこと (1) 初診日に国民年金の被保険者である者、または60歳以上65歳未満で日本国内に住んでいる間に初診日がある者 (2) 保険料納付要件を満たしている者 (3) 障害認定日に障害等級1級または2級に該当する者 ※障害認定日とは初診日から1年6カ月を経過した日、または1年6カ月以内にその病気やけがが治った場合（症状が固定した場合）はその日 ※初診日に20歳未満で国民年金の被保険者でなかった者が、障害認定日以後に20歳に達したときに障害等級に該当すれば、上記要件を満たさなくても障害基礎年金が支給される。注意

保険料納付要件	・原則：初診日の前日において、初診日の属する月の前々月までに被保険者期間があるときは、保険料納付済期間と保険料免除期間とを合算した期間が当該被保険者期間の3分の2以上あること ・例外：初診日に65歳未満の者で、初診日の前日において初診日の属する月の前々月までの1年間に保険料未納期間がないこと（2026年4月1日前に初診日がある場合）
年金額	・1級：2級の1.25倍＋子の加算額 ・2級：改正 816,000円※（2024年度価額）＋子の加算額 ※1956年4月1日以前生まれは813,700円

❷ 障害厚生年金

受給要件	次の3つの要件を満たすこと。重要 (1) 初診日に厚生年金保険の被保険者である者 (2) 保険料納付要件を満たしている者 (3) 障害認定日に障害等級1級〜3級に該当する者
年金額	・1級：2級の1.25倍＋配偶者の加給年金額 ・2級：老齢厚生年金の報酬比例部分の計算方法により計算した額＋配偶者の加給年金額 ・3級：2級と同様の金額（配偶者の加給年金額はない） ・報酬比例部分の計算において被保険者期間が300月未満の場合は300月とみなして計算する。 ・**障害認定日の属する月後の被保険者期間は、年金の計算の基礎とはされない。** 注意 ・障害手当金：初診日から5年以内に症状が回復または固定し、3級の障害よりやや軽い程度の障害が残ったときに支給される一時金

10. 遺族給付

❶ 遺族基礎年金

受給要件	次の（1）から（4）のいずれかの要件を満たしている者が死亡したときに、遺族に支給される。 (1) 国民年金の被保険者 (2) 国民年金の被保険者であった60歳以上65歳未満の者で、日本国内に住所を有していた者 (3) 老齢基礎年金の受給権者であった者 (4) 老齢基礎年金の受給資格を満たした者 （1）と（2）については、次の保険料納付要件を満たす必要がある。 ・原則：死亡日の前日において、死亡月の前々月までに被保険者期間があるときは、保険料納付済期間と保険料免除期間とを合算した期間が当該被保険者期間の3分の2以上あること ・例外：死亡日の前日において死亡月の前々月までの1年間に保険料未納期間がないこと（2026年4月1日前に死亡した場合） （3）と（4）については、保険料納付済期間および保険料免除期間等を合算した期間が25年以上ある必要がある。
受給対象者	子のある配偶者または子 ・子：18歳到達年度の末日までの間の子または1級・2級の障害の状態にある20歳未満の子
年金額	改正 816,000円※（2024年度価額）＋子の加算額 計算 ・子の加算額：1人目および2人目の子 234,800円 3人目以降の子 78,300円 重要 ※1956年4月1日以前生まれは813,700円

❷ 寡婦年金と死亡一時金

寡婦年金	死亡日の前日において国民年金の第1号被保険者として保険料納付済期間と保険料免除期間を合算して10年以上ある夫（老齢基礎年金・障害基礎年金を受けていない）が死亡したときに、その夫と10年以上継続して婚姻関係にあり、死亡当時にその夫に生計を維持されていた妻に対して、その妻が60歳から65歳になるまでの間支給される。重要 ・年金額：夫の第1号被保険者期間のみで計算した老齢基礎年金額の4分の3
死亡 一時金	死亡日の前日において第1号被保険者として保険料納付済月数と保険料免除期間の一定割合を合算して36月以上ある者が、老齢基礎年金・障害基礎年金を受けないまま死亡したとき、その者によって生計を同じくしていた遺族に支給される。 ・死亡一時金の額：死亡した者の保険料納付済期間に応じて、12万～32万円。付加保険料納付済月数が36月以上ある場合は、8,500円が加算

❸ 遺族厚生年金

受給要件	次の（1）から（5）のいずれかの要件を満たしている者が死亡したときに、遺族に支給される。 (1) 厚生年金保険の被保険者 (2) 厚生年金保険の被保険者期間に初診日がある病気やけがが原因で初診日から5年以内に死亡したとき (3) 1級・2級の障害厚生年金の受給権者 (4) 老齢厚生年金の受給権者であった者 (5) 老齢厚生年金の受給資格を満たした者 (1) と（2）については、保険料納付要件を満たしている必要がある。 (4) と（5）については保険料納付済期間および保険料免除期間等を合算した期間が25年以上ある必要がある。

受給対象者	妻・子・夫・父母・孫・祖父母 ・子・孫については、18歳到達年度の末日までの間の子または1級・2級の障害の状態にある20歳未満の子 ・夫・父母・祖父母については、死亡の当時55歳以上で、受給開始は60歳からとなる。ただし、夫の場合、遺族基礎年金の受給権を有するときは、60歳に達する前に受給することができる。注意 ※子のない30歳未満の妻に対する遺族厚生年金は5年間の有期年金
年金額	死亡した者の老齢厚生年金の報酬比例部分の4分の3の額 注意 重要 計算 短期要件（「受給要件」(1)～(3)）に基づく遺族厚生年金の場合、報酬比例部分の計算において、厚生年金保険の被保険者期間が300月未満のときは、300月とみなして計算

❹ 中高齢寡婦加算

受給要件	次のいずれかに該当する妻が受ける遺族厚生年金には、40歳から65歳になるまでの間、中高齢寡婦加算が加算される。重要 ・夫の死亡当時、40歳以上65歳未満で、生計を同じくしている子がいない妻 ・遺族厚生年金と遺族基礎年金を受けていた子のある妻が、子が18歳到達年度の末日に達した（障害の状態にある場合は20歳に達した）等のため、遺族基礎年金を受給できなくなったとき ※長期要件（❸の「受給要件」(4)(5)）に該当する場合は、死亡した夫の厚生年金保険の被保険者期間が20年以上に限られる。短期要件（❸の「受給要件」(1)～(3)）には、夫の被保険者期間は問わない。
支給額	改正 612,000円（2024年度価額）

11. その他年金関連事項

年金の併給

老齢基礎年金・老齢厚生年金と遺族厚生年金の併給	年金は1人1年金が原則であるが、老齢基礎年金・老齢厚生年金と遺族厚生年金は、一定の制限のもとに併給できる。遺族厚生年金を受給できる者が65歳になって自分の老齢厚生年金も受給できる場合、次の3つの組合せのうち(1)が優先支給されるが、(1)の自分の老齢厚生年金の額が(2)(3)の額より低い場合には、老齢厚生年金の金額と(2)または(3)のうち多いほうとの差額が遺族厚生年金として支給される。重要 (1) 老齢基礎年金＋老齢厚生年金 (2) 老齢基礎年金＋遺族厚生年金 (3) 老齢基礎年金＋(老齢厚生年金×1／2)＋(遺族厚生年金×2／3)

12. 企業年金等

❶ 国民年金基金

加入要件	国民年金の第1号被保険者または任意加入被保険者(国内居住の60歳以上65歳未満の者、国内居住以外の20歳以上65歳未満の者) 国民年金の第2号・第3号被保険者は加入できない。 国民年金基金の加入員となった場合、付加保険料を納付することができない。注意
掛　金	個人型確定拠出年金とあわせて月額68,000円が上限。4月から翌年3月までの1年分の掛金を前納した場合、0.1カ月分の掛金が割引される。重要
給　付	・1口目は終身年金、2口目は終身年金または確定年金を選択。終身年金には15年間の保証期間があるA型と保証期間なしのB型があり、いずれも原則として65歳から支給される。重要

給　付	・老齢基礎年金の繰上げ支給を受ける場合、繰上げ受給期間中は、国民年金基金からは**付加年金に相当する部分だけ**が繰上げ支給される。 ・国民年金基金の給付は、**老齢年金と遺族一時金**の2つであり、**障害給付金はない。** 注意

❷ 小規模企業共済

加入資格	従業員数が20人以下（商業（卸売業・小売業）、サービス業（宿泊業・娯楽業を除く）は5人以下）の個人事業主または会社等の役員
掛　金	・掛金月額は、1,000円から70,000円までの範囲内（500円単位）で自由に選択でき、掛金月額は**増額または減額できる。** 重要 ・掛金を前納した場合、一定割合の前納減額金を受け取ることができる。
共済金等	共済金等の受取方法は、「一括受取り」、「分割受取り」および「一括受取りと分割受取りの併用」の3種類。「分割受取り」および「一括受取りと分割受取りの併用」にする場合には共済金の額が次のとおりでなければならない。 ・分割受取り：300万円以上 ・一括受取りと分割受取りの併用：330万円以上 重要 共済金等の種類には、共済金A、共済金B、準共済金、解約手当金があるが、**掛金納付月数が240カ月未満で任意解約をした場合は、掛金合計額を下回る。** 注意
税務上の扱い	・一括受取り共済金（死亡以外）：退職所得 ・死亡による一括受取り共済金：相続税の課税対象 ・分割受取り：雑所得
貸付制度	一般貸付制度の場合、掛金残高と掛金の納付月数に応じた貸付限度額の範囲内で、10万円以上2,000万円以内（5万円単位）で借入れをすることができる。

❸ 中小企業退職金共済

加入対象	一定規模以下の中小企業
掛　金	・掛金は事業主が全額負担 ・掛金月額は5,000円～30,000円（10,000円未満は、1,000円刻み、10,000円以上は2,000円刻み） ・新規に加入する場合、掛金月額の2分の1（従業員ごと上限5,000円）を加入後4カ月目から1年間、国が助成 重要 ・18,000円以下の掛金月額を増額する場合は、増額分の3分の1を増額月から1年間、国が助成
退職金の受取り	・退職金の額は、掛金月額と納付月数に応じて固定的に定められている**基本退職金**に、運用収入の状況等に応じて定められる**付加退職金**を加えた額 ・退職時に一括して受け取る一時払いのほか、分割払い、一時金払いと分割払いを組み合わせて受け取る一部分割払い（併用払い）を選択することができる。ただし、全額分割払いにするためには、退職した日において60歳以上で、退職金の額が一定額以上でなければならない。

❹ 確定拠出年金（個人型年金（iDeCo））

加入対象者	国民年金の第1号被保険者、第2号被保険者、第3号被保険者 ・第1号被保険者は原則として国民年金保険料を納付していないと加入対象とならないが、**障害給付の受給権者であることによる国民年金保険料の法定免除の対象者は加入することができる。** 注意 ・加入対象者は60歳未満の被保険者であるが、国民年金の被保険者であれば加入可能となっている（国民年金第2号被保険者で60歳以上65歳未満の者など）。

<table>
<tr><td rowspan="4">拠出
限度額
（月額）</td><td>第 1 号被保険者</td><td>6.8 万円（付加保険料または国民年金基金との合計額）重要</td></tr>
<tr><td>第 2 号被保険者</td><td>・企業年金のない企業の従業員：2.3 万円
・企業型 DC のみ加入：2 万円
・企業型 DC と他の企業年金に加入：1.2 万円
・企業型 DC 以外の企業年金に加入：1.2 万円
・公務員等：1.2 万円
※企業型 DC：企業型確定拠出年金</td></tr>
<tr><td>第 3 号被保険者</td><td>専業主婦等：2.3 万円</td></tr>
<tr><td colspan="2">※掛金は、毎月同じ金額を拠出する以外に、掛金の拠出を 1 年の単位で考え、年 1 回以上、任意に決めた月にまとめて拠出（年単位拠出）することも可能。</td></tr>
<tr><td>中小事業主
掛金納付
制度
（iDeCo＋）</td><td colspan="2">企業年金を実施していない中小企業（従業員 300 人以下）の事業主が、個人型年金に加入している従業員の掛金に上乗せして、掛金を拠出できる制度。中小事業主のみが拠出することはできず、拠出対象者となる従業員が個人型年金に拠出しなければならない。</td></tr>
</table>

❺ 確定拠出年金（企業型年金）

加入対象者	厚生年金被保険者（70 歳未満）であれば加入できる。ただし、企業によって加入できる年齢などが異なる。
拠出限度額（月額）	・企業型 DC のみ加入：5.5 万円 ・企業型 DC と他の企業年金に加入：2.75 万円 ※改正 企業型年金の拠出限度額は、月額 5.5 万円から確定給付企業年金等の他制度掛金相当額を控除した額となる。企業年金（企業型 DC、DB 等の他制度）の加入者は、月額 2 万円、かつ、事業主拠出額（各月の企業型 DC の事業主掛金額と DB 等の他制度掛金相当額）との合計が月額 5.5 万円の範囲内で、iDeCo の拠出が可能（2024 年 12 月 1 日～）。

マッチング拠出	規約の定めにより事業主の拠出に加え、加入者も拠出することができる（マッチング拠出）。**加入者の掛金は事業主の拠出額を超えない範囲に限られ、合計が拠出限度額以内に収まる必要がある。**

❻ 確定拠出年金の運用と給付

運　用	加入者が運用方法を指示
給　付	・老齢給付金：5年以上20年以下の有期、または終身年金（規約の規定により一時金の選択可能） 60歳（加入者資格喪失後）から75歳までの間で受給開始時期を選択することができる。ただし、60歳時点で確定拠出年金の通算加入者等期間が10年に満たない場合は、支給開始年齢が段階的に先延ばしになる。注意 ・障害給付金：5年以上20年以下の有期、または終身年金（規約の規定により一時金の選択可能） ・死亡一時金：一時金 ・脱退一時金：一時金

❼ 確定給付企業年金

種類・対象	規約型と基金型の2種類 厚生年金適用事業所の被保険者等を対象とするが、特定の者に不当に差別的な取扱いでなければ**規約において加入者資格を定めることができる。**
掛　金	事業主が掛金を拠出。ただし、規約で定める場合、加入者本人の同意を前提に本人拠出が可能 注意
老齢給付金	・年金給付は、毎年1回以上、支給開始年齢から終身または5年以上にわたって支給 ・支給開始年齢は、60歳以上70歳以下の規約で定める年齢に達したとき、または50歳以上60歳未満の規約で定める年齢に達した日以降に退職したとき

老齢給付金	・年金給付の受給資格期間は20年を超えてはならない。 ・規約で定めることにより、一時金として支給することができる。

❽ 企業年金等の税務

	掛　金　重要	老齢給付　重要
国民年金基金	社会保険料控除	公的年金等に係る雑所得
	掛　金　重要	老齢給付　重要
小規模企業共済	小規模企業共済等掛金控除	一時金：退職所得 年金：公的年金等に係る雑所得
	掛　金	老齢給付
中小企業退職金共済	事業主拠出：損金(必要経費)	一時金：退職所得 年金：公的年金等に係る雑所得
	掛　金　重要	老齢給付　重要
個人型確定拠出年金	小規模企業共済等掛金控除	一時金：退職所得 年金：公的年金等に係る雑所得
	掛　金	老齢給付
企業型確定拠出年金	事業主拠出：損金 加入者拠出：小規模企業共済等掛金控除	一時金：退職所得 年金：公的年金等に係る雑所得
	掛　金　注意	老齢給付
確定給付企業年金	事業主拠出：損金 本人拠出：生命保険料控除	一時金：退職所得 年金：公的年金等に係る雑所得

13. 住宅取得資金・教育資金

❶ 住宅取得資金・住宅ローン（フラット35（買取型）の概要）

申込要件	申込時の年齢が70歳未満（親子リレー返済を利用の場合は70歳以上も可）
収入基準	・年収400万円未満：すべての借入れついて年収に占める年間合計返済額の割合が30%以下 ・年収400万円以上：すべての借入れついて年収に占める年間合計返済額の割合が35%以下 注意
資金使途	本人または親族が居住する新築住宅の建設・購入資金または中古住宅の購入資金
対象となる住宅	・住宅金融支援機構が定めた技術基準に適合する住宅 ・住宅の床面積：戸建ての場合70m²以上 重要 マンションの場合30m²以上 店舗付き住宅などの併用住宅の場合は、住宅部分の面積が全体の2分の1以上
融資額	100万円以上8,000万円以下で、建設費または購入価額以内
返済期間	15年（60歳以上の場合は10年）以上で、かつ、次の（1）または（2）のいずれか短い年数が上限 （1）「80歳」－「申込時の年齢（1年未満切上げ）」 （2）35年
金　利	全期間固定金利（融資実行時点（資金受取時）の金利が適用される） ・借入金利は取扱金融機関により異なる。 ・借入期間（20年以下・21年以上）、融資率（9割以下・9割超）、加入する団体信用生命保険の種類などに応じて、借入金利が異なる。 重要
返済方法	元利均等毎月払いまたは元金均等毎月払いを選択。6カ月ごとのボーナス払い（借入額の40%以内）も併用可 重要

担 保	住宅金融支援機構を抵当権者とする第1順位の抵当権を設定
保証人	不要（保証料も不要）
融資手数料	取扱金融機関により異なる。
繰上返済	返済額は取扱金融機関の窓口利用の場合は100万円以上、インターネットサービス利用の場合は10万円以上。手数料は不要 重要

❷ 教育資金（教育一般貸付（国の教育ローン）の概要）

年収制限	世帯年収により制限あり（世帯で扶養する子の数によって異なる）
融資限度額	・1人につき350万円以内 重要 ・自宅外通学、修業年限5年以上の大学（昼間部）、大学院、海外留学（修業年限3カ月以上の外国教育施設に留学する場合）は450万円以内
金 利	固定金利
返済期間	18年以内 重要 元利均等返済。在学期間中は、元金を据え置いて利息のみの支払いとすることができる。
保 証	教育資金融資保証基金または連帯保証人（進学者・在学者の四親等以内の親族（進学者・在学者の配偶者を除く））。教育資金融資保証基金の保証料は融資額や返済期間に応じて融資金から一括して差し引く。
資金使途	学校納付金（入学金、授業料、施設設備費など）や受験費用（受験料、受験時の交通費・宿泊費など）に加えて、在学のため必要となる住居費用（アパート・マンションの敷金・家賃など）、教科書代、教材費、パソコン購入費、通学費用、学生の国民年金保険料などへの充当も可能 注意

ファイナンシャル・プランニングと倫理／関連法規

1 □□□

他人の求めに応じて、業として行う「税務代理」「税務書類の作成」および「税務相談」は、有償である場合に限り、税理士の独占業務である。

2 □□□

他人の依頼を受けて業として行う「登記に関する手続きの代理」「法務局に提出する書類の作成」は、有償・無償を問わず、司法書士の独占業務である。

3 □□□

他人の依頼に応じて報酬を得て業として行う「不動産の鑑定評価」は、不動産鑑定士の独占業務である。

4 □□□

他人の依頼に応じて報酬を得て業として行う事務であって、労働社会保険諸法令に基づく「申請書等の作成、その提出に関する手続の代行」「申請等の代理」「帳簿書類の作成」「公的年金額の試算」は、社会保険労務士の独占業務である。

5 □□□

不動産の権利に関する登記について、他人の依頼を受けて業として行う「登記に関する手続の代理」は、有償・無償を問わず、土地家屋調査士の独占業務である。

解答	解　説
1 ×	他人の求めに応じて、業として行う「**税務代理**」「**税務書類の作成**」および「**税務相談**」は、有償・無償を問わず、税理士の独占業務である。
2 ○	「**登記に関する手続きの代理**」「**法務局に提出する書類の作成**」は、有償・無償を問わず、司法書士の独占業務である。不動産の権利に関する登記等が該当。重要
3 ○	他人の依頼に応じて報酬を得て業として行う「**不動産の鑑定評価**」は、不動産鑑定士の独占業務である。
4 ×	他人の依頼に応じて報酬を得て業として行う事務であって、労働社会保険諸法令に基づく「**申請書等の作成、その提出に関する手続の代行**」「**申請等の代理**」（いわゆる1号業務）「**帳簿書類の作成**」（いわゆる2号業務」は、社会保険労務士の独占業務である。「**公的年金額の試算」は、社会保険労務士の独占業務ではない。** 注意
5 ×	不動産の表示に関する登記について、他人の依頼を受けて業として行う「土地または家屋に関する調査及び測量」「**表題登記に関する手続の代理**」は、有償・無償を問わず、土地家屋調査士の独占業務である。注意

ワンポイントアドバイス

どのような業務が独占業務に該当するのかを押さえておきましょう。

6つの係数

次の6・7については、積立期間および取崩期間中の運用利回り（複利）は年2%とし、積立ておよび取崩しは年1回行うものとし、下記の係数表を利用して算出する。また、計算過程および計算結果は千円未満を切り捨て、手数料や税金等は考慮しないものとする。

6 □□□

65歳から80歳になるまでの15年間、毎年600千円を受け取る場合、50歳から65歳までの15年間の毎年の積立額は520千円である。

7 □□□

45歳から60歳までの15年間に、毎年300千円ずつを積み立て、その資金を60歳から20年間にわたって全額を毎年均等に取り崩し、年金として同額を受け取る場合、毎年の受取額は275千円である。

〈年2%の各種係数〉

	終価係数	現価係数	年金終価係数	減債基金係数	年金現価係数	資本回収係数
10年	1.2190	0.8203	10.9497	0.0913	8.9826	0.1113
15年	1.3459	0.7430	17.2934	0.0578	12.8493	0.0778
20年	1.4859	0.6730	24.2974	0.0412	16.3514	0.0612

6
×

まず、毎年の受取額に**年金現価係数**（15年）を乗じて、必要な年金原資を求める。

600千円×12.8493＝7,709.58千円→7,709千円

（千円未満切り捨て）

次に年金原資に**減債基金係数**（15年）を乗じて、毎年の積立額を求める。

7,709千円×0.0578＝445.58…千円→445千円

（千円未満切り捨て）

7
×

まず、毎年の積立額に**年金終価係数**（15年）を乗じて、60歳時点の元利合計額を求める。

300千円×17.2934＝5,188.02千円→5,188千円

（千円未満切り捨て）

次に元利合計額に**資本回収係数**（20年）を乗じて、毎年の受取額を求める。

5,188千円×0.0612＝317.50…千円→317千円

（千円未満切り捨て）

ワンポイントアドバイス

6つの係数の意味・使い方を確実に押さえておきましょう。

公的医療保険

8 □□□

健康保険の被扶養者とすることができる被保険者の配偶者は、婚姻の届出をしている者に限られ、内縁関係の者は含まれない。

9 □□□

健康保険の被保険者の兄弟姉妹は、主としてその被保険者により生計を維持されていれば、その被保険者と同一の世帯に属していなくても、被扶養者となる。

10 □□□

健康保険の被保険者の配偶者の母は、被保険者と同一の世帯に属していなくても、主としてその被保険者により生計を維持されていれば、被扶養者となる。

11 □□□

収入がある者を健康保険の被扶養者とする場合に、被保険者との生計維持関係の判定における認定対象者の年間収入には、雇用保険の基本手当は含まれるが、公的年金制度の障害給付や遺族給付による年金収入は含まれない。

12 □□□

健康保険の被保険者と同一の世帯に属する被保険者の父（68歳）で、主として被保険者により生計を維持されていて、年間収入が160万円の公的年金のみで、その額が被保険者の年間収入の2分の1未満である者は健康保険の被扶養者とならない。

8
×

健康保険の被扶養者とすることができる被保険者の配偶者には、婚姻の届出をしていないが事実上婚姻関係と同様の事情にある内縁関係の者も含まれる。

9
○

健康保険の被保険者の配偶者、子、直系尊属、孫、兄弟姉妹は、主としてその被保険者により生計を維持されていれば、その被保険者と同一の世帯に属していなくても、被扶養者となる。

10
×

健康保険の被保険者の配偶者の母（配偶者、子、直系尊属、孫、兄弟姉妹以外の三親等内の親族）は、被保険者と同一の世帯に属していなければ、主としてその被保険者により生計を維持されていても、被扶養者とならない。注意

11
×

収入がある者を健康保険の被扶養者とする場合に、被保険者との生計維持関係の判定における認定対象者の年間収入には、雇用保険の基本手当や公的年金制度の障害給付や遺族給付による年金収入も含まれる。注意

12
×

健康保険の被保険者の父で、同一の世帯に属し、主として被保険者により生計を維持されていて、年間収入が60歳以上の場合180万円未満で、その額が被保険者の年間収入の2分の1未満である者は健康保険の被扶養者となる。

ワンポイントアドバイス

健康保険の被扶養者の認定要件を押さえましょう。

13 □□□

健康保険の被保険者と同一の世帯に属していないが、被保険者が仕送りを続けている被保険者の妹（22歳）であって、主として被保険者により生計を維持されている収入のない大学生である者は、健康保険の被扶養者となる。

14 □□□

健康保険の被保険者と同一の世帯に属する被保険者の孫（25歳）であって、主として被保険者により生計を維持されていて、年間収入が110万円のアルバイト収入のみで、その額が被保険者の年間収入の2分の1未満である者は、健康保険の被扶養者とならない。

15 □□□

一定の要件を満たせば、退職日の翌日から最長で2年間、健康保険に任意継続被保険者として加入することができるが、任意継続被保険者の保険料は、その全額を被保険者本人が負担する。

16 □□□

全国健康保険協会管掌健康保険において、任意継続被保険者の保険料の基準となる標準報酬月額は、被保険者資格喪失時の標準報酬月額と、任意継続被保険者の属する保険者が管掌する全被保険者の標準報酬月額を平均した額を報酬月額とみなしたときの標準報酬月額のいずれか少ない額となる。

17 □□□

任意継続被保険者は、原則として、在職中と同様の保険給付を受けることができ、退職後の傷病による傷病手当金の支給も受けることができる。

18 □□□

健康保険の高額療養費において、限度額適用認定証を医療機関に提示した場合、外来・入院に係る医療費の窓口での支払は自己負担限度額が上限となる。

13
○

被保険者の妹で、健康保険の被保険者と同一の世帯に属していない場合、主として被保険者により生計を維持されている収入のない者は、健康保険の被扶養者となる。

14
×

被保険者の孫で、同一の世帯に属し、主として被保険者により生計を維持されていて、年間収入が**130万円未満**で、その額が被保険者の年間収入の**2分の1未満**である者は健康保険の**被扶養者**となる。重要

15
○

任意継続被保険者として加入することができる期間は、最長で**2年間**である。任意継続被保険者の保険料は、**その全額を被保険者本人が負担**する。

16
○

任意継続被保険者の保険料の基準となる標準報酬月額は、次のうち、**いずれか少ない額**である。

・被保険者資格喪失時の標準報酬月額
・任意継続被保険者の属する保険者が管掌する全被保険者の標準報酬月額を平均した額を報酬月額とみなしたときの標準報酬月額

17
×

任意継続被保険者は、原則として、在職中と同様の保険給付を受けることができるが、退職後の傷病による**傷病手当金の支給を受けることはできない**。ただし、資格喪失後の継続給付に該当する場合、任意継続被保険者であっても傷病手当金・出産手当金を受け取ることができる。

18
○

高額療養費を現物給付化し、一医療機関ごとの窓口での支払を自己負担限度額までにとどめることができるものである。

19 □□□

健康保険の高額療養費の算定上、70歳未満の場合、合算することができる医療費の一部負担金等は、被保険者または被扶養者が同一月内にそれぞれ医療機関等に支払ったもので、所定の基準により算出された金額が1万1,000円以上のものとされている。

20 □□□

健康保険の高額療養費の支給を受ける場合において、当該療養があった月以前の6カ月以内に既に2カ月以上、同一の保険者から高額療養費の支給を受けているときは、高額療養費の算定上、自己負担限度額が軽減される。

21 □□□

健康保険の傷病手当金は、私傷病の療養のために労務に服することができない健康保険の被保険者に対して、継続した3日間の待期期間の後、休業4日目から支給されるが、有給休暇を取得した日も待期期間と認められる。

22 □□□

健康保険の傷病手当金の支給期間は、支給開始日から1年6カ月であり、支給開始日後に傷病が一時的に回復して就労したために傷病手当金が支給されない期間がある場合であっても、同一の傷病について支給開始日から1年6カ月が限度となる。

23 □□□

健康保険の被保険者が傷病手当金と出産手当金の支給要件をいずれも満たした場合、出産手当金が支給され、出産手当金の額が傷病手当金の額よりも少ないときは、その差額が傷病手当金として支給される。

24 □□□

健康保険の出産手当金は、1日につき、支給開始日の以前継続した12カ月間の各月の標準報酬月額を平均した額の30分の1の3分の1に相当する額が支給される。

19
×

健康保険の高額療養費の算定上、70歳未満の場合、合算することができる医療費の一部負担金等は、被保険者または被扶養者が同一月内にそれぞれ医療機関等に支払ったもので、所定の基準により算出された金額が2万1,000円以上のものとされている。

20
×

高額療養費の支給を受ける場合において、当該療養があった月以前の12カ月以内に既に3カ月以上、同一の保険者から高額療養費の支給を受けているときは、高額療養費の算定上、自己負担限度額が軽減される。

21
○

傷病手当金の待期期間は、報酬の支払いの有無は関係なく、有給休暇を取得した日についても待期期間と認められる。重要

22
×

傷病手当金の支給期間は、支給開始日後に傷病が一時的に回復して就労したために傷病手当金が支給されない期間がある場合、同一の傷病について支給開始日から1年6カ月を超えても、繰り越して支給可能である。支給期間は通算して1年6カ月である。注意

23
○

健康保険の被保険者が傷病手当金と出産手当金の支給要件をいずれも満たした場合、出産手当金が支給される。ただし、出産手当金の額が傷病手当金の額よりも少ない場合には、傷病手当金を請求することにより、出産手当金との差額が支給される。重要

24
×

出産手当金は、1日につき、支給開始日の以前継続した12カ月間の各月の標準報酬月額を平均した額の30分の1の3分の2に相当する額が支給される。

25 □□□

健康保険の出産手当金の支給を受けている被保険者が退職した場合、資格喪失の日の前日まで被保険者期間が継続して1年以上ある場合、資格喪失後も所定の期間の範囲内で引き続き出産手当金の支給を受けることができる。

26 □□□

健康保険の被保険者が産科医療補償制度に加入する医療機関で出産した場合、1児につき50万円の出産育児一時金が支給される。

27 □□□

後期高齢者医療制度の被保険者は、後期高齢者医療広域連合の区域内に住所を有する70歳以上の者、または後期高齢者医療広域連合の区域内に住所を有する60歳以上70歳未満の者であって、一定の障害の状態にある旨の認定を受けた者である。

28 □□□

後期高齢者医療制度の保険料の額は、被保険者の所得に応じて決まる所得割額と均等割額との合計額であるが、所得割率および均等割額は全国一律である。

29 □□□

後期高齢者医療制度の保険料は、年額18万円以上の年金を受給している場合、原則として年金からの天引きによる納付（特別徴収）となる。

30 □□□

後期高齢者医療制度の自己負担割合は、単身世帯で課税所得が28万円未満の場合は1割である。

25
○

なお、傷病手当金についても、同様の要件を満たせば、資格喪失後も所定の期間の範囲内で引き続き傷病手当金の支給を受けることができる。

26
○

1児につき50万円の出産育児一時金が支給される（2023年4月1日～）。なお、窓口での負担を軽減するために、直接支払制度が設けられている。

ワンポイントアドバイス

健康保険の保険給付では、傷病手当金と出産手当金が重要です。

27
×

後期高齢者医療制度の被保険者は、後期高齢者医療広域連合の区域内に住所を有する75歳以上の者、または後期高齢者医療広域連合の区域内に住所を有する65歳以上75歳未満の者であって、一定の障害の状態にある旨の認定を受けた者である。

28
×

後期高齢者医療制度の保険料の額は、被保険者の所得に応じて決まる所得割額と均等割額との合計額である。ただし、所得割率および均等割額は都道府県によって異なる。

29
○

なお、年金額が18万円未満である場合などには、納付書による納付（普通徴収）となる。

30
○

後期高齢者医療制度の自己負担割合は原則として1割であるが、一定以上の所得がある場合は2割、現役並み所得がある場合は3割である。

公的介護保険

31 □□□

健康保険に加入する介護保険の第2号被保険者の介護保険料は、健康保険料とあわせて給与天引きにて徴収される。

32 □□□

介護保険の第2号被保険者が保険給付を受けるためには、特定疾病により要介護者・要支援者になった場合に限られている。

33 □□□

介護保険の第2号被保険者が保険給付を受けた場合、原則として、費用（食費、居住費等を除く）の1割を自己負担しなければならないが、所得金額が一定額以上である場合は、自己負担割合が2割または3割となる。

34 □□□

介護保険の要介護認定の有効期間は、新規申請の場合は原則12カ月である。

労働者災害補償保険

35 □□□

労働者災害補償保険の適用労働者には、適用事業に使用され賃金を支払われている者で、日雇労働者や1カ月未満の期間を定めて使用される労働者も含まれる。

36 □□□

事業主と雇用関係にある労働者が、労働時間の全部または一部について、情報通信機器等を利用して自宅で業務に従事する在宅勤務を行う場合であっても、当該労働者は労働者災害補償保険の適用労働者となる。

31
○

なお、介護保険の第1号被保険者の介護保険料は、年額18万円以上の公的年金を受給している場合は、公的年金から**特別徴収**される。

32
○

なお、介護保険の第1号被保険者の場合は、**原因を問わない**。

33
×

介護保険の**第1号被保険者**が保険給付を受けた場合、所得金額が一定額以上である場合は、自己負担割合が2割または3割となる。第2号被保険者の自己負担割合は、所得の額の多寡にかかわらず、原則として1割である。注意

34
×

介護保険の要介護認定の有効期間は、新規申請の場合は原則**6カ月**である。更新の場合は原則**12カ月**である。

35
○

原則として、1人でも労働者を使用する**すべての事業**が強制的に適用事業となり、パートタイマーやアルバイトなど**雇用形態を問わず**、労働者災害補償保険の適用労働者となる。

36
○

テレワークを行う場合も、労働者災害補償保険の適用を受ける。

37 □□□

派遣労働者が、派遣元事業主と労働者派遣契約を締結している派遣先で業務を行っているときに、業務上の負傷をした場合、派遣元を適用事業とする労働者災害補償保険が適用される。

38 □□□

1つの事業所の業務上の負荷で労災認定できない場合、複数の事業所の業務上の負荷を総合的に評価して労災認定できる場合であっても、労働者災害補償保険から保険給付が行われない。

39 □□□

労働者が、休憩時間中に昼食のために会社から外にあるレストランに向かい、入店する直前に道路上の段差で転倒して足首を捻挫した場合は、業務災害に該当する。

40 □□□

取引先と商談をするため、前日から出張して取引先の近くにあるホテルに宿泊した労働者が、翌朝、ホテルから取引先に向かう途中、足を滑らせ転倒して骨折した場合は、通勤災害に該当する。

41 □□□

労働者が業務上の負傷・疾病による療養のために欠勤し、賃金を受けられない場合、休業4日目から休業補償給付が支給される。

42 □□□

療養開始後1年を経過した日以後において、傷病が治癒せず、当該傷病による障害の程度が所定の傷病等級の第1級から第4級に該当する場合には、休業補償給付の支給に代えて、傷病補償年金が支給される。

37
○

派遣労働者の労災保険は、派遣元で加入しているため、派遣労働者が派遣先で業務上の負傷をした場合、派遣元を適用事業とする労災保険が適用される。重要

38
×

1つの事業所の業務上の負荷で労災認定できない場合であっても、複数の事業所の業務上の負荷を総合的に評価して労災認定できる場合、労働者災害補償保険から保険給付が行われる。

39
×

休憩時間中の事業所の施設外での飲食等の行動は、業務遂行性および業務基因性は認められず、業務災害に該当しない。

40
×

通勤災害ではなく、業務災害に該当する。出張中のケガは業務災害に該当する。注意

ワンポイントアドバイス

業務災害、通勤災害に該当するのはどのようなケースなのか押さえておきましょう。

41
○

なお、休業3日目までは、事業主が労働基準法の規定に基づき、休業補償を行わなければならない。

42
×

療養開始後1年6カ月を経過した日以後において、傷病が治癒せず、当該傷病による障害の程度が所定の傷病等級の第1級から第3級に該当する場合には、休業補償給付の支給に代えて、傷病補償年金が支給される。

43 □□□

遺族補償年金を受ける権利を有する遺族は、給付基礎日額の254日分に相当する額を限度として、遺族補償年金前払一時金の支給を請求することができる。

44 □□□

同一の事由により、障害補償年金と障害厚生年金が支給される場合、障害厚生年金は全額支給され、障害補償年金は減額調整される。

雇用保険

45 □□□

2つの事業所で雇用される65歳以上の労働者の場合、各事業所では1週間の所定労働時間は5時間以上20時間未満であるが、2つの事業所の労働時間を合計すると1週間の所定労働時間20時間以上となる場合、所定の要件を満たせば、雇用保険の高年齢被保険者となることができる。

46 □□□

雇用保険の被保険者が会社の倒産により離職を余儀なくされて失業した場合、原則として、離職の日以前1年間に被保険者期間が通算して6カ月以上あれば、所定の手続により、基本手当の支給を受けることができる。

47 □□□

基本手当の日額の算定の基礎となる賃金日額は、原則として、被保険者期間として計算された最後の3カ月間に支払われた賃金（賞与等を除く）の総額を基に算出される。

48 □□□

基本手当の受給期間は、原則として離職の日の翌日から1年間であるが、離職が60歳以上の定年退職によるものである場合、離職の日の翌日から2カ月以内に申し出ることにより、最長4年間まで延長される。

43 ×

遺族補償年金前払一時金の額は、給付基礎日額の200日分、400日分、600日分、800日分、1,000日分の額のうち、受給権者が選択する額である。

44 ○

同一の事由により、国民年金や厚生年金保険の年金給付と労災保険の保険給付が行われる場合、国民年金や厚生年金保険の年金給付は全額支給され、労災保険の保険給付は減額調整される。重要

45 ○

複数の事業所で勤務する65歳以上の労働者が、そのうちの2つの事業所での勤務を合計して所定の加入要件を満たす場合に、本人が申出を行うことで、特例的に雇用保険の被保険者になることができる（マルチジョブホルダー制度）。

46 ○

基本手当は、原則として離職の日以前2年間に被保険者期間が通算して12カ月以上あれば支給を受けることができるが、特定受給資格者の場合は、離職の日以前1年間に被保険者期間が通算して6カ月以上あれば支給を受けることができる。重要

47 ×

基本手当の日額の算定の基礎となる賃金日額は、原則として、被保険者期間として計算された最後の6カ月間に支払われた賃金（賞与等を除く）の総額を基に算出される。なお、下限額および受給資格者の年齢区分に応じた上限額が設けられている。

48 ×

基本手当の受給期間は、原則として離職の日の翌日から1年間であるが、離職が60歳以上の定年退職によるものである場合、最長2年間（最長1年延長）まで延長される（離職の日の翌日から2カ月以内に申請）。

49 □□□

基本手当は、原則として、3週間に1回、公共職業安定所において失業の認定を受けた日分が支給される。

50 □□□

雇用保険の被保険者が11年6カ月勤務した会社を自己都合退職した場合、2カ月間の給付制限経過後に受給することができる基本手当の日数は、最大で90日である。

51 □□□

雇用保険の被保険者（52歳）が26年間勤務した会社が倒産して離職し、特定受給資格者に該当する場合、受給することができる基本手当の日数は、最大で330日である。

52 □□□

就職促進給付のうち就業手当の支給を受けるためには、職業に就いた日の前日における基本手当の支給残日数が所定給付日数の3分の1以上かつ45日以上であることが要件の1つとされている。

53 □□□

就職促進給付のうち再就職手当の支給を受けるためには、受給資格者が1年を超えて引き続き雇用されることが確実であると認められる職業に就くことや一定の事業を開始することが要件の1つとされるが、離職前の事業主に再び雇用された場合も支給される。

54 □□□

就職促進給付のうち再就職手当は、受給資格者が安定した職業に就いた日前5年以内の就職について再就職手当の支給を受けたことがあるときは、支給されない。

55 □□□

60歳以後も継続して雇用されている被保険者に対して支給対象月に支払われた賃金額が60歳到達時の賃金月額の61%相当額を下回る場合、高年齢雇用継続基本給付金の額は、原則として、支給対象月の賃金額に15%を乗じて得た額となる。

49
×

基本手当は、原則として、4週間に1回、公共職業安定所において失業の認定を受けた日分が支給される。

50
×

自己都合退職で算定基礎期間が10年以上20年未満の場合、2カ月間の給付制限経過後に受給することができる基本手当の日数は、最大で120日である。重要

51
○

特定受給資格者の場合、年齢が45歳以上60歳未満で、算定基礎期間が20年以上の場合、受給することができる基本手当の日数は、最大で330日である。重要

52
○

なお、就業手当は、受給資格者が再就職手当の対象とならない職業に就いたときや事業を開始したときに、一定の要件を満たすことで支給される。就業手当の額は基本手当日額の30%相当額である。

53
×

再就職手当は離職前の事業主に再び雇用された場合は支給されない。なお、再就職手当は就職日の前日における基本手当の支給残日数が、所定給付日数の3分の1以上ある場合に支給される。

54
×

就職促進給付のうち再就職手当は、受給資格者が安定した職業に就いた日前3年以内の就職について再就職手当の支給を受けたことがあるときは、支給されない。

55
○

改正 なお、支給対象月に支払われた賃金額が60歳到達時の賃金月額の61%以上75%未満の場合は、支給対象月の賃金額に厚生労働省令で定める支給率を乗じて得た額となる。また、2025年4月から賃金額の15%は賃金額の10%に縮小される。

56 □□□

高年齢再就職給付金を受給するためには、受給資格に係る離職日における算定基礎期間が3年以上あり、かつ、当該受給資格に基づく基本手当の支給を受けたこと、就職日の前日における当該基本手当の支給残日数が50日以上であること等の要件を満たす必要がある。

57 □□□

介護休業給付金は、同一の対象家族について介護休業を分割して取得する場合、介護休業を開始した日から通算124日を限度に4回までに限り支給される。

58 □□□

介護休業給付金の額は、介護休業期間中に事業主から賃金が支払われなかった場合、1支給単位期間について、休業開始時賃金日額に支給日数を乗じて得た額の67%相当額である。

59 □□□

育児休業給付金は、原則として、1歳に達する日前までの子を養育するための育児休業を取得した場合に支給されるが、パパ・ママ育休プラス制度を利用する場合は、対象となる子の年齢が2歳まで延長される。

60 □□□

4週間（28日）以内の期間を定めて、子を養育するための産後パパ育休を取得した父が、産後パパ育休期間中に5日を超えて就業した場合、出生時育児休業給付金は受給することができない。

61 □□□

教育訓練給付金のうち、一般教育訓練に係る教育訓練給付金の額は、教育訓練の受講のために支払った所定の費用の額の20%相当額であり、10万円が上限とされる。

56
×

高年齢再就職給付金を受給するためには、受給資格に係る離職日における算定基礎期間が５年以上あり、かつ、当該受給資格に基づく基本手当の支給を受けたこと、就職日の前日における当該基本手当の支給残日数が100日以上であること等の要件を満たす必要がある。

57
×

介護休業給付金は、同一の対象家族について介護休業を分割して取得する場合、介護休業を開始した日から通算93日を限度に３回までに限り支給される。重要

58
○

なお、休業期間中に賃金支払日があり、賃金が休業開始時賃金日額×支給日数の80%以上の場合、介護休業給付金は支給されない。

59
×

育児休業給付金は、原則として、1歳に達する日前までの子を養育するための育児休業を取得した場合に支給される。パパ・ママ育休プラス制度を利用する場合は、対象となる子の年齢が１歳２カ月まで延長される。

60
×

出生時育児休業給付金は、休業期間中の就業日数が、最大10日以下であることが支給要件となっている。なお、最大10日は、28日間の休業を取得した場合の日数。休業期間が28日間より短い場合は、その日数に比例して短くなる。注意

61
○

一般教育訓練に係る教育訓練給付金の額は、教育訓練の費用の額の20%相当額であり、10万円が上限とされる。なお、4,000円を超えない場合は支給されない。注意

62 □□□

教育訓練給付金のうち、専門実践教育訓練に係る教育訓練給付金の額は、教育訓練の受講のために支払った所定の費用の額の40%相当額であり、1年間の上限額は30万円とされる。

公的年金制度

63 □□□

国民年金保険料の法定免除制度は、国民年金の第1号被保険者が障害基礎年金または遺族基礎年金の支給を受けている場合や、生活保護法による生活扶助を受けている場合などに、所定の届出をすることにより、国民年金保険料の納付が免除されるものである。

64 □□□

国民年金の第1号被保険者が保険料納付猶予制度の適用を受けるためには、当該被保険者が20歳以上30歳未満であり、かつ、被保険者本人および配偶者の所得金額が一定額以下である必要がある。

65 □□□

国民年金の学生納付特例制度は、国民年金の第1号被保険者で所定の学校に在籍する学生について、学生の扶養義務者の前年所得が一定額以下であれば、被保険者等からの申請に基づき、国民年金保険料の納付を猶予する制度である。

66 □□□

国民年金の学生納付特例制度の承認を受けた期間の保険料は、10年以内であれば追納することができ、承認を受けた期間の翌々年度末までに保険料を追納すれば、承認を受けた当時の保険料額に経過期間に応じた加算額は上乗せされない。

62
×
教育訓練給付金のうち、専門実践教育訓練に係る教育訓練給付金の額は、教育訓練の受講のために支払った所定の費用の額の50%相当額であり、1年間の上限額は40万円とされる（最大で3年間で120万円）。

63
×
国民年金保険料の法定免除制度は、国民年金の第1号被保険者が障害基礎年金の支給を受けている場合や、生活保護法による生活扶助を受けている場合などに、所定の届出をすることにより、国民年金保険料の納付が免除されるものである。遺族基礎年金は該当しない。

64
×
第1号被保険者が保険料納付猶予制度の適用を受けるためには、当該被保険者が20歳以上50歳未満であり、かつ、被保険者本人および配偶者の所得金額が一定額以下である必要がある。

65
×
国民年金の学生納付特例制度は、扶養義務者の前年所得ではなく、学生本人の前年所得が一定額以下であれば、被保険者等からの申請に基づき、国民年金保険料の納付を猶予する制度である。

66
○
国民年金の学生納付特例制度の承認を受けた期間の保険料は、10年以内であれば追納することができる。学生納付特例の承認を受けた期間の翌年度から起算して、3年度目以降に保険料を追納する場合には、承認を受けた当時の保険料額に経過期間に応じた加算額が上乗せされる。

67 □□□

国民年金の第1号被保険者が出産する場合、当該被保険者の国民年金の保険料は、所定の届出により、出産予定日（または出産日）が属する月の前月から出産予定月の翌月までの期間に係る保険料の納付が免除される。

68 □□□

国民年金において、産前産後期間の保険料免除の規定により保険料の納付が免除された期間は、保険料納付済期間として老齢基礎年金の年金額に反映される。

老齢給付

69 □□□

老齢基礎年金の年金額の計算において、20歳未満や60歳以上の国民年金の第2号被保険者であった期間は、保険料納付済期間とされる。

70 □□□

付加保険料納付済期間を有する者が老齢基礎年金の繰下げ支給の申出をした場合、付加年金は、老齢基礎年金とは異なり、繰り下げた月数に応じた増額はされない。

71 □□□

65歳到達時に老齢厚生年金の受給権を取得した者が繰下げ支給を希望する場合、66歳以降に繰下げの申出をすることができる。

72 □□□

障害基礎年金の受給権者が65歳に達して老齢厚生年金の受給権を取得した場合、当該受給権者は、老齢厚生年金の繰下げ支給の申出をすることができない。

67
×

国民年金の第1号被保険者が出産する場合、当該被保険者の国民年金の保険料は、所定の届出により、出産の予定月（または出産日）の前月（多胎妊娠の場合は3カ月前）から出産予定月の翌々月までの期間（4カ月）に係る保険料の納付が免除される。重要

68
○

産前産後期間の保険料免除の規定により国民年金の保険料の納付が免除された期間は、**保険料納付済期間**とされ、**老齢基礎年金の年金額に反映される**。重要

ワンポイントアドバイス

国民年金保険料の免除・猶予などについて整理しておきましょう。

69
×

老齢基礎年金の年金額の計算上、20歳未満や60歳以上の国民年金の第2号被保険者であった期間は、**合算対象期間**とされる。

70
×

付加保険料納付済期間を有する者が老齢基礎年金の繰下げ支給の申出をした場合、**付加年金も老齢基礎年金と同様に**、繰り下げた月数に応じて増額される。注意

71
○

なお、老齢基礎年金と老齢厚生年金の繰下げは、同時に行うことも、**別々に行うこと**もできる。

72
×

障害基礎年金の受給権者が65歳に達して老齢厚生年金の受給権を取得した場合、当該受給権者は、老齢厚生年金の**繰下げ支給の申出をすることができる**。重要

73 □□□

加給年金額が加算される老齢厚生年金の繰下げ支給の申出をした場合、老齢厚生年金の額は繰下げ加算額を加算した額とされ、加給年金額についても増額される。

74 □□□

65歳以上の厚生年金保険の被保険者が支給を受ける老齢厚生年金は、その者の総報酬月額相当額と基本月額との合計額が支給停止調整額以下である場合、在職支給停止の仕組みによる調整はなく、全額が支給される。

75 □□□

65歳以上の厚生年金保険の被保険者が老齢厚生年金の繰下げ支給の申出をした場合、老齢厚生年金の年金額のうち、在職支給停止の仕組みにより支給停止とされる部分の金額についても、支給を繰り下げたことによる増額の対象となる。

障害給付

76 □□□

障害厚生年金の支給を受けるためには、傷病に係る初診日において厚生年金保険の被保険者であり、かつ、その障害認定日において障害等級1級、2級または3級に該当する程度の障害の状態でなければならない。

77 □□□

傷病の初診日およびその障害認定日において20歳未満であり、国民年金の被保険者でなかった者が、20歳に達した日において障害等級1級または2級に該当する程度の障害の状態にあっても、その者は要件を満たさないので障害基礎年金を受給することができない。

73
×

老齢厚生年金の額は繰下げ加算額を加算した額とされるが、**加給年金額**については支給を繰り下げたことによる**増額の対象とならない**。注意

74
○

改正 2024年度の支給停止調整額は**50万円**である。
なお、老齢基礎年金については支給停止の対象にはならない。

75
×

65歳以上の厚生年金保険の被保険者が老齢厚生年金の繰下げ支給の申出をした場合、老齢厚生年金の年金額のうち、**在職支給停止の仕組みにより支給停止とされる部分の金額**は、支給を繰り下げたことによる**増額の対象とならない**。

ワンポイントアドバイス

老齢年金の繰上げ・繰下げ支給は、出題頻度が高く重要です。

76
○

なお、障害認定日とは、傷病に係る初診日から1年6カ月を経過した日、またはその期間内に傷病が治った場合（症状が固定した場合）はその日をいう。

77
×

傷病の初診日およびその障害認定日において20歳未満であり、国民年金の被保険者でなかった者が、20歳に達した日において障害等級1級または2級に該当する程度の障害の状態にあるときは、要件を満たさなくても、その者は**障害基礎年金を受給することができる**。

78
□□□

障害等級３級に該当する者に支給される障害厚生年金の額は、障害等級２級に該当する者に支給される障害基礎年金の額（子に係る加算額を除く）の３分の２相当額が最低保障される。

79
□□□

障害厚生年金の額については、当該障害厚生年金の支給事由となった障害に係る障害認定日の属する月後における厚生年金保険の被保険者期間は、その計算の基礎とされる。

遺族給付

80
□□□

国民年金の第１号被保険者として９年間保険料を納付してきた子（29歳）が、障害基礎年金の支給を受けることなく死亡した場合、生計を同じくしていた母（58歳）は、死亡一時金を受給できる。

81
□□□

国民年金の第１号被保険者期間に係る保険料納付済期間が10年以上ある夫（61歳）が、老齢基礎年金または障害基礎年金の支給を受けることなく死亡した場合、夫との婚姻期間が10年以上あり、生計を維持されていた妻（59歳）は、夫が死亡した日の属する月の翌月から10年間、寡婦年金を受給することができる。

82
□□□

厚生年金保険の被保険者である兄（38歳）が死亡し、その兄と同居して生計維持関係にあった者が妹（30歳）のみである場合、妹が遺族厚生年金の受給権を取得する。

83
□□□

厚生年金保険の被保険者である妻（49歳）が死亡し、その妻と同居して生計維持関係にあった者が夫（50歳）と長女（22歳）である場合、夫および長女は遺族厚生年金の受給権を取得することはできない。

78
×
障害等級3級に該当する者に支給される障害厚生年金の額は、障害等級2級に該当する者に支給される障害基礎年金の額（子に係る加算額を除く）の**4分の3相当額**が最低保障される。

79
×
障害厚生年金の額については、当該障害厚生年金の支給事由となった障害に係る**障害認定日の属する月後**における厚生年金保険の被保険者期間は、その**計算の基礎とされない**。注意

80
○
死亡一時金は、第1号被保険者として保険料を納めた月数が**36月**以上ある者が、老齢基礎年金・障害基礎年金を受けずに死亡したとき、生計を同じくしていた遺族に支給される。

81
×
寡婦年金は、国民年金の第1号被保険者として保険料納付済期間および保険料免除期間が10年以上ある夫が死亡したときに、その夫と10年以上継続して婚姻関係にあり、死亡当時にその夫に生計を維持されていた妻に対して、妻が**60歳から65歳になるまでの**間支給される。

82
×
遺族厚生年金を受給することができる遺族は、被保険者または被保険者であった者と生計維持関係にあった①**配偶者または子**、②**父母**、③**孫**、**祖父母**である。**兄弟姉妹は支給対象外**である。

83
○
遺族厚生年金を受給するためには、夫は**55歳以上**でなければならず、子は**18歳に達する日以降の最初の3月31日までの間**、または20歳未満で障害等級1級・2級に該当の場合でなければならない。重要

84 □□□

厚生年金保険の被保険者である夫（35歳）が死亡し、その夫と同居して生計維持関係にあった者が妻（27歳）と長女（2歳）である場合、妻が取得する遺族厚生年金の受給権は、当該遺族厚生年金の受給権を取得した日から起算して5年を経過したときに消滅する。

85 □□□

厚生年金保険の被保険者期間が18年2カ月である夫（42歳）が被保険者期間中に死亡し、その夫に生計を維持されていた遺族が妻（41歳）のみである場合、その妻が受給する遺族厚生年金には中高齢寡婦加算額が加算される。

その他年金関連事項

86 □□□

障害基礎年金と障害厚生年金の受給権者が、65歳到達日に老齢基礎年金と老齢厚生年金の受給権を取得した場合、当該受給権者は、「障害基礎年金と障害厚生年金」「老齢基礎年金と老齢厚生年金」「障害基礎年金と老齢厚生年金」のいずれかの組合せによる年金の受給を選択することができる。

87 □□□

障害基礎年金を受給している妻（66歳）が、夫（67歳）の死亡により遺族厚生年金の受給権を取得した場合、障害基礎年金と遺族厚生年金は併せて受けることはできず、いずれか一方を選択して受給することになる。

84
×

夫の死亡により、子のない30歳未満の妻が遺族厚生年金を受給する場合、5年間の有期年金となるが、子のある30歳未満の妻の場合は、5年を経過したときに消滅しない。注意

85
○

夫の死亡時に、40歳以上65歳未満で、生計を同じくしている子がいない妻が受給する遺族厚生年金には、40歳から65歳になるまでの間、中高齢寡婦加算額が加算される。なお、長期要件に該当する場合は、死亡した夫の厚生年金保険の被保険者期間が20年以上でなければならないが、短期要件の場合は、被保険者期間は問わない。

ワンポイントアドバイス

遺族年金の受給要件、受給対象者などを押さえておきましょう。

86
○

障害基礎年金と障害厚生年金の受給権者が、65歳到達日に老齢基礎年金と老齢厚生年金の受給権を取得した場合、次の組み合わせが可能である。

- 障害基礎年金と障害厚生年金
- 老齢基礎年金と老齢厚生年金
- 障害基礎年金と老齢厚生年金

87
×

障害基礎年金を受給している者が遺族厚生年金の受給権を取得した場合、65歳以後は障害基礎年金と遺族厚生年金は併せて受けることができる。

88 □□□

その年の12月31日において65歳以上の者がその年中に支払を受けるべき公的年金等の金額が158万円未満であるときは、その支払の際、所得税および復興特別所得税は源泉徴収されない。

企業年金等

89 □□□

国民年金基金の加入員が、国民年金法の障害等級に該当する程度の障害の状態になった場合、国民年金基金から所定の障害給付金が支給される。

90 □□□

国民年金基金の加入員が、老齢基礎年金の繰上げ支給を受ける場合、繰上げ受給期間中は、国民年金基金からは付加年金に相当する部分だけが繰上げ支給される。

91 □□□

小規模企業共済の共済契約者が掛金を前納したときは、前納月数に応じた前納減額金を受け取ることができる。

92 □□□

小規模企業共済の共済金の受取方法を「分割受取り」にするためには、分割で支給を受ける額が300万円以上あることが要件となる。

93 □□□

小規模企業共済契約に基づいて60歳の共済契約者本人に支給される解約手当金は、一時所得として課税の対象となる。

94 □□□

既に中小企業退職金共済に加入している事業主が、掛金月額が18,000円以下である被共済者（従業員）の掛金を増額した場合、増額分の2分の1を増額月から1年間、国が助成する。

88
○

なお、65 歳未満の者の場合は、公的年金等の金額が 108 万円未満であるときは、所得税および復興特別所得税は源泉徴収されない。

89
×

国民年金基金の給付は、**老齢年金と遺族一時金**の２つであり、障害給付金はない。注意

90
○

老齢基礎年金の繰上げ支給を受ける場合、繰上げ受給期間中は、国民年金基金からは**付加年金に相当する部分だけ**が繰上げ支給される。

91
○

小規模企業共済の掛金を前納したときは、前納月数に応じた前納減額金を受け取ることができる。なお、前納減額金は、前納月数１カ月当たり **1,000 分の 0.9** に相当する額である。

92
○

なお「一括受取りと分割受取りの併用」にするためには、分割で支給を受ける額と一括で支給を受ける額の合計額が **330 万円以上**あることが要件となる。

93
○

小規模企業共済の任意解約等による解約手当金は、65 歳以上の場合は**退職所得**として、65 歳未満の場合は**一時所得**として課税対象となる。注意

94
×

既に中小企業退職金共済に加入している事業主が、掛金月額が 18,000 円以下である被共済者（従業員）の掛金を増額した場合、増額分の **３ 分の １** を増額月から１年間、国が助成する。

95 □□□

中小企業退職金共済の退職金の額は、退職者に係る掛金月額、掛金納付月数、退職理由および退職時の年齢に応じて定められている基本退職金に、運用収入の状況等に応じて決定される付加退職金を加えた額となる。

96 □□□

中小企業退職金共済の退職金は、60 歳未満で退職した場合は、退職金の額の多寡にかかわらず、分割払を選択することはできない。

97 □□□

確定拠出年金の個人型年金は、障害基礎年金の受給権者であるため、所定の届出をすることにより国民年金保険料の納付が免除されている国民年金の第 1 号被保険者は加入することはできない。

98 □□□

確定拠出年金の個人型年金における中小事業主掛金納付制度を実施することができる事業主は、使用する従業員の数が 100 人以下であり、かつ、確定拠出年金の企業型年金、確定給付企業年金および厚生年金基金のいずれも実施していないことが要件とされる。

99 □□□

61 歳の確定拠出年金の運用指図者は、6 年以上の通算加入者等期間があれば、老齢給付金の支給を請求することができる。

100 □□□

確定給付企業年金の加入者は、実施事業所に使用されるすべての厚生年金保険の被保険者としなければならず、一部の従業員を加入者から除外することはできない。

95 ×

中小企業退職金共済の退職金の額は、退職者に係る掛金月額と掛金納付月数に応じて定められている基本退職金に、運用収入の状況等に応じて決定される付加退職金を加えた額となる。退職理由および退職時の年齢に影響されない。

96 ○

中小企業退職金共済の退職金は、被共済者（従業員）の請求により、退職金の全部または一部を分割して受け取ることができる。ただし、60歳未満で退職した場合は、分割払を選択することはできない。

97 ×

障害基礎年金の受給権者であるため、所定の届出をすることにより国民年金保険料の納付が免除されている国民年金の第1号被保険者は、個人型年金に加入することができる。注意

98 ×

中小事業主掛金納付制度（iDeCo＋）を実施することができる事業主は、使用する従業員の数が300人以下であり、かつ、確定拠出年金の企業型年金、確定給付企業年金および厚生年金基金のいずれも実施していないことが要件とされる。

99 ×

61歳の確定拠出年金の運用指図者は、8年以上の通算加入者等期間があれば、老齢給付金の支給を請求することができる。通算加入者等期間が6年以上8年未満の場合は62歳からである。

100 ×

確定給付企業年金の加入者は、一定の勤続期間を加入者の資格として設けることや、一定年齢未満、あるいは一定年齢以上の者を加入者としないことなど、一部の従業員を加入者から除外することができる。重要

101 □□□

確定給付企業年金は、事業主が掛金を拠出するが、規約の定めと加入者の同意があれば、掛金総額の2分の1を超えない範囲内で加入者が掛金を拠出することができる。

102 □□□

確定給付企業年金による年金給付は、6カ月に1回、終身または3年以上にわたって定期的に支給するものでなければならない。

住宅取得資金・教育資金

103 □□□

フラット35を利用するためには、申込者の年収に占めるすべての借入れの年間合計返済額の割合が、年収が400万円未満の場合は25%以下、年収が400万円以上の場合は30%以下であることが必要である。

104 □□□

新築マンションを取得する際にフラット35を利用するためには、住宅について、専有面積が50m²以上であり、かつ、住宅金融支援機構が定めた技術基準に適合している必要がある。

105 □□□

フラット35の融資額は100万円以上8,000万円以下（1万円単位）であり、借入金利は全期間固定金利である。

106 □□□

フラット35の返済方法は元利均等毎月払いまたは元金均等毎月払いを選択することができ、6カ月ごとのボーナス払いを併用する場合は、ボーナス払い部分の金額が融資額の60%以内（1万円単位）でなければならない。

101
○

確定給付企業年金は、規約で定める場合で、加入者本人の同意を前提に、掛金総額の**2分の1を超えない範囲内**で加入者が掛金を拠出することができる。

102
×

確定給付企業年金の年金給付は、毎年**1回**以上、終身または**5年**以上にわたって定期的に支給するものでなければならない。

103
×

フラット35を利用するためには、申込者の年収に占めるすべての借入れの年間合計返済額の割合が、年収が400万円未満の場合は**30%**以下、年収が400万円以上の場合は**35%**以下であることが必要である。重要

104
×

フラット35を利用するためには、マンションの場合は、専有面積が**30m²**以上であり、かつ、住宅金融支援機構が定めた技術基準に適合している必要がある。戸建の場合は床面積が**70m²**以上である（**敷地面積の要件はない**）。重要

105
○

なお、借入期間（20年以下・21年以上）、融資率（9割以下・9割超）に応じて、借入金利が異なる。

106
×

フラット35の返済方法は元利均等毎月払いまたは元金均等毎月払いを選択することができる。6カ月ごとのボーナス払いを併用する場合は、ボーナス払い部分の金額が融資額の**40%以内**（1万円単位）でなければならない。注意

107 □□□

フラット35の一部繰上げ返済を返済先の金融機関の窓口で行う場合は、繰上返済手数料は不要で、返済することができる額は100万円以上とされている。

108 □□□

日本政策金融公庫の教育一般貸付（国の教育ローン）の資金使途は、入学金や授業料などの学校に直接支払う費用に限定されている。

109 □□□

日本政策金融公庫の教育一般貸付（国の教育ローン）の融資限度額は、原則として学生・生徒1人につき350万円であるが、自宅外通学の場合は1人につき450万円が上限となる。

110 □□□

日本政策金融公庫の教育一般貸付（国の教育ローン）の返済期間は、最長18年である。

111 □□□

日本政策金融公庫の「教育一般貸付（国の教育ローン）」の融資金利は、ひとり親家庭（父子家庭・母子家庭）や交通遺児家庭などで世帯年収が一定額以内の世帯を対象として、優遇措置が講じられている。

112 □□□

日本政策金融公庫の「教育一般貸付（国の教育ローン）」において、公益財団法人教育資金融資保証基金の保証を利用する場合、融資の申込みの際に、融資額や返済期間に応じた保証料を一括して支払う必要がある。

107
○
なお、インターネットサービスを利用する場合は10万円以上である。

108
×
資金使途は、入学金や授業料などの学校に直接支払う費用に加えて、在学のための下宿費用や通学費用などに充当することができる。

109
○
原則として学生・生徒1人につき350万円であるが、自宅外通学の場合や修業年限5年以上の大学（昼間部）などの場合は1人につき450万円が上限となる。

110
○
なお、在学期間中は元金を据え置いて利息のみの返済ができる。

111
○
なお、保証料についても、優遇措置が講じられている。

112
×
公益財団法人教育資金融資保証基金の保証を利用する場合、保証料は融資金から一括して差し引かれる。

ワンポイントアドバイス

教育資金については、「教育一般貸付（国の教育ローン）」に関する問題がたびたび出題されています。

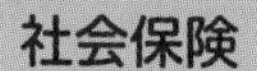

一問一答演習・応用編

社会保険

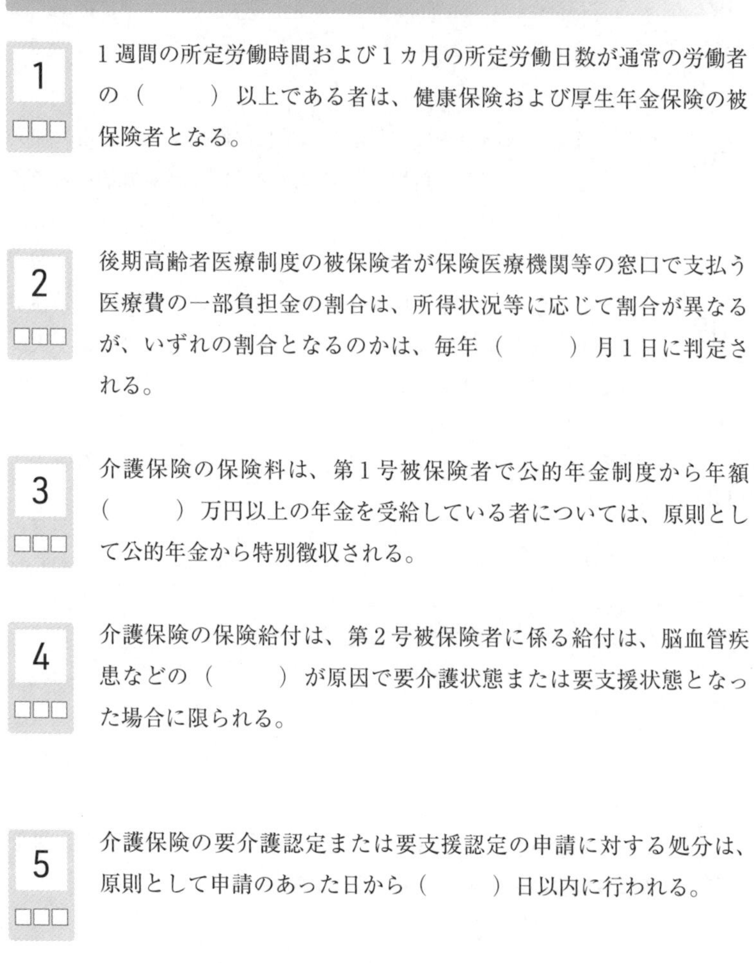

1 □□□

1週間の所定労働時間および1カ月の所定労働日数が通常の労働者の（　　　）以上である者は、健康保険および厚生年金保険の被保険者となる。

2 □□□

後期高齢者医療制度の被保険者が保険医療機関等の窓口で支払う医療費の一部負担金の割合は、所得状況等に応じて割合が異なるが、いずれの割合となるのかは、毎年（　　　）月1日に判定される。

3 □□□

介護保険の保険料は、第1号被保険者で公的年金制度から年額（　　　）万円以上の年金を受給している者については、原則として公的年金から特別徴収される。

4 □□□

介護保険の保険給付は、第2号被保険者に係る給付は、脳血管疾患などの（　　　）が原因で要介護状態または要支援状態となった場合に限られる。

5 □□□

介護保険の要介護認定または要支援認定の申請に対する処分は、原則として申請のあった日から（　　　）日以内に行われる。

解答	解　説
1	4分の3　1週間の所定労働時間および1カ月の所定労働日数が通常の労働者の4分の3以上である者は、健康保険および厚生年金保険の被保険者となる。なお、この基準に満たない短時間労働者であっても一定の要件を満たす場合には被保険者となる。
2	8　後期高齢者医療制度の被保険者の一部負担金の割合は、所得状況等に応じて割合が異なる（1割・2割・3割）。いずれの割合となるのかは、毎年8月1日に判定される。
3	18　介護保険料は、第1号被保険者で公的年金制度から年額18万円以上の年金を受給している者については、原則として公的年金から特別徴収される。
4	特定疾病　第2号被保険者に係る介護保険の保険給付は、脳血管疾患などの特定疾病が原因で要介護状態または要支援状態となった場合に限られる。**第1号被保険者の場合は理由を問わない。** 注意
5	30　介護保険の要介護認定または要支援認定の申請に対する処分は、原則として申請のあった日から30日以内に行われる。

ワンポイントアドバイス

介護保険の被保険者や保険料、保険給付などについて押さえておきましょう。

6 □□□

労災保険の休業補償給付および休業特別支給金の給付額は、原則として、休業1日につき、休業補償給付は給付基礎日額の（　①　）%相当額であり、休業特別支給金は給付基礎日額の（　②　）%相当額である。

7 □□□

労災保険の保険給付における給付基礎日額とは、原則として、算定事由発生日以前（　　　）カ月間にその労働者に対して支払われた賃金の総額（賞与等を除く）を、その期間の総日数で除した金額である。

8 □□□

雇用保険の基本手当の日額は、賃金日額に応じた給付率を乗じた額となるが、その給付率は、受給資格に係る離職日において60歳以上65歳未満である受給資格者の場合、（　　　）%から80%の範囲である。

9 □□□

雇用保険の被保険者であった期間が20年以上で、特定受給資格者等に該当しない場合、基本手当の支給を受けることができる最大の日数（所定給付日数）は（　　　）日である。

10 □□□

高年齢求職者給付金の額は、原則として、算定基礎期間が1年未満の場合は基本手当日額に（　①　）日を乗じて得た額となり、算定基礎期間が1年以上の場合は基本手当日額に（　②　）日を乗じて得た額となる。

6

① 60　② 20　　休業補償給付および休業特別支給金の給付額は、休業補償給付は給付基礎日額の 60%相当額、休業特別支給金は給付基礎日額の 20%相当額である。

7

3　　給付基礎日額とは、原則として、算定事由発生日以前 3 カ月間にその労働者に対して支払われた賃金の総額（賞与等を除く）を、その期間の総日数で除した金額である。

8

45　　賃金日額に応じた給付率は、受給資格に係る離職日において 60 歳以上 65 歳未満である受給資格者の場合、45%から 80%の範囲である。60 歳未満の場合は、50%から 80%である。

9

150　　雇用保険の被保険者であった期間が 20 年以上の場合、所定給付日数は 150 日である。10 年以上 20 年未満の場合は 120 日、10 年未満の場合は 90 日である。重要

10

① 30　② 50　　高年齢求職者給付金の額は、算定基礎期間が 1 年未満の場合は基本手当日額に 30 日を、1 年以上の場合は基本手当日額に 50 日を乗じて得た額となる。なお、支給を受けるためには、離職の日以前 1 年間に被保険者期間が 6 カ月以上必要である。

ワンポイントアドバイス

基本手当の所定給付日数を覚えましょう。

11 □□□

高年齢雇用継続基本給付金は、雇用保険の被保険者であった期間が（ ① ）年以上ある60歳以上65歳未満の被保険者が、原則として60歳以降の賃金が60歳時点に比べて、（ ② ）％未満になる場合に支給される。

12 □□□

高年齢再就職給付金の支給を受けるためには、就職日の前日における基本手当の支給残日数が（　　　）日以上なければならない。

公的年金

13 □□□

会社を退職して、国民年金の第1号被保険者となる場合、会社を退職した日の翌日から（　　）日以内に、住所地の市町村の窓口等で資格取得の届出を行う必要がある。

14 □□□

国民年金の保険料は、将来の一定期間の保険料を前納することができ、前納することができる期間は、最長（　　　）年間である。

15 □□□

納付期限までに納付できなかった国民年金の保険料は、原則として納期限から（　　　）年を経過すると時効により納付できなくなる。

16 □□□

20歳から60歳まで国民年金に加入し、保険料を納付したAさんが、2024年10月に62歳0か月で老齢基礎年金の繰上げ支給を請求した場合、繰上げ支給の老齢基礎年金の年金額は（　　　）円となる。

11

①5　②75　　高年齢雇用継続基本給付金は、雇用保険の被保険者であった期間が5年以上ある60歳以上65歳未満の被保険者が、原則として60歳以降の賃金が60歳時点に比べて、75%未満になる場合に支給される。重要

12

100　　高年齢再就職給付金の支給を受けるためには、再就職手当を受給しておらず、就職日の前日における基本手当の支給残日数が100日以上なければならない。

13

14　　会社を退職して、国民年金の第1号被保険者となる場合、会社を退職した日の翌日から14日以内に、住所地の市町村の窓口等で資格取得の届出を行う必要がある。

14

2　　国民年金の保険料の前納することができる期間は、最長2年間である。6カ月、1年、2年前納があり、前納をすると割引を受けることができる。重要

15

2　　納付期限までに納付できなかった国民年金の保険料は、原則として納期限から2年を経過すると時効により納付できなくなる。

16

698,496　　繰上げによる減額率は1カ月につき0.4%なので、62歳0カ月で老齢基礎年金の繰上げた場合、0.4%×36月（3年分）＝14.4%となる。重要

よって、繰上げ支給の老齢基礎年金の年金額は次のようになる。

$$816{,}000\text{円}\times\frac{480\text{月}}{480\text{月}}=816{,}000\text{円}$$

816,000円×14.4%＝117,504円

816,000円－117,504円＝698,496円　計算

17 □□□

2022年4月1日以降、老齢基礎年金の繰下げ支給の上限年齢は（　①　）であり、繰下げによる増額率は最大で（　②　）%となる。

18 □□□

付加保険料を120月納付し、65歳から老齢基礎年金を受け取る場合、当該老齢基礎年金の額に付加年金として（　　　）円が上乗せされる。

19 □□□

65歳以上の厚生年金保険の被保険者に支給される老齢厚生年金において（2024年度）、総報酬月額相当額が40万円、老齢厚生年金（報酬比例部分）が年額192万円、老齢基礎年金が年額70万円の場合、在職支給停止による支給停止額（年額）は（　　　）円である。

20 □□□

障害等級1級に該当する程度の障害の状態にあると認定された場合の障害基礎年金の額は、障害等級2級の額の（　　　）倍相当額に子の加算額を加えた額となる。

21 □□□

厚生年金保険の被保険者期間中に初診日のある傷病が初診日から（　　　）年以内に治り、治った日に障害厚生年金を受け取ることができる障害の程度より軽度の障害の状態にあり、保険料納付要件を満たしている者は、障害手当金を請求することができる。

17

① 75 歳　② 84.0　　老齢基礎年金の繰下げ支給の上限年齢は 75 歳である。繰下げによる増額率は 1 カ月につき 0.7%なので、最大で 0.7%×120 月（10 年分）＝ 84.0%となる。重要

18

24,000　　付加保険料は月額 400 円で、65 歳から老齢基礎年金に上乗せされて「200 円×付加保険料納付済期間」の付加年金を受け取ることができる。200 円×120 月＝ 24,000 円が上乗せされる。注意

19

360,000　　支給停止額は次のようになる。計算

基本月額：192 万円÷12 カ月＝16 万円

支給停止額(月額)：(総報酬月額相当額＋基本月額－50 万円※) × $\frac{1}{2}$

＝ (40 万円＋16 万円－50 万円※) × $\frac{1}{2}$ ＝3 万円

※ 2024 年度の支給停止調整額

支給停止額(年額)：3 万円 × 12 カ月＝36 万円

なお、老齢基礎年金は支給停止の対象とならない。重要

20

1.25　　障害等級 1 級に該当する程度の障害の状態にあると認定された場合の障害基礎年金の額は、障害等級 2 級の額の 1.25 倍相当額に子の加算額を加えた額となる。重要

21

5　　厚生年金保険の被保険者期間中に初診日のある傷病が初診日から 5 年以内に治り、治った日に 3 級より軽度の障害の状態にあり、保険料納付要件を満たしている者は、障害手当金（一時金）を請求することができる。

ワンポイントアドバイス

老齢基礎年金の繰上げ支給・繰下げ支給の減額率・増額率を覚えておきましょう。

22
□□□

労災保険に加入しているＡさんは、業務災害により労働者災害補償保険法における障害等級１級の障害補償年金の受給権を取得し、かつ、公的年金制度における障害等級１級の障害厚生年金および障害基礎年金の受給権を取得した。この場合、Ａさんに係る障害補償年金の年金額は（　　）円である。なお、下記の〈条件〉に基づき計算し、特別支給金は考慮しないものとする。

〈条件〉　給付基礎日額：１万2,000円

労災保険と公的年金の調整率（一部抜粋）

労災保険＼公的年金	障害厚生年金および障害基礎年金	障害厚生年金	障害基礎年金
障害補償年金	0.73	0.83	0.88

23
□□□

死亡一時金の額は、死亡した者の保険料納付済期間に応じて（　　）円から320,000円である。

24
□□□

遺族厚生年金の受給権者が、65歳到達日に老齢基礎年金および老齢厚生年金の受給権を取得した場合、老齢基礎年金に加えて、老齢厚生年金としてその（　①　）相当額と遺族厚生年金としてその（　②　）相当額を受給することができる。

25
□□□

公的年金等に係る雑所得を有する納税者で、その年中の公的年金等の収入金額が（　①　）万円以下である者が、その年分の公的年金等に係る雑所得以外の所得金額が（　②　）万円以下である場合には、原則として、所得税の確定申告書を提出する必要はない。

26
□□□

老齢基礎年金の受給権者が死亡し、その者に支給すべき年金給付で死亡後に支給期の到来する年金を受給権者の子が受け取った場合、その者が受け取った当該未支給年金は、（　　）の課税対象となる。

22

2,741,880　障害基礎年金・障害厚生年金と障害補償年金（労災年金）を受け取る場合、公的年金制度の給付は全額支給され、**労災年金の額は減額**され支給される。障害補償年金は、障害の程度に応じ、給付基礎日額の 313 日分から 131 日分の年金が支給される。障害等級 1 級の場合は 313 日分なので、年金額は「**給付基礎日額× 313 日×調整率**」で計算することになる。よって、次のようになる。

12,000 円× 313 日× 0.73 ＝ 2,741,880 円

23

120,000　死亡一時金の額は、死亡した者の保険料納付済期間に応じて 120,000 円から 320,000 円である。なお、付加保険料納付済月数が 36 月以上ある場合は、8,500 円が加算される。

24

① 2 分の 1　② 3 分の 2　1 人 1 年金が原則であるが、遺族厚生年金の受給権者が、65 歳到達日に老齢基礎年金と老齢厚生年金の受給権を取得した場合、老齢基礎年金に加えて、**老齢厚生年金としてその 2 分の 1** 相当額と**遺族厚生年金としてその 3 分の 2** 相当額を受給することができる。注意

25

① 400　② 20　その年中の**公的年金等の収入金額が 400 万円以下で、その年分の公的年金等に係る雑所得以外の所得金額が 20 万円以下である場合には**、原則として、**所得税の確定申告書を提出する必要はない**。重要

26

所得税　老齢基礎年金の受給権者が死亡し、その者に支給すべき年金給付で死亡後に支給期の到来する年金を受給権者の子が受け取った場合、当該未支給年金は、**一時所得として所得税の課税対象となる**。未支給年金には**相続税は課税されず**、受け取った遺族の一時所得となる。注意

企業年金等

27 □□□

国民年金基金に加入する場合は口数制になっており、1口目は、（　　　）年間の保証期間のある終身年金A型と保証期間のない終身年金B型の2種類の中からの選択となる。

28 □□□

国民年金基金の毎月の掛金は、加入員が選択した給付（年金）の型、加入口数、加入時の年齢などによって決まり、その拠出限度額は月額（　　　）円となっている。

29 □□□

国民年金基金の掛金は、4月から翌年3月までの1年分の掛金を前納した場合、（　　　）カ月分の掛金が割引される。

30 □□□

小規模企業共済の掛金月額は、1,000円から（　①　）円の範囲内で、（　②　）円単位で選択することができ、加入後、共済契約者は掛金を増額または減額することができる。

31 □□□

小規模企業共済に加入後に任意解約した場合、掛金合計額の80%から（　①　）%に相当する額の解約手当金の額が受け取れるが、掛金納付月数が（　②　）月未満の場合は解約手当金の額が掛金合計額を下回る。

32 □□□

小規模企業共済の加入者は、事業資金等が必要となった場合、一定の要件のもとに、貸付制度を利用することができ、一般貸付制度の場合、掛金残高と掛金の納付月数に応じた貸付限度額の範囲内で、（　①　）万円以上（　②　）万円以内（5万円単位）で借入れをすることができる。

27

15　国民年金基金に加入する場合、1口目は、15年間の保証期間のある**終身年金**A型と保証期間のない**終身年金**B型からの選択となる。2口目以降は、**終身年金**または**確定年金**を選択する。

28

68,000　国民年金基金の毎月の掛金は、加入員が選択した給付（年金）の型、加入口数、加入時の年齢などによって決まり、その拠出限度額は月額68,000円となっている。

29

0.1　国民年金基金の掛金は、4月から翌年3月までの1年分の掛金を前納した場合、0.1カ月分の掛金が割引される。重要

30

① 70,000　② 500　小規模企業共済の掛金月額は、1,000円から70,000円の範囲内で、500円単位で選択することができる。加入後、共済契約者は掛金を増額または減額することができる。重要

31

① 120　② 240　小規模企業共済に加入後に任意解約した場合、掛金合計額の80%から120%の解約手当金の額が受け取れるが、納付月数が240月未満の場合は解約手当金の額が掛金合計額を下回る。

32

① 10　② 2,000　小規模企業共済の一般貸付制度の場合、掛金残高と掛金の納付月数に応じた貸付限度額の範囲内で、10万円以上2,000万円以内（5万円単位）で借入れをすることができる。

33 □□□

小規模企業共済の共済金は、税法上、「一括受け取り」のときは（　①　）所得として、「分割受取り」のときは（　②　）所得として扱われる。

34 □□□

事業主が新たに中小企業退職金共済に加入する場合、加入後（　①　）カ月目から1年間、掛金月額の（　②　）相当額（従業員ごとに5,000円が上限）について国の助成が受けられる。

35 □□□

確定拠出年金に加入している加入者が拠出した掛金は、税法上、（　　　）として所得控除の対象となる。

36 □□□

確定拠出年金の老齢給付金を一時金として一括で受け取る場合は、（　　　）所得として所得税の課税対象となる。

37 □□□

確定給付企業年金の老齢給付金は、60歳以上（　①　）歳以下の規約で定める年齢に達したとき、または（　②　）歳以上60歳未満の規約で定める年齢に達した日以後に退職したときに支給が開始される。

38 □□□

確定給付企業年金において、法人の事業主が拠出した掛金は損金の額に算入することができ、加入者が拠出した掛金は（　　　）として所得控除の対象となる。

33

①退職　②雑　　小規模企業共済の共済金は、税法上、「一括受け取り」のときは退職所得として、「分割受取り」のときは雑所得として扱われる。重要

34

①4　②2分の1　　中小企業退職金共済の掛金は事業主が全額負担する。新たに加入する場合、**加入後4カ月目から1年間、掛金月額の2分の1相当額**（従業員ごとに5,000円が上限）が国から助成される。注意

35

小規模企業共済等掛金控除　　確定拠出年金に加入している加入者が拠出した掛金は、税法上、小規模企業共済等掛金控除として所得控除の対象となる。注意

36

退職　　確定拠出年金の老齢給付金を**一時金として一括で受け取る**場合は退職所得として、**年金で受け取る**場合は雑所得として所得税の課税対象となる。重要

37

①70　②50　　確定給付企業年金の老齢給付金は、60歳以上70歳以下の規約で定める年齢に達したとき、または50歳以上60歳未満の規約で定める年齢に達した日以後に退職したときに支給が開始される。

38

生命保険料控除　　確定給付企業年金において、法人の事業主が拠出した掛金は**損金の額に算入することができる**。加入者が拠出した掛金は生命保険料控除として所得控除の対象となる。注意

ワンポイントアドバイス

小規模企業共済の掛金、受取方法、課税関係などについて押さえておきましょう。

老齢給付

会社員Aさん（厚生年金保険の被保険者）が65歳まで勤務し、65歳で退職して再就職しない場合、Aさんが原則として65歳から受給することができる①老齢基礎年金の年金額および②老齢厚生年金の年金額を求めなさい。年金額の端数処理は、円未満を四捨五入し、〈答〉は円単位とすること。なお、下記の〈家族構成・条件〉に基づき、年金額は2024年度価額（新規裁定者）に基づいて計算するものとする。

39

□□□

〈家族構成・条件〉

●Aさん：61歳（大学生であった期間（31月）は国民年金に任意加入していない。大学卒業後、厚生年金保険に継続加入している）

●妻Bさん：62歳（60歳になるまでは国民年金の第3号被保険者）

(1) 厚生年金保険の被保険者期間

・総報酬制導入前の被保険者期間：204月

・総報酬制導入後の被保険者期間：305月

(2) 平均標準報酬月額および平均標準報酬額

（65歳到達時点、2024年度再評価率による額）

・総報酬制導入前の平均標準報酬月額：30万円

・総報酬制導入後の平均標準報酬額：40万円

(3) 報酬比例部分の給付乗率

・総報酬制導入前の乗率：1,000分の7.125

・総報酬制導入後の乗率：1,000分の5.481

(4) 経過的加算額

1,701円×被保険者期間の月数−□□□円×

$$\frac{\text{1961年4月以後で20歳以上60歳未満の厚生年金保険の被保険者期間の月数}}{\text{480月}}$$

※「□□□」は、問題の性質上、伏せてある。

(5) 加給年金額408,100円（要件を満たしている場合のみ加算すること）

39

① 763,300円　② 1,157,912円　重要　計算　改正

●老齢基礎年金の年金額

$$816{,}000円 \times \frac{449月}{480月} = 763{,}300円$$

2024年度の老齢基礎年金の満額は816,000円であるが、Aさんは大学生であった期間（31月）は国民年金に任意加入していないので、保険料納付済期間は480月－31月＝449月として計算する。

●老齢厚生年金の年金額

〈報酬比例部分〉

$$300{,}000円 \times \frac{7.125}{1000} \times 204月 + 400{,}000円 \times \frac{5.481}{1000} \times 305月$$

$$= 1{,}104{,}732円$$

〈経過的加算額〉

$$1{,}701円 \times 480月 - 816{,}000円 \times \frac{449月}{480月} = 53{,}180円$$

経過的加算額の計算式の被保険者期間の月数は480月が上限とされている。また、1961年4月以後で20歳以上60歳未満の厚生年金保険の被保険者期間の月数は、Aさんの被保険者期間のうち60歳以降の60月分は含まれないので、204月＋305月－60月＝449月となる。

〈加給年金額〉

厚生年金保険の被保険者期間が20年（240月）以上で、65歳未満の配偶者がいる場合には、老齢厚生年金に加給年金額が加算される。Aさんが65歳に達するときに、妻Bさんはすでに65歳になっているので、加給年金額は加算されない。

〈年金額〉

1,104,732円＋53,180円＝1,157,912円

遺族給付

Ａさんが現時点で死亡し、妻Ｂさんが遺族基礎年金および遺族厚生年金の受給権を取得した場合、Ａさんの死亡時における妻Ｂさんに係る遺族給付について、下記の〈家族構成・条件〉に基づき、①遺族基礎年金の年金額および②遺族厚生年金の年金額を求めなさい。なお、年金額の端数処理は、円未満を四捨五入し、〈答〉は円単位とすることとし、年金額は2024年度価額（新規裁定者）に基づいて計算するものとする。

40

□□□

〈家族構成・条件〉

●Ａさん：53歳（高校卒業後の1989年4月から2010年10月まで厚生年金保険の被保険者であり、その後は第1号被保険者として国民年金に加入している）

●妻Ｂさん：48歳（2010年10月までは第3号被保険者、その後は第1号被保険者として国民年金に加入している）

●長女Ｃさん：16歳（高校生）

(1) 厚生年金保険の被保険者期間

・総報酬制導入前の被保険者期間：168月

・総報酬制導入後の被保険者期間：91月

※要件を満たしている場合、300月のみなし計算を適用すること。

(2) 平均標準報酬月額

・平均標準報酬額（2024年度再評価率による額）

・総報酬制導入前の平均標準報酬月額：260,000円

・総報酬制導入後の平均標準報酬額：300,000円

(3) 乗率

・総報酬制導入前の乗率：1,000分の7.125

・総報酬制導入後の乗率：1,000分の5.481

(4) 中高齢寡婦加算額612,000円（要件を満たしている場合のみ加算すること）

40　① 1,050,800円　② 345,638円　重要　計算　改正

●遺族基礎年金の年金額

816,000円＋234,800円＝1,050,800円

遺族基礎年金の年金額は「816,000円＋子の加算額」である。子の加算額は第1子・第2子までは1人につき、234,800円である（2024年度価額）。Aさんには、長女Cさん（16歳）がいるので、1人分の子の加算がある。

●遺族厚生年金の年金額

$$\left(260{,}000\text{円}\times\frac{7.125}{1000}\times168\text{月}+300{,}000\text{円}\times\frac{5.481}{1000}\times91\text{月}\right)\times\frac{3}{4}$$

＝345,638.4…→ 345,638円（円未満四捨五入）

遺族厚生年金の年金額は、死亡した人の老齢厚生年金の報酬比例部分の**4分の3**の額となる。Aさんの厚生年金保険の被保険者期間は259月（168月＋91月）であるが、現在は厚生年金保険の被保険者ではなく、厚生年金保険と国民年金の加入期間が25年以上あるので、長期要件に該当する。長期要件の場合は、**300月のみなし計算を適用しない**。また、中高齢寡婦加算は、夫が死亡したとき、40歳以上65歳未満で、生計を同じくしている**子がいない妻**、または子のある妻が、子が18歳到達年度の末日に達した（障害の状態にある場合は20歳に達した）等のため、**遺族基礎年金を受給できなくなったときに**加算される。遺族基礎年金の支給対象となる長女Cさんがいるので、現時点では加算されない。

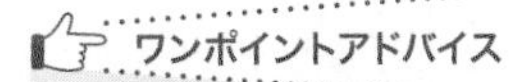

年金額は問題文に与えられないので、覚えておく必要があります。

第２章　リスク管理

近年の出題傾向一覧

※ FP 技能検定 1 級学科（基礎編）

項目	2021.9	2022.1	2022.5	2022.9	2023.1	2023.5	2023.9	2024.1
保険法等					★		★	
契約者保護制度	★	★	★	★		★★	★	★
保険契約		★	★			★	★	
生命保険商品	★★		★	★★	★	★★		★★★
生命保険料控除	★		★				★	
個人の生命保険金の税務		★			★			
法人の生命保険の経理処理		★		★	★			★
損害保険商品	★★★	★★★	★★	★★	★★	★★	★★	★
個人の損害保険の税金				★			★	★
法人等の損害保険の経理処理			★		★			

※★は出題数を表している。複数の項目にわたる問題の場合は、その問題の中心となる項目としている。また、いずれの項目にも該当しない問題については、より関連する項目としている。

リスクの管理

合格ポイント整理

一問一答演習

※「リスク管理」分野から応用編の出題はありません。

合格ポイント整理

1．保険法等

❶ 保険法

適用範囲	・通常の保険契約のみならず共済契約についても適用対象 ・損害保険契約における保険者は、保険事故による損害が生じた場合、当該損害に係る保険の目的物が当該損害の発生後に保険事故によらずに滅失したときであっても、当該損害をてん補しなければならない。
強行規定	保険法の規定よりも保険契約者等に不利な内容の約款の定めは無効とする。
告知義務	生命保険契約の締結に際し、保険事故の発生の可能性に関する重要な事項のうち保険者が告知を求めたもの（告知事項）について、**事実の告知をしなければならない**。
保険給付の履行期	保険金の支払のために必要な事項を確認するための合理的な期間を経過する日を保険金の支払期限としている。保険金の支払期限は、各社の定める約款により異なるが、一般的に次のとおりである。 ・生命保険の約款：保険会社に請求書類が到着した日の翌日から起算して5営業日以内 ・損害保険の約款：請求完了日からその日を含めて30日以内 重要
保険金受取人の変更	保険契約者は、保険事故が発生するまでは、保険金受取人の変更をすることができる。死亡保険契約の保険金受取人の変更は、被保険者の同意がなければ、その**効力を生じない**。
超過保険	損害保険契約の締結時において保険金額が保険価額を超えていたこと（超過保険）につき保険契約者等が善意でかつ重大な過失がなかったときは、保険契約者は、その超過部分について、損害保険契約を取り消すことができる。

消滅時効	保険給付を請求する権利、保険料の返還を請求する権利、保険料積立金の払戻しを請求する権利は、行使することができる時から3年間行使しないときは、時効によって消滅する。

❷ 少額短期保険業者

要　件	・最低資本金：原則として1,000万円 ・年間収受保険料：50億円以下 ・1人の被保険者から引き受けるすべての保険契約（低発生率保険を除く）に係る保険金額の合計額は原則1,000万円を超えてはならない。
取扱商品	少額・短期・掛捨てに限定
保険期間	・生命保険・医療保険：1年 ・損害保険：2年
保険金額	・疾病による死亡・重度障害：300万円以下 ・疾病・傷害による入院給付金等：80万円以下 ・傷害による死亡・重度障害：600万円以下 ・損害保険：1,000万円以下

2. 契約者保護制度

❶ クーリング・オフ制度

制度内容	保険契約の申込者等は、一般に保険契約の申込日または契約の申込みの撤回などについての事項を記載した書面または電磁的記録を受け取った日のいずれか遅い日から、その日を含めて原則8日以内に書面または電磁的記録により契約の申込みの撤回または解除ができる。
クーリング・オフできない場合	・医師の診査が終了した申込み ・営業・事業のために締結する保険契約 ・保険期間が1年以内の保険の申込み

クーリング・オフできない場合	・自賠責保険など強制保険の申込み ・既にある契約に特約を中途付加した場合や更新などの場合（契約転換した場合は対象となる）注意 ・申込者等が、保険会社等に対し、あらかじめ日を通知してその営業所等を訪問し、かつ、当該通知をし、または訪問した際に自己の訪問が保険契約の申込みをするためのものであることを明らかにしたうえで、当該営業所等において当該保険契約の申込みをした場合 ・申込者等が、自ら指定した場所（当該申込者等の居宅を除く）において保険契約の申込みをすることを請求した場合において、当該保険契約の申込みをした場合 ・申込者等が、郵便その他の方法により保険契約の申込みをした場合 ・団体信用生命保険など債務の履行を担保するための保険契約であるとき

❷ 経営の安全性を見る指標

ソルベンシー・マージン比率	通常のリスクを超えるリスクに対する保険会社の支払能力を判断する指標 重要 ・200%を下回る場合：経営改善計画の提出・実施命令（業務改善命令） ・100%を下回る場合：経営改善命令 ・0%を下回る場合：業務停止命令
EV（エンベディッド・バリュー）	保険会社の企業価値を表す指標の1つ。貸借対照表等から計算される「修正純資産」と保有契約から将来的にもたらされる利益を表す「保有契約価値」を合計して算出される。重要
基礎利益	保険会社の基礎的な期間損益の状況を表す指標。経常利益から「キャピタル損益」と「臨時損益」を控除して算出される。重要

実質 純資産額	保険会社の健全性の状況を示す行政監督上の指標の1つ。有価証券の含み損益などを反映した**時価ベースの資産の合計**から、価格変動準備金や危険準備金などの資本性の高い負債を除いた負債の合計を差し引いて算出される。**重要**
責任準備金の積立方式	平準純保険料式：事業費を保険料払込期間にわたって毎回一定額（平準）と想定し、責任準備金を計算する方式 チルメル式：事業費を初年度に厚くし、初年度以降、一定の期間で償却すると想定し、責任準備金を計算する方式

❸ 保険契約者保護機構

加　入	国内で営業するすべての生命保険会社、損害保険会社が加入を義務付けられている。民営化後のかんぽ生命保険の契約は対象。共済、少額短期保険業者**の契約は適用対象外**。
生命保険契約者保護機構の補償	〈90%まで補償される契約〉 国内における元受保険契約で、**高予定利率契約を除き**、破綻時点の**責任準備金等の**90%まで補償される。既に支払が確定している保険金・給付金は減額されないが、年金については以後の支払分は減額対象となる。 〈90%を下回る可能性のある契約〉 高予定利率契約（破綻時に過去5年間で常に予定利率が基準利率を超えていた契約）は、90%から補償控除率を減じた率となる。 〈補償の対象とならない契約〉 運用実績連動型保険契約（運用結果に基づき支払われる保険金等のすべてについて最低保証のない保険契約）の特定特別勘定に係る部分については補償の対象とならない。
損害保険契約者保護機構の補償	保険契約者を問わず次の保険契約が補償の対象となるが、火災保険、賠償責任保険等は、契約者が個人、マンション管理組合、小規模法人である場合に補償の対象となる。 〈保険金額の全額が補償される契約〉 自賠責保険、家計地震保険

損害保険契約者保護機構の補償	〈破綻後３カ月は保険金額の全額（その後80%）補償される契約〉重要 自動車保険、火災保険、保険期間１年以内の傷害保険・賠償責任保険等 ※解約返戻金・満期返戻金の補償割合は期間に関係なく80% 〈保険金額の90%が補償される契約〉 保険期間１年超の傷害保険、年金払積立傷害保険、財形貯蓄傷害保険、確定拠出年金傷害保険、医療・介護（費用）保険、所得補償保険など ※解約返戻金・満期返戻金の補償割合は高予定利率契約以外、原則90%（積立型保険の積立部分は80%）

3. 保険契約

❶ 一時的に現金が必要な場合

契約者貸付	解約返戻金の一定範囲（一般に解約返戻金の６～９割、保険会社や保険の種類によって異なる）で貸付を受けられる。貸付中に保険金、解約返戻金の支払が発生した場合は、貸付残高・未払利息が相殺される。貸付利率は、一般に契約時期により異なる利率が適用される。重要

❷ 払込みが困難になった場合

自動振替貸付	・解約返戻金の範囲内で保険会社が保険料を自動的に立て替える。保険金、解約返戻金の支払が発生した場合は、貸付残高・未払利息が相殺される。貸付金の元利金が解約返戻金の額を超えると、その時点で契約は失効する。 ・自動振替貸付より支払われた保険料は、その年の生命保険料控除の対象となる。重要

払済保険	保険料の払込みを中止して、その時点での解約返戻金をもとに、保険期間をそのままにした保障額の少ない保険（同じ種類の保険または養老保険）に変更する方法。原契約の各種特約は消滅する（一般的にリビング・ニーズ特約は継続する）。一般に、原契約の予定利率は変更後の保険に引き継がれる。注意
延長（定期）保険	保険料の払込みを中止して、その時点での解約返戻金をもとに、死亡保障のみの定期保険に変更する方法。死亡保険金はもとの保険と同額であるが、保険期間が短くなることがある。原契約の各種特約は消滅する（一般的にリビング・ニーズ特約も消滅する）。

❸ 保障を見直す場合

中途増額	中途増額は保険金額を増やすことで、増額部分の保険料が増額時の年齢、保険料率で計算される。保険会社の承諾および告知または医師の診査が必要。また、クーリング・オフ制度の対象外。
減　額	減額は保険金額を減らすことで、減額部分は解約したものとみなされるため、解約返戻金があれば支払われる。個人年金保険に個人年金保険料税制適格特約が付加されている場合は、減額した基本年金額に相当する解約返戻金は減額時には支払われず、将来の増額年金の原資となる。注意
契約転換制度	現在の契約を活用して、新たな保険を契約する方法。現在の契約の積立部分や積立配当金を転換（下取り）価格として新しい契約の一部に充てる方法で、もとの契約は消滅する。同じ生命保険会社でなければ利用できず、告知または医師の診査が必要であり、転換時の年齢・保険料率により保険料が計算される。また、新規に契約する場合と同様の要件でクーリング・オフ制度を適用できる。重要

4. 生命保険商品

❶ 死亡保険

定期保険	保険期間は一定で、その間に死亡・高度障害状態になった場合のみ保険金が支払われる。満期保険金はない。**保険料が一定で、契約後一定期間ごとに保険金額が減っていく逓減定期保険や、保険金額が増えていく逓増定期保険もある。**
収入(生活)保障保険	一定の保険期間内に死亡した場合、それ以後、契約時に定めた満期まで年金が支払われる。年満期と歳満期がある。
終身保険	死亡・高度障害保障が一生涯続く。満期保険金はないが、期間の経過とともに解約返戻金が増えていく。
低解約返戻金型終身保険	保険料払込期間の解約返戻金を低く設定し、保険料を安くしたもの。期間満了後は通常と同様。保険料終身払いタイプは全保険期間にわたり解約返戻金が低い。
変額保険	運用実績によって保険金や解約返戻金が増減する保険。死亡保険金には最低保証（基本保険金額）があるが、解約返戻金には最低保証はない。

❷ 個人年金保険

有期年金	年金受取開始後、契約時に定めた10年や15年などの一定期間中、被保険者が生存している限り年金が支払われる。保証期間有期年金は、保証期間中は被保険者の生死に関係なく年金が支払われる。
確定年金	年金受取開始後、被保険者の生死に関係なく契約時に定めた10年・15年などの一定期間、年金が支払われる。年金受取期間中に被保険者が死亡した場合、**残りの期間に対応する年金、または一時金が支払われる。**

終身年金	被保険者が生存している限り一生涯年金が支払われる。保証期間付終身年金は、年金受取開始後、保証期間中は被保険者の生死に関係なく年金が支払われ、その後は被保険者が生存している限り一生涯年金が支払われる。

❸ その他の保険

こども (学資)保険	子どもの入学や進学に合わせて祝金や満期保険金が支払われる保険で、原則として親が契約者、子どもが被保険者になって契約する。契約者が死亡・高度障害のときは、以後の保険料払込が免除される。
外貨建て 保険	・保険料の払込みや保険金などの受取りを外貨建てで行う仕組みを取り入れた保険で、終身保険や個人年金保険等がある。外貨と円貨を交換する際には**為替の変動により損失が生じる「為替リスク」**がある。 ・円換算特約（円入金特約・円支払特約）を付帯することで、円貨での払込みや受取りができる。ただし、**円換算特約を付帯しても為替の影響を受ける。** 注意 ・円建て保険と同様に**生命保険料控除の対象**となり、死亡保険金は**相続税の非課税の規定の適用を受けること**ができる。重要
市場価格調整(MVA)を利用した生命保険	市場価格調整（MVA）とは、解約返戻金等の受取りの際に、**市場金利に応じた運用資産の価格変動が解約返戻金額に反映される**仕組みのこと。解約時の市場金利が契約時と比較して上昇した場合には、解約返戻金額は減少し、逆に、低下した場合には解約返戻金が増加する。重要
無選択型 保険	契約時に健康状態に関する告知や医師の診査がない保険。一般的な商品と比べて、保険料が割高だったり、保険金や給付金の上限額が低くなっているなどの特徴がある。
特約組立型 保険	主契約がなく、契約者が任意に特約を組み合わせて付加していく保険 注意

❹ 団体契約の保険

総合 福祉団体 定期保険	役員や従業員の死亡または所定の高度障害に対して保険金が支払われる保険期間1年の定期保険 〈特約〉 ・ヒューマン・ヴァリュー特約：役員・従業員の死亡等による法人の経済的損失を保障するために、保険金が法人に支払われる。 ・災害総合保障特約：役員・従業員の不慮の事故に対して障害・入院給付金が支払われる。 〈加入〉 加入に際しては医師の診査は不要であるが、告知は必要（告知書扱い）。被保険者になるには役員・従業員本人の同意が要件となる。重要
団体信用 生命保険	住宅ローン利用者（債務者）の一定事故によるローン残債を弁済する保険 〈契約形態〉 ・契約者・保険金受取人：金融機関等の債権者 ・被保険者：住宅ローン利用者である債務者 重要 〈保険金額・保険料〉 契約時の被保険者の年齢や性別に関係なく、ローン残高等に応じて算出する。そのため、返済が進むに従って保険金額および保険料が減少する 注意 〈保障内容〉 死亡・高度障害状態になった場合の以後の債務の全額弁済が基本保障。特定疾病に備えた三大疾病保障付団信などもある。 〈税務〉 ・保険料：特約も含め、被保険者の生命保険料控除の対象外 重要

団体信用生命保険	・保険金：特約保険金を含めて金融機関等に支払われるので、個人の課税とは無関係。相続税の計算上、保険金は**相続税の課税価格に算入されず、**残債は債務控除の対象とならない。

❺ 第三分野の保険等

生前保障	・リビング・ニーズ特約：原因にかかわらず余命6カ月以内と判断された場合に、死亡保険金の一部または全部を生前に受け取れる。**特約の保険料は不要**であるが、リビング・ニーズ特約保険金を請求した場合、6カ月分の**保険料とその利息が差し引かれて**保険金が支払われる。重要 ・特定疾病保障保険：がん、急性心筋梗塞、脳卒中により所定の状態になったとき、生前に死亡保険金と同額の特定疾病保険金が支払われる。特定疾病保険金を受け取った時点で、契約は消滅する。特定疾病保険金を受け取ることなく死亡したときは、死亡保険金が支払われる。
医療保険	給付には、一般に入院給付金、手術給付金がある。入院給付金には、1入院当たりの支払限度日数と通算支払限度日数が定められている。
がん保険	がんと診断されたときや、がんで入院したり所定の手術を受けたりしたときなどに給付金が支払われる。入院給付金には**支払日数に制限がない。**一般に契約から3カ月または90日程度の免責期間があり、免責期間中にがんと診断されても給付金等は支払われず、一般に契約は無効となる。
介護保険	所定の要介護状態になり、その状態が一定期間継続したときに一時金や年金が支払われる保険。**公的介護保険の要介護認定に連動して**一時金・年金が支払われるタイプもある。
先進医療特約	療養**を受けた時点**で、厚生労働大臣が認める先進医療に該当する療養を受けたとき、その技術料相当額の給付金が支払われる。

所得補償保険・就業不能保険	病気やケガにより就業不能状態（入院の有無を問わず、自宅療養も可）となった場合、その間の所得を補償する保険。 所得補償保険は損害保険会社、就業不能保険は生命保険会社が引受保険会社となる。 精神疾患による就業不能を保障（補償）する保険もある。 注意

5. 生命保険料控除

❶ 対象となる保険契約

一般の生命保険料控除	保険金受取人が契約者本人かあるいは配偶者、その他の親族である保険 生命保険会社、旧簡易生命保険、共済の生命保険契約、個人年金保険料控除の対象とならない個人年金保険（変額個人年金保険）、外貨建て保険など
個人年金保険料控除	次の要件をすべて満たし、個人年金保険料税制適格特約を付した場合 重要 ・年金受取人が契約者（保険料負担者）またはその配偶者のいずれかであること ・年金受取人は被保険者と同一人であること ・保険料払込期間が10年以上で定期支払であること（一時払は不可） ・終身年金、または確定年金・有期年金。確定年金・有期年金の場合、年金受取開始が60歳以降で、かつ年金受取期間が10年以上であること
介護医療保険料控除	保険金受取人が契約者本人かあるいは配偶者、その他の親族である保険 2012年1月1日以降に契約した医療保険、がん保険、介護保険、所得補償保険など

❷ 対象とならない保険契約・控除の対象となる保険料

控除の対象とならない主な保険契約	・2012年1月1日以後に契約した、身体の傷害のみに起因して保険金等が支払われる契約。災害割増特約、傷害特約など ・保険期間5年未満の貯蓄保険等 ・財形保険契約 ・少額短期保険業者との契約など 注意
控除の対象となる保険料	・年間正味払込保険料 ・自動振替貸付による保険料充当分 ・前納保険料の当該年分

❸ 生命保険料控除額

2011年12月31日以前契約分（旧制度）

一般の生命保険料控除・個人年金保険料控除が適用

〈所得税〉

年間正味払込保険料	控除される金額
25,000円以下	払込保険料全額
25,000円超 50,000円以下	払込保険料 $\times \frac{1}{2} +$ 12,500円
50,000円超 100,000円以下	払込保険料 $\times \frac{1}{4} +$ 25,000円
100,000円超	一律 50,000円

※住民税は70,000円超で一律 35,000円

2012年1月1日以後契約分（新制度）

一般の生命保険料控除・個人年金保険料控除・介護医療保険料控除が適用

〈所得税〉

年間正味払込保険料	控除される金額
20,000円以下	払込保険料全額
20,000円超40,000円以下	払込保険料×$\frac{1}{2}$＋10,000円
40,000円超80,000円以下	払込保険料×$\frac{1}{4}$＋20,000円
80,000円超	一律40,000円

※住民税は56,000円超で一律28,000円

新旧制度の適用契約がある場合

旧制度のみ適用、新制度のみ適用、新旧両制度適用（各々の控除額を算出して合算）のうちから任意で選択。各種生命保険料控除を合算しての控除限度額は、所得税で上限12万円、住民税で上限7万円。重要

	一般生命保険料	介護医療保険料	個人年金保険料
旧制度の控除額	50,000円	－	50,000円
新制度の控除額	－	40,000円	－

上記の場合、合計額は140,000円となるが、3つの保険料控除を合わせた適用限度額は、所得税で120,000円である。

❹ 旧制度適用の契約を見直した場合

新制度が適用される場合

次の見直し等が行われた場合、見直しの月以後、主契約を含めた契約全体について新制度が適用される。重要

・主契約・保障性のある特約の更新

・保障性のある特約の中途付加

・契約全体に係る契約転換

旧制度が適用される場合	次の見直し等が行われた場合、見直し後も旧制度が適用される。注意 ・リビング・ニーズ特約、指定代理請求特約等の保障性のない特約の付加・更新 ・災害割増特約、傷害特約等の控除対象外の特約の付加・更新 ・失効した契約の復活、契約者等の名義変更

6. 個人の生命保険金の税務

❶ 死亡保険金を受け取る場合

契約者（保険料負担者）	被保険者	保険金受取人	税金の種類
A	A	B	相続税
A	B	A	所得税・住民税（一時所得）
A	B	C	贈与税

❷ 個人年金保険金を受け取る場合

契約者（保険料負担者）	被保険者	受取人	税金の種類
A	B	A	毎年受け取る年金に所得税・住民税（雑所得）
A	B	A以外	年金開始時に贈与税 2年目以降、毎年受け取る年金のうち、課税対象部分について所得税・住民税（雑所得）

❸ 年金を一括で受け取る場合

確定年金	所得税・住民税（一時所得）が課税され、契約は消滅
保証期間付終身年金	保証期間分の一括受取額に所得税・住民税（雑所得）が課税される。注意 保証期間経過後に生存していた場合は、年金が受け取れるが、その年金には所得税・住民税（雑所得）が課税される。

❹ 金融類似商品

源泉分離課税	契約者（保険料負担者）と保険金受取人が同一人で、次の要件をすべて満たす場合、金融類似商品として源泉分離課税となる。重要 ・保険期間が5年以下（5年超でも、契約後5年以内の解約を含む） ・保険料の払込方法が一時払い、または契約後1年以内に保険料総額の2分の1以上、または契約後2年以内に保険料総額の4分の3以上払い込む場合 ・普通死亡保険金≦満期保険、かつ次の金額の合計額が満期保険金額の5倍未満 ・災害死亡保険金 ・疾病または傷害による入院・通院給付日額に支払限度日数を乗じて計算した金額
総合課税	・年金受取期間の定めのない一時払終身年金（保証期間付終身年金を含む）や一時払終身保険は、解約時期にかかわらず、解約差益は総合課税（一時所得）となる。注意

❺ 外貨建て保険契約の税務

外貨建て保険契約の税務	・外貨建て保険契約は円建て保険契約と同様の扱い ・為替差益が生じた場合は、原則、保険差益（解約差益）として一体課税され、為替差益のみを雑所得として分けない。注意

外貨建て保険契約の税務	・外貨で保険金等が支払われた場合、原則、税金の種類に応じて課税時期における円貨換算評価額が課税対象とされる。

7．法人の生命保険の経理処理

❶ 保険金受取人が法人の場合（原則的な経理処理）

〈保険契約者・保険金受取人：法人、被保険者：役員・従業員〉

貯蓄性の保険

貯蓄性の保険（終身保険、養老保険、個人年金保険など）

・保険料支払時：資産計上（保険料積立金）

借　方		貸　方	
保険料積立金	×××	現金・預金	×××

・保険金受取時：資産計上額（保険料積立金・配当金積立金）を取り崩し、保険金と取崩額の差額を雑収入（雑損失）として益金（損金）に算入

借　方		貸　方	
現金・預金	×××	保険料積立金	×××
		雑収入	×××

保障性の保険

保障性の保険（定期保険、医療保険など※）

・保険料支払時：損金算入（支払保険料）

借　方		貸　方	
支払保険料	×××	現金・預金	×××

・保険金受取時：保険金を全額雑収入として益金算入（前払保険料・配当金積立金があれば取り崩す）

借　方		貸　方	
現金・預金	×××	雑収入	×××

※一定の定期保険や医療保険等の場合は扱いが異なる。❸を参照

❷ 保険金受取人が被保険者・遺族の場合（原則的な経理処理）

〈保険契約者：法人、被保険者：役員・従業員、保険金受取人：被保険者の遺族〉

貯蓄性の保険	貯蓄性の保険（終身保険、養老保険、個人年金保険など） ・保険料支払時：損金算入（給与） ・保険金受取時：経理処理はない。配当金等の資産計上額があれば取り崩して損金算入
保障性の保険	保障性の保険（定期保険、医療保険など） ・保険料支払時：損金算入（福利厚生費または給与） ・保険金受取時：経理処理はない。配当金等の資産計上額があれば取り崩して損金算入

❸ 原則と異なる処理をする保険契約（定期保険・第三分野保険）

2019年7月8日以後の契約で、法人を契約者、役員または従業員を被保険者とする一定の定期保険等の保険料については、次表のように前半期間では一部を資産に計上（残額を損金に算入）し、その後取り崩していくという処理をする。

借　方		貸　方	
支払保険料	×××	現金・預金	×××
前払保険料	×××		

重要

対象となる保険商品は、解約返戻金のある、保険期間が3年以上の定期保険または第三分野保険

契約者＝法人、保険金受取人＝法人

最高解約返戻率	資産計上期間	資産計上額（残額を損金算入）	取崩期間
50％超 70％以下	保険期間の前半4割	支払保険料の40％	保険期間の75％経過後から保険期間終了日まで
70％超 85％以下		支払保険料の60％	

85%超	原則、保険期間開始日から最高解約返戻率となる期間の終了日まで	①当初10年間：支払保険料×最高解約返戻率×90% ②11年目以降：支払保険料×最高解約返戻率×70%	解約返戻金が最も高くなる期間の経過後から保険期間の終了日まで

※最高解約返戻率とは、その保険の保険期間を通じて、解約返戻率が最も高い割合となる期間のその割合。

※終身がん保険等のように保険期間が終身である第三分野保険については、保険期間の開始の日から被保険者の年齢が116歳に達する日までを計算上の保険期間とする。

次の保険等については、期間の経過等に応じて支払保険料の**全額を損金算入**する。注意

・最高解約返戻率が**50%以下**の契約

・保険期間が3年未満の契約

❹ 原則と異なる処理をする保険契約（養老保険）

福利厚生プラン※となる契約形態	・契約者：法人 重要 ・被保険者：**全役員・従業員** ・死亡保険金受取人：被保険者の遺族 ・満期保険金受取人：法人 ※ハーフタックスプランとも呼ばれる。
経理処理	・保険料支払時：保険料の2分の1を資産計上（保険料積立金）、2分の1を損金算入（福利厚生費） ※役員・従業員の**全員加入**、または**普遍的加入**に該当しない場合は、上記の「福利厚生費」が「給与」となる。注意 ・保険金受取時： 満期保険金…資産計上額（保険料積立金）の**取崩分と保険金との差額が雑収入（または雑損失）** 死亡保険金…法人は受け取っていないので保険金の経理処理はないが、資産計上額（保険料積立金）を取り崩して損金算入

8. 損害保険商品

❶ 火災保険

対　象	・建物：建物1棟で契約（原則、門、塀、車庫等を含む） ・収容動産：原則、家財一式（住宅敷地内にある原動機付自転車、自転車を含む） ※家財一式から外れる貴金属・宝石等単体で30万円超のものは明記物件として契約する。 住宅建物・家財を対象とする契約であっても、被保険者が所有する**自動車は補償の対象とならない**ため、自動車がその敷地にある車庫に収容されていても補償されない。注意
保険料	自宅建物の構造により、M構造、T構造、H構造の3区分にされており、保険料は高い順からH構造、T構造、M構造となる。

❷ 地震保険

対　象	・地震・噴火またはこれらによる津波を原因とする火災・損壊・埋没または流失による損害を補償する。 ・対象は居住用建物およびその収容動産（家財） ・建物の主要構造部以外の門・塀・給排水設備等が単独で損害を受けた場合、保険金は支払われない。 ・居住用であれば建築中でも地震保険を付帯できる。 ・1個または1組の価額が30万円を超える貴金属・宝石等や自動車等は対象外 注意
契　約	火災保険に付帯する方式での契約となるので、地震保険単独で契約できない。火災保険の保険期間の途中からでも加入することができる。
保険期間	短期で1年。長期で2～5年（火災保険の保険期間分での付保）。5年間の保険料を一括払いした場合は所定の割引率が適用される。

<table>
<tr><td>保険料</td><td>・保険料は、保険対象である居住用建物および家財を収容する建物の構造、所在地により算出される。建物の構造はイ構造、ロ構造の2区分。所在地は都道府県による等地区分の3区分で3等地が最もリスクが高い。保険会社による差異はない。
・要件を満たせば割引の適用を受けることができる（重複適用は不可）。重要
<table>
<tr><th>割引制度</th><th colspan="2">保険料の割引率</th></tr>
<tr><td>免震建築物割引</td><td colspan="2">50%</td></tr>
<tr><td rowspan="3">耐震等級割引</td><td>耐震等級3</td><td>50%</td></tr>
<tr><td>耐震等級2</td><td>30%</td></tr>
<tr><td>耐震等級1</td><td>10%</td></tr>
<tr><td>耐震診断割引</td><td colspan="2">10%</td></tr>
<tr><td>建築年割引</td><td colspan="2">10%</td></tr>
</table></td></tr>
<tr><td>保険金額</td><td>火災保険の保険金額の30～50%の範囲内で保険金額を設定。ただし、建物は5,000万円、家財は1,000万円が限度</td></tr>
<tr><td>支払われる保険金</td><td>損害の程度に応じた損害区分により決まり、保険金額（時価を限度）に対する割合で計算される。この損害区分は、2017年1月1日始期契約以降から次のようになっている。重要
・全損：保険金額の100%
・大半損：保険金額の60%
・小半損：保険金額の30%
・一部損：保険金額の5%
なお、地震の発生日から10日以上経過後に生じた損害や地震等の際の紛失・盗難の場合は対象外となっている。</td></tr>
</table>

❸ 自動車損害賠償責任保険（自賠責保険）

強制加入	原則としてすべての自動車（原動機付自転車も含む）は自賠責保険に加入しなければ運行できない。
対　象	対人賠償事故に限定。酒酔い運転や無免許運転等による事故の場合も補償される。被保険者の父母・配偶者・子の親族間事故も補償（任意保険と異なる）。
保険料	自動車の車種や保険期間に応じて定められ、保険会社、運転者の範囲・年齢、自動車の走行距離による差異はない。 注意
保険金	被害者１名につき、 ・死亡保険金…3,000 万円 ・後遺障害保険金…75 万円～4,000 万円 ・傷害保険金…120 万円 を限度に保険金が支払われる（1 事故で被害者が複数いればその人数分）。 重要 なお、被害者の過失割合が７割以上である場合、重過失減額制度により、保険金額が減額される。 また、保険金は何度事故を起こしても減額されない。

❹ 任意の自動車保険

対人賠償保険	自動車事故によって他人を死傷させ、法律上の損害賠償責任を負った場合に、自賠責保険で支払われる限度額を超える損害賠償額に対して保険金が支払われる。無免許運転、酒酔い運転などによる事故も補償。記名被保険者、記名被保険者の父母、配偶者、子については補償されない（対物賠償保険も同様）。 注意
対物賠償保険	自動車事故によって他人の財物に与えた損害に対して、法律上の損害賠償責任を負った場合に保険金が支払われる。無免許運転、酒酔い運転などによる事故も補償。

自損事故保険	相手がいない事故など、自賠責保険では補償されない事故で、搭乗者が死傷したときの補償をする保険
搭乗者傷害保険	被保険自動車に乗車中に死傷した場合に、死傷した人に対してあらかじめ定めた額の保険金が支払われる。
無保険車傷害保険	賠償資力が十分でない他の自動車との事故で運転者や同乗者が死亡または後遺障害を被った場合に保険金が支払われる。
車両保険	被保険自動車が、偶然な事故によって損害を受けた場合に保険金を支払う保険。補償対象の狭い順に「限定」「車対車＋A」「一般条件」等がある。最も補償範囲の広い「一般条件」は保険料が最も高い。
人身傷害補償保険	自動車事故により死傷した場合に、自己の過失部分を含めて、自分の契約している損害保険会社から損害額の全額について保険金が支払われる。重要

❺ 自動車保険の契約実務

<table>
<tr><td rowspan="4">ノンフリート契約</td><td colspan="2">自動車保険では、事故の内容や回数に応じて、契約者ごとに「等級」が設定されており、この等級に応じて保険料が割引・割増される。これをノンフリート等級（1等級～20等級）といい、等級が高いほど割引率も高い。初めて自動車保険を契約した場合は通常6等級に位置付けられ、1年間事故がないと1等級上がって7等級となり、保険料が割引される。重要</td></tr>
<tr><td>3等級ダウン事故</td><td>対人・対物事故により自動車保険を使用した場合、3等級下がる。</td></tr>
<tr><td>1等級ダウン事故</td><td>盗難や台風、洪水、高潮などによって車両保険のみを使用した場合、1等級下がる。</td></tr>
<tr><td>ノーカウント事故</td><td>人身傷害保険や搭乗者傷害保険、弁護士費用特約などの特約のみを使用した場合、1等級上がる。注意</td></tr>
</table>

フリート契約	所有・使用自動車の総契約台数が10台以上の自動車保険の契約者には、フリート契約者料率制度が適用される。保険料は運転者の年齢に関係なく同一。保険料割引・割増は契約者単位で適用される。
中断制度	被保険者自動車を売却・廃車等したとき、中断証明書の発行を受けて新たに自動車保険を契約する場合、中断前の等級を中断後の保険契約に引き継ぐことができる。

❻ 傷害保険

普通傷害保険・家族傷害保険	・国内外を問わず、家庭内、職場内、通勤中、旅行中などで起こる急激・偶然・外来の事故によるケガ（死亡、後遺障害、入院・通院）が補償される。 ・家族傷害保険は家族※全員を補償する。 ※本人、本人の配偶者、本人または配偶者と生計を一にする同居の親族および別居の未婚の子
国内旅行保険	日本国内の旅行のために自宅を出てから帰宅するまでの間に被った傷害が補償される。特約により賠償責任、携行品損害、救援者費用なども補償される。
海外旅行保険	海外旅行のために自宅を出てから帰宅するまでの間に被った傷害が補償される。特約により疾病死亡、疾病治療費用、賠償責任、携行品損害、救援者費用なども補償される。
補償の対象・対象外	（下表）

重要	細菌性・ウィルス性食中毒	疾病	地震・噴火・津波によるケガ
普通傷害保険	補償されない	補償されない	補償されない
国内旅行保険	補償される	補償されない	補償されない
海外旅行保険	補償される	補償される	補償される（海外時のみ）

❼ 賠償責任保険

個人賠償責任保険	・補償の対象：個人またはその家族の日常生活に起因して発生した法律上の損害賠償責任を負うことによって被る損害を補償。自転車による事故も補償 注意 ・補償の対象外：被保険者と同居の親族に対する賠償責任、職務遂行に直接起因する賠償責任、預り品に対する賠償責任、自動車による事故
生産物賠償責任保険	製造、販売、提供したサービス等が他人に引き渡された後、その物や仕事の欠陥によって生じた事故による対人・対物損害賠償責任を補償する。重要
施設所有（管理）者賠償責任保険	施設自体の構造上の欠陥や管理の不備、施設で働く者の業務中の事故により、施設の所有者・管理者が負う損害賠償責任を補償する。契約者である法人の従業員に対する損害賠償は補償されない。重要
会社役員賠償責任保険（D&O保険）	会社の役員が、役員としての業務につき行った行為に起因して、保険期間中に損害賠償請求を受けた場合に、被保険者が法律上の損害賠償責任を負担することによって被る損害（損害賠償金・訴訟費用等）を補償する。法令違反、インサイダー取引、罰金等による損害費用などについては補償されない。重要
労働災害総合保険	政府労災保険等で給付の対象となる労働災害を被った場合、災害補償金や損害賠償金を負担することによる損害を補償する。次のいずれかまたは双方を選択する。重要 ・法定外補償保険（政府労災の上乗せ給付） ・使用者賠償責任保険（使用者の法律上の賠償責任の負担を補償）

9. 個人の損害保険の税金

❶ 地震保険料控除

対象となる保険契約	・自己や自己と生計を一にする配偶者その他の親族の所有する居住用家屋、または生活に通常必要な生活用動産を対象とする地震保険料や地震共済の掛金が適用される。 ・保険期間2年以上の保険料を一括で支払った場合、支払った保険料÷保険期間（年）が毎年の地震保険料控除の対象となる。重要 ・店舗併用住宅のように居住の用と事業等の用とに併用している場合、その家屋の全体のおおむね90%以上を居住の用に供しているときは、その家屋について支払った地震保険料の全額を地震保険料の金額とすることができる。重要 ・常時居住の用に供していない別荘を対象とする地震保険料や第三者に賃貸しているアパートを対象とする地震保険料は、控除の対象とならない。注意 ・地震保険は火災保険に付帯して契約するが、地震保険料控除の対象となるのは地震保険に関する保険料である。
控除額	・所得税：年間払込地震保険料の全額（最高50,000円） ・住民税：年間払込地震保険料の半額（最高25,000円）

❷ 保険金等と税金

非課税となる保険金・給付金	・損害賠償金の性格のもの：無保険車傷害保険金、人身傷害補償保険金の賠償金に該当する部分など ・資産の損害を補償するもの：火災保険金、車両保険など ※雑損控除の適用を受ける場合は損失額から保険金の額を差し引く ・身体の傷害、障害に対して支払われるもの：障害保険金、後遺障害保険金、医療費用、所得補償など
課税対象となる保険金・給付金	死亡保険金、満期返戻金、解約返戻金、年金。年金払積立傷害保険の解約返戻金は一時所得として、年金（給付金）は雑所得として総合課税の対象となる。注意

10. 法人等の損害保険の経理処理

❶ 傷害保険（契約者が法人・個人事業主、被保険者が役員・従業員）

契約者	法人	個人事業主
保険料支払時	・積立保険料：資産計上（積立保険料） ・掛捨保険料：損金算入（福利厚生費）	・積立保険料：資産計上（積立保険料） ・掛捨保険料：必要経費（福利厚生費）
保険金（死亡保険金・傷害保険金）受取時	・保険金受取人が被保険者・その遺族の場合：経理処理なし ・保険金受取人が法人の場合：益金算入	・保険金受取人が被保険者・その遺族の場合：経理処理なし ・保険金受取人が個人事業主の場合：事業収入に算入

❷ 火災保険（事業用建物等を目的として契約）

契約者	法人	個人事業主
保険料支払時	・積立保険料：資産計上（積立保険料） ・掛捨保険料：損金算入（支払保険料）	・積立保険料：資産計上（積立保険料） ・掛捨保険料：必要経費（支払保険料）
保険金受取時	・建物の損害保険金：益金算入 ※損失額および関連費用は損金算入 ・棚卸資産の損害保険金：益金算入 ※棚卸資産の損失額は損金算入 ・休業損失の損害保険金：益金算入	・建物の損害保険金：原則非課税 ・棚卸資産の損害保険金：事業収入に算入 ※棚卸資産の損失額は必要経費 ・休業損失の損害保険金：事業収入に算入 重要

保険法等

1 □□□

保険法は、通常の保険契約のみならず、共済契約も適用対象としている。

2 □□□

損害保険契約における保険者は、保険事故による損害が生じた場合、当該損害に係る保険の目的物が当該損害の発生後に保険事故によらずに滅失したときは、当該損害をてん補しなくてもよい。

3 □□□

生命保険契約の被保険者が死亡し、死亡保険金受取人が死亡保険金の請求をした場合、一般に、保険会社に請求書類が到着した日の翌日から８営業日以内に死亡保険金が支払われることとされている。

4 □□□

保険契約者の配偶者を被保険者とする終身保険について、その保険契約の締結後に保険金受取人を変更する場合、当該配偶者の同意がなければ、その効力は生じない。

5 □□□

保険契約者、被保険者または保険金受取人が有する保険給付請求権や保険料返還請求権は、生命保険、損害保険の別を問わず、２年間行わないときは、時効によって消滅する。

6 □□□

少額短期保険業者が扱う生命保険・医療保険の保険期間は、２年を上限とすることが定められている。

7 □□□

少額短期保険業者の１人当たりの保険金額は原則として総額1,000万円以下（低発生率保険を除く）とされている。

解答	解　説
1 ○	保険法は、保険契約に関する一般的なルールを定めた法律で、保険契約の締結から終了までの保険契約における関係者の権利義務等を定めている。
2 ×	損害保険契約における保険者は、保険事故による損害が生じた場合、当該損害に係る保険の目的物が当該損害の発生後に保険事故によらずに滅失したときであっても、当該損害をてん補しなければならない。
3 ×	被保険者が死亡し、死亡保険金受取人が死亡保険金の請求をした場合、一般に、保険会社に請求書類が到着した日の翌日から5営業日以内に死亡保険金が支払われることとされている。重要
4 ○	死亡保険契約の保険金受取人の変更は、**被保険者の同意**がなければ、その効力は生じない。
5 ×	保険契約者、被保険者または保険金受取人が有する保険給付請求権や保険料返還請求権は、生命保険、損害保険の別を問わず、3年間行わないときは、時効によって消滅する。
6 ×	少額短期保険業者が扱う生命保険・医療保険の保険期間は、1年を上限とすることが定められている。なお、損害保険の保険期間の上限は2年である。
7 ○	少額短期保険業者の取扱商品は、少額・短期・掛捨てに限定され、保険期間・保険金額には上限がある。

契約者保護制度

8 □□□

保険会社が指定する医師による診査が終了して生命保険契約を申し込んだ場合、保険業法に定める保険契約の申込みの撤回等（クーリング・オフ制度）により当該生命保険契約の申込みの撤回等をすることができない。

9 □□□

既に加入している生命保険契約の特約の更新手続を行った場合や中途増額の手続を行った場合、クーリング・オフ制度により当該生命保険契約の手続の撤回等をすることができる。

10 □□□

保険期間2年の火災保険契約を申し込んだ場合、クーリング・オフ制度により当該火災保険契約の申込みの撤回等をすることができない。

11 □□□

法人が、契約者（＝保険料負担者）および死亡保険金受取人を法人、被保険者を役員とする保険期間10年の定期保険契約の申込みをした場合、クーリング・オフ制度により当該生命保険契約の申込みの撤回等をすることができる。

12 □□□

団体信用生命保険に加入の申込みをした場合、その者は、クーリング・オフ制度により当該生命保険契約の申込みの撤回等をすることができない。

13 □□□

申込者が、生命保険契約の申込みの場所として自らの居宅を指定し、保険募集人の訪問を受けて、当該居宅内において申込みをした場合、その申込者は、クーリング・オフ制度により当該生命保険契約の申込みの撤回等をすることができない。

8
○
医師の診査が終了して生命保険契約を申し込んだ場合、クーリング・オフ制度により当該生命保険契約の申込みの撤回等をすることはできない。重要

9
×
更新・中途増額・復活の場合は、クーリング・オフ制度により当該生命保険契約の手続の撤回等をすることができない。注意

10
×
保険期間1年を超える保険契約を申し込んだ場合、クーリング・オフ制度により当該火災保険契約の申込みの撤回等をすることができる。

11
×
営業・事業のための申込み、法人契約等の場合は、クーリング・オフ制度により当該生命保険契約の申込みの撤回等をすることができない。

12
○
団体信用生命保険など債務の履行を担保する保険の場合、クーリング・オフ制度により当該生命保険契約の申込みの撤回等をすることができない。

13
×
申込者等が、自ら指定した場所において保険契約の申込みをすることを請求した場合において、当該保険契約の申込みをしたときは、クーリング・オフ制度により当該生命保険契約の申込みの撤回等をすることができない。ただし、この場合、**申込者等の居宅は除かれる**ので、クーリング・オフ制度により当該生命保険契約の申込みの撤回等をすることができる。注意

14 □□□

ソルベンシー・マージン比率は、保険会社が有する保険金等の支払余力を表す指標であり、この値が100%を下回った場合には、金融庁による業務改善命令等の早期是正措置の対象となる。

15 □□□

EV（エンベディッド・バリュー）は、保険会社の企業価値を表す指標であり、損益計算書から計算される「当期純利益」と保有契約から将来的にもたらされる利益を表す「保有契約価値」を合計して算出される。

16 □□□

基礎利益は、経常利益から「キャピタル損益」と「臨時損益」を控除して算出される保険会社の基礎的な期間損益の状況を表す指標である。

17 □□□

実質純資産額は、保険会社の健全性の状況を示す行政監督上の指標の１つで、有価証券の含み損益などを反映した時価ベースの資産の合計から、価格変動準備金や危険準備金などの資本性の高い負債を除いた負債の合計を差し引いて算出される。

18 □□□

生命保険契約者保護機構による補償の対象となる生命保険契約は、高予定利率契約を除き、保険会社破綻時の責任準備金等の90%まで補償される。

19 □□□

民営化後のかんぽ生命保険の生命保険契約は、生命保険契約者保護機構の補償の対象となる。

20 □□□

国内で事業を行う少額短期保険業者は、保険業法の規制の対象となるが、保険契約者保護機構による補償の対象とならない。

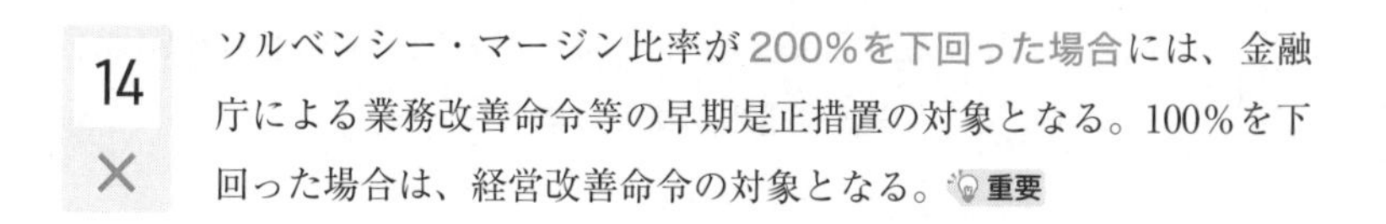

14　×

ソルベンシー・マージン比率が**200%を下回った場合**には、金融庁による業務改善命令等の早期是正措置の対象となる。100%を下回った場合は、経営改善命令の対象となる。重要

15　×

EV（エンベディッド・バリュー）は、保険会社の企業価値を表す指標であり、**貸借対照表等から計算される「修正純資産」**と保有契約から将来的にもたらされる利益を表す「保有契約価値」を合計して算出される。

16　○

基礎利益は、保険会社の基礎的な期間損益の状況を表す指標であり、経常利益から**「キャピタル損益」と「臨時損益」**を控除して算出される。重要

17　○

実質純資産額は、保険会社の健全性の状況を示す行政監督上の指標の1つである。有価証券の含み損益などを反映した**時価ベース**の資産の合計から、価格変動準備金や危険準備金などの資本性の高い負債を除いた負債の合計を差し引いて算出される。重要

18　○

生命保険契約者保護機構による補償の対象となる生命保険契約は、高予定利率契約を除き、保険会社破綻時の**責任準備金等の90%**まで補償される。重要

19　○

かんぽ生命保険の生命保険契約は、生命保険契約者保護機構の補償の対象となる。なお、民営化前の簡易保険契約は対象外。

20　○

国内で事業を行う少額短期保険業者は、**保険契約者保護機構による補償の対象とならない**。保険業法および保険法の規制の対象とはなる。注意

21 □□□

国内で営業する生命保険会社において加入した外貨建終身保険は、生命保険契約者保護機構の補償の対象とならない。

22 □□□

損害保険契約者保護機構による補償の対象となる損害保険契約のうち、個人が締結した火災保険については、損害保険会社破綻後3カ月以内に保険事故が発生した場合、支払われるべき保険金の80%が補償される。

23 □□□

損害保険契約者保護機構による補償の対象となる損害保険契約のうち、法人が締結した任意加入の自動車保険契約については、保険会社破綻後3カ月以内に保険事故が発生した場合、支払われるべき保険金の90%が補償される。

保険契約

24 □□□

失効した生命保険契約の復活手続を行う場合、一般に、復活後の保険料は復活時の保険料率で再計算される。

25 □□□

契約者貸付は、一般に、契約者が加入している生命保険契約の利用時点の解約返戻金額を限度として保険会社から貸付を受けることができるものである。

26 □□□

契約者貸付の利率は、一般に、契約時期により異なる利率が適用される。

21
×

国内で営業する生命保険会社で加入した外貨建終身保険は、生命保険契約者保護機構の**補償の対象となる**。

22
×

個人が締結した火災保険については、損害保険会社破綻後３カ月以内に保険事故が発生した場合、支払われるべき**保険金の全額**が補償される。3カ月経過後は80%である。

23
×

任意加入の自動車保険契約については、保険会社破綻後３カ月以内に保険事故が発生した場合、支払われるべき**保険金の全額**が補償される。

ワンポイントアドバイス

保険契約者保護機構の補償対象・補償割合を押さえておきましょう。

24
×

失効した生命保険契約の復活手続を行う場合、一般に、復活後の保険料は**従前の保険料が**引き継がれる。注意

25
×

契約者貸付は、一般に、契約者が加入している生命保険契約の利用時点の解約返戻金額の**一定範囲**（一般に解約返戻金の6～9割）を限度として貸付を受けることができるものである。注意

26
○

なお、貸付中に保険金、解約返戻金の支払が発生したときは、貸付残高・未払利息が相殺される。

27 □□□

保険料の払込猶予期間が経過し、自動振替貸付の適用後、保険会社が定めた期間内に解約をした場合、自動振替貸付はなかったものとされる。

28 □□□

払済保険に変更した場合、元契約に付加されていた医療保障等の各種特約およびリビング・ニーズ特約は消滅する。

29 □□□

加入している終身保険の保険料の払込みを中止し、払済終身保険に変更した場合、払済終身保険には、一般に、変更前の終身保険の予定利率が引き継がれる。

30 □□□

個人年金保険に個人年金保険料税制適格特約が付加されている場合、基本年金額を減額すると、減額時に減額した基本年金額に相当する解約返戻金が支払われる。

生命保険商品

31 □□□

低解約返戻金型終身保険は、保険料払込期間中の一定期間の解約返戻金額および死亡保険金額を通常の終身保険に比べて低く抑え、割安な保険料が設定されているが、低解約返戻金期間満了後は通常の終身保険の解約返戻金額および死亡保険金額と同じ水準になる。

32 □□□

災害割増特約は、被保険者が不慮の事故による傷害が原因で事故の日から180日以内に死亡した場合や所定の感染症が原因で死亡した場合には災害死亡保険金が支払われる。

27
○
保険料の払込猶予期間が経過し、自動振替貸付の適用後、保険会社が定めた期間内に解約または払済保険・延長保険に変更をした場合、自動振替貸付はなかったものとされる。

28
×
払済保険に変更した場合、元契約に付加されていた医療保障等の各種特約は消滅するが、一般に、リビング・ニーズ特約は消滅しない。

29
○
払済終身保険に変更した場合、一般に、変更前の終身保険の予定利率が変更後の保険に引き継がれる。

30
×
個人年金保険に個人年金保険料税制適格特約が付加されている場合、基本年金額を減額すると、減額時に減額した基本年金額に相当する解約返戻金は支払われず、将来の増額年金の原資となる。

31
×
低解約返戻金型終身保険は、保険料払込期間中の一定期間の解約返戻金額を通常の終身保険に比べて低く抑え、割安な保険料が設定されているが、低解約返戻金期間満了後は通常の終身保険の解約返戻金額と同じ水準になる。死亡保険金額は、通常の終身保険と同じである。重要

32
○
また、災害割増特約は、所定の身体障害状態に該当した場合には障害の程度に応じて障害給付金が支払われる。

33 □□□

終身年金の保険料を被保険者の性別で比較した場合、被保険者の年齢や基本年金額等の他の契約内容が同一であるとすると、被保険者が女性のほうが男性よりも保険料は高くなる。

34 □□□

10年確定年金の年金支払期間中に被保険者が死亡した場合、被保険者の遺族に対し、残りの期間に応じた年金または一時金が支払われる。

35 □□□

米ドル建て終身保険において、契約者（＝保険料負担者）および被保険者を被相続人、死亡保険金受取人を被相続人の子とする契約で死亡保険金を米ドルで受け取った場合、当該相続人は死亡保険金の非課税金額の規定の適用を受けることはできない。

36 □□□

市場価格調整（MVA）機能を有する終身保険は、解約返戻金の受取りの際の市場金利によって解約返戻金が増減し、解約時の市場金利が契約時と比較して上昇した場合には増加し、下落した場合には減少することがある。

37 □□□

外貨建終身保険（平準払い）の保険金は、外貨による受取りとなるので、受取時の為替相場により保険金の円換算額は影響を受けるが、円換算支払特約を付加することで、為替変動の影響を回避することができる。

33 ○

終身年金において被保険者の年齢や基本年金額等の他の契約内容が同一である場合、男性より平均余命が長い女性のほうが男性よりも保険料は高くなる。

34 ○

確定年金は被保険者の生死にかかわらず、定められた期間中年金が支払われる。年金支払期間中に被保険者が死亡した場合、被保険者の遺族に対し、**残りの期間に応じた年金または一時金が支払われる**。重要

35 ×

米ドル建て終身保険においても、円建て保険と同様に**死亡保険金の非課税金額の規定の適用を受けることができる**。なお、**生命保険料控除の対象**ともなる。

36 ×

市場価格調整（MVA）機能を有する終身保険は、解約返戻金の受取りの際の市場金利によって解約返戻金が増減し、解約時の市場金利が契約時と比較して**上昇した場合には減少し、下落した場合には増加する**ことがある。重要

37 ×

外貨建終身保険では、円換算支払特約を付加することで、保険金**を円貨で受け取ることができるが、為替変動の影響（為替リスク）を回避することはできない**。円換算支払特約は、保険金を円貨で受け取るための特約である。重要

ワンポイントアドバイス

外貨建て保険に関する問題がたびたび出題されているので、要注意です。

38 □□□

特約組立型保険とは、終身保険や定期保険などを主契約として、「死亡保障」「介護保障」「医療保障」「就業不能保障」等の特約の中から必要な特約を選択して組み合わせることができる保険である。

39 □□□

総合福祉団体定期保険の保険期間は、1年から10年の範囲内で、被保険者ごとに保険期間を設定することができる。

40 □□□

総合福祉団体定期保険の加入の申込みに際しては、被保険者になることについての加入予定者の同意と医師による診査が必要となる。

41 □□□

総合福祉団体定期保険のヒューマン・ヴァリュー特約は、被保険者が不慮の事故によって身体に障害を受けた場合や傷害の治療を目的として入院した場合に所定の給付金が支払われる特約である。

42 □□□

団体信用生命保険は、契約者および保険金受取人を債権者である金融機関、被保険者を債務者である住宅ローン利用者とする生命保険である。

43 □□□

団体信用生命保険の保険料は、被保険者の契約時の年齢、性別およびローン残高等に応じて算出される。

38 ×

特約組立型保険とは、主契約がなく、「死亡保障」「介護保障」「医療保障」「就業不能保障」等の特約の中から必要な特約を選択して組み合わせることができる保険である。

39 ×

総合福祉団体定期保険は、役員や従業員の死亡または所定の高度障害に対して保険金が支払われる保険期間１年の定期保険である。
重要

40 ×

総合福祉団体定期保険の加入の申込みに際しては、被保険者になることについての加入予定者の同意と保険約款に基づく告知が必要となる。医師による診査は不要である。

41 ×

被保険者が不慮の事故によって身体に障害を受けた場合や傷害の治療を目的として入院した場合に所定の給付金が支払われる特約は、災害総合保障特約である。ヒューマン・ヴァリュー特約は、役員・従業員の死亡等による法人の経済的損失を補償するために、保険金が法人に支払われる特約である。

42 ○

団体信用生命保険は、住宅ローンの利用者（債務者）の一定事故によるローン残高を弁済する保険である。

43 ×

団体信用生命保険の保険料は、被保険者の契約時の年齢や性別に関係なく、ローン残高等に応じて算出される。注意

44 □□□

三大疾病保障特約付団体信用生命保険の保険料については、特約部分の保険料は、住宅ローン利用者の生命保険料控除の対象となる。

45 □□□

団体信用生命保険に加入している場合、被保険者の死亡時、団体信用生命保険から支払われる保険金は相続税の課税対象となり、相続開始時における債務残高は債務控除の対象となる。

46 □□□

指定代理請求特約を付加すると、被保険者本人が自ら保険金等を請求できないような特別な事情がある場合に、あらかじめ指定された代理人が、保険金等を請求することができる。

47 □□□

先進医療特約では、契約の時点において先進医療に該当した治療であれば、その後に厚生労働大臣が定める医療技術・適応症等が見直され、療養を受けた時点で先進医療に該当しなくても、先進医療給付金の支払対象となる。

48 □□□

入院特約の保険料を入院給付金の支払限度日数が60日型タイプと120日型タイプで比較した場合、被保険者の年齢や保障金額等の他の契約内容が同一である場合、120日型タイプのほうが保険料は高くなる。

44
×

三大疾病保障特約付団体信用生命保険の保険料については、特約部分の保険料も含めて、住宅ローン利用者の**生命保険料控除の対象とならない**。

45
×

被保険者の死亡時、団体信用生命保険から支払われる保険金は相続税の課税対象とならない。債務残高は団体信用生命保険から金融機関に支払われるため、**債務控除の対象とならない**。

ワンポイントアドバイス

総合福祉団体定期保険と団体信用生命保険について、しっかり押さえておきましょう。

46
○

なお、指定代理請求特約は、一般に保険料の負担なく付加することができる。

47
×

先進医療特約では、契約の時点において先進医療に該当した治療であっても、**療養を受けた時点で先進医療に該当しない場合は**、先進医療給付金の支払対象とならない。先進医療特約は、**療養を受けた時点で先進医療に該当する場合に**先進医療給付金の支給対象となる。注意

48
○

入院給付金の支払限度日数が60日型タイプと120日型タイプで比較した場合、被保険者の年齢や保障金額等の他の契約内容が同一である場合、120日型タイプのほうが保障が手厚いため保険料は高くなる。

49 □□□

リビング・ニーズ特約の保険金を受け取る場合、保険金額から3カ月分の保険金額に対する利息と保険料相当額が差し引かれる。

生命保険料控除

50 □□□

一時払個人年金保険は、契約者、被保険者および年金受取人の関係、年金支払期間などの要件を満たせば、個人年金保険料税制適格特約を付加することができる。

51 □□□

次の定額個人年金保険契約は、個人年金保険料税制適格特約を付加することにより、その保険料が所得税の生命保険料控除の対象となる。

契約者	被保険者	年金受取人	年金種類	契約年齢	保険料払込満了年齢	年金支払開始年齢	保険料払込方法
夫	妻	夫	10年確定年金	45歳	60歳	60歳	月払い

52 □□□

Aさんが払い込んだ生命保険の保険料が下記のとおりである場合、Aさんの所得税における生命保険料控除の最大控除額は9万円である。

	終身保険	個人年金保険（税制適格特約付加）	医療保険
契約日	2010年10月1日	2014年8月1日	2020年6月1日
契約者（＝保険料負担者）	Aさん	Aさん	Aさん
被保険者	Aさん	Aさん	Aさん
死亡保険金受取人	Aさんの配偶者	Aさんの配偶者	－
年金受取人	－	Aさん	－
年間払込保険料	14万円	16万円	10万円

49
×

リビング・ニーズ特約の保険金を受け取る場合、保険金額から6カ月分の保険金額に対する利息と保険料相当額が差し引かれる。

50
×

一時払個人年金保険は、契約者、被保険者および年金受取人の関係、年金支払期間などにかかわらず、**個人年金保険料税制適格特約を付加することができない**。

51
×

生命保険料控除の対象とならない。個人年金保険料控除の対象となるためには、「**年金受取人＝被保険者**」かつ「**年金受取人＝契約者または契約者の配偶者**」でなければならない。重要

ワンポイントアドバイス

個人年金保険料控除の対象となる保険契約は重要です。要件を覚えておきましょう。

52
×

3つの保険のうち、終身保険は**旧制度の一般の生命保険料控除**、個人年金保険は**新制度の個人年金保険料控除**、医療保険は**新制度の介護医療保険料控除**に該当する。

旧制度の終身保険は、払込保険料が14万円で10万円を超えているので、控除額は**5万円**である。

新制度の個人年金保険は、払込保険料が16万円で8万円を超えているので、控除額は**4万円**である。

新制度の医療保険は、払込保険料が10万円で8万円を超えているので、控除額は**4万円**である。

新旧両制度を適用すると、5万円＋4万円＋4万円＝13万円となるが、控除限度額は所得税で**上限12万円**なので、Aさんの所得税における生命保険料控除の最大控除額は**12万円**となる。重要

53 □□□

少額短期保険業者と締結した少額短期保険の保険料は、被保険者の死亡に基因して一定額の保険金が支払われる保険契約であれば、生命保険料控除の対象となる。

54 □□□

生命保険料控除の対象となる終身保険の保険料が自動振替貸付によりその年の保険料の払込みに充当された場合、充当された保険料はその年分の生命保険料控除の対象となる。

55 □□□

「旧制度」(2011年12月31日以前に締結した保険契約等)の対象となる定期保険特約付終身保険の保険料について、定期保険特約を更新した場合、更新後の保険料は引き続き「旧制度」(2012年1月1日以後に締結した保険契約等)の対象となる。

56 □□□

「旧制度」(2011年12月31日以前に締結した保険契約等)の対象となる終身保険の保険料について、当該契約に指定代理請求特約を中途付加した場合、中途付加後の保険料は「新制度」(2012年1月1日以後に締結した保険契約等)の対象となる。

個人の生命保険金の税務

57 □□□

個人年金保険(保証期間付終身年金)の年金受取人が、年金支払開始日後に保証期間分の年金額を一括して受け取った場合、その一時金は雑所得として所得税の課税対象となる。

58 □□□

契約者(=保険料負担者)と被保険者が同一人である一時払終身保険を契約から3年後に解約した場合、当該解約返戻金は金融類似商品として源泉分離課税の対象となる。

53
×

少額短期保険の保険料は、被保険者の死亡に基因して一定額の保険金が支払われる保険契約であっても、**生命保険料控除の対象とならない**。注意

54
○

自動振替貸付による保険料充当分は、その年分の**生命保険料控除の対象**となる。

55
×

「旧制度」の対象となる定期保険特約付終身保険の保険料について、定期保険特約を更新した場合、更新後の保険料は**「新制度」**の対象となる。旧制度の対象となっていた保険契約でも、2012年1月1日以降に**更新・転換・保障性のある特約の中途付加した場合**などは、以後の保険料は**新制度の対象**となる。重要

56
×

リビング・ニーズ特約や指定代理請求特約等の特約の付加・更新については、引き続き**「旧制度」が適用される**。注意

57
○

保証期間付終身年金の**保証期間分の一括受取額**については、**雑所得**として課税対象となる。

58
×

一時払終身保険を契約から3年後に解約した場合、当該解約返戻金は**一時所得の収入金額として総合課税**の対象となる。**一時払終身保険は金融類似商品に該当せず、解約時期にかかわらず総合課税の対象となる**。注意

59 □□□

契約者（＝保険料負担者）と被保険者が同一人である一時払個人年金保険（10年確定年金）を契約から3年後に解約し、解約差益が生じた場合、その解約差益は一時所得の収入金額として総合課税の対象となる。

60 □□□

外貨建変額個人年金保険（10年確定年金）を保険期間の初日から10年経過後に解約したことにより、解約差益が生じた場合、その解約差益のうち為替差益に相当する部分の金額については雑所得として所得税の課税対象となる。

法人の生命保険の経理処理

61 □□□

S社を契約者（＝保険料負担者）および死亡保険金受取人、社長Aさん（42歳）を被保険者とする保険期間10年以上の定期保険に加入する場合、当該定期保険の最高解約返戻率が50%以下であるときは、支払保険料の全額を期間の経過に応じて、損金の額に算入する。

62 □□□

S社を契約者（＝保険料負担者）および死亡保険金受取人、社長Aさん（42歳）を被保険者とする保険期間10年以上の定期保険に加入する場合、当該定期保険の最高解約返戻率が70%超85%以下であるときは、保険期間の開始から4割相当期間においては、当期分支払保険料に4割を乗じた金額は資産に計上し、残額は損金の額に算入する。

59
×

一時払個人年金保険（10年確定年金）を契約から3年後に解約し、解約差益が生じた場合、その解約差益は**金融類似商品として源泉分離課税**の対象となる。10年確定年金の**5年以内の解約**なので、金融類似商品に該当する。

60
×

外貨建個人年金保険の解約差益については、**為替差益に相当する部分も含めて一時所得**として所得税の課税対象となる。

ワンポイントアドバイス

5年以内の解約等が、金融類似商品に該当するかどうかに注意しましょう。

61
○

最高解約返戻率が**50%以下**である場合、**支払保険料の全額**を期間の経過に応じて、**損金の額に算入**する。

62
×

最高解約返戻率が**70%超85%以下**であるときは、保険期間の開始から4割相当期間においては、当期分支払保険料に**6割**を乗じた**金額は資産に計上**し、**残額は損金の額に算入**する。重要

63 □□□

S社を契約者（＝保険料負担者）および死亡保険金受取人、社長Aさん（42歳）を被保険者とする保険期間10年以上の定期保険に加入する場合、当該定期保険の最高解約返戻率が85%超であるときは、保険期間開始日から最高解約返戻率となる期間の終了日までは、当期分支払保険料に最高解約返戻率×7割（保険期間の開始から10年目までは最高解約返戻率×9割）を乗じた金額は資産に計上し、残額は損金の額に算入する。

64 □□□

S社が、社長のAさんを被保険者とする下記の定期保険に加入した場合の第1回保険料払込時の経理処理は次のようになる。

借方		貸方	
定期保険料	125万円	現金・預金	250万円
前払保険料	125万円		

保険の種類	：無配当定期保険（特約付加なし）
契約年月日	：2021年8月1日
契約者（＝保険料負担者）	：S社
被保険者	：Aさん（加入時50歳）
死亡保険金受取人	：S社
保険期間・保険料払込期間	：90歳満了
死亡保険金	：8,000万円
年払保険料	：250万円
最高解約返戻率	：70%

65 □□□

契約者を法人、被保険者をすべての役員・従業員として契約する養老保険において、満期保険金受取人を被保険者、死亡保険金受取人を被保険者の遺族として加入した場合、支払保険料の2分の1相当額を資産計上し、残額を損金の額に算入することができる。

63
○

最高解約返戻率が**85%超**であるときは、保険期間開始日から最高解約返戻率となる期間の終了日までは、資産計上額は次のようになる。

・10年目まで：**支払保険料×最高解約返戻率×9割**
・11年目以降：**支払保険料×最高解約返戻率×7割** 重要

ワンポイントアドバイス

定期保険および第三分野保険に係る保険料の取扱いは重要です。しっかり押さえておきましょう。

64
×

最高解約返戻率が**50%超70%以下**の定期保険の保険料は、保険期間の開始から4割相当期間においては、当期分支払保険料に**4割を乗じた金額は資産に計上し、残額は損金の額に算入する**。よって、**250万円×40%＝100万円を前払保険料として資産計上し、250万円－100万円＝150万円を定期保険料として損金算入す**る。

定期保険料　150万円 前払保険料　100万円	現金・預金　250万円

65
×

契約者を法人、被保険者をすべての役員・従業員として契約する養老保険において、満期保険金受取人を被保険者、死亡保険金受取人を被保険者の遺族として加入した場合、**支払保険料の全額が当該被保険者に対する給与等として取り扱われる**。支払保険料の2分の1相当額を資産計上し、残額を損金の額に算入するためには、満期保険金受取人を法人とする必要がある。重要

ワンポイントアドバイス

経理処理については具体的な仕訳のしかたを理解しておきましょう。

損害保険商品

66
□□□

火災保険の対象となる住宅建物は、その建物の構造により、M構造、T構造、H構造に区分され、構造級別による保険料率は、H構造が最も高い。

67
□□□

火災保険、地震保険ともに、家財を対象とする場合、1個または1組の価額が30万円を超える貴金属や書画、骨董品については、契約時に申告して申込書等に明記すれば、保険の対象とすることができる。

68
□□□

住宅建物および家財を対象として火災保険を契約する場合、被保険者の自動車に生じた火災等による損害は、当該自動車がその敷地内にある車庫に収容されている場合には、補償の対象となる。

69
□□□

建物を対象とする地震保険は、建物の主要構造部以外の門・塀・給排水設備等が単独で損害を受けた場合であっても、保険金は支払われる。

70
□□□

火災保険の保険料払込方法が一括払いで保険期間が5年の場合、当該火災保険の契約時に付帯する地震保険は、保険期間1年の自動継続または保険期間を5年とする長期契約のいずれかを選択する。

71
□□□

地震保険の保険料の耐震等級割引の割引率は、居住用建物の耐震等級に応じて3つに区分されており、割引率は最大50%である。

66
○

火災保険の対象となる住宅建物は、その建物の構造により、M構造、T構造、H構造に区分されている。保険料率は、H構造、T構造、M構造の順に高くなっている。

67
×

火災保険は、1個または1組の価額が30万円を超える貴金属や書画、骨董品については、契約時に申告して申込書等に明記することにより（明記物件）、保険の対象とすることができる。地震保険については、対象にはならない。注意

68
×

被保険者の自動車は補償の対象とならないため、自動車がその敷地内にある車庫に収容されている場合であっても、補償の対象とならない。注意

69
×

建物を対象とする地震保険は、建物の主要構造部以外の門・塀・給排水設備等が単独で損害を受けた場合、保険金は支払われない。

70
○

なお、5年間の長期契約の保険料を一括払いした場合は、所定の割引率が適用される。

71
○

耐震等級割引は、耐震等級3で、割引率は50%である。なお、地震保険の保険料の割引制度には、「建築年割引」「耐震等級割引」「免震建築物割引」「耐震診断割引」がある。重要

72
□□□

地震保険の保険料の耐震診断割引は、居住用建物の耐震等級に応じて30%、10%の2区分の割引率がある。

73
□□□

地震保険の保険料は、建物のイ構造・ロ構造の2区分および所在地による3つの等地区分により決められており、最もリスクが高い都道府県は1等地に区分されている。

74
□□□

地震保険において、地震により損害を受け、地震保険の対象である居住用建物の焼失した部分の床面積が、その建物の延床面積の50%以上となった場合、全損と認定される。

75
□□□

地震保険の対象となる家財の損害額が家財の時価の60%以上となった場合、全損と認定される。

76
□□□

原動機付自転車は、自動車損害賠償保障法に基づき、自賠責保険の契約が締結されているものでなければ、運行できない。

77
□□□

自賠責保険の保険料は、加入する損害保険会社、運転者の年齢、走行距離等に応じて定められている。

72
×

地震保険の保険料の耐震診断割引は10%である。

73
×

地震保険の保険料は、**建物のイ構造・ロ構造の2区分**および所在**地による3つの等地区分**により決められている。最もリスクが高い都道府県は3等地に区分されている。

74
×

地震により損害を受け、地震保険の対象である居住用建物の焼失した部分の床面積が、その建物の延床面積の70%以上となった場合、全損と認定される。注意

75
×

地震保険の対象となる家財の損害額が家財の時価の80%以上となった場合、全損と認定される。

ワンポイントアドバイス

地震保険は出題頻度が高く重要です。

76
○

原則として**すべての自動車（原動機付自転車を含む）**は、自賠責保険の契約が締結されていなければ運行できない。

77
×

自賠責保険の保険料は、**車種や保険期間**に応じて定められている。加入する損害保険会社、運転者の年齢、走行距離等による**差異は**ない。

78
□□□

自賠責保険では、被害者の過失割合が7割以上である場合、重過失減額制度により、原則として、自賠責保険により支払われるべき保険金額が被害者の過失割合に応じて減額される。

79
□□□

自賠責保険における被害者1人当たりの保険金の支払限度額は、死亡の場合は2,000万円、傷害の場合は120万円、後遺障害の場合は障害の程度に応じて最高3,000万円である。

80
□□□

車両保険において、自損事故により被保険自動車が全損した場合、保険金額の全額が保険金として支払われる。

81
□□□

自動車保険のノンフリート等級別料率制度において、対人・対物賠償の保険事故があった後に更新する場合は2等級ダウン事故として等級が2つ下がり、盗難・台風・落書き等により車両保険から保険金を受け取った場合は1等級ダウン事故として等級が1つ下がる。

82
□□□

7等級の契約者が自動車を運転中に単独事故を起こして同乗者がケガを負い、人身傷害（補償）保険の保険金のみが支払われた場合、当該事故は「ノーカウント事故」であり、更新後の等級は7等級となる。

78
○

自賠責保険では、被害者の過失割合が7割以上である場合、重過失減額制度により、保険金額が減額される。被害者の過失割合が7割未満である場合は減額されない。

79
×

自賠責保険における被害者1人当たりの保険金の支払限度額は、死亡の場合は3,000万円、傷害の場合は120万円、後遺障害の場合は障害の程度に応じて最高4,000万円である。重要

80
○

車両保険において、自損事故により被保険自動車が全損した場合、免責金額を差し引かず保険金額の全額が支払われる。

81
×

自動車保険のノンフリート等級別料率制度において、対人・対物賠償の保険事故があった後に更新する場合は3等級ダウン事故として等級が3つ下がる。盗難・台風・落書き等により車両保険から保険金を受け取った場合は1等級ダウン事故として等級が1つ下がる。重要

82
×

7等級の契約者が自動車を運転中に単独事故を起こして同乗者がケガを負い、人身傷害（補償）保険の保険金のみが支払われた場合、当該事故は「ノーカウント事故」となる。「ノーカウント事故」なので、更新後の等級は1等級上がり8等級となる。重要

ワンポイントアドバイス

自賠責保険、任意の自動車保険ともにしっかり押さえておきましょう。

83 □□□

自動車を譲渡して自動車保険契約を解約する際に、中断証明書を取得すれば、中断後に、新たに契約する自動車保険の契約始期日が解約日から３年以内であれば、中断前の契約の等級を引き継いで再開することができる。

84 □□□

普通傷害保険（特約は付帯していない）では、地震により倒れてきた家具に足をはさまれて骨折し、通院した場合の損害は、補償の対象となる。

85 □□□

個人賠償責任保険では、被保険者が業務中にその職務の遂行に起因する偶然な事故により法律上の損害賠償責任を負うことによって被る損害は、補償の対象となる。

86 □□□

個人賠償責任保険では、被保険者が休日に自転車を走行中、駐車していた自動車に誤って衝突し、自動車を破損したことにより法律上の損害賠償責任を負うことによって被る損害は、補償の対象となる。

87 □□□

生産物賠償責任保険（飲食店が被保険者）では、店内で調理して提供した料理が原因で顧客が食中毒となった場合に、顧客に対して法律上の損害賠償責任を負担することによって生じた損害は補償の対象となる。

88 □□□

生産物賠償責任保険（飲食店が被保険者）では、店の外壁に設置していた看板が落下し、顧客が駐車していた自動車が損傷した場合に、顧客に対して法律上の損害賠償責任を負担することによって生じた損害は補償の対象となる。

83
×

自動車を譲渡して自動車保険契約を解約する際に、中断証明書を取得すれば、中断前の契約の等級を引き継いで再開することができる。中断できるのは、新たに契約する自動車保険の契約始期日が解約日から10年以内である。

84
×

地震によるケガについては、普通傷害保険（特約は付帯していない）の補償の対象とならない。注意

85
×

個人賠償責任保険では、職務の遂行に起因する事故により法律上の損害賠償責任を負うことによって被る損害は、補償の対象とならない。注意

86
○

個人賠償責任保険では、自転車の事故による損害は、補償の対象となる。なお、自動車の事故による損害については、補償の対象とならない。

87
○

生産物賠償責任保険（PL保険）は、製造、販売、提供したサービス等が他人に引き渡された後、その物や仕事の欠陥によって生じた事故による対人・対物損害賠償責任を補償する。

88
×

生産物賠償責任保険では、補償の対象とならない。この場合は、施設所有（管理）者賠償責任保険で補償の対象となる。

ワンポイントアドバイス

賠償責任保険の補償の範囲を押さえておきましょう。

89 □□□

会社役員賠償責任保険（D&O 保険）は、被保険者である会社役員が役員の業務の遂行に起因して保険期間中に損害賠償請求を受けた場合に、法律上の損害賠償責任を負うことによって被る損害に備えることができ、補償の対象となる損害賠償金には、判決に基づく損害賠償金や和解金のほか、罰金等による損害費用も含まれる。

90 □□□

労働災害総合保険は、労働者災害補償保険（政府労災保険）等の上乗せ補償を目的とした「法定外補償保険」と、労働災害により使用者が法律上の損害賠償責任を負うことによって被る損害を補償する「使用者賠償責任保険」の２つの補償から構成されており、いずれか一方のみに加入することはできず、双方に加入しなければならない。

個人の損害保険の税金

91 □□□

地震保険料控除の控除額は、所得税では８万円を限度として支払った地震保険料の全額となり、住民税では４万円を限度として支払った地震保険料の２分の１相当額となる。

92 □□□

店舗併用住宅を対象に地震保険を契約した場合、その家屋の全体のおおむね80％以上を居住の用に供しているときは、その家屋について支払った地震保険料の全額を居住用資産に係る地震保険料とすることができる。

89
×

会社役員賠償責任保険（D&O保険）は、被保険者である会社役員が役員の業務の遂行に起因して保険期間中に損害賠償請求を受けた場合の損害に備えることができるが、補償の対象となる損害賠償金には、罰金等による損害費用は含まれない。

90
×

労働災害総合保険は、労働者災害補償保険（政府労災保険）等の上乗せ補償を目的とした「法定外補償保険」と、労働災害により使用者が法律上の損害賠償責任を負うことによって被る損害を補償する「使用者賠償責任保険」の2つの補償から構成されている。双方に加入することも、いずれか一方のみに加入することも可能である。

91
×

地震保険料控除の控除額は、所得税では5万円を限度として支払った地震保険料の全額となり、住民税では2万5,000円を限度として支払った地震保険料の2分の1相当額となる。
なお、自己の居住用家屋を対象として少額短期保険業者と締結した地震補償保険の保険料は、地震保険料控除の対象とならない。

92
×

その家屋の全体のおおむね90%以上を居住の用に供しているときは、その家屋について支払った地震保険料の全額を居住用資産に係る地震保険料とすることができる。

93
□□□

常時居住の用に供していない別荘の所有者が支払った当該別荘を対象とする地震保険の保険料は地震保険料控除の対象とならないが、第三者に賃貸しているアパートの所有者が支払った当該アパートを対象とする地震保険の保険料は地震保険料控除の対象となる。

94
□□□

自家用車が盗難に遭い、所有者が加入している自動車保険の車両保険から保険金を受け取った場合、当該保険金は非課税となる。

95
□□□

個人事業主が、従業員を被保険者とする傷害保険の死亡保険金を受け取った場合、その死亡保険金は個人事業主の事業収入となる。

96
□□□

個人事業主が、所有する事業用建物が火災により焼失し、建物を保険の対象とする火災保険の保険金を受け取った場合、当該保険金は個人事業主の事業収入となる。

93
×

常時居住の用に供していない別荘を対象とする地震保険の保険料や、第三者に賃貸しているアパートを対象とする地震保険の保険料は、いずれも地震保険料控除の対象とならない。

94
○

資産の損害を補てんする保険金（火災保険、車両保険等）は非課税である。

95
○

個人事業主が、従業員を被保険者とする傷害保険に加入し、死亡保険金を受け取った場合、その死亡保険金は個人事業主の事業収入に算入する。

96
×

個人事業主が、事業用建物を保険の対象とする火災保険の保険金を受け取った場合、当該保険金は非課税となる。なお、棚卸資産の損害保険金や休業損失の損害保険金の場合は事業収入に算入する。

第３章　金融資産運用

近年の出題傾向一覧

※ FP 技能検定１級学科（基礎編）

項目	2021.9	2022.1	2022.5	2022.9	2023.1	2023.5	2023.9	2024.1
マーケット環境の理解	★	★	★	★		★	★	★
信託商品・金投資等		★	★		★	★		
投資信託	★	★	★	★	★			★
債券投資	★	★	★	★		★	★	★
株式投資	★★	★	★	★★	★	★	★	★
外貨建て商品	★		★		★	★	★	
金融派生商品		★	★		★	★	★	★★
ポートフォリオ運用	★	★		★★	★★	★	★	★
金融商品と税金	★	★	★	★	★		★	★
セーフティネット	★					★	★	★
金融関連法規		★	★	★	★	★	★	

※★は出題数を表している。複数の項目にわたる問題の場合は、その問題の中心となる項目としている。また、いずれの項目にも該当しない問題については、より関連する項目としている。

金融資産運用

合格ポイント整理

一問一答演習

合格ポイント整理

1. マーケット環境の理解

❶ 景気・物価指標

<table>
<tr><td>GDP（国内総生産）</td><td>国内で一定期間内に生産された財やサービスの付加価値の総額
・名目値：実際に市場で取引されている価格に基づいて推計された値
・実質値：参照年からの物価の上昇・下落分を取り除いた値</td></tr>
<tr><td>経済成長率</td><td>GDP の成長率のことで、名目成長率と実質成長率がある。</td></tr>
<tr><td>景気動向指数
重要</td><td>内閣府が毎月発表。先行系列、一致系列、遅行系列について、それぞれの系列内で CI（コンポジット・インデックス）と DI（ディフュージョン・インデックス）を算出。CI が公表形態の中心
<table>
<tr><td>CI</td><td>景気に敏感な指標の量的な動きを合成した指標。主として景気変動の大きさやテンポ（量感）を測定することを目的としている。
CI 一致指数が上昇しているときは景気の拡張局面、低下しているときは後退局面</td></tr>
<tr><td>DI</td><td>採用系列の各月の値を 3 カ月前と比べた変化方向を合成して作成した指数。主として景気拡張の動きの各経済部門への波及度合いを表している。重要</td></tr>
</table>
〈景気動向指数の主な個別系列〉重要
<table>
<tr><td>先行系列</td><td>・新規求人数（除学卒）
・実質機械受注（製造業）
・新設住宅着工床面積
・消費者態度指数
・東証株価指数</td></tr>
<tr><td>一致系列</td><td>・耐久消費財出荷指数
・有効求人倍率（除学卒）</td></tr>
</table>
</td></tr>
</table>

景気動向指数 重要	遅行系列	・常用雇用指数（調査産業計） ・法人税収入 ・完全失業率（逆サイクル） ・消費者物価指数（生鮮食品を除く総合）
日銀短観		全国企業短期経済観測調査。資本金2,000万円以上の民間企業を調査対象として、調査企業の業況等の現状・先行きに関する判断や、事業計画に関する実績・予測等の企業活動全般に関する調査項目について、日本銀行が四半期ごとに調査

❷ 米国の主な経済指標

ISM製造業景況感指数	製造業の購買担当責任者を調査対象にした企業の景況感を反映した指標。一般に、50を上回ると景気拡大、50を下回ると景気後退と判断される。
雇用統計	米国の労働省から毎月発表され、非農業部門雇用者数や失業率などの指標が発表される。

2. 信託商品・金投資等

❶ 信託商品

特定贈与信託	特定障害者の生活の安定を図ることを目的に、その親族など委託者が金銭などの財産を信託銀行等の受託者に信託するもの。信託財産については、特別障害者においては6,000万円、特別障害者以外の特定障害者においては3,000万円を限度として贈与税が非課税
暦年贈与信託	委託者と受託者（信託銀行等）との間で信託契約を締結し、委託者が拠出した信託財産を受益者に毎年贈与する仕組みの信託商品 重要

後見制度支援信託	判断能力が低下した人の財産を保護することを目的とし、信託銀行等があらかじめ家庭裁判所の発行する指示書に基づいて金銭を管理し、定期的に一定額を分割交付することができるもの。信託する**財産は金銭に限られ**、成年後見と未成年後見において利用することができるが、**保佐、補助、任意後見では利用することができない**。注意
遺言代用信託	利用者本人が信託銀行等と信託契約を締結し、委託者である利用者本人を第一受益者、本人（委託者）の死亡後はあらかじめ指定した配偶者等を第二受益者として設定する信託商品。第二受益者に対する給付は、一時金のほか、定期的に一定額を給付することも可能 重要

❷ 金投資

金投資(現物取引)	現物資産なので、購入時には消費税**を負担する**必要があるが、換金時には消費税**分が上乗せされて**受け取ることができる。注意
純金積立	**一定の月額投資金額を取扱会社の各月の営業日数で除し、**その金額で金地金を毎日購入する仕組みが一般的。積み立てた純金は、通常、時価での換金だけでなく、金地金での受取り、金貨やジュエリーとの交換もできる。
金ETF	金ETFは、**基準価額が金価格に連動する**上場投資信託。取引所の立会時間中であれば、いつでも成行注文や指値注文による売買が可能

3. 投資信託

❶ 投資信託の制度上の分類

契約型と会社型	・契約型投資信託（委託者指図型）：投資信託委託会社（委託者）と信託銀行等（受託者）との間で締結された投資信託契約に基づいて設定された信託の受益権を均等に分割して、複数の投資家に取得させるタイプ

契約型と会社型	・会社型投資信託：有価証券等への投資を目的とする会社（投資法人）を設立し、投資家はその会社の株主（投資主）となって、運用によって得られた収益の分配を受け取る形態
単位型と追加型	・単位型投資信託：当初、募集された資金が1つの単位として信託され、その後の追加設定は一切行われないタイプ ・追加型投資信託：当初設定後、追加設定が行われ、追加購入できるタイプ
株式投資信託と公社債投資信託	・株式投資信託：株式を組み入れることができる投資信託。株式組入比率がゼロであっても、投資信託契約上の投資対象に株式が含まれていれば株式投資信託に分類される。 ・公社債投資信託；株式を一切組み入れることができない投資信託 注意

❷ 投資信託の運用スタイルによる分類

パッシブ運用	目標となるベンチマークと連動する運用成果を目指す手法
アクティブ運用	目標となるベンチマークを上回る運用成果を目指す手法 〈銘柄選択手順〉 ・トップダウン・アプローチ：マクロ的な視点で経済環境などを分析し、国別組入比率や業種別組入比率などを決定する手法 ・ボトムアップ・アプローチ：個別銘柄の選択を重視。個別企業を調査分析し、その結果から投資銘柄を選択してポートフォリオを構築する方法 〈銘柄選択の着眼点〉 ・グロース投資：個別銘柄の成長性を重視して銘柄選択を行う手法 ・バリュー投資：株価の割安性を重視して銘柄選択を行う手法 注意

ロング・ショート運用	株価が割安と判断される銘柄を買い建て（ロング・ポジション）、株価が割高と判断される銘柄を売り建て（ショート・ポジション）するという、2つのポジションを組み合わせる運用手法
マーケット・ニュートラル運用	割安銘柄の買建てと割高銘柄の売建てを同時に行いながら、市場の変動に影響を受けない運用成果を目指す手法 重要
スマートベータ運用	時価総額に応じて銘柄を選定する方法ではなく、財務指標（売上高、営業キャッシュフロー、配当金等）や株価の変動率など銘柄の特定の要素に基づいて運用するスタイル 重要
レバレッジ型／インバース型	指標の日々の変動率が一定の**プラスの倍数**となるように設定する手法が**レバレッジ型**、**マイナスの倍数**となるように設定する手法が**インバース型** 重要
ESG投資	定量的な財務情報などに基づく投資判断だけではなく、環境（Environment）・社会（Social）・企業統治（Governance）の観点から、経営の持続性・収益性などを評価したうえで、投資先を選定する手法

❸ 株式投資信託の種類

ファンド・オブ・ファンズ	複数の投資信託を組み入れて運用する投資信託。複数の投資信託に分散投資することにより一段と高い分散投資効果がある。**個別株式への直接投資は認められていない。** 注意
ブル／ベア型ファンド	・ブル型ファンド：対象指標が**上昇**すると基準価額がその数倍上昇するように運用される投資信託 ・ベア型ファンド：対象指標が**下落**すると基準価額が上昇するように運用される投資信託 重要
リスク限定型投資信託	株価下落による損失リスクを一定限度に抑える投資信託。元本の一定額を保証している。

アンブレラ型ファンド	1つの投資信託の中に、投資対象となる資産や通貨が異なる複数のファンド（サブファンド）を設定できる仕組みをもった投資信託。投資家が複数のサブファンドの中から投資対象を自由に組み合わせることができ、運用中にサブファンドを組み替えることができる。重要

❹ MRF・ETF（上場投資信託）

MRF	証券総合口座用の投資信託。1円からいつでも出し入れ可能。収益分配金は1円単位で毎日計上し、1カ月複利で計算される。通常の投資信託と異なり、元本に損失が生じた場合に投資信託委託会社が補てんすることが認められている。注意
ETF（上場投資信託）	株価指数や商品指数などの指標に連動するように設定され、金融商品取引所に上場される投資信託。売買方法は上場株式と同じで、立会い時間中は、金融商品取引所でいつでも時価で売買できる。指値注文・成行注文ができ、信用取引もできる。

❺ 投資信託のディスクロージャー

<table>
<tr><td rowspan="3">目論見書（投資信託説明書）</td><td colspan="2">ファンドの概要や投資方針、その他の取り決めに関する詳細が記載された文書。投資信託委託会社によって作成される。交付目論見書と請求目論見書がある。</td></tr>
<tr><td>交付目論見書</td><td>投資家がファンドを購入する際に、あらかじめまたは購入するのと同時に交付しなければならない。注意</td></tr>
<tr><td>請求目論見書</td><td>投資家から請求があったときに直ちに交付しなければならない。</td></tr>
</table>

<table>
<tr><td rowspan="3">運用
報告書</td><td colspan="2">ファンドの運用結果をファンドの決算期ごとに投資家に対して知らせる報告書。投資信託委託会社は、原則として、運用報告書を決算期ごとに作成し、販売会社を通じて交付。決算期間が6カ月未満のものについては、6カ月ごとに作成・交付。交付運用報告書と運用報告書（全体版）がある。</td></tr>
<tr><td>交付運用
報告書</td><td>運用状況に関する重要な事項を記載。書面による交付が原則であるが、あらかじめ投資家の同意を得たうえで、ホームページや電子メールなどによる交付も可能。</td></tr>
<tr><td>運用報告書
（全体版）</td><td>詳細な運用状況等を記載。ホームページに掲載するなど電子的方法でよいとされているが、投資家から請求があった場合には書面での交付が義務付けられている。</td></tr>
<tr><td>トータル
リターン
通知制度</td><td colspan="2">販売会社は、原則としてトータルリターンを年1回以上投資家に通知することが義務付けられている。
※トータルリターン：「評価金額」＋「累計受取分配金額」＋「累計売付金額」－「累計買付金額」</td></tr>
</table>

4. 債券投資

❶ 個人向け国債 重要

	変動金利型 10年満期	固定金利型 5年満期	固定金利型 3年満期
金利設定 方法	基準金利※ × 0.66	基準金利 － 0.05%	基準金利 － 0.03%
金利下限	0.05%		
利子の 受取り	・半年ごとに年2回（利払日は、原則として毎年の発行月および発行月の半年後の15日）		

※「変動10年」の基準金利は、利子計算期間の開始日の前月までの最後に行われた、10年固定利付国債の入札における平均落札価格を基に計算される複利利回りの値。

利子の受取り	・利子は、支払時に20.315%の税率により源泉（特別）徴収され、申告分離課税の対象とされているが、確定申告不要制度を選択することもできる。
購入単価	最低1万円から1万円単位 （額面金額100円につき100円）
償還金額	額面金額100円につき100円（中途換金時も同じ）
中途換金	発行後1年経過すれば、いつでも中途換金が可能（直前2回分の各利子（税引前）相当額×0.79685が差し引かれる）
発行月	毎月

❷ 主な地方債

全国型市場公募地方債	一部の都道府県とすべての政令指定都市が発行できる債券
共同発行市場公募地方債	複数の地方公共団体が共同して発行する10年満期の債券であり、毎月発行されている。共同して発行する全団体が発行額全額について連帯して当該地方債の償還および利息の支払の責任を負う（連帯債務方式）。

❸ 特殊な債券

新株予約権付社債（転換社債型）	一定の条件で発行体の企業の株式に転換できる権利が付いた社債
他社株転換可能債（EB債）	満期償還日に投資した資金が現金ではなく、債券の発行者とは異なる別の会社の株式（対象株式）で償還される可能性のある債券であり、投資家が償還方法を任意に選択することはできない。
デュアルカレンシー債	払込みと利払いが円貨で行われ、償還が米ドル等の外貨で行われる債券
リバース・デュアルカレンシー債	払込みと償還が円貨で行われ、利払いが米ドル等の外貨で行われる債券 注意

❹ 債券の利回り・価格の計算

利付債の最終利回り	既発債を購入し、償還期限まで保有した場合の利回り 重要 計算 $$\frac{年利子 + \frac{額面(100円) - 買付価格}{残存期間}}{買付価格} \times 100$$
利付債の所有期間利回り	債券を償還期限まで保有せず、途中売却した場合の利回り $$\frac{年利子 + \frac{売却価格 - 買付価格}{所有期間}}{買付価格} \times 100$$
利付債の直接利回り	投資元本に対する1年間に得られる利子の割合 $$\frac{年利子}{買付価格} \times 100$$
割引債の複利利回り	計算 $$\left(\sqrt[残存期間]{\frac{額面(100円)}{買付価格}} - 1\right) \times 100$$
割引債券の価格(単価)	計算 $$\frac{100円}{(1 + 利回り)^{残存期間}}$$

❺ デュレーション・イールドカーブ

デュレーション	投資の平均回収期間（投資額を回収するために要する期間）を示す尺度であるとともに、市場金利の変化に対する債券価格の変動性を示す尺度 ・デュレーションが長い債券：価格変動性が高く金利リスクが大きい ・デュレーションが短い債券：価格変動性が低く金利リスクが小さい
イールドカーブ	債券の残存期間と利回りを表す曲線グラフ ・順イールド：短期債よりも長期債の利回りのほうが高く、イールドカーブが右上がりの曲線になる状態 ・逆イールド：短期債よりも長期債の利回りのほうが低く、イールドカーブが右下がりの曲線になる状態

イールドカーブ	短期金利と長期金利の差が大きくなることをイールドカーブがスティーブ化するといい（傾きが急になる）、短期金利と長期金利の差が小さくなることをイールドカーブがフラット化するという（傾きがなだらかになる）。 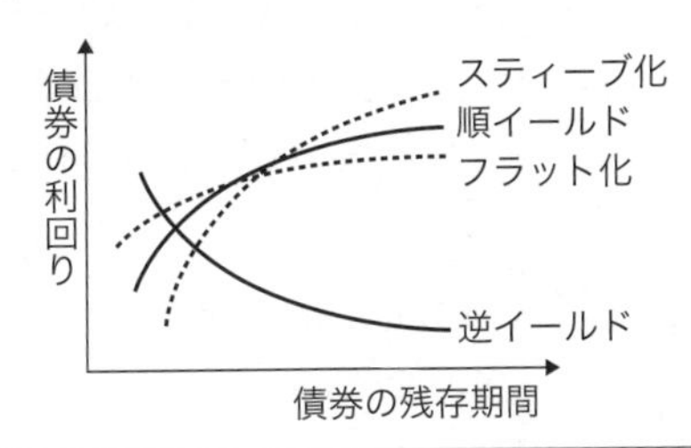

5. 株式投資

❶ 国内の代表的な株価指数

日経平均株価	東京証券取引所プライム市場上場の銘柄から代表的な225銘柄を対象として算出される**修正平均株価**
東証株価指数（TOPIX）	**時価総額加重型**の株価指数。東証市場再編後は、一定の基準を設けたうえで、東京証券取引所のプライム市場、スタンダード市場、グロース市場から銘柄を継続採用する。ただし、流通株式時価総額100億円以下の銘柄については、2025年1月末までに段階的にウェートを低減。
JPX日経インデックス400	東京証券取引所のプライム市場、スタンダード市場、グロース市場に上場する銘柄を対象とし、ROEや営業利益等の指標等により選定された400銘柄で構成される**時価総額加重型**の株価指数 重要

❷ 海外の代表的な株価指数

ダウ・ジョーンズ工業株価平均（NYダウ）（米）	ニューヨーク証券取引所およびNASDAQ市場に上場している30銘柄を対象とする**修正平均株価** 重要

S&P500種株価指数(米)	ニューヨーク証券取引所などに上場している500銘柄を対象とする時価総額加重平均型の株価指数
ナスダック総合指数(米)	米国のNASDAQ市場で取引されている全銘柄を対象とする時価総額加重平均型の株価指数 重要
DAX指数(独)	フランクフルト証券取引所に上場している銘柄のうち、主要40銘柄を対象とする時価総額加重平均型の株価指数
FTSE100指数(英)	ロンドン証券取引所に上場している銘柄のうち、時価総額上位100銘柄を対象とする時価総額加重平均型の株価指数
CAC40指数(仏)	ユーロネクスト・パリに上場する40銘柄で構成される時価総額加重平均型の株価指数

❸ 株式の売買

売買単位	上場株式の売買単位は100株単位
注文の種類	・指値注文：希望する売買価格を明示して注文する方法 ・成行注文：希望する売買価格を明示せずに注文する方法。指値注文よりも優先して売買が成立する。重要
受渡し(決済)	株式の売買代金の受渡しは、原則として売買の成立の日（約定日）から起算して3営業日目

❹ 信用取引

仕組み	投資家が証券会社に対して委託保証金（国債や上場株式など有価証券で代用可※）を担保として差し入れて、株式の買付けに必要な資金を証券会社から借り入れたり、売付けに必要な株式を証券会社から借りて売買を行う取引。少ない資金で取引を行うことができるため、現物取引と比べ資金効率がよい（レバレッジ効果）。一方、投資した証券の予測しない変動により多額の損失を被ることもある。 ※代用有価証券は所定の代用掛目を乗じた金額で評価される

委託保証金	差し入れる委託保証金は、一般に、約定金額（取引金額）の30%以上とされているが、最低額が30万円と定められている。重要 必要委託保証金＝約定代金×委託保証金率 新規建可能額※＝委託保証金余力÷委託保証金率 ※新規建可能額：信用取引において、新たに買建注文または売建注文が可能な上限金額 同日中の委託保証金の再利用は可能 ※2023年1月10日より、レバレッジ（2倍）型・ダブルインバース（－2倍）型ETFおよびETNの委託保証金率は30%×指標の倍数（30%×2倍＝60%）以上となっている。注意
決済方法	反対売買による方法と受渡決済による方法がある。
追加保証金	相場の変動による評価損が発生し、保証金維持率が基準を下回った場合、投資家は追加保証金（追証（おいしょう））を差し入れなければならない。追加保証金が発生した場合、その後株価の値上がり等により委託保証金率が一定の水準を回復しても、追加保証金を差し入れる必要がある。
制度信用取引・一般信用取引	・制度信用取引：金融商品取引所が定めた規則に従って行う信用取引。弁済の繰延期限（返済期限）は、原則として最長6カ月とされている。 制度信用取引において、証券会社と証券金融会社との間で、取引を行うのに必要な金銭や株式の貸借を行う取引を貸借取引といい、貸借取引できる銘柄（貸借銘柄）は金融商品取引所によって定められている。制度信用取引の場合、貸借銘柄について、その株式を外部の株主から調達するときに必要な費用である逆日歩（ぎゃくひぶ）（品貸料）が発生することがある。この場合、売り方が逆日歩（品貸料）を負担する。注意 ・一般信用取引：売買の規則（返済期限等）を投資家と証券会社との間で自由に決めることができる信用取引。一般信用取引は貸借取引ができないので、逆日歩が発生することはない。

❺ 株式の投資指標

PER PBR	PERは企業の利益水準から見て株価の割高・割安を判断する尺度 重要 計算 PER（株価収益率）（倍）：$\frac{株価}{1株当たり純利益}$ PBRは企業の資産価値から見て株価の割高・割安を判断する尺度 PBR（株価純資産倍率）（倍）：$\frac{株価}{1株当たり純資産}$
配当性向 配当利回り	配当性向は税引後純利益のうち配当する割合で企業の配当政策を判断する尺度 重要 計算 配当性向（％）：$\frac{配当金}{当期純利益} \times 100$ 配当利回りは株価に対する1株当たりの配当の比率 配当利回り（％）：$\frac{1株当たり配当}{株価} \times 100$
ROA	総資本に対する収益性を判断する尺度 重要 計算 ROA（％）＝$\frac{利益}{総資本} \times 100$ ※総資本＝総資産＝負債＋純資産 ※分子は、経常利益、事業利益などを用いる。分母を使用総資本（＝使用総資産）とする場合もある。 使用総資本事業利益率（％）＝$\frac{事業利益}{使用総資本} \times 100$ ※事業利益：営業利益＋受取利息・受取配当金＋有価証券利息 総資本利益率（ROA）は、売上高利益率、総資本回転率の2指標に分解して分析することができる。 総資本利益率（ROA）＝売上高利益率×総資本回転率 $\left(\frac{利益}{総資本}\right) = \left(\frac{利益}{売上高}\right) \times \left(\frac{売上高}{総資本}\right)$

ROE	自己資本に対する収益性を判断する指標 重要 計算 $\mathrm{ROE}(\%)=\dfrac{\text{当期純利益}}{\text{自己資本}}\times 100$ ※自己資本：純資産－新株予約権－非支配株主持分 ROEは、PBRをPERで割ったものと等しくなる（自己資本＝純資産のとき）。 $\mathrm{ROE}=\dfrac{\mathrm{PBR}}{\mathrm{PER}}$ ROEは、売上高純利益率、使用総資本回転率、財務レバレッジの3指標に分解して分析することができる。 ROE＝売上高純利益率×使用総資本回転率×財務レバレッジ $\left(\dfrac{\text{当期純利益}}{\text{自己資本}}\right)=\left(\dfrac{\text{当期純利益}}{\text{売上高}}\right)\times\left(\dfrac{\text{売上高}}{\text{使用総資本}}\right)\times\left(\dfrac{\text{使用総資本}}{\text{自己資本}}\right)$
サスティナブル成長率	内部留保と収益性を基に企業の成長性を判断する尺度 重要 計算 サスティナブル成長率（%）：ROE×内部留保率 ＝ROE×（1－配当性向）
インタレスト・カバレッジ・レシオ	企業の借入金等の利息支払い能力を測るための指標で、財務の安定性を判断する尺度 重要 計算 インタレスト・カバレッジ・レシオ（倍）：$\dfrac{\text{事業利益}}{\text{金融費用}}$ ※金融費用：支払利息・割引料＋社債利息
配当割引モデル	「株価の内在価値はその株式から得られる将来のキャッシュフロー（予想配当）の現在価値の合計である」という理論 重要 計算 将来にわたり定額の配当が支払われると予想される場合（ゼロ成長配当割引モデル） $\text{内在価値}=\dfrac{\text{1株当たり予想配当}}{\text{期待利子率}}$ 将来にわたり定率で配当が成長して支払われると予想される場合（定率成長配当割引モデル） $\text{内在価値}=\dfrac{\text{1株当たり予想配当}}{\text{期待利子率}-\text{期待成長率}}$

損益分岐点分析	「売上と総費用が一致し、損益がゼロとなる売上高」を損益分岐点売上高という。重要 計算 限界（貢献）利益：売上高ー変動費 限界（貢献）利益率：$\frac{限界利益}{売上高}$ または $1-\frac{変動費}{売上高}$ 損益分岐点売上高：$\frac{固定費}{限界利益率}$ 損益分岐点比率（%）：$\frac{損益分岐点売上高}{売上高} \times 100$

6. 外貨建て商品

❶ TTSとTTB

TTS	顧客が円を外貨に交換する際の為替レート
TTB	顧客が外貨を円に交換する際の為替レート

❷ 外貨預金

預金の種類	普通預金、定期預金など
預入期間・金利	金融機関により異なる
預金保険制度	対象外
税　金	・利子は利子所得として20.315%の源泉分離課税（海外口座の利子は総合課税） ・預入時に為替予約のない場合、元金部分の為替差益は雑所得として総合課税。預入時に為替予約をした場合の為替差益は利子と合わせて源泉分離課税 注意

7. 金融派生商品

❶ 先物取引

仕組み	将来のあらかじめ定められた期日に、特定の商品（原資産）を現時点で決めた価格で売買することを約束する取引

<table>
<tr><td>先物取引の利用法</td><td>・ヘッジ取引：現物と反対のポジションを組むことで、価格変動リスクを回避（ヘッジ）する手法
・売りヘッジ：保有している現物の値下がりリスクに対して先物を売ることでヘッジする。
・買いヘッジ：現物の値上がりによる収益機会の喪失のリスクに対して先物を買うことでヘッジする。
・裁定取引：「現物と先物」あるいは「先物と先物」の価格差を利用して利益を得る取引
・スペキュレーション取引：少額の資金で大きな取引（レバレッジを効かせる）ができる先物取引</td></tr>
</table>

❷ オプション取引

<table>
<tr><td>仕組み</td><td>将来のあらかじめ定められた期日までに、特定の商品（原資産）を現時点で取り決めた価格（権利行使価格）で買う権利（コール・オプション）もしくは売る権利（プット・オプション）を売買する取引</td></tr>
<tr><td>オプション・プレミアム</td><td>オプションの買手は、売手に対してプレミアム（オプション料）を支払って、買う権利または売る権利を購入。オプションの売手は、買手からプレミアムを受け取る代わりに買手の権利行使に応じる義務がある。
〈利益と損失〉
<table>
<tr><th></th><th></th><th>買手</th><th>売手</th></tr>
<tr><td rowspan="2">利益</td><td>コール</td><td>原資産価格上昇分
－プレミアム</td><td rowspan="2">プレミアムに限定</td></tr>
<tr><td>プット</td><td>原資産価格下落分
－プレミアム</td></tr>
<tr><td rowspan="2">損失</td><td>コール</td><td rowspan="2">プレミアムに限定</td><td>原資産価格上昇分
－プレミアム</td></tr>
<tr><td>プット</td><td>原資産価格下落分
－プレミアム</td></tr>
</table>
</td></tr>
</table>

<table>
<tr><td rowspan="9">プレミアムの価格決定要因</td><td colspan="2">決定要因</td><td>コール</td><td>プット</td></tr>
<tr><td rowspan="2">原資産価格</td><td>上昇</td><td>＋（上昇）</td><td>－（下落）</td></tr>
<tr><td>低下</td><td>－（下落）</td><td>＋（上昇）</td></tr>
<tr><td rowspan="2">権利行使価格</td><td>高い</td><td>－（低い）</td><td>＋（高い）</td></tr>
<tr><td>低い</td><td>＋（高い）</td><td>－（低い）</td></tr>
<tr><td rowspan="2">残存期間</td><td>長い</td><td colspan="2">＋（高い）</td></tr>
<tr><td>短い</td><td colspan="2">－（低い）</td></tr>
<tr><td rowspan="2">ボラティリティ</td><td>上昇</td><td colspan="2">＋（上昇）</td></tr>
<tr><td>低下</td><td colspan="2">－（下落）</td></tr>
</table>

※ボラティリティ：原資産の価格変動率（変動のしやすさ）

8. ポートフォリオ運用

❶ ポートフォリオのリスク

分散・標準偏差	リスクは、リターンのばらつき度合い（ブレの度合い）を指すのが通常。このリターンのブレの度合いを測る尺度として分散や標準偏差が用いられる。〈計算〉 ・分散：ある収益率から期待収益率を差し引き、その差の2乗の値に生起確率を乗じて、合計した値 ・標準偏差：分散の平方根 標準偏差＝$\sqrt{分散}$

❷ 相関係数

相関係数	2つの証券等の値動きの相関関係の強さを表したもので、－1から1までの数値で表される

共分散	2資産間の相互関係を測るための確率的なリスク概念として共分散があり、**2資産間の収益性の関連性を示す**。2資産間相互の収益率の連動性を測る場合、共分散と標準偏差を使った相関係数によることが一般的。重要 計算 相関係数＝証券Aと証券Bの共分散／証券Aの標準偏差×証券Bの標準偏差
共分散を用いた標準偏差	分散または標準偏差は、各資産の共分散から求めることができる。重要 計算 **証券Aと証券Bの2資産のポートフォリオの分散** **＝Aの割合^2×Aの標準偏差^2＋Bの割合^2＋Bの標準偏差^2** **＋2×Aの割合×Bの割合×AとBの共分散**
相関係数を用いた標準偏差	分散または標準偏差は、各資産の相関係数から求めることができる。重要 計算 **証券Aと証券Bの2資産のポートフォリオの分散** **＝Aの割合^2×Aの標準偏差^2＋Bの割合^2＋Bの標準偏差^2** **＋2×Aの割合×Bの割合×Aの標準偏差×Bの標準偏差** **×相関係数**

❸ 効率的フロンティア・市場リスク

最適ポートフォリオ・効率的フロンティア	最適ポートフォリオとは、効率的フロンティアと投資家の選好を示す効用無差別曲線の接する点の効率的ポートフォリオで、その投資家の効用を最大化するポートフォリオのことをいう。 〈危機回避選好型の場合〉 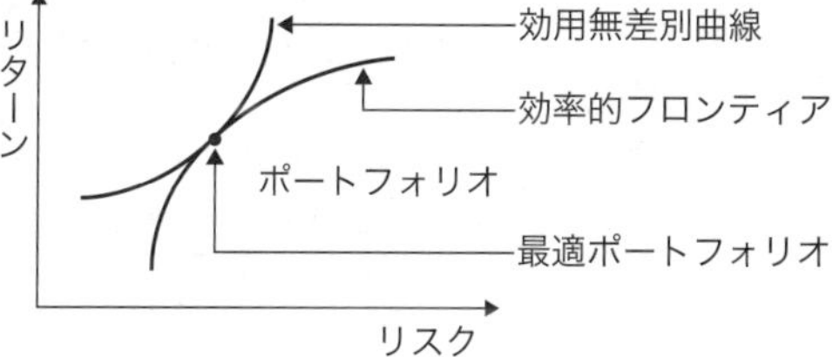

最適ポートフォリオ・効率的フロンティア	効用無差別曲線：投資家の選好について、その主観的な満足度が等しいリスクとリターンの組合せを描いたもの。 効率的フロンティア：同じリスクでリターンが最大になるような点の集合である曲線。有効フロンティアともいう。
市場リスクと非市場リスク	・市場リスク（システマティック・リスク）：市場全体の要因によるリスク。分散投資によっても消去不可能。 ・非市場リスク（アンシステマティック・リスク）：銘柄固有の要因によるリスク。分散投資により消去可能。重要 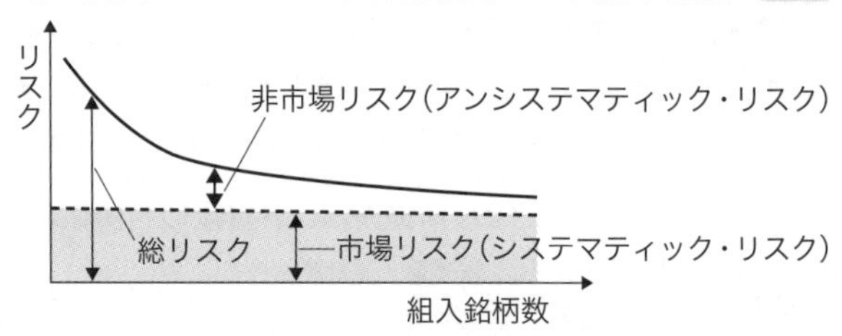

❹ 資本市場理論

資本資産評価モデル（CAPM）	CAPMにおける資産の期待収益率： 無リスク（安全）資産利子率＋（市場の期待収益率－無リスク（安全）資産利子率）×β 上記計算式のβは、市場全体に対する資産のリスク量（システマティック・リスク）を測る指標。

❺ パフォーマンス分析

シャープ・レシオ（シャープの測度）	超過収益率をポートフォリオの標準偏差で除して算出 重要 計算 $\dfrac{\text{ポートフォリオの収益率－無リスク（安全）資産利子率}}{\text{ポートフォリオの収益率の標準偏差}}$
トレイナーの測度	超過収益率をβで除して算出 計算 $\dfrac{\text{ポートフォリオの収益率－無リスク（安全）資産利子率}}{\text{ポートフォリオの}\beta}$

ジェンセンの測度（ジェンセンのアルファ）	資本資産評価モデル（CAPM）により算出される収益率を上回る超過収益率 ポートフォリオの収益率－CAPMによる収益率
インフォメーション・レシオ（情報比）	ベンチマークに対するポートフォリオの超過収益率をトラッキングエラー（超過収益率の標準偏差）で除して算出 $\dfrac{\text{ポートフォリオの収益率}-\text{ベンチマークの収益率}}{\text{トラッキングエラー}}$

9. 金融商品と税金

❶ 金融証券税制 重要

特定公社債等	利子	・源泉徴収（20.315%） ・利子所得として申告分離課税 ・申告不要の選択可
上場株式等（大口株主等を除く）	配当所得	・源泉徴収（20.315%） ・総合課税、申告分離課税、申告不要を選択 ※確定申告不要制度を適用するかどうかは1回に支払を受けるべき配当ごとに選択することができる。
	譲渡所得	申告分離課税（20.315%） ※特定口座における源泉徴収選択口座は申告不要。
上記以外の株式等	配当所得	・源泉徴収（20.42%） ・総合課税

❷ 特定口座

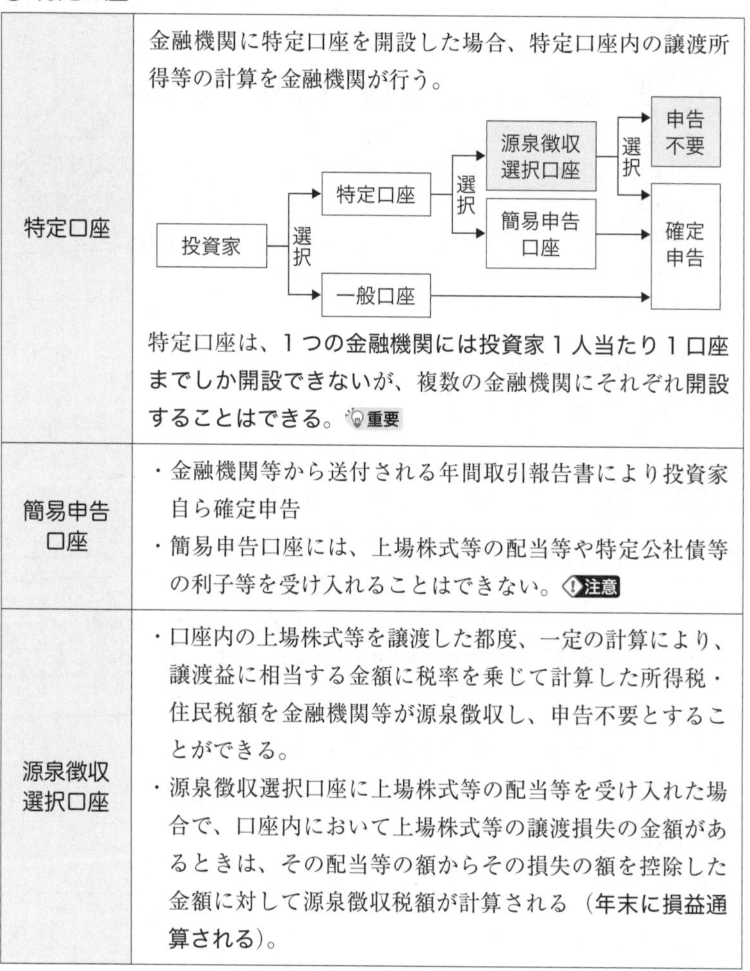

特定口座	金融機関に特定口座を開設した場合、特定口座内の譲渡所得等の計算を金融機関が行う。 特定口座は、1つの金融機関には投資家1人当たり1口座までしか開設できないが、複数の金融機関にそれぞれ開設することはできる。重要
簡易申告口座	・金融機関等から送付される年間取引報告書により投資家自ら確定申告 ・簡易申告口座には、上場株式等の配当等や特定公社債等の利子等を受け入れることはできない。注意
源泉徴収選択口座	・口座内の上場株式等を譲渡した都度、一定の計算により、譲渡益に相当する金額に税率を乗じて計算した所得税・住民税額を金融機関等が源泉徴収し、申告不要とすることができる。 ・源泉徴収選択口座に上場株式等の配当等を受け入れた場合で、口座内において上場株式等の譲渡損失の金額があるときは、その配当等の額からその損失の額を控除した金額に対して源泉徴収税額が計算される（年末に損益通算される）。

❸ NISA（少額投資非課税制度）重要

改正〈新 NISA 制度の概要（2024 年 1 月～）〉

	つみたて投資枠　併用可	成長投資枠
年間投資枠	120 万円	240 万円
非課税保有期間	無期限化	無期限化
非課税保有限度額	1,800 万円	
		1,200 万円（内数）（成長投資枠の限度額）
口座開設期間	恒久化	恒久化
投資対象商品	長期の積立・分散投資に適した一定の投資信託・ETF	上場株式、株式投資信託、ETF 等※ ※一定のものは除外される
対象年齢	18 歳以上	18 歳以上
損益通算	損失が出た場合でも、他の口座で保有している金融商品の配当や譲渡益等との損益通算は不可	
配当金の受取方法	株式数比例配分方式 ※すべての銘柄について、証券会社の口座を通じて配当金を受け取る方法	
非課税投資枠の再利用	新 NISA では、商品を売却した場合、翌年以降売却した商品の簿価（取得金額）の分だけ非課税投資枠が復活し、再利用が可能	
旧 NISA との関係	2023 年末までに一般 NISA およびつみたて NISA 制度において投資した商品は、新しい制度の外枠で、旧制度における非課税措置を適用 ※旧制度から新しい制度へのロールオーバーは不可	

10. セーフティネット

❶ 預金保険制度

<table>
<tr><td>対象
金融機関</td><td colspan="2">日本国内に本店のある金融機関は預金保険機構に加入することが義務付けられている。外国銀行の日本支店や国内銀行の海外支店は対象外。注意
農協（JA）、漁協などの場合は、農水産業協同組合貯金保険機構がある。制度の内容は、原則として預金保険制度と同様。</td></tr>
<tr><td rowspan="2">対象預金等</td><td>付保預金
（保護の対象）</td><td>当座預金、普通預金、貯蓄預金、定期預金など</td></tr>
<tr><td>保護の対象外</td><td>外貨預金、他人名義預金、国債、投資信託など 重要</td></tr>
<tr><td>決済用預金</td><td colspan="2">「無利息、要求払い、決済サービスを提供できる」という条件を満たす決済用預金は全額保護。重要</td></tr>
<tr><td>ペイオフ</td><td colspan="2">・一般預金等のうち、預金保険制度の保護の対象となる金額は、1金融機関ごとに1人当たり元本1,000万円までとその利息等。
・破綻金融機関に複数の口座を持っている場合は、1口座ごとではなく1預金者ごとに合算される（「名寄せ」という）。
・破綻金融機関に対して借入がある預金者は、借入約定等の特約により相殺が禁止されている場合などを除き、破綻金融機関に相殺を申し出ることで、預金と借入を相殺することができる。</td></tr>
</table>

❷ その他の保護制度

投資者保護基金	証券会社に預けている有価証券、預り金等は、証券会社が破綻した場合、日本投資者保護基金により、一般顧客1人当たり1,000万円を限度に補償される。

11．金融関連法規

金融サービス提供法	金融商品販売業者等が、①②に違反し、顧客に損害が生じた場合、損害賠償責任を負う（元本欠損額がその損害額と推定する）。 ①重要事項の説明義務 ②断定的判断の提供等の禁止 金融サービス仲介業：預金等媒介業務、保険媒介業務、有価証券等仲介業務または貸金業貸付媒介業務のいずれかを業として行うこと
消費者契約法	事業者の一定の行為により消費者が誤認し、または困惑した場合等について契約の申込みまたはその承諾の意思表示を取り消すことができる。また、事業者の損害賠償の責任を免除する条項その他の消費者の利益を不当に害することとなる条項の全部または一部を無効とする。 ・取消権の行使期間：取消権は、追認をすることができる時から１年、または契約の締結の時から５年を経過したときに消滅する。重要
金融商品取引法	一般投資家と特定投資家：一般投資家に対する販売・勧誘の際に適用される広告等規制、書面交付義務、適合性の原則等の禁止規定は、特定投資家には適用されない。 ・インサイダー取引規制：上場会社等の会社関係者（会社関係者でなくなって１年以内の者を含む）が、その職務等において知り得た当該上場会社等の業務等に関する重要事実に基づいて、その重要事実の公表前に、当該上場会社の株式等を売買することは禁止されている。重要
金融ADR制度	金融分野における裁判外紛争解決制度。金融商品・サービスに関する顧客と金融機関の間のトラブルについて、指定紛争解決機関が中立・公正な立場で間に入り、裁判によらない方法によって紛争解決を目指す仕組み

マーケット環境の理解

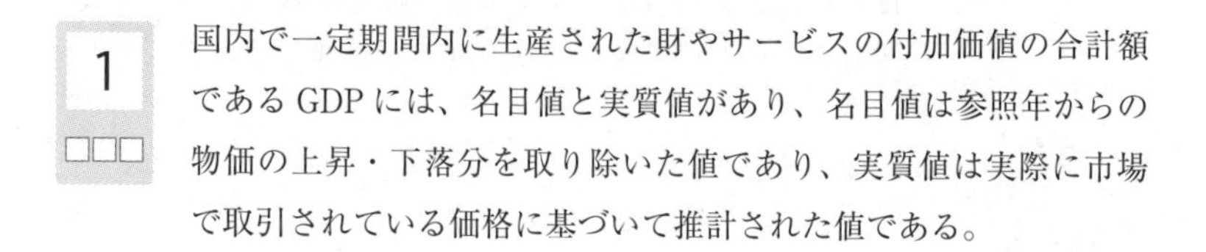

1 □□□

国内で一定期間内に生産された財やサービスの付加価値の合計額であるGDPには、名目値と実質値があり、名目値は参照年からの物価の上昇・下落分を取り除いた値であり、実質値は実際に市場で取引されている価格に基づいて推計された値である。

2 □□□

景気動向指数のCI（コンポジット・インデックス）は、主として景気変動の大きさやテンポ（量感）を測定することを目的としている。

3 □□□

景気動向指数のCI（コンポジット・インデックス）は、採用系列の各月の値を3カ月前と比べた変化方向を合成して作成した指数である。

4 □□□

景気動向指数のDI（ディフュージョン・インデックス）は、主として景気拡張の動きの各経済部門への波及度合いを測定することを目的としており、DI一致指数が50%を上回っているときは景気拡張局面と判断される。

5 □□□

景気動向指数において、厚生労働省が公表する有効求人倍率（除学卒）は先行系列に採用され、総務省が公表する完全失業率は一致系列に採用されている。

6 □□□

厚生労働省が公表する一般職業紹介状況における新規求人数は景気動向指数の先行系列に採用されている。

解答	解　説
1 ×	実質値は、参照年からの物価の上昇・下落分を取り除いた値であり、名目値は、実際に市場で取引されている価格に基づいて推計された値である。
2 ○	一般的に、CI一致指数が上昇しているときは景気の拡張局面、低下しているときは後退局面である。
3 ×	採用系列の各月の値を3カ月前と比べた変化方向を合成して作成した指数は、景気動向指数のDI（ディフュージョン・インデックス）である。
4 ○	DIは、主として景気拡張の動きの各経済部門への波及度合いを表している。なお、DI一致指数が50%を下回っているときは景気後退局面と判断される。
5 ×	景気動向指数において、厚生労働省が公表する有効求人倍率（除学卒）は一致系列に採用され、総務省が公表する完全失業率は遅行系列に採用されている。注意
6 ○	新規求人数は景気動向指数の先行系列に採用されている。

7 □□□

内閣府が公表する消費者態度指数は、今後の暮らし向きの見通しなどについての消費者の意識を調査して数値化した指標であり、景気動向指数において、一致系列に採用されている。

8 □□□

総務省が公表する家計調査における家計消費支出は景気動向指数の一致系列に採用されている。

9 □□□

国土交通省が公表する新設住宅着工床面積は、景気動向指数において、一致系列に採用されている。

10 □□□

全国企業短期経済観測調査（短観）は、資本金5,000万円以上の民間企業を調査対象とし、業況や資金繰り等の判断項目、売上高や設備投資額等の定量的な計数項目、企業の物価見通しが四半期ごとに調査されている。

11 □□□

消費者物価指数（CPI）は、全国の世帯が購入する家計に係る財やサービスの価格等を総合した物価の変動を時系列的に測定したものである。

12 □□□

米国のISM製造業景況感指数は、製造業の購買担当責任者を調査対象にした企業の景況感を反映した指標であり、一般に、100を上回ると景気拡大、100を下回ると景気後退と判断される。

7
×

消費者態度指数は、景気動向指数において、先行系列に採用されている。注意

8
×

家計消費支出は景気動向指数の遅行系列に採用されている。注意

9
×

新設住宅着工床面積は、住宅投資動向を示す代表的な指標であり、景気動向指数の先行系列に採用されている。注意

10
×

全国企業短期経済観測調査（短観）は、資本金2,000万円以上の民間企業を調査対象としている。業況や資金繰り等の判断項目、売上高や設備投資額等の定量的な計数項目、企業の物価見通しが四半期ごとに調査されている。

11
○

なお、コアCPIとは、「生鮮食品」を除いて算出された物価指数である。また、消費者物価指数は、景気動向指数において、遅行系列に採用されている。

12
×

米国のISM製造業景況感指数は、製造業の購買担当責任者を調査対象にした企業の景況感を反映した指標である。一般に、50を上回ると景気拡大、50を下回ると景気後退と判断される。

ワンポイントアドバイス

景気動向指数において、各指標が景気動向指数のどの系列に採用されているのかを覚えておきましょう。

13 □□□

米国の雇用統計は、米国の労働省から毎月発表され、非農業部門雇用者数や失業率などの指標が発表される。

14 □□□

テーパリングとは、米国の金融政策の１つで、金融資産の買入額を徐々に増やしていくことである。

信託商品・金投資等

15 □□□

特定贈与信託は、特定障害者の生活の安定を図ることを目的に、その親族など委託者が金銭などの財産を信託銀行等の受託者に信託するもので、この信託を利用すると、特別障害者については3,000万円、特別障害者以外の特定障害者については1,000万円を限度として贈与税が非課税となる。

16 □□□

暦年贈与信託は、委託者と受託者（信託銀行等）との間で信託契約を締結し、委託者が拠出した信託財産を受益者に毎年贈与する仕組みの信託商品である。

17 □□□

後見制度支援信託は、判断能力が低下した人の財産を保護することを目的とし、信託銀行等があらかじめ家庭裁判所が発行する指示書に基づいて金銭を管理し、定期的に一定額を分割交付することができるものである。

13
○

非農業部門雇用者数や失業率などの数値は、株式市場や為替市場などの市場参加者が注視する指標である。

14
×

テーパリングとは、米国の金融政策の1つで、量的緩和策による金融資産の買入額を徐々に減らしていくことである。

15
×

特定贈与信託を利用すると、特別障害者については6,000万円、特別障害者以外の特定障害者については3,000万円を限度として贈与税が非課税となる（特定障害者に対する贈与税の非課税）。重要

16
○

なお、贈与する金額は贈与の都度変更できる。

17
○

後見制度支援信託では、信託契約の締結、一時金の交付、信託の変更、解約の手続は、家庭裁判所の指示書に基づいて行われる。なお、信託する**財産は金銭に限られ**、成年後見と未成年後見において利用することができるが、**保佐、補助、任意後見では利用することができない。** 注意

ワンポイントアドバイス

各信託商品の仕組み・特徴を押さえましょう。

18 □□□

遺言代用信託は、利用者本人が信託銀行等と信託契約を締結し、委託者である利用者本人を第一受益者、本人（委託者）の死亡後はあらかじめ指定した配偶者等を第二受益者として設定する信託商品である。

19 □□□

金投資の方法の1つに純金積立があるが、これは、一定の年間投資金額を12カ月で除し、その金額で金地金を毎月月末に購入する仕組みが一般的である。

20 □□□

金ETFは、基準価額が金価格に連動する上場投資信託であり、取引所の立会時間中であれば、いつでも成行注文や指値注文による売買が可能である。

21 □□□

金投資における金の購入や売却については、消費税が課される。

22 □□□

金地金を売却したことによる譲渡所得の金額の計算上生じた損失の金額は、事業所得や給与所得などの他の所得の金額と損益通算することができる。

投資信託

23 □□□

投資信託説明書（交付目論見書）に「追加型投信」と記載されている投資信託は、当初設定後、追加設定が行われ、従来の信託財産とともに運用されるファンドである。

18
○
なお、第二受益者に対する給付は、一時金のほか、定期的に一定額を給付することもできる。

19
×
純金積立は、一定の月額投資金額を取扱会社の各月の営業日数で除し、その金額で金地金を毎日購入する仕組みが一般的である。

20
○
一定の受益権口数以上で金地金の現物と交換することができるものもある。

21
○
購入時には消費税を支払い、売却時には消費税を受け取る。重要

22
×
金地金を売却したことによる譲渡所得の金額の計算上生じた損失の金額は、他の所得の金額と損益通算することができない。生活に通常必要でない資産に係る所得の金額の計算上生じた損失は、他の各種所得の金額と損益通算できない。

23
○
なお、「単位型投信」は、当初、募集された資金が1つの単位として信託され、その後の追加設定は一切行われないファンドをいう。

24

□□□

投資信託説明書（交付目論見書）に「海外」と記載されている投資信託は、目論見書または投資信託約款において、国内および海外の資産による投資収益を実質的に源泉とする旨の記載があるファンドである。

25

□□□

投資信託説明書（交付目論見書）に「資産配分変更型」と記載されている投資信託は、目論見書または投資信託約款において、複数資産を投資対象とし、組入比率については、機動的な変更を行う旨の記載があるものもしくは固定的とする旨の記載がないものをいう。

26

□□□

投資信託の運用において、グロース投資とはPER・PBR等が低い銘柄、配当利回りが高い銘柄など、企業の業績や財務内容等から株価が割安と判断される銘柄を選定して買い付ける手法である。

27

□□□

株式投資信託の運用において、マーケット・ニュートラル運用は、割安銘柄の買建てと割高銘柄の売建てを同時に行い、市場の価格変動による影響を排除して、安定的な収益機会の獲得を目指すものである。

28

□□□

株式投資信託の運用において、ESG投資は、定量的な財務情報などに基づく投資判断だけではなく、環境（Environment）・社会（Social）・企業統治（Governance）の観点から、経営の持続性・収益性などを評価したうえで、投資先を選定する手法である。

29

□□□

スマートベータ運用は、時価総額に応じて銘柄を選定する方法ではなく、財務指標（売上高、営業キャッシュフロー、配当金等）や株価の変動率など銘柄の特定の要素に基づいて運用するスタイルである。

24
×

記述は「内外」と記載されている投資信託である。「海外」と記載されている投資信託は、目論見書または投資信託約款において、組入資産による主たる投資収益が実質的に**海外の資産**を源泉とする旨の記載があるものをいう。

25
○

なお、「資産配分固定型」は、目論見書または投資信託約款において、複数資産を投資対象とし、組入比率については固定的とする旨の記載があるものをいう。

26
×

PER・PBR 等が低い銘柄、配当利回りが高い銘柄など、企業の業績や財務内容等から**株価が割安と判断される銘柄**を選定して買い付ける手法は、**バリュー投資**である。グロース投資とは、個別銘柄の**成長性を重視**して銘柄選択を行う手法である。重要

27
○

マーケット・ニュートラル運用は、銘柄の買建てと売建てを同時に行いながら、市場の変動に影響を受けない運用成果を目指す手法である。

28
○

通常の投資では、財務の観点から投資を行うが、ESG 投資は、それに加えて非財務データを重視して投資を行うものである。重要

29
○

なお、スマートベータ運用は、市場平均を**上回るリターン**を目指している。

30 □□□

レバレッジ型ファンドは、基準となる指数の値動きを上回る投資成果を目指す投資信託であり、相場の上昇局面において、より高い収益率が期待できる。

31 □□□

ファンド・オブ・ファンズは、複数の投資信託を主要な投資対象とする投資信託であり、投資信託約款において、株式などの個別銘柄の組入比率を30%未満とする旨の記載があるものをいう。

32 □□□

アンブレラ型ファンドは、契約時に投資家があらかじめ設定された複数のサブファンドの中から投資対象を自由に組み合わせることができる投資信託であり、運用中にサブファンドを組み替えることができる。

33 □□□

ブル型ファンドは、対象指標が下落すると基準価額が上昇するように運用される投資信託である。

34 □□□

MRF は、格付けの高い公社債やコマーシャルペーパー等を投資対象としたオープン型の公社債投資信託である。

30
○
指標の日々の変動率が一定の**プラスの倍数**となるように設定する手法を**レバレッジ型**、**マイナスの倍数**となるように設定する手法を**インバース型**という。重要

31
×
ファンド・オブ・ファンズは、複数の投資信託を投資対象とする投資信託であり、**個別株式への直接投資は認められていない**。

32
○
アンブレラ型ファンドは、1つの投資信託の中に、投資対象となる資産や通貨が異なる複数のファンド（サブファンド）を設定できる仕組みをもった投資信託である。

33
×
ブル型ファンドは、対象指標が上昇すると基準価額がその数倍上昇するように運用される投資信託である。対象指標が下落すると基準価額が上昇するように運用される投資信託は**ベア型ファンド**である。注意

34
○
MRF は、主に証券会社で行う**有価証券の売買その他の取引に係る金銭の授受の用に供することを目的**とした投資信託である。

ワンポイントアドバイス

投資信託の運用スタイルによる分類について整理しておきましょう。

35 □□□

MRF は、通常の投資信託と同様、元本に損失が生じた場合に投資信託委託会社が補てんすることは認められていない。

36 □□□

上場投資信託（ETF）は、現物取引による売買に限られておらず、信用取引による売買もできる。

37 □□□

インバース型 ETF は、原指標の変動率に一定のプラスの倍数を乗じて算出される指標に連動する運用成果を目指して運用される。

38 □□□

エンハンスト型 ETF は、一定の投資成果を実現するための投資戦略を表現した指標に連動する運用成果を目指して運用される。

39 □□□

投資信託委託会社が作成する目論見書には、交付目論見書と請求目論見書があるが、交付目論見書は投資信託の販売後に投資者に対し交付しなければならない目論見書である。

40 □□□

投資信託委託会社は、運用報告書（全体版）について、投資信託約款に定められた電磁的方法により提供している場合であっても、投資者から交付の請求があれば、書面で交付しなければならない。

35
×

MRFは、通常の投資信託と異なり、元本に損失が生じた場合に投資信託委託会社が補てんすることが認められている。

36
○

上場投資信託（ETF）の売買は、上場株式と同じであり、指値注文・成行注文ができ、**信用取引もできる**。

37
×

インバース型ETFは、原指標の変動率に一定の**マイナス**の倍数を乗じて算出される指標に連動する運用成果を目指して運用される。

重要

38
○

エンハンスト型ETFは、一定の投資成果を実現するための投資戦略を表現した指標（リスクコントロール指標やマーケット・ニュートラル指標など）に連動する運用成果を目指して運用される。

39
×

交付目論見書は、あらかじめまたは販売と**同時に**投資者に対して交付しなければならない。 注意

40
○

運用報告書（全体版）については、ホームページに掲載するなど電子的方法でよいとされている。ただし、投資家から請求があった場合は書面での交付が義務付けられている。

ワンポイントアドバイス

主な投資信託商品の特徴を押さえましょう。

41 □□□

販売会社は、投資信託の投資者に対し、原則として、トータルリターンを6カ月ごとに通知することが義務付けられている。

債券投資

42 □□□

個人向け国債には、「固定金利型3年満期」「固定金利型5年満期」「変動金利型10年満期」の3種類があり、いずれも年6回発行されている。

43 □□□

個人向け国債の利払日は、原則として毎年の発行月および発行月の半年後の15日である。

44 □□□

個人向け国債の適用利率は、個人向け国債の種類ごとに計算された基準金利に応じて決定されるが、いずれの種類も年率0.01％が下限とされている。

45 □□□

個人向け国債の利子は、源泉分離課税の対象となり、支払時に20.315％の税率により源泉（特別）徴収される。

46 □□□

個人向け国債は、原則として発行から1年経過後、1万円単位で中途換金することができる。

41
×

販売会社は、投資信託の投資者に対し、原則として、トータルリターンを年１回以上通知することが義務付けられている。

42
×

個人向け国債には、「固定金利型３年満期」「固定金利型５年満期」「変動金利型10年満期」の３種類があり、いずれも毎月発行されている。重要

43
○

個人向け国債の利払いは、半年ごとに年２回である。

44
×

個人向け国債は、いずれの種類（固定金利型３年満期、固定金利型５年満期、変動金利型10年満期）も年率0.05%が下限とされている。重要

45
×

個人向け国債の利子は、支払時に20.315%の税率により源泉（特別）徴収されるが、申告分離課税の対象とされている。ただし、確定申告不要制度を選択することもできる。

46
○

なお、換金手数料はかからないが、直前２回分の各利子（税引前）相当額×0.79685が差し引かれる。

ワンポイントアドバイス

個人向け国債の種類、発行、購入単位、換金、課税等は重要です。

47
□□□
全国型市場公募地方債（個別債）は、一部の都道府県とすべての政令指定都市が発行できる債券である。

48
□□□
共同発行市場公募地方債は、複数の地方公共団体が共同して発行する10年満期の債券であり、年4回発行されている。

49
□□□
一般に、利払いと償還が円貨で行われ、払込みが米ドル等の外貨で行われる債券はリバース・デュアルカレンシー債と呼ばれる。

50
□□□
他社株転換可能債（EB債）は、満期償還日に投資した資金が現金ではなく、債券の発行者とは異なる別の会社の株式（対象株式）で償還される可能性のある債券であるが、投資家が償還方法を任意に選択することができる。

51
□□□
固定利付債の利回り（単利）において、アンダーパーの債券は、最終利回りのほうが直接利回りよりも低くなる。

47
〇

投資家は取扱金融機関を通じて購入することができる。

48
×

共同発行市場公募地方債は、複数の地方公共団体が共同して発行する10年満期の債券であり、毎月発行されている。

49
×

リバース・デュアルカレンシー債：**払込みと償還→円貨**
利払い→外貨 ❗注意

デュアルカレンシー債：**払込みと利払い→円貨**
償還→外貨

50
×

他社株転換可能債（EB債）は、満期償還日に投資した資金が現金ではなく、債券の発行者とは異なる別の会社の**株式（対象株式）で償還される可能性のある**債券であり、投資家が償還方法を任意**に選択することはできない。**

51
×

アンダーパーの債券は、額面金額よりも低く発行され、額面金額で償還されると、**償還差益が発生する**。直接利回りとは、投資元本に対する利子の割合であり、償還差益は考慮していない。よって、アンダーパーの債券は、最終利回りのほうが直接利回りよりも高くなる。

次の 52～55 について、下表に記載されている固定利付債券および割引債券について答えなさい。なお、税金や手数料等は考慮せず、計算結果は表示単位の小数点以下第 3 位を四捨五入すること。

	固定利付債券A	固定利付債券B	割引債券A	割引債券B
単　価	100.60 円	100.40 円	97.50 円	(　　) 円
償還価格	100.00 円	100.00 円	100.00 円	100.00 円
表面利率	0.75%	0.65%	–	–
最終利回り	(　　) %	(　　) %	(　　) %	0.30%
残存期間	4 年	5 年	4 年	4 年

52 □□□

固定利付債券Aの単利計算による最終利回りは、0.89%である。

53 □□□

固定利付債券Bの単利計算による最終利回りは、0.57%である。

54 □□□

割引債券Aの 1 年複利計算による最終利回りは、1.27%である。

55 □□□

割引債券Bの 1 年複利計算による単価は、98.81 円である。

52
×
固定利付債券Aの最終利回りは次のように計算する。重要 計算

$$\frac{0.75+\frac{100.00-100.60}{4}}{100.60}\times 100=0.596\cdots\rightarrow 0.60\%$$

53
○
固定利付債券Bの最終利回りは次のように計算する。計算

$$\frac{0.65+\frac{100.00-100.40}{5}}{100.40}\times 100=0.567\cdots\rightarrow 0.57\%$$

54
×
割引債券Aの複利利回りは次のように計算する。重要 計算

$$\left(\sqrt[4]{\frac{100.00}{97.50}}-1\right)\times 100=0.634\cdots\rightarrow 0.63\%$$

ワンポイントアドバイス

年数が２年の場合は電卓の√キーを１回、年数が４年の場合は√キーを２回押して計算します。

55
○
割引債券Bの単価は次のように計算する。計算

$$\frac{100}{(1+0.003)^4}=98.808\cdots\rightarrow 98.81\text{円}$$

ワンポイントアドバイス

債券の利回り計算はたびたび出題されています。計算をマスターしましょう。

56 □□□

残存期間の短い債券の利回りよりも残存期間の長い債券の利回りのほうが高く、イールドカーブが右上がりの曲線になる状態を順イールドという。

57 □□□

短期金利と長期金利の差が大きくなることをイールドカーブがフラット化するといい、短期金利と長期金利の差が小さくなることをイールドカーブがスティープ化するという。

株式投資

58 □□□

JPX日経インデックス400は、東京証券取引所のプライム市場、スタンダード市場、グロース市場に上場している銘柄を対象とし、ROEや営業利益等の指標等により選定された400銘柄で構成される時価総額加重型の株価指数である。

59 □□□

ダウ・ジョーンズ工業株価平均（ニューヨーク・ダウ）は、ニューヨーク証券取引所およびNASDAQ市場に上場している30銘柄を対象とする時価総額加重平均型の指標である。

60 □□□

S&P500種株価指数は、ニューヨーク証券取引所などに上場している500銘柄を対象とする時価総額加重平均型の株価指数である。

61 □□□

ナスダック総合指数は、NASDAQ市場で取引されている全銘柄を対象として、連続性を持たせる形で平均株価を算出して公表される修正平均株価の指標である。

56
○

イールドカーブとは、債券の残存期間と利回りを表す曲線グラフである。なお、イールドカーブが右下がりの曲線になる状態を**逆イールド**という。

57
×

短期金利と長期金利の差が大きくなることをイールドカーブが**スティープ化**するという（傾きが急になる)。短期金利と長期金利の差が小さくなることをイールドカーブが**フラット化**するという（傾きがなだらかになる)。

58
○

なお、2013年8月30日の値を10,000として指数化している。

59
×

ダウ・ジョーンズ工業株価平均（ニューヨーク・ダウ）は、ニューヨーク証券取引所およびNASDAQ市場に上場している30銘柄を対象とする**修正平均株価**の指標である。重要

60
○

S&P500種株価指数は、ニューヨーク証券取引所などに上場している500銘柄を対象とする**時価総額加重平均型**の株価指数である。

61
×

ナスダック総合指数は、NASDAQ市場で取引されている全銘柄を対象とする**時価総額加重平均型**の株価指数である。重要

62
□□□

DAX指数は、フランクフルト証券取引所に上場している銘柄のうち、ドイツ企業の主要な40銘柄を対象とする時価総額加重平均型の株価指数である。

63
□□□

FTSE100指数は、ロンドン証券取引所に上場している銘柄のうち、時価総額上位100銘柄を対象とする時価総額加重平均型の株価指数である。

64
□□□

株式の信用取引において、制度信用取引における弁済の繰延期限は、証券取引所の規則により、原則として最長3カ月とされている。

65
□□□

株式の信用取引の決済は、必ず反対売買による差金決済によって行わなければならない。

66
□□□

株式の信用取引において、新たに制度信用取引を行う場合に、当該信用取引に係る有価証券の約定価額が80万円であるときは、30万円以上の委託保証金が必要となる。

67
□□□

株式の信用取引において、建株を反対売買などで返済した場合の委託保証金は、同日中に他の信用取引の委託保証金として利用することができない。

62 ○

DAX指数は、フランクフルト証券取引所に上場している銘柄のうち、主要40銘柄を対象とする時価総額加重平均型の株価指数である。

63 ○

FTSE100指数（FTSE100種総合株価指数）は、ロンドン証券取引所に上場している銘柄のうち、時価総額上位100銘柄を対象とする時価総額加重平均型の株価指数である。

ワンポイントアドバイス

海外の株式相場の指標も重要です。

64 ×

制度信用取引における弁済の繰延期限（返済期限）は、証券取引所の規則により、原則として最長6カ月とされている。

65 ×

株式の信用取引の決済は、反対売買による差金決済と、受渡決済による方法とがある。注意

66 ○

差し入れる委託保証金は、一般に、約定金額（取引金額）の30%以上とされているが、最低額が30万円と定められているので、30万円以上の委託保証金が必要となる。重要

67 ×

建株を反対売買などで返済した場合の委託保証金は、同日中に他の信用取引の委託保証金として利用することができる。同日中に委託保証金の再利用が可能である。

68 □□□

株式の信用取引において、売買が成立した後に相場の変動による評価損が発生し、金融商品取引業者が定める最低委託保証金維持率を下回った場合、追加保証金（追証）を差し入れなければならない。

69 □□□

株式の信用取引において、追加保証金が発生した場合であっても、その後株価の値上がり等により委託保証金率が一定の水準を回復したときは、追加保証金を差し入れる必要はない。

70 □□□

株式の信用取引において、制度信用取引を行う場合には、貸借銘柄については逆日歩が発生することがあるが、一般信用取引を行う場合には、逆日歩が発生することはない。

71 □□□

株式の制度信用取引において、逆日歩（品貸料）が発生した銘柄について、買い方が逆日歩（品貸料）を負担する。

72 □□□

株式の制度信用取引において、保有するＡ社株式5,000株（1株当たり時価1,200円）と金銭120万円を担保として差し入れ、Ｂ社株式（1株当たり時価2,500円）を新規に売建てする場合、売建てが可能な最大株数は、8,000株である。なお、株式担保の代用掛目は80%、委託保証金率は30%であるものとし、手数料等は考慮しないものとする。

ワンポイントアドバイス

株式の信用取引は頻出テーマです。しっかり理解しましょう。

68
○

相場の変動による評価損が発生し、金融商品取引業者が定める最低委託保証金維持率を下回った場合、**追加保証金（追証）を差し入れなければならない。**

69
×

株式の信用取引において、追加保証金が発生した場合、その後株価の値上がり等により委託保証金率が一定の水準を回復しても、**追加保証金を差し入れる必要がある。** 注意

70
○

制度信用取引において、証券会社と証券金融会社との間で、取引を行うのに必要な金銭や株式の貸借を行う取引を貸借取引という。制度信用取引の場合、貸借銘柄について、その株式を外部の株主から調達するときに必要な費用である**逆日歩（ぎゃくひぶ）（品貸料）が発生することがある。一般信用取引**は貸借取引**ができないので、逆日歩が発生することはない。** 重要

71
×

株式の制度信用取引において、逆日歩（品貸料）が発生した銘柄について、**売り方が**逆日歩（品貸料）を負担する。

72
○

A社株式の現金換算額：1,200円×5,000株×代用掛目80％＝4,800,000円

委託保証金に充当できる金額：4,800,000円＋金銭1,200,000円＝6,000,000円

新規建可能額：6,000,000円÷委託保証金率30％＝20,000,000円

B社株式の売建て可能最大株数：20,000,000円÷2,500円＝8,000株

※委託保証金は、金銭に代えて上場株式などの有価証券で差し入れることも可能であるが、掛目により価値が低く見積もられる。新規建可能額は「委託保証金余力÷委託保証金率」で求める。

73 □□□

下記の〈資料〉から算出されるサスティナブル成長率は、5.00％である。なお、自己資本の額は純資産の額と同額であるものとし、計算結果は 表示単位の小数点以下第３位を四捨五入すること。

〈資料〉

株価収益率	15.00倍
株価純資産倍率	1.20倍
配当利回り	2.50%
配当性向	37.50%

74 □□□

株価が1,000円で期待利子率（割引率）が6.0％、１株当たりの予想配当が40円の場合、定率で配当が成長する配当割引モデルにより計算した当該株式の予想配当に対する期待成長率は４％である。なお、計算結果は表示単位の小数点以下第３位を四捨五入すること。

73
○

サスティナブル成長率は次の計算式で算出する。〈計算〉

サスティナブル成長率（%）：ROE × 内部留保率
＝ROE ×（1 − 配当性向）

※ 100 % − 配当性向＝内部留保率

本問ではROEは与えられていないが、株価収益率（PER）と株価純資産倍率（PBR）から求めることができる。ROEは、PBRをPERで割ったものと等しくなる（自己資本＝純資産のとき）。

※本問では、自己資本の額は純資産の額と同額

$$ROE = \frac{PBR}{PER}$$

よって、ROEとサスティナブル成長率は次のように求めることができる。

ROE：1.20 ÷ 15.00 × 100 ＝ 8.00%

サスティナブル成長率：8.00% ×（1 − 37.50%）＝ 5.00%

74
×

定率成長モデルの内在価値（理論株価）は次の計算式で算出する。

〈計算〉

$$\text{内在価値（理論株価）} = \frac{\text{1 株当たり予想配当}}{\text{期待利子率} - \text{期待成長率}}$$

期待成長率（g）を求めるので、次のようになる。

$$1{,}000\text{円} = \frac{40\text{円}}{0.06 - g}$$

$1{,}000(0.06 - g) = 40$

$60 - 1{,}000g = 40$

$g = 0.02 = 2$（%）

ワンポイントアドバイス

サスティナブル成長率と配当割引モデルは応用編でも出題されます。計算をマスターしましょう。

外貨建て商品

75 □□□

次の〈条件〉で、為替予約を付けずに円貨を外貨に交換して外貨預金に預け入れ、満期時に円貨で受け取る場合における利回り（単利による年換算）は12.63％である。なお、1カ月は「30日÷360日」として計算し、税金等は考慮せず、計算結果は表示単位の小数点以下第3位を四捨五入すること。

〈条件〉

・豪ドル建て定期預金、期間1カ月、利率1.50％（年率）

・為替レート

	TTS	TTM	TTB
預入時	108.00円	107.50円	107.00円
満期時	111.00円	110.50円	110.00円

金融派生商品

76 □□□

デリバティブを活用したリスクヘッジでは、多くの銘柄の国内上場株式を保有している場合、国内株式市場における全体的な株価の下落に対するヘッジとして、TOPIX先物の買建てを行う。

77 □□□

オプション取引において、原資産価格が上昇すると、コール・オプションのプレミアムは低くなり、プット・オプションのプレミアムは高くなる。

75
×

預入金額を100豪ドルと仮定して計算 〈計算〉

預入時に必要な円：100豪ドル×108.00円（TTS）＝10,800円

満期時（1カ月）利息：100豪ドル×1.50％×30日÷360日＝0.125豪ドル

満期時の元利合計：100豪ドル＋0.125豪ドル＝100.125豪ドル

元利合計を円換算：100.125豪ドル×110円（TTB）＝11,013.75円

1カ月間の運用益：11,013.75円－10,800円＝213.75円

年換算した運用益：213.75円×12＝2,565円

年換算した利回り：2,565円÷10,800円×100＝23.75（％）

ワンポイントアドバイス

年換算の利回りを求める点に注意しましょう。

76
×

国内株式市場における全体的な**株価の下落**に対するヘッジとしては、TOPIX先物の**売建て**を行う。保有している現物の値下がりリスクに対して**先物を売る**ことでヘッジする**売りヘッジ**と、現物の値上がりによる収益機会の喪失リスクに対して**先物を買う**ことでヘッジする**買いヘッジ**がある。

77
×

オプション取引において、原資産価格が上昇すると、コール・オプションの場合、権利行使価格を超える可能性があるためプレミアムは高くなる。逆にプット・オプションの場合、権利行使価格を下回る可能性が低くなるため、プレミアムは低くなる。 **重要**

78 □□□

オプション取引において、権利行使価格が高いほど、コール・オプションのプレミアムは高くなり、プット・オプションのプレミアムは低くなる。

79 □□□

オプション取引において、満期までの残存期間が長いほど、コール・オプション、プット・オプションのプレミアムはいずれも高くなる。

80 □□□

オプション取引において、ボラティリティが低下すると、コール・オプション、プット・オプションのプレミアムはいずれも高くなる。

81 □□□

オプション取引において、フロアの購入は、対象となる金利が低下することに対するヘッジとなる。

82 □□□

オプション取引において、ペイヤーズ・スワップションの購入は、スワップ金利が低下することに対するヘッジとなる。

78
×

オプション取引において、権利行使価格が高いほど、コール・オプションの場合、原資産価格が権利行使価格を超える可能性は低いため、プレミアムは低くなる。逆にプット・オプションの場合、原資産価格が権利行使価格を下回る可能性が高い状態となっているため、プレミアムは高くなる。重要

79
○

残存期間については、コール・オプションもプット・オプションも残存期間が長くなるほど時間的価値が大きいのでプレミアムは高くなり、残存期間が短くなるほどプレミアムは低くなる。重要

80
×

ボラティリティ（変動のしやすさ）については、コール・オプションもプット・オプションもボラティリティが上昇すると、原資産価格の価格変動性が高まり、利益を得る機会が多くなるので、プレミアムはいずれも高くなる。逆に、ボラティリティが低下すると、機会が少なくなるのでプレミアムはいずれも低くなる。重要

81
○

フロア取引は、**金利低下リスク**をヘッジすることができる。なお、キャップ取引は、**金利上昇リスク**をヘッジすることができる。

82
×

ペイヤーズ・スワップションの購入は、スワップ金利が上昇することに対するヘッジとなる。金利が低下することに対するヘッジとなるのは、**レシーバーズ・スワップション**である。なお、スワップションとは、ある条件のスワップ取引を将来始める権利を売買するオプション取引である。

ワンポイントアドバイス

オプション・プレミアムの価格決定要因は重要です。原資産価格・権利行使価格・残存期間・ボラティリティとの関係を整理しておきましょう。

83 □□□

オプション取引において、東証株価指数（TOPIX）を原資産とするコール・オプションの買いは、東証株価指数（TOPIX）が下落することに対するヘッジとなる。

84 □□□

デリバティブを活用したリスクヘッジでは、米ドル建てで決済する輸入業者は、円安に対するヘッジとして、米ドル・コール／円・プットのオプションを購入する。

ポートフォリオ運用

85 □□□

次の〈A資産とB資産の期待収益率・標準偏差・共分散〉から算出されるA資産とB資産の相関係数は、0.69である。なお、計算結果は小数点以下第3位を四捨五入すること。

〈A資産とB資産の期待収益率・標準偏差・共分散〉

	期待収益率	標準偏差	A資産とB資産の共分散
A資産	5.25%	6.75%	38.50
B資産	6.50%	8.25%	

86 □□□

次表におけるA資産とB資産をそれぞれ6：4の割合で購入した場合のポートフォリオの標準偏差は、13.51%である。なお、計算結果は小数点以下第3位を四捨五入すること。

〈A資産とB資産の期待収益率・標準偏差・共分散〉

	期待収益率	標準偏差	A資産とB資産の共分散
A資産	6.00%	12.50%	55.00
B資産	8.00%	25.00%	

83
×

東証株価指数（TOPIX）を原資産とするプット・オプションの買いは、東証株価指数（TOPIX）が下落することに対するヘッジとなる。プット・オプションは「売る権利」なので、原資産が下落した場合、利益が出ることになる。

84
○

米ドル・コール／円・プットのオプション（米ドルの買い、円の売り）は、円安に対するリスクヘッジとなる。

85
○

相関係数は次の計算式によって算出することができる。 重要 計算

$$相関係数＝\frac{証券Aと証券Bの共分散}{証券Aの標準偏差 \times 証券Bの標準偏差}$$

$$\frac{38.50}{6.75 \times 8.25}＝\frac{38.50}{55.6875}＝0.691\cdots \rightarrow 0.69$$

86
○

分散または標準偏差は、各資産の共分散から次のように求めることができる。 重要 計算

証券Aと証券Bの２資産のポートフォリオの分散

＝Aの割合^2×Aの標準偏差^2＋Bの割合^2×Bの標準偏差^2＋2×Aの割合×Bの割合×AとBの共分散

〈ポートフォリオの分散（A資産：B資産＝0.6：0.4）〉

$0.6^2 \times 12.50^2 + 0.4^2 \times 25.00^2 + 2 \times 0.6 \times 0.4 \times 55.00$

$= 0.36 \times 156.25 + 0.16 \times 625 + 26.4 = 56.25 + 100 + 26.4$

$= 182.65$

〈標準偏差〉

$\sqrt{182.65} = 13.514\cdots \rightarrow 13.51$（%）

ワンポイントアドバイス

相関係数・標準偏差を求める問題は頻出です。計算をマスターしましょう。

87 □□□

最適ポートフォリオとは、効率的フロンティアと投資家の選好を示す効用無差別曲線の接する点の効率的ポートフォリオで、その投資家の効用を最大化するポートフォリオのことをいう。

88 □□□

ポートフォリオのリスクには、分散投資によっても消去不可能な市場リスク（システマティッ ク・リスク）と分散投資により消去可能な非市場リスク（アンシステマティック・リスク）がある。

89 □□□

資本資産評価モデル（CAPM）におけるβ（ベータ）値は、市場全体に対する資産のリスク量（システマティック・リスク）を測定した値である。

90 □□□

インフォメーション・レシオ（情報比）は、資本資産評価モデル（CAPM）により算出される収益率に対するポートフォリオの超過収益率により、ポートフォリオの運用成果を評価する手法である。

91 □□□

シャープの測度は、安全資産の収益率に対するポートフォリオの超過収益率をポートフォリオの標準偏差で除したものにより、ポートフォリオの運用成果を評価する手法である。

92 □□□

ジェンセンの測度は、ベンチマークの収益率に対するポートフォリオの超過収益率をトラッキングエラー（超過収益率の標準偏差）で除したものにより、ポートフォリオの運用成果を評価する手法である。

87
○

最適ポートフォリオは、投資家の効用（満足度）を最大化するポートフォリオのことをいう。

88
○

市場リスク（システマティック・リスク）：市場全体の要因によるリスク。分散投資によっても消去不可能。
非市場リスク（アンシステマティック・リスク）：銘柄固有の要因によるリスク。分散投資により消去可能。 重要

89
○

資本資産評価モデル（CAPM）は、無リスク（安全）資産利子率、市場全体および資産の標準偏差から資産（またはポートフォリオ）の期待収益率を算出するものである。
CAPMにおける資産の期待収益率：**無リスク（安全）資産利子率＋（市場の期待収益率－無リスク（安全）資産利子率）× β**

90
×

ジェンセンの測度の記述である。
ジェンセンの測度：**ポートフォリオの収益率－CAPMによる収益率**

91
○

シャープの測度：

$$\frac{\text{ポートフォリオの収益率－無リスク（安全）資産利子率}}{\text{ポートフォリオの収益率の標準偏差}}$$

92
×

インフォメーション・レシオ（情報比）の記述である。
インフォメーション・レシオ：

$$\frac{\text{ポートフォリオの収益率－ベンチマークの収益率}}{\text{トラッキングエラー}}$$

ワンポイントアドバイス

ポートフォリオのパフォーマンス評価尺度は頻出テーマです。各評価尺度を押さえておきましょう。

下表における93および94について答えなさい。なお、計算結果は小数点以下第3位を四捨五入すること。

	収益率	標準偏差	ポートフォリオのβ
安全資産	1.0%	—	—
ベンチマーク	5.0%	8.0%	1.00
ポートフォリオA	9.0%	7.0%	1.10
ポートフォリオB	11.0%	14.0%	1.20

93 □□□

ポートフォリオAのシャープ・レシオ（シャープの測度）は、1.14である。

94 □□□

ポートフォリオBのトレイナーの測度は、0.71である。

95 □□□

行動ファイナンスの基礎となる意思決定理論では、投資家は、利益が出ている局面ではリスク回避的になるのに対し、損失が出ている局面ではリスク追求的になる反転効果の傾向があるとされている。

金融商品と税金

96 □□□

上場株式の配当（一定の大口株主等である者を除く）については、その金額の多寡にかかわらず、確定申告不要制度を選択することができ、確定申告不要制度を適用するかどうかは1回に支払を受けるべき配当ごとに選択することができる。

93
○

ポートフォリオAのシャープ・レシオ（シャープの測度）〈計算〉

シャープの測度：

$$\frac{\text{ポートフォリオの収益率}-\text{無リスク（安全）資産利子率}}{\text{ポートフォリオの収益率の標準偏差}}$$

ポートフォリオA：$\frac{9.0-1.0}{7.0}=1.142\cdots\rightarrow 1.14$

94
×

ポートフォリオBのトレイナーの測度〈計算〉

トレイナーの測度：

$$\frac{\text{ポートフォリオの収益率}-\text{無リスク（安全）資産利子率}}{\text{ポートフォリオの}\beta}$$

ポートフォリオB：$\frac{11.0-1.0}{1.20}=8.333\cdots\rightarrow 8.33$

ワンポイントアドバイス

シャープ・レシオ（シャープの測度）、トレイナーの測度それぞれの計算式を覚えましょう。

95
○

行動ファイナンスは、現代投資理論では説明しきれない市場参加者の心理面などに注目して認知心理学等を取り入れた行動科学の方法によるファイナンス理論である。

96
○

上場株式の配当（一定の大口株主等である者を除く）は、その金額の多寡にかかわらず、確定申告不要制度を選択することができる。確定申告不要制度を適用するかどうかは1回に支払を受けるべき配当ごとに選択することができる。

97 □□□

非上場株式の配当については、申告分離課税を選択することにより、その配当所得の金額を同一年中に非上場株式を譲渡したことにより生じた損失の金額と損益通算することができる。

98 □□□

2年前において生じた上場株式に係る譲渡損失の金額で確定申告により繰り越されたものについては、本年中に非上場株式を譲渡したことにより生じた譲渡所得の金額から控除することができる。

99 □□□

特定口座のうち、源泉徴収なしの簡易申告口座の場合、金融機関等から送付される年間取引報告書により投資家自ら確定申告を行う。

100 □□□

特定口座のうち、源泉徴収なしの簡易申告口座には、上場株式等の配当等や特定公社債等の利子等を受け入れることができる。

101 □□□

特定口座のうち、源泉徴収選択口座は、口座内の上場株式等を譲渡した都度、一定の計算により、譲渡益に相当する金額に税率を乗じて計算した所得税・住民税額を金融機関等が源泉徴収する。

97
×

非上場株式の配当については、**総合課税の対象**となるので、**申告分離課税を選択することはできず**、非上場株式を譲渡したことにより生じた損失の金額と**損益通算することができない**。

98
×

上場株式に係る譲渡損失の金額と**非上場株式に係る譲渡所得**の金額は、**損益通算および繰越控除ができない。上場株式等に係る譲渡損失**の金額がある場合またはその年の前年以前3年内の各年に生じた上場株式等に係る譲渡損失の金額のうち、前年以前で控除されていないものがある場合には、一定の要件のもと、**申告分離課税を選択した上場株式等の配当所得等**の金額から控除することができる。重要

99
○

なお、特定口座には、源泉徴収なしの簡易申告口座と、源泉徴収ありの源泉徴収選択口座がある。

100
×

簡易申告口座には、上場株式等の配当等や特定公社債等の利子等を**受け入れることはできない**。なお、**源泉徴収選択口座**には、上場株式等の配当等や特定公社債等の利子等を受け入れることができる。注意

101
○

これにより、所得税・住民税ともに**申告不要**とすることができる。

ワンポイントアドバイス

上場株式と非上場株式の扱いの違いに注意しましょう。

102 □□□

特定口座のうち、源泉徴収選択口座は、開設が投資家１人当たり１口座までとされており、複数の金融機関にそれぞれ源泉徴収選択口座を開設することはできない。

103 □□□

特定口座のうち、源泉徴収選択口座に上場株式等の配当等を受け入れた場合、その支払の都度、当該口座内の上場株式等の譲渡損失の金額と損益通算される。

104 □□□

つみたてNISA勘定を通じた公募株式投資信託等の購入は、累積投資契約に基づき、定期的に継続して一定数量の購入を行う方法に限られている。

105 □□□

特定口座を開設している金融機関においてつみたてNISA勘定を設定した場合、特定口座に受け入れている公募株式投資信託をつみたてNISA勘定に移管することができる。

106 □□□

つみたてNISA勘定において生じた譲渡損失は、同一年中に生じた特定口座や一般口座で保有する他の上場株式等の譲渡益や配当等と損益通算することができない。

107 □□□

2024年１月１日からの新NISA 制度では、2023年末までに一般NISAおよびつみたてNISA制度において投資した商品は、新しい制度の外枠で、旧制度における非課税措置が適用される。

102
×
源泉徴収選択口座は、1つの金融機関には投資家1人当たり1口座までしか開設できないが、複数の金融機関にそれぞれ源泉徴収選択口座を開設することはできる。重要

103
×
源泉徴収選択口座に上場株式等の配当等を受け入れた場合、その支払の都度ではなく、年末に一括して、当該口座内の上場株式等の譲渡損失の金額と損益通算される。

104
×
つみたてNISA勘定を通じた公募株式投資信託等の購入は、累積投資契約に基づき、定期的に継続して一定金額の購入（積立投資）を行う方法に限られている（一定数量の購入ではない）。

105
×
特定口座や一般口座に受け入れている公募株式投資信託をつみたてNISA勘定に移管することはできない。注意

106
○
つみたてNISA口座内で生じた譲渡損失はなかったものとされ、特定口座や一般口座で生じた譲渡益や配当等と損益通算・繰越控除できない。

107
○
改正 2024年1月1日から、一般NISAとつみたてNISAを1つにまとめ、一定の投資信託を対象としたつみたて投資枠を基本とし、一般NISAと同様に上場株式などに投資できる成長投資枠が設けられている。2023年末までに一般NISAおよびつみたてNISA制度において投資した商品は、新しい制度の外枠で、旧制度における取扱いが継続される。

108 □□□

日本国内に所在する銀行に預け入れた米ドル建ての定期預金の利子は、利子所得として源泉分離課税の対象となり、預入時に為替予約のない場合、満期時に生じた為替差益も同様に源泉分離課税の対象となる。

109 □□□

外国銀行の海外支店に預け入れた外貨預金の利子は、利子所得として総合課税の対象となる。

110 □□□

日本国内の証券会社を通じて交付を受ける上場外国株式の配当については、国内株式の配当と同様に確定申告不要制度を選択することができる。

111 □□□

上場外国株式を譲渡したことによる譲渡益については、売却収入と取得価額をそれぞれ円換算したうえで計算するため、当該外国株式の保有期間中の為替相場の変動により生じた為替差益に相当する部分の金額は、上場外国株式の譲渡益に含まれる。

112 □□□

国内の証券会社を通じて交付を受ける外国利付債券（国外特定公社債）の利子は、利子受取時に源泉徴収が行われ、申告分離課税の対象となり、確定申告不要制度を選択することができない。

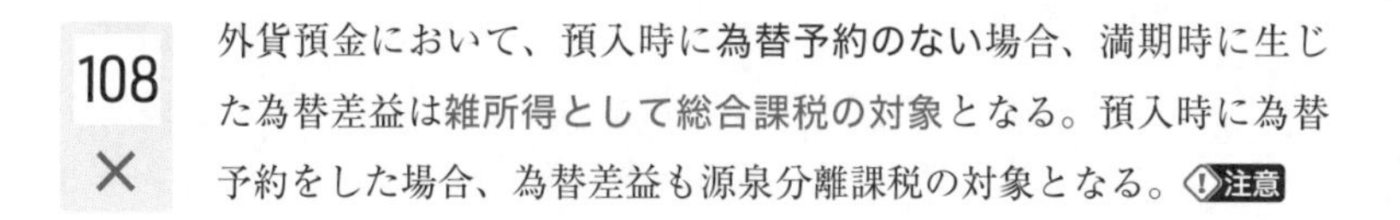

108 ×

外貨預金において、預入時に為替予約のない場合、満期時に生じた為替差益は雑所得として総合課税の対象となる。預入時に為替予約をした場合、為替差益も源泉分離課税の対象となる。注意

109 ○

なお、確定申告する必要があり、その際に利子に対して海外で支払った外国所得税がある場合には、外国税額控除の適用を受けることができる。

110 ○

ただし、外国株式の配当については配当控除の適用がない。注意

111 ○

よって、為替差損益を雑所得として区分する必要はない。

112 ×

外国利付債券（国外特定公社債）の利子は、利子受取時に源泉徴収が行われ、申告分離課税の対象となるが、確定申告不要制度を選択することもできる。

113 □□□

特定口座でＳファンド（公募追加型株式投資信託、当初１口１円、年１回分配）10,000口を基準価額11,200円で購入した。次の〈Ｓファンドの分配金実績・分配落後基準価額〉に基づき、202×年３月期における10,000口当たりの収益分配金について、所得税および復興特別所得税、住民税の源泉（特別）徴収後の手取金額は638円である。なお、源泉（特別）徴収される税額は円未満切捨てとすること。

〈Ｓファンドの分配金実績・分配落後基準価額〉

決算日	202×年３月期
分配金実績	800円
分配落後基準価額	11,000円

セーフティネット

114 □□□

日本国内に本店のある銀行の海外支店に預け入れた預金は、預金保険制度の保護の対象とならないが、外国銀行の在日支店に預け入れた預金は、預金保険制度の保護の対象となる。

115 □□□

日本国内に本店のある銀行に預け入れた外貨預金は、その金額の多寡にかかわらず、預金保険制度の保護の対象とならない。

116 □□□

日本国内に本店のある銀行に預け入れた支払対象決済用預金に該当する預金は、その金額の多寡にかかわらず、全額が預金保険制度の保護の対象となる。

113
×

分配後の基準価額11,000円であるので、「分配後の基準価額11,000円＜個別元本11,200円」となり、元本払戻金と普通分配金は次のようになる。重要

元本払戻金（特別分配金）：11,200円－11,000円＝200円

普通分配金：800円－200円＝600円

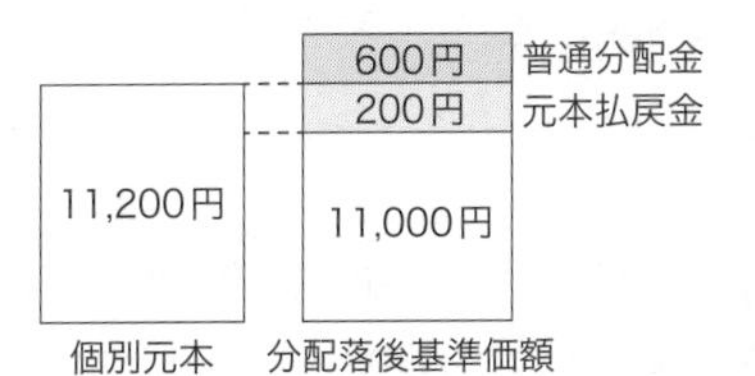

ワンポイントアドバイス

普通分配金と元本払戻金の扱いに注意しましょう。

普通分配金は税率20.315％（所得税15％、復興特別所得税0.315％、住民税5％）で課税され、**特別分配金は非課税**となる。

分配金の源泉（特別）徴収額：600円×20.315％＝121.89→121円（円未満切捨て）

税引後の手取金額：600円－121円＋200円＝679円

114
×

日本国内に本店のある銀行の海外支店に預け入れた預金は、預金保険制度の保護の対象とならず、**外国銀行の在日支店**に預け入れた預金も、**預金保険制度の保護の対象とならない**。重要

115
○

外貨預金は預金保険制度の保護の対象とならない。

116
○

「無利息、要求払い、決済サービスを提供できる」という条件を満たす**決済用預金は全額保護**される。

117 □□□

預金保険制度において、単に名義を借りたにすぎない他人名義預金については、預金保険の保護対象外となる。

118 □□□

預金保険制度において、破綻金融機関に対して借入がある場合であっても、預金と借入を相殺することはできない。

119 □□□

銀行に預け入れた一般預金等のうち、預金保険制度の保護の対象となる金額は、1金融機関ごとに1人当たり元本1,000万円までとその利息等とされている。

120 □□□

預金保険制度において、同一の預金者が、破綻金融機関に、担保権の目的となっている一般預金等と担保権の目的となっていない一般預金等の口座を有し、その元本の合計額が1,000万円を超える場合、付保預金の特定にあたっては、担保権の目的となっているものが優先される。

金融関連法規

121 □□□

金融サービス提供法において、金融サービス仲介業は、預金等媒介業務、保険媒介業務、有価証券等仲介業務、貸金業貸付媒介業務のすべてを業として行うこととされている。

117
○

たとえば、夫婦や親子は、その名義に従い個別の預金者として保護の対象となるが、家族の名義を借りたにすぎない預金等は、他人名義預金として預金保険の保護対象外となる。

118
×

借入約定等の特約により相殺が禁止されている場合などを除き、破綻金融機関に相殺を申し出ることで、**預金と借入を相殺することができる。**

119
○

なお、破綻金融機関に複数の口座を持っている場合は、**1口座ごとではなく1預金者ごとに合算され**（「名寄せ」という）、一般預金等は元本1,000万円までとその利息等が保護される。

120
×

同一の預金者が、破綻金融機関に、担保権の目的となっている一般預金等と担保権の目的となっていない一般預金等の口座を有し、その元本の合計額が1,000万円を超える場合、付保預金の特定にあたっては、**担保権の目的となっていないものが優先**される。担保権の目的となっているものは優先度が最も低い。重要

ワンポイントアドバイス

預金保険制度はたびたび出題されています。仕組みをしっかり理解しましょう。

121
×

金融サービス仲介業は、預金等媒介業務、保険媒介業務、有価証券等仲介業務または貸金業貸付媒介業務の**いずれかを業として行うこと**とされている。

122
□□□

金融サービス提供法において、金融サービス仲介業者は、顧客の保護に欠けるおそれが少ない一定の場合を除き、名目を問わず、その行う金融サービス仲介業に関して、顧客から金銭その他の財産の預託を受けることが禁止されている。

123
□□□

消費者契約法において、消費者契約の解除に伴って消費者が支払う損害賠償額を予定する条項を定めた場合に、その額が、当該契約と同種の消費者契約の解除に伴い、事業者に生ずべき平均的な損害の額を超えるものは、当該条項自体が無効とされる。

124
□□□

消費者契約法による消費者の消費者契約の取消権は、原則として、消費者が追認をすることができる時から6カ月間行わないとき、または当該消費者契約の締結の時から2年を経過したときに消滅する。

125
□□□

金融商品取引法では、金融商品取引業者等が顧客に交付する契約締結前交付書面について、顧客（特定投資家を除く）から当該書面の交付を要しない旨の意思表示があった場合であっても、当該書面の交付を省略することはできないとされている。

126
□□□

金融商品取引法において、上場会社の役職員等が退職し、会社関係者でなくなったとしても、会社関係者でなくなってから1年以内の者は、会社関係者と同様にインサイダー取引規制の対象とされている。

122 ○

金融サービス仲介業者は、名目を問わず、その行う金融サービス仲介業に関して、顧客から金銭その他の財産の預託を受けてはならない。ただし、顧客の保護に欠けるおそれが少ない一定の場合を除く。

123 ×

消費者契約法において、消費者契約の解除に伴って消費者が支払う損害賠償額を予定する条項を定めた場合に、その額が、当該契約と同種の消費者契約の解除に伴い、事業者に生ずべき平均的な損害の額を超えるものは、その超える部分が無効とされる。

124 ×

消費者契約法による消費者の消費者契約の取消権は、原則として、消費者が追認をすることができる時から１年間行わないとき、または当該消費者契約の締結の時から５年を経過したときに消滅する。

125 ○

顧客が**特定投資家**（プロ）である場合は契約締結前の書面交付義務や適合性の原則などは適用されないが、**一般投資家**（アマ）については、交付を要しない旨の意思表示があっても、**書面の交付義務は免除されない**。注意

126 ○

上場企業と一定の関係がある者（取締役等）を、公開前の企業情報を入手できる可能性のある者として内部者（インサイダー）と称する。これらの者が公開前の企業情報に基づく投資を行うことは、内部者取引（インサイダー取引）として規制されている。注意
なお、インサイダー取引規制の対象となる行為は「売買等」（有償の譲渡・譲受けなど）であり、無償で行われる贈与や相続による株式の譲渡や譲受けはインサイダー取引規制の対象とはならない。

127 □□□

金融 ADR 制度は、金融商品・サービスに関する顧客と金融機関の間のトラブルについて、指定紛争解決機関が中立・公正な立場で間に入り、裁判によって紛争解決を目指す仕組みである。

128 □□□

金融 ADR 制度では、指定紛争解決機関は、金融商品・サービスに関する紛争解決手続の業務だけを担い、紛争に至らない苦情処理手続の業務は担当しないとされている。

129 □□□

個人情報の保護に関する法律において、個人情報データベース等を事業の用に供している者であっても、当該個人データによって識別される特定の個人の数の合計が 5,000 を超えない場合は、原則として個人情報取扱事業者に該当しない。

130 □□□

個人情報の保護に関する法律では、個人情報取扱事業者は、原則として、個人情報を取り扱うにあたって、その利用の目的をできる限り特定しなければならず、あらかじめ本人の同意を得ないで、その特定された利用目的の達成に必要な範囲を超えて、個人情報を取り扱ってはならないとしている。

131 □□□

個人情報の保護に関する法律では、個人情報取扱事業者は、違法または不当な行為を助長し、または誘発するおそれがある方法により個人情報を利用してはならないとしている。

127
×

金融 ADR 制度（金融分野における裁判外紛争解決制度）は、金融商品・サービスに関する顧客と金融機関の間のトラブルについて、指定紛争解決機関が中立・公正な立場で間に入り、裁判によらない方法によって紛争解決を目指す仕組みである。

128
×

金融 ADR 制度では、指定紛争解決機関は、金融商品・サービスに関する**紛争解決手続の業務だけでなく、紛争に至らない苦情処理手続の業務も担うこととされている。**

129
×

個人情報の保護に関する法律では、**個人情報データベース等を事業の用に供しているすべての者が**個人情報取扱事業者として適用されることになっている。

130
○

個人情報取扱事業者は、個人情報を取り扱うにあたって、その利用の目的をできる限り特定しなければならない（利用目的の特定）。個人情報取扱事業者は、あらかじめ本人の同意を得ないで、その特定された利用目的の達成に必要な範囲を超えて、個人情報を取り扱ってはならない（利用目的による制限）。

131
○

また、個人情報の保護に関する法律では、個人情報取扱事業者は、偽りその他不正の手段により個人情報を取得してはならないとしている。

ワンポイントアドバイス

金融関連法規については、各法律が適用される場合と、その法律の効果を押さえておきましょう。

株式投資

次の〈A社の財務データ〉に基づいて、①～④について解答しなさい。〈答〉は表示単位の小数点以下第３位を四捨五入し、小数点以下第２位までを解答すること。

〈A社の財務データ〉　　（単位：百万円）

資産の部合計		2,500,000
負債の部合計		1,400,000
純資産の部合計		1,100,000
内訳	株主資本合計	1,000,000
	その他の包括利益累計額合計	50,000
	新株予約権	10,000
	非支配株主持分	40,000
売上高		2,400,000
売上総利益		1,260,000
営業利益		420,000
営業外収益		30,000
内訳	受取利息	15,000
	受取配当金	5,000
	その他	10,000
営業外費用		25,000
内訳	支払利息	10,000
	その他	15,000
経常利益		425,000
親会社株主に帰属する当期純利益		252,000

①A社のROE（自己資本利益率）を求めなさい。

②A社の売上高純利益率を求めなさい。

③A社の使用総資本回転率を求めなさい。

④A社の財務レバレッジを求めなさい。

解答　　解　説

1　① 24.00（％）　② 10.50（％）　③ 0.96（回）　④ 2.38（倍）

重要　計算

ROE（自己資本利益率）は次の計算式で算出する。

$$\text{ROE（\%）} = \frac{\text{当期純利益}}{\text{自己資本}} \times 100$$

※自己資本：純資産－新株予約権－非支配株主持分

①A社のROE（自己資本利益率）

自己資本：1,100,000百万円－10,000百万円－40,000百万円
＝1,050,000百万円

$$\text{ROE（\%）}：\frac{252{,}000\text{百万円}}{1{,}050{,}000\text{百万円}} \times 100 = 24.00\text{（\%）}$$

ROEは、売上高純利益率、使用総資本回転率、財務レバレッジの3指標に分解して分析することができる。

ROE＝売上高純利益率×使用総資本回転率×財務レバレッジ

$$\frac{\text{当期純利益}}{\text{自己資本}} = \frac{\text{当期純利益}}{\text{売上高}} \times \frac{\text{売上高}}{\text{使用総資本}} \times \frac{\text{使用総資本}}{\text{自己資本}}$$

※使用総資本＝総資産＝負債＋純資産。使用総資本は使用総資産、使用総資本回転率は使用総資産回転率ともいう

②A社の売上高純利益率（％）：$\frac{252{,}000\text{百万円}}{2{,}400{,}000\text{百万円}} \times 100 = 10.50$（％）

③A社の使用総資本回転率（回）：$\frac{2{,}400{,}000\text{百万円}}{2{,}500{,}000\text{百万円}} = 0.96$（回）

④A社の財務レバレッジ（倍）：$\frac{2{,}500{,}000\text{百万円}}{1{,}050{,}000\text{百万円}} = 2.380\cdots$
→2.38（倍）

ワンポイントアドバイス

ROEの3指標分解は出題頻度が高く、とても重要です。しっかり理解しましょう。

次の〈A社の財務データ〉に基づいて、①～③について解答しなさい。〈答〉は表示単位の小数点以下第３位を四捨五入し、小数点以下第２位までを解答すること。

〈A社の財務データ〉　（単位：百万円）

<table>
<tr><td colspan="2">資産の部合計</td><td>2,200,000</td></tr>
<tr><td colspan="2">負債の部合計</td><td>1,400,000</td></tr>
<tr><td colspan="2">純資産の部合計</td><td>800,000</td></tr>
<tr><td rowspan="4">内訳</td><td>株主資本合計</td><td>700,000</td></tr>
<tr><td>その他の包括利益累計額合計</td><td>20,000</td></tr>
<tr><td>新株予約権</td><td>5,000</td></tr>
<tr><td>非支配株主持分</td><td>75,000</td></tr>
<tr><td colspan="2">売上高</td><td>2,800,000</td></tr>
<tr><td colspan="2">売上総利益</td><td>840,000</td></tr>
<tr><td colspan="2">営業利益</td><td>270,000</td></tr>
<tr><td colspan="2">営業外収益</td><td>12,000</td></tr>
<tr><td rowspan="3">内訳</td><td>受取利息</td><td>8,000</td></tr>
<tr><td>受取配当金</td><td>1,000</td></tr>
<tr><td>その他</td><td>3,000</td></tr>
<tr><td colspan="2">営業外費用</td><td>7,000</td></tr>
<tr><td rowspan="2">内訳</td><td>支払利息</td><td>2,000</td></tr>
<tr><td>その他</td><td>5,000</td></tr>
<tr><td colspan="2">経常利益</td><td>275,000</td></tr>
<tr><td colspan="2">親会社株主に帰属する当期純利益</td><td>164,000</td></tr>
</table>

①A社の総資本経常利益率を求めなさい。

②A社の売上高経常利益率を求めなさい。

③A社の総資本回転率を求めなさい。

2

①12.50（%）　②9.82（%）　③1.27（回）　計算

総資本経常利益率は次の計算式で算出する。

$$総資本経常利益率(\%)=\frac{経常利益}{総資本}\times100$$

※総資本＝総資産＝負債＋純資産

①A社の総資本経常利益率

$$総資本経常利益率：\frac{275{,}000百万円}{2{,}200{,}000百万円}\times100=12.50(\%)$$

総資本利益率（ROA）は、売上高利益率、総資本回転率の2指標に分解して分析することができる。

総資本利益率（ROA）＝売上高利益率×総資本回転率

$$\frac{利益}{総資本}=\frac{利益}{売上高}\times\frac{売上高}{総資本}$$

②A社の売上高経常利益率（%）：$\frac{275{,}000百万円}{2{,}800{,}000百万円}\times100=$
9.821…→9.82（%）

③A社の総資本回転率（回）：$\frac{2{,}800{,}000百万円}{2{,}200{,}000百万円}=1.272\cdots$
→1.27（回）

ワンポイントアドバイス

総資本利益率は、使用総資本利益率や総資産利益率など別の呼び方で出題されることもあります。

3
□□□

次の〈A社とB社の財務データ〉に基づいて、①〜④について解答しなさい。〈答〉は表示単位の小数点以下第3位を四捨五入し、小数点以下第2位までを解答すること。

〈A社とB社の財務データ〉　（単位：百万円）

		A社	B社
純資産の部合計		1,600,000	1,900,000
内訳	株主資本合計	1,000,000	1,400,000
	その他の包括利益累計額合計	400,000	350,000
	新株予約権	–	–
	非支配株主持分	200,000	150,000
売上高		1,400,000	1,650,000
売上総利益		420,000	520,000
営業利益		240,000	320,000
営業外収益		12,000	10,000
内訳	受取利息	8,000	3,000
	受取配当金	4,000	7,000
営業外費用		28,000	25,000
内訳	支払利息	16,000	20,000
	その他	12,000	5,000
経常利益		224,000	305,000
親会社株主に帰属する当期純利益		140,000	210,000
配当金総額		35,000	73,500

①A社のサスティナブル成長率を求めなさい。

②B社のサスティナブル成長率を求めなさい。

③A社のインタレスト・カバレッジ・レシオを求めなさい。

④B社のインタレスト・カバレッジ・レシオを求めなさい。

3　①7.50（%）　②7.80（%）　③15.75（倍）　④16.50（倍）

サスティナブル成長率は次の計算式で算出する。重要　計算

サスティナブル成長率（%）：ROE×（1－配当性向）

$$\text{ROE（自己資本利益率）（\%）} = \frac{\text{当期純利益}}{\text{自己資本}} \times 100$$

※自己資本：純資産－新株予約権－非支配株主持分

$$\text{配当性向（\%）} = \frac{\text{配当金}}{\text{当期純利益}} \times 100$$

①A社のサスティナブル成長率

$$\left(\frac{140{,}000\text{百万円}}{1{,}600{,}000\text{百万円} - 200{,}000\text{百万円}} \times 100\right) \times \left(1 - \frac{35{,}000\text{百万円}}{140{,}000\text{百万円}}\right) = 7.50\text{（\%）}$$

②B社のサスティナブル成長率

$$\left(\frac{210{,}000\text{百万円}}{1{,}900{,}000\text{百万円} - 150{,}000\text{百万円}} \times 100\right) \times \left(1 - \frac{73{,}500\text{百万円}}{210{,}000\text{百万円}}\right) = 7.80\text{（\%）}$$

インタレスト・カバレッジ・レシオは次の計算式で算出する。重要　計算

$$\text{インタレスト・カバレッジ・レシオ（倍）} = \frac{\text{事業利益}}{\text{金融費用}}$$

※事業利益：営業利益＋受取利息・受取配当金＋有価証券利息

※金融費用：支払利息・割引料＋社債利息

③A社のインタレスト・カバレッジ・レシオ

$$\frac{240{,}000\text{百万円} + 8{,}000\text{百万円} + 4{,}000\text{百万円}}{16{,}000\text{百万円}} = 15.75\text{（倍）}$$

④B社のインタレスト・カバレッジ・レシオ

$$\frac{320{,}000\text{百万円} + 3{,}000\text{百万円} + 7{,}000\text{百万円}}{20{,}000\text{百万円}} = 16.50\text{（倍）}$$

ワンポイントアドバイス

サスティナブル成長率とインタレスト・カバレッジ・レシオは、出題頻度が高く、重要です。

4

□□□

次の〈A社の財務データ〉に基づいて、①～③について解答しなさい。〈答〉は表示単位の小数点以下第３位を四捨五入し、小数点以下第２位までを解答すること。

〈A社の財務データ〉 （単位：百万円）

資産の部合計		1,650,000
内訳	流動資産	450,000
	固定資産	1,200,000
負債の部合計		1,100,000
内訳	流動負債	380,000
	固定負債	720,000
純資産の部合計		550,000
内訳	株主資本合計	520,000
	その他の包括利益累計額合計	30,000
売上高		1,420,000
売上総利益		680,000
営業利益		72,000
営業外収益		2,200
内訳	受取利息	400
	受取配当金	1,000
	その他	800
営業外費用		1,500
内訳	支払利息	1,100
	その他	400
経常利益		72,700
親会社株主に帰属する当期純利益		48,800

①A社の使用総資本事業利益率を求めなさい。

②A社の流動比率を求めなさい。

③A社の固定比率を求めなさい。

4

①4.45（%）　②118.42（%）　③218.18（%）

使用総資本事業利益率は次の計算式で算出する。〈計算〉

$$使用総資本事業利益率（\%）=\frac{事業利益}{使用総資本}\times 100$$

※事業利益：営業利益＋受取利息・受取配当金＋有価証券利息

※使用総資本＝総資産＝負債＋純資産

①A社の使用総資本事業利益率

事業利益：72,000百万円＋400百万円＋1,000百万円＝73,400百万円

$$使用総資本事業利益率（\%）：\frac{73{,}400百万円}{1{,}650{,}000百万円}\times 100=4.448$$

…→4.45（%）

流動比率は次の計算式で算出する。〈計算〉

$$流動比率（\%）=\frac{流動資産}{流動負債}\times 100$$

$$②A社の流動比率（\%）：\frac{450{,}000百万円}{380{,}000百万円}\times 100=118.421\cdots$$

→118.42（%）

なお、流動比率は財務的な安全性を測る指標であるが、流動資産から棚卸資産を除いた**当座比率**を用いることで、さらに厳密な分析を行うことができる。

固定比率は次の計算式で算出する。

$$固定比率（\%）=\frac{固定資産}{自己資本}\times 100$$

$$③A社の固定比率（\%）：\frac{1{,}200{,}000百万円}{550{,}000百万円}\times 100=218.181$$

…218.18（%）

※本問の場合、新株予約権と非支配株主持分がないので、自己資本の額は純資産の部の合計額で計算する。

5
□□□

A社の予想EPSを150円、株主の期待利子率を6.0%、負債はないものとした場合において、A社が来期以降のEPSの全額を配当する（将来にわたり定額の配当が支払われる）と仮定した場合、配当割引モデルではA社の理論株価は（　　　）円になる。

6
□□□

A社の1株当たり配当金150円が2%の定率で成長するものとし、株主の期待利子率を6.0%と仮定した場合、配当割引モデルではA社の理論株価は（　　　）円になる。

7
□□□

株式のテクニカル分析において、ローソク足は、一定の取引期間中の株価の値動き（始値、高値、安値、終値）を表したもので、始値よりも終値のほうが高いものを（　①　）と呼び、始値よりも終値のほうが低いものを（　②　）と呼ぶ。

5

2,500　配当割引モデルは、「株価の内在価値はその株式から得られる将来のキャッシュフロー（予想配当）の現在価値の合計である」という理論である。

将来にわたり定額の配当が支払われると予想される場合（ゼロ成長モデル）の内在価値（理論株価）は、次の計算式で算出する。

$$内在価値 = \frac{1株当たり予想配当}{期待利子率}$$

EPS150円全額を配当するので、次のようになる。

$$\frac{150円}{0.06} = 2,500円$$

6

3,750　将来にわたり定率で配当が成長して支払われると予想される場合（定率成長モデル）の内在価値（理論株価）は、次の計算式で算出する。

$$内在価値 = \frac{1株当たり予想配当}{期待利子率 - 期待成長率}$$

よって、次のようになる。

$$\frac{150円}{0.06 - 0.02} = 3,750円$$

7

①陽線　②陰線

始値よりも終値のほうが高いものを陽線と呼び、始値よりも終値のほうが低いものを陰線と呼ぶ。

陽線（始値より終値が高い）

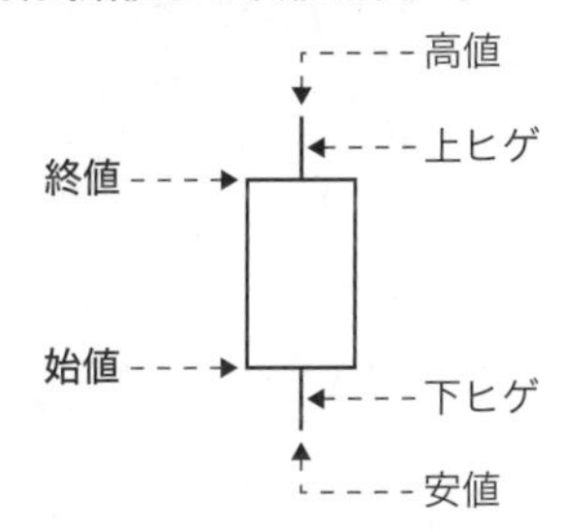

陰線（始値より終値が安い）

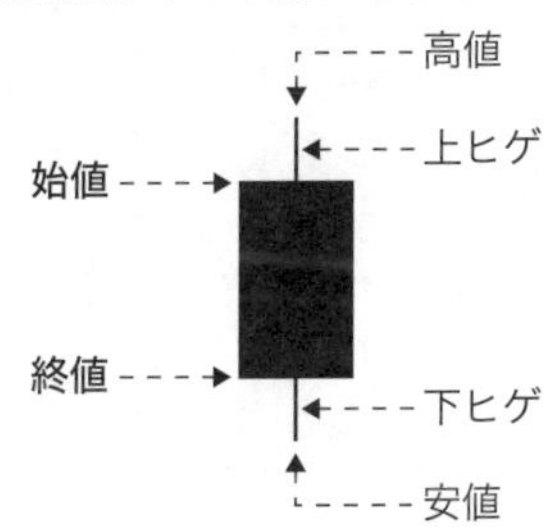

8

□□□

次の〈A社の財務データ〉に基づいて、A社の損益分岐点比率を求めなさい。なお、〈答〉は表示単位の小数点以下第3位を四捨五入し、小数点以下第2位までを解答すること。また、変動費は売上原価に等しく、固定費は販売費及び一般管理費に等しいものとする。

〈A社の財務データ〉（単位：百万円）

売上高	2,800,000
売上総利益	1,120,000
営業利益	392,000
営業外収益	14,000
営業外費用	22,000

8

65（%）

変動費は売上原価に等しいので、変動費は次のように計算できる。

変動費（売上原価）＝売上高－売上総利益

2,800,000百万円－1,120,000百万円＝1,680,000百万円

固定費は販売費及び一般管理費に等しいので、固定費は次のように計算できる。

固定費（販売費及び一般管理費）＝売上総利益－営業利益

1,120,000百万円－392,000百万円＝728,000百万円

限界（貢献）利益は売上高から変動費を差し引いて求める。

2,800,000百万円－1,680,000百万円＝1,120,000百万円

そして、限界（貢献）利益率は次のように計算する。

$$\text{限界利益率}：\frac{\text{限界利益}}{\text{売上高}} \qquad \text{限界利益率}：1-\frac{\text{変動費}}{\text{売上高}}$$

$$\frac{1{,}120{,}000\text{百万円}}{2{,}800{,}000\text{百万円}}=0.4 \qquad 1-\frac{1{,}680{,}000\text{百万円}}{2{,}800{,}000\text{百万円}}=0.4$$

損益分岐点売上高は次のように計算する。

$$\text{損益分岐点売上高}：\frac{\text{固定費}}{\text{限界利益率}}$$

$$\frac{728{,}000\text{百万円}}{0.4}=1{,}820{,}000\text{百万円}$$

よって、損益分岐点比率は次のようになる。

$$\text{損益分岐点比率（\%）}：\frac{\text{損益分岐点売上高}}{\text{売上高}}\times 100$$

$$\frac{1{,}820{,}000\text{百万円}}{2{,}800{,}000\text{百万円}}\times 100=65\text{（\%）}$$

ワンポイントアドバイス

損益分岐点売上高と損益分岐点比率の計算方法を覚えましょう。

外貨建て商品

9 □□□

次の〈米ドル建債券の概要〉の条件で、為替予約を付けずに円貨を外貨に交換して当該債券を購入し、1年6カ月後に売却して、売却金額と3回分の利子をまとめて円貨に交換した場合における所有期間利回り（単利による年換算）を求めなさい。〈答〉は表示単位の小数点以下第3位を四捨五入し、小数点以下第2位までを解答すること。また、1年6カ月は1.5年として計算し、税金等は考慮しないものとする。

〈米ドル建債券の概要〉

・利率（年率）：1.8%（米ドルベース、年2回利払）

・残存期間：5年

・単価（額面100米ドル当たり）と適用為替レート（円／米ドル）

	単価	TTS	TTM	TTB
購入時	101.50米ドル	112.00円	111.00円	110.00円
売却時	102.50米ドル	114.50円	113.50円	112.50円

金融商品と税金

10 □□□

2024年1月1日からの新NISA制度では、一定の投資信託に対象を限定したつみたて投資枠（年間投資上限額（　①　）万円）と、上場株式などに投資できる成長投資枠（年間投資上限額（　②　）万円）が設けられている。

11 □□□

2024年1月1日からの新NISA制度では、非課税保有限度額（総枠）は（　①　）万円（うち成長投資枠の限度額（　②　）万円）とされている。

9

2.74（%）

額面 100 米ドル分を購入したとして計算すると次のようになる。

円貨での元本：101.50 米ドル × 112.00 円（TTS）＝11,368 円

3 回分の利子：100 米ドル × 0.018 × 1.5 年＝2.70 米ドル

売却金額と利子の合計：102.50 米ドル＋2.70 米ドル＝105.20 米ドル

円換算の受取額＝105.20 米ドル × 112.50 円（TTB）＝11,835 円

年換算の所有期間利回り：$\frac{11,835\text{円} - 11,368\text{円}}{11,368\text{円}} \div 1.5\text{年} \times 100$

＝2.738…→ 2.74（%）

ワンポイントアドバイス

年換算の利回りを求める点に注意しましょう。

10

① 120　② 240

改正 2024 年 1 月 1 日からの新 NISA 制度では、一定の投資信託に対象を限定したつみたて投資枠（年間投資上限額 120 万円）と、上場株式などに投資できる成長投資枠（年間投資上限額 240 万円）が設けられている。

11

① 1,800　② 1,200

改正 2024 年 1 月 1 日からの新 NISA 制度では、非課税保有限度額（総枠）は 1,800 万円（うち成長投資枠の限度額 1,200 万円）とされている。

ワンポイントアドバイス

新 NISA の年間投資上限額と非課税保有限度額を覚えておきましょう。

ポートフォリオ運用

12 □□□

次の〈直近1年間の投資信託Aと投資信託Bに関するデータ〉に基づくと、シャープ・レシオの値は投資信託Aが（　①　）、投資信託Bが（　②　）であり、（　③　）のほうが効率的な運用であったといえる。なお、①・②は小数点以下第3位を四捨五入し、小数点以下第2位までを解答すること。

〈直近1年間の投資信託Aと投資信託Bに関するデータ〉

	実績収益率	実績収益率の標準偏差
投資信託A	12.50%	18.00%
投資信託B	9.50%	14.00%
安全資産	1.00%	1.00%

12

①0.64　②0.61　③投資信託A

シャープ・レシオの値は次の計算式によって算出する。 重要 計算

シャープ・レシオ：

$$\frac{\text{ポートフォリオの収益率}-\text{無リスク（安全）資産利子率}}{\text{ポートフォリオの収益率の標準偏差}}$$

投資信託A：$\frac{12.50-1.00}{18.00}=0.638\cdots\rightarrow 0.64$

投資信託B：$\frac{9.50-1.00}{14.00}=0.607\cdots\rightarrow 0.61$

シャープ・レシオの値が高いほどパフォーマンスが優れているので、投資信託Aのほうが効率的な運用であったといえる。

13
□□□

次の〈Aファンド・Bファンドの実績収益率・標準偏差・共分散〉に基づいて、①および②を求めなさい。なお、小数点以下第3位を四捨五入し、小数点以下第2位までを解答すること。

〈Aファンド・Bファンドの実績収益率・標準偏差・共分散〉

	実績収益率	標準偏差	AファンドとBファンドの共分散
Aファンド	8.00%	12.00%	60.00
Bファンド	10.00%	20.00%	

①AファンドとBファンドの相関係数

②AファンドとBファンドをそれぞれ6：4の割合で購入した場合のポートフォリオの標準偏差

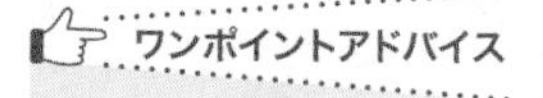

共分散や相関係数を用いて標準偏差を求める方法をマスターしましょう。

13

① 0.25　　Aファンドと B ファンドの相関係数 〈計算〉

相関係数は次の計算式によって算出することができる。

$$\text{相関係数}=\frac{\text{証券Aと証券Bの共分散}}{\text{証券Aの標準偏差}\times\text{証券Bの標準偏差}}$$

$$\frac{60.00}{12.00\times 20.00}=0.25$$

② 12.03（%）　　Aファンドと B ファンドをそれぞれ 6：4 の割合で購入した場合のポートフォリオの標準偏差 重要 〈計算〉

分散または標準偏差は、各資産の共分散から次のように求めることができる。

証券Aと証券Bの２資産のポートフォリオの分散

＝Aの割合^2×Aの標準偏差^2＋Bの割合^2×Bの標準偏差^2＋2×Aの割合×Bの割合×AとBの共分散

〈ポートフォリオの分散（A ファンド：B ファンド＝0.6：0.4)〉

$0.6^2\times 12.00^2+0.4^2\times 20.00^2+2\times 0.6\times 0.4\times 60.00$

$=0.36\times 144+0.16\times 400+28.8=51.84+64+28.8=144.64$

〈標準偏差〉

$\sqrt{144.64}=12.026\cdots\rightarrow 12.03$（%）

また、分散または標準偏差は、各資産の相関係数から次のように求めることもできる。

証券Aと証券Bの２資産のポートフォリオの分散

＝Aの割合^2×Aの標準偏差^2＋Bの割合^2＋Bの標準偏差^2＋2×Aの割合×Bの割合×Aの標準偏差×Bの標準偏差×相関係数

〈ポートフォリオの分散〉

$0.6^2\times 12.00^2+0.4^2\times 20.00^2+2\times 0.6\times 0.4\times 12.00\times 20.00\times 0.25=0.36\times 144+0.16\times 400+28.8=51.84+64+28.8=144.64$

第４章　タックスプランニング

近年の出題傾向一覧

※ FP 技能検定 1 級学科（基礎編）

項目	2021.9	2022.1	2022.5	2022.9	2023.1	2023.5	2023.9	2024.1
所得税の仕組み	★	★			★	★		
各種所得	★	★	★★	★★★	★★	★★	★	★★
損益通算		★		★			★	★
所得控除	★	★	★★	★	★	★		★
税額控除				★		★	★	★
申告・納付	★		★		★		★	
個人住民税・個人事業税	★	★		★		★	★	★
法人税の仕組み	★	★★	★★			★★	★	★
益金			★					★
損金	★	★		★	★★	★	★★	★
会社役員間の税務	★				★			
法人住民税・法人事業税								
消費税	★	★	★	★	★		★	

※★は出題数を表している。複数の項目にわたる問題の場合は、その問題の中心となる項目としている。また、いずれの項目にも該当しない問題については、より関連する項目としている。
※「法人住民税・法人事業税」については、一問一答演習でのみ取り上げている。

第4章 タックスプランニング

合格ポイント整理

一問一答演習

合格ポイント整理

1. 所得税の仕組み

❶ 納税義務者 重要

種類		定義	課税所得の範囲
居住者※	非永住者以外の居住者	居住者のうち、非永住者以外の者	すべての所得（日本国内および日本国外で生じた所得）
	非永住者	居住者のうち、日本の国籍を有しておらず、かつ過去10年以内うち国内に住所または居所を有していた期間の合計が5年以下である個人	日本国内に源泉のある所得および日本国外に源泉がある所得のうち、日本国内で支払われたもの、または国外から送金があったもの
非居住者		居住者以外の個人	日本国内に源泉のある所得

※居住者とは、国内に住所を有し、または現在まで引き続いて1年以上居所を有する個人。

❷ 主な非課税所得

- 給与所得者の出張旅費、転勤旅費等、通勤手当（通勤手当のうち月額15万円を超える金額は給与所得として課税）、給与所得者が受ける職務上必要な給付 注意
- 負傷または疾病に基因して受ける特定の給付、遺族恩給、遺族年金等
- 生活に通常必要な動産の譲渡による所得（貴金属、宝石、書画、骨董等で1個または1組の価額が30万円を超えるものの譲渡による所得は課税）
- 心身に加えられた損害または突発的な事故により資産に加えられた損害に基因して受ける損害保険金、損害賠償金、見舞金等
- 雇用保険、健康保険、国民健康保険の保険給付等

2. 各種所得

❶ 利子所得

内　容	公社債の利子、預貯金の利子、合同運用信託の収益の分配、公社債投資信託の収益の分配、公募公社債等運用投資信託の収益の分配
所得金額	利子所得の金額＝収入金額
課税方法	原則として所得税・復興特別所得税15.315%、住民税5%の税率により源泉徴収される源泉分離課税 特定公社債等の利子等については、15.315%、住民税5%の税率により源泉徴収され、申告分離課税の対象となるが、確定申告不要も選択できる。

❷ 配当所得

内　容	法人から受ける剰余金の配当・利益の配当、剰余金の分配、投資信託の収益の分配（公社債投資信託および公募公社債等運用投資信託を除く）などによる所得
所得金額 注意	配当所得の金額＝収入金額－元本取得に要した負債の利子の額（元本の保有期間分） ※譲渡した株式に係るものや確定申告不要を選択した配当に係るものについては、収入金額から差し引くことができる借入金の利子には当たらない。 ※その負債によって取得した株式等が無配であっても、その負債の利子は他の有配の株式等の配当等の配当収入から控除することができる。
確定申告不要制度 注意	1回に支払を受けるべき配当等の金額が、次により計算した金額以下である場合（少額配当である場合）には、確定申告は不要。 10万円×配当計算期間※の月数÷12 ※配当計算期間が1年を超える場合には、12月として計算。 申告不要を選択した配当等は、配当控除の適用はない。
課税方法	⇒第3章　9. 金融商品と税金を参照

❸ 不動産所得

内　容	・不動産の貸付け、不動産の上に存する権利の貸付けなどによる所得 ・不動産等の貸付けの規模が事業的規模としてなされている場合でも、その所得は事業所得ではなく、不動産所得となる。注意
所得の分類	・食事の提供を伴う不動産の貸付け→事業所得または雑所得 ・土地の貸付けの際に賃借人から受け取った権利金 土地の時価の1／2超→譲渡所得 土地の時価の1／2以下→不動産所得 注意
事業的規模の判定	建物の貸付けについては、次のいずれかの基準に当てはまれば、原則、事業として行われているものとして取り扱われる。 ①貸間、アパート等については、貸与することのできる独立した室数がおおむね10室以上 ②独立家屋の貸付けについては、おおむね5棟以上
事業的規模で行われている場合の相違点	・賃貸用固定資産の取壊し、除却などの資産損失については、不動産の貸付けが事業的規模の場合は、その全額を必要経費に算入する。それ以外の場合は、その年分の資産損失を差し引く前の不動産所得の金額を限度として必要経費に算入される。重要 ・賃貸料等の回収不能による貸倒損失については、不動産貸付けが事業的規模の場合は、回収不能となった年分の必要経費に算入するが、それ以外の場合は、収入に計上した年分までさかのぼって、その回収不能に対応する所得がなかったものとされる。 ・青色申告の事業専従者給与または白色申告の事業専従者控除については、不動産貸付けが事業的規模の場合のみ適用がある。

	・青色申告特別控除については、不動産貸付けが事業的規模の場合、正規の簿記の原則による記帳を行うなどの一定の要件を満たすことにより最高55万円※の控除を受けることができる。 ※電子帳簿保存または電子申告を行っている場合は65万円
所得金額	不動産所得の金額＝総収入金額－必要経費
課税方法	総合課税 〈計算〉

❹ 事業所得

内　容	農業、漁業、製造業、卸売業、小売業、サービス業その他の事業から生ずる所得
事業の遂行に付随して生ずる収入 重要	事業所得の総収入金額には、事業の遂行に付随して生ずる収入も含まれる。 〈事業所得に該当する〉 ・**事業の遂行上取引先または使用人に貸し付けた貸付金の利子** ・事業用資産の購入に伴って景品として受ける金品 ・**少額の減価償却資産**（10万円未満）または一括償却資産（20万円未満）の**必要経費算入の適用を受けた事業用資産の譲渡** 〈注意〉 〈事業所得に該当しない〉 ・事業運転資金として金融機関に預けた預貯金の利子（利子所得） ・知人に対する貸付金の利子（**雑所得**） ・取引会社の株式に係る配当金収入（**配当所得**）
所得金額	事業所得の金額＝総収入金額－必要経費 〈計算〉
必要経費	・売上原価 ・総収入金額を得るために直接要した費用の額 ・その年に生じた販売費、一般管理費、その他業務上の費用の額

売上原価 重要	売上原価＝期首棚卸高＋期中の仕入高－期末棚卸高 計算 〈棚卸資産の評価方法〉 ・事業の開始（変更）した日の属する年分に係る確定申告期限までに、棚卸資産について、評価方法を選定し、書面により税務署長に届け出なければならない。届出をしない場合または届け出た方法によって評価していない場合には、最終仕入原価法によって評価しなければならない。 ・青色申告者は低価法を選定できる。
交際費	支出した交際費のうち、業務の遂行上直接必要であると認められるものについては、支出額の全額を必要経費に算入できる。 注意
減価償却 重要	〈償却方法〉 建物や機械装置等の有形減価償却資産（鉱業用を除く）に対する減価償却の方法には、**定額法**と**定率法**がある。 〈償却方法の選定〉 減価償却について、償却方法を選定し、書面により税務署長に届け出なければならない。償却の方法を選定しなかった場合は、定額法により計算する（法定償却方法）。 〈償却方法の変更〉 先に採用した償却の方法を変更しようとするときは、**新たな償却方法を採用しようとする年の3月15日までに**、申請書を提出し、所轄税務署長の承認を受けなければならない。
減価償却の対象とされない資産等	①少額の減価償却資産 使用可能期間が1年未満であるもの、または取得価額が10万円未満であるもの→その取得に要した金額の全額を業務の用に供した年分の必要経費に算入する。

<table>
<tr>
<td>減価償却の対象とされない資産等</td>
<td>②一括償却資産の必要経費算入
取得価額が10万円以上20万円未満の減価償却資産→一括償却資産の取得価額の合計額の3分の1に相当する金額を業務の用に供した年以後3年間の各年分において必要経費に算入できる。
③中小事業者の少額減価償却資産の取得価額の必要経費算入の特例
一定の要件を満たす青色申告者が取得した取得価額10万円以上30万円未満の減価償却資産（②の適用を受けるものを除く）については、その取得価額の合計額のうち300万円に達するまでの取得価額の合計額をその業務の用に供した年分の必要経費に算入できる（2026年3月31日まで）。</td>
</tr>
<tr>
<td>生計を一にする親族に支払う給与等
注意</td>
<td>
<table>
<tr><th>区分</th><th>取扱い</th></tr>
<tr><td>親族に支払う給料、賃借料等（地代家賃など）</td><td>必要経費不算入</td></tr>
<tr><td>事業のために親族が他に支払う賃借料、保険料、公租公課等</td><td rowspan="2">必要経費に算入</td></tr>
<tr><td>事業の用に供した親族の資産の減価償却費、資産損失等</td></tr>
</table>
</td>
</tr>
<tr>
<td>青色事業専従者給与・事業専従者控除</td>
<td>一定の要件のもと、生計を一にする親族に支払った給与について特例が認められている（退職金は対象とならない）。注意
<table>
<tr><td>青色申告者の場合</td><td>一定の要件のもとに実際に支払った給与の額を必要経費とする青色事業専従者給与の特例</td></tr>
<tr><td>白色申告者の場合</td><td>事業に専ら従事する家族従業員の数、配偶者かその他の親族かの別、所得金額に応じて計算される金額を必要経費とみなす事業専従者控除の特例</td></tr>
</table>
</td>
</tr>
<tr>
<td>課税方法</td>
<td>総合課税</td>
</tr>
</table>

❺ 給与所得

内　容	俸給、給料、賃金、歳費および賞与ならびにこれらの性質を有する給与に係る所得
所得金額	給与所得の金額＝収入金額－給与所得控除額
特定支出控除	その年中の特定支出の合計額が、給与所得控除の２分の１を超えるときは、その年中の給与所得の金額は、給与の収入金額から給与所得控除を控除し、さらにその超える部分の特定支出の額を控除した金額とすることができる。
所得金額調整控除 重要	①または②に該当する者の総所得金額を計算する場合には、それぞれの算式により計算した金額を給与所得控除後の金額から控除する。 ①子ども・特別障害者等を有する者等の所得金額調整控除 給与等の収入金額が850万円を超える者で、次のいずれかに該当する者 ・本人が特別障害者に該当する者 ・年齢23歳未満の扶養親族を有する者 ・特別障害者である同一生計配偶者または扶養親族を有する者 所得金額調整控除額＝(給与等の収入金額（最高1,000万円）－850万円)×10%　計算 ②給与所得と年金所得の双方を有する者に対する所得金額調整控除 給与所得控除後の給与等の金額および公的年金等に係る雑所得の金額がある者で、給与所得控除後の給与等の金額および公的年金等に係る雑所得の金額の合計額が10万円を超える者 所得金額調整控除額＝(給与所得控除後の給与等の金額（最高10万円）＋公的年金等に係る雑所得の金額（最高10万円))－10万円

課税方法	支払の際に所得税および復興特別所得税が源泉徴収されるが、原則として、その他の所得と合計して、確定申告により税額を計算することとなる。ただし、他に所得がない場合には、年末調整を受けることによって確定申告を行う必要がなくなる。

❻ 退職所得

内　容	退職手当、一時恩給その他の退職により一時に受ける給与およびこれらの性質を有する給与に係る所得
所得金額 重要	**退職所得の金額＝（収入金額−退職所得控除額）×1／2** 計算 退職手当等が**特定役員退職手当等**である場合、退職所得の金額は、退職手当等の収入金額から退職所得控除額を控除した残額に相当する金額（**2分の1を乗じない**） ※特定役員退職手当等とは、法人の役員等で、役員等勤続年数5年以下の者が退職手当等として支払を受けるものをいう。 退職手当等が短期退職手当等である場合、退職所得の金額は、退職金の額から退職所得控除額を差し引いた額のうち300万円を超える部分については、計算式の**2分の1計算の適用はない**。 ※短期退職手当等とは、退職手当等のうち、役員等以外の勤続年数が5年以下であるものに対応する退職手当等として支払を受けるものであって、特定役員退職手当等に該当しないものをいう。
退職所得控除額 重要 計算	①通常の退職の場合 ・勤続年数が20年以下の場合 **40万円×勤続年数（80万円未満は80万円）** ・勤続年数が20年を超える場合 **800万円＋70万円×（勤続年数−20年）** ②障害者になったことに直接基因して退職した場合 ①によって計算した金額＋100万円 注意 ※勤続年数に1年未満の端数が生じたときは、これを1年とする。

課税方法	他の所得と総合課税せず分離課税 ・退職所得の受給に関する申告書の提出がある場合：支払者が税額を計算し、その退職手当等の支払の際、退職所得の金額に応じた所得税等の額が源泉徴収されるため、原則として確定申告は必要ない。 ・退職所得の受給に関する申告書の提出がない場合：退職手当等の金額の20.42%が源泉徴収され、確定申告で精算する。
個人住民税	個人住民税は前年の所得に基づいて税額が計算されるが、退職金に係る所得割は、他の所得と区分し、退職金の支払を受けた年に課税される。注意

❼ 山林所得

内　容	山林の伐採または譲渡による所得。ただし、山林を取得してから5年以内に伐採しまたは譲渡した場合は、事業所得または雑所得になる。

❽ 譲渡所得（土地、建物および株式等以外の資産の譲渡）

内　容	資産の譲渡による所得 なお、棚卸資産の譲渡による所得は、事業所得となる。注意
短期譲渡所得と長期譲渡所得の区分	〈総合譲渡所得の場合（一般の資産）〉 ・短期譲渡所得：資産の取得の日以後、譲渡の日までの保有期間が5年以内の資産の譲渡 ・長期譲渡所得：資産の取得の日以後、譲渡の日までの保有期間が5年超の資産の譲渡
所得金額	譲渡所得の金額＝総収入金額－（譲渡資産の取得費＋譲渡費用）－譲渡所得の特別控除額（最高50万円） 短期と長期の譲渡益があるときは、先に短期の譲渡益から特別控除額（50万円）を差し引く。注意

取得費	取得費：譲渡した資産の取得に要した金額＋その後の設備、改良費 ※使用または期間の経過により減価する資産の取得費は、減価償却費の累積額等を控除した金額とされる。
課税方法	総合課税。合計する所得金額は、短期譲渡所得の金額は、その全額であるが、長期譲渡所得の金額は、その２分の１に相当する金額。

❾一時所得

内　容	営利を目的とする継続的行為から生じた所得以外の、一時の所得であり、労務その他の役務または資産の譲渡の対価としての性質を有しないもの
一時所得の具体例	・懸賞、クイズの賞金、賞品・競馬、競輪の払戻金 ・生命保険の満期保険金、損害保険の満期返戻金 ・借家の立退料　・ふるさと納税の返礼品など 注意
所得金額	一時所得の金額＝総収入金額－その収入を得るために支出した金額－一時所得の特別控除額（最高50万円）計算
課税方法	総合課税。その所得金額の２分の１に相当する金額を他の所得の金額と合計。注意

❿ 雑所得

内　容	他の各種所得のいずれにも該当しない所得。公的年金等は、雑所得に区分される。
公的年金等	・国民年金法、厚生年金保険法などの規定に基づく年金など ・恩給（一時恩給を除く）および過去の勤務に基づき使用者であった者から支給される年金 ・確定給付企業年金法の規定に基づいて支給される年金など
所得金額	雑所得の金額＝①＋② ①公的年金等　　：収入金額－公的年金等控除額 ②上記以外のもの：総収入金額－必要経費

課税方法	総合課税。公的年金等や原稿料・講演料などは、原則として支払の際に源泉徴収される。ただし、公的年金等のその年中に支払を受けるべき金額が65歳未満の場合には108万円、65歳以上の場合には158万円未満であるときは源泉徴収されない。

3. 損益通算

❶ 損益通算の仕組み

損益通算	各種所得の金額の計算上、不動産所得、事業所得、山林所得および譲渡所得の金額に損失（赤字）が生じた場合、この損失額を他の黒字の各種所得の金額から控除すること
損益通算の対象とされない損失 重要	・配当所得、給与所得、一時所得、雑所得の金額の計算上生じた損失（利子所得、退職所得には損失は生じない） ・生活に通常必要でない資産に係る損失（別荘、ゴルフ会員権など） ・不動産所得の金額の計算上生じた損失の金額のうち、土地等を取得するために要した負債の利子の額に相当する金額 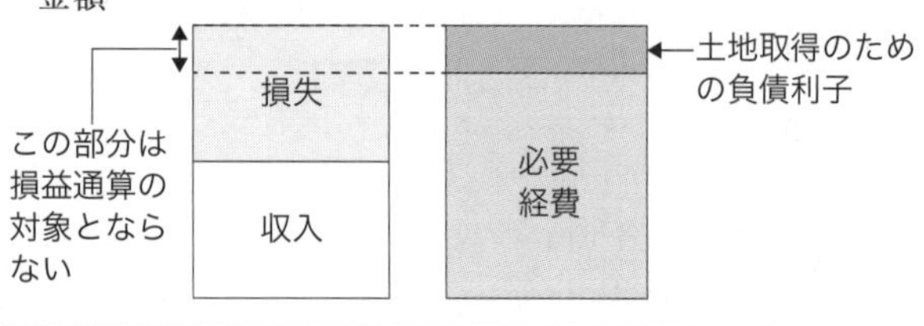

❷損益通算の方法

損益通算の順序	不動産所得または事業所得の損失は、経常所得グループ（利子、配当、不動産、事業、給与、雑所得）の黒字から差し引き、譲渡所得の損失は一時所得から差し引く（第1次通算）。残った損失は、他のグループの黒字から差し引く（第2次通算）というように、経常所得グループと譲渡・一時所得グループの2つのグループに区分して、次ページの図のとおり通算する。重要 計算

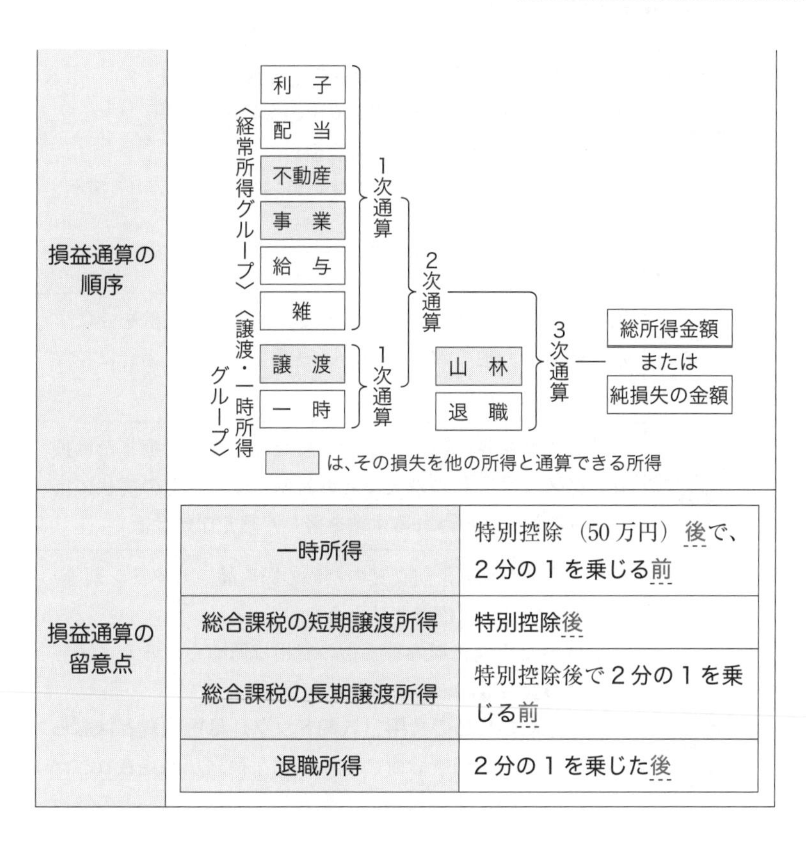

損益通算の留意点		
	一時所得	特別控除（50万円）後で、2分の1を乗じる前
	総合課税の短期譲渡所得	特別控除後
	総合課税の長期譲渡所得	特別控除後で2分の1を乗じる前
	退職所得	2分の1を乗じた後

4. 所得控除

❶ 雑損控除

概　要	納税者またはその者と生計を一にする親族（総所得金額等が48万円以下の者）の有する資産について、災害、盗難または横領（詐欺は含まない）によって損害を受けた場合や災害に関連してやむを得ない支出をした場合に控除される。注意

控除額 重要	①損失の金額－（総所得金額等の合計額×10%） ②損失の金額のうち災害関連支出の金額－5万円 ①と②のいずれか多いほうの金額 ※損失の金額は、保険金、損害賠償金等によって補てんされる部分の金額を除いた金額。

❷ 医療費控除

概　要	納税者が、各年において、自己または自己と生計を一にする配偶者その他の親族に係る医療費を支払った場合に控除される。
対象となる医療費	医師または歯科医師による診療または治療、治療または療養に必要な医薬品の購入などの対価のうち、その病状に応じて一般的に支出される水準を著しく超えない金額
医療費判定の留意事項 注意	・健康増進や疾病予防などのための医薬品（ビタミン剤等）の購入費は、医療費とはならない。 ・治療のための整形外科手術の費用は認められるが、美容整形の費用は認められない。 ・健康診断のための費用（人間ドック）は医療費とはならないが、その健康診断により重大な疾病が発見され、かつ、引き続きその疾病の治療をした場合には、その健康診断の費用も医療費に該当する。 ・本人や家族の都合だけで個室に入院したときなどの差額ベッド料金は、医療費控除の対象にならない。
控除額	支払った医療費の総額－保険金等で補てんされる金額－①と②のいずれか少ないほうの金額＝医療費控除額（最高200万円）重要 計算 ① 10万円　②総所得金額等×5% ※補てんされる金額とは、健康保険等から支給を受ける高額療養費や、生命保険契約等から支払を受ける入院費給付金等をいう。なお、健康保険等から支給を受けるものであっても、傷病手当金または出産手当金は補てんされる金額には該当しない。

❸ 医療費控除の特例（セルフメディケーション税制）

概　要	納税者が自己または自己と生計を一にする配偶者その他の親族に係る①特定一般用医薬品等購入費を支払い、②その年中に健康の保持増進および疾病の予防への取組を行っている場合に控除される（通常の医療費控除との選択適用）。 注意
控除額	支払った特定一般医薬品購入費の合計額－保険金等で補てんされる金額－1万2,000円＝医療費控除額（最高8万8,000円）

❹ 社会保険料控除

概　要	納税者が、各年において、自己または自己と生計を一にする配偶者その他の親族の負担すべき社会保険料を支払った場合、または給与から控除される場合に控除される。
控除額	・実際に支払った金額または給与や公的年金から差し引かれた金額の全額 ・2年分の国民年金保険料を前納した場合、全額をその支払った年分の社会保険料控除の対象とすることも、各年分の保険料に相当する額を各年に控除することもできる。

❺ 小規模企業共済等掛金控除

概　要	納税者が、各年において、小規模企業共済等掛金（小規模企業共済の掛金や確定拠出年金の掛金など）を支払った場合に控除される。
控除額	支払った掛金の全額

❻ 生命保険料控除・地震保険料控除 ⇒第2章5、8❷参照

❼ 寄付金控除

概　要	納税者が、各年において、特定寄附金を支出した場合に控除される。

控除額	（①特定寄附金の合計額 ②総所得金額等×40%）－2,000円＝寄付金控除額 ①と②のいずれか低いほうの金額

❽ 障害者控除

概　要	納税者が、（特別）障害者である場合または同一生計配偶者や扶養親族のうちに（特別）障害者がある場合に控除される。
控除額	（下表参照）

区　分	控除額
障害者	27万円
特別障害者	40万円
同居特別障害者※	75万円

※同居特別障害者とは、特別障害者である同一生計配偶者または扶養親族で、納税者自身、配偶者、その納税者と生計を一にする親族のいずれかとの同居を常況としている者。

❾ 寡婦控除

概　要	納税者が、寡婦である場合に控除される。
寡婦の要件	寡婦とは、「ひとり親」に該当しない者で、次の要件を満たす者をいう。 ①以下のいずれかに該当すること ・夫と離婚した後婚姻をしていない者で扶養親族を有する者 ・夫と死別した後婚姻をしていない者または夫が生死不明などの者 ②合計所得金額が500万円以下であること ③事実上婚姻関係と同様の事情があると認められる者がいないこと
控除額	27万円

⑩ ひとり親控除

概　要	納税者が、ひとり親である場合に控除される。
ひとり親の要件	ひとり親とは、現に婚姻していない者または配偶者が生死不明な者で、次の要件を満たす者をいう。 ①その年分の総所得金額等が48万円以下の生計を一にする子を有すること ②合計所得金額が500万円以下であること ③事実上婚姻関係と同様の事情があると認められる者がいないこと
控除額	35万円

⑪ 勤労学生控除

概　要	納税者が、勤労学生である場合に控除される。 ※勤労学生とは、大学や高等学校、専修学校等の学生・生徒などで、合計所得金額が75万円以下で、自己の勤労に基づく所得以外の所得が10万円以下である者をいう。
控除額	27万円

⑫ 配偶者控除

概　要	納税者が控除対象配偶者を有する場合、その納税者のその年分の合計所得金額の区分に応じ定められた金額が控除される。 納税者本人の合計所得金額が1,000万円を超える場合は、適用を受けることができない。注意
控除対象配偶者の要件	控除対象配偶者とは、次の要件を満たす者をいう。 ①民法の規定による配偶者であること ②納税者と生計を一にしていること ③年間の合計所得金額が48万円以下であること ④青色申告者の事業専従者としてその年を通じて1度も給与の支払を受けていないこと、または白色申告者の事業専従者でないこと注意

<table>
<tr><td rowspan="5">控除額</td><td rowspan="2">納税者本人の
合計所得金額</td><td colspan="2">控除額</td></tr>
<tr><td>一般の控除
対象配偶者</td><td>老人控除対
象配偶者※</td></tr>
<tr><td>900万円以下</td><td>38万円</td><td>48万円</td></tr>
<tr><td>900万円超950万円以下</td><td>26万円</td><td>32万円</td></tr>
<tr><td>950万円超1,000万円以下</td><td>13万円</td><td>16万円</td></tr>
<tr><td></td><td colspan="3">※老人控除配偶者とは、控除対象配偶者のうち、その年12月31日現在の年齢が70歳以上の者をいう。</td></tr>
</table>

⓭ 配偶者特別控除

概　要	配偶者に48万円を超える所得があるため配偶者控除の適用が受けられないときでも、配偶者の所得金額に応じて、一定の金額の所得控除が受けられる。
配偶者特別控除の要件	①納税者本人のその年における合計所得金額が1,000万円以下であること ②配偶者が、次の要件を満たしていること ・民法の規定による配偶者であること ・納税者と生計を一にしていること ・その年に青色申告者の事業専従者としての給与の支払を受けていないこと、または白色申告者の事業専従者でないこと 注意 ・年間の合計所得金額が48万円超133万円以下であること
控除額	38万円～1万円

⓮ 扶養控除

概　要	納税者が控除対象扶養親族を有する場合に控除される。
控除対象扶養親族の要件	控除対象扶養親族とは、扶養親族のうち年齢16歳以上の者をいう。扶養親族の要件は次のとおりである。

控除対象扶養親族の要件	・配偶者以外の親族で、納税者と生計を一にしていること ・合計所得金額が48万円以下であること ・青色申告者の事業専従者としてその年を通じて1度も給与の支払を受けていないこと、または白色申告者の事業専従者でないこと 注意

控除額 重要

区　分		控除額
一般の控除対象扶養親族		38万円
特定扶養親族		63万円
老人扶養親族	同居老親等以外の者	48万円
	同居老親等	58万円

※特定扶養親族とは、その年12月31日現在の年齢が19歳以上23歳未満の者。老人扶養親族とは、その年12月31日現在の年齢が70歳以上の者。同居老親等とは、納税者や配偶者の直系尊属で、納税者や配偶者との同居を常としている者をいう。

⓯ 基礎控除

概　要	納税者のその年分の合計所得金額の区分に応じ定められた金額が控除される。

控除額 重要

納税者の合計所得金額	控除額
2,400万円以下	48万円
2,400万円超2,450万円以下	32万円
2,450万円超2,500万円以下	16万円
2,500万円超	0円

5. 税額控除

❶ 配当控除

概　要	居住者が内国法人から受ける配当所得（総合課税の適用を受けたもの）を有する場合に、その者の算出税額から一定の割合で計算した金額を控除する。
控除の対象とならない配当所得	・外国法人から受ける配当（一定のものを除く） ・基金利息 ・確定申告をしないことを選択した配当 ・申告分離課税を選択した上場株式等の配当等 注意
控除額 重要 計算	（下表参照）

課税総所得金額等	配当控除額
1,000万円以下の部分の配当所得	配当所得の金額×10%
1,000万円超の部分の配当所得	配当所得の金額×5%

❷ 住宅借入金等特別控除

主な適用要件 重要	・住宅の新築等の日から6カ月以内に居住の用に供していること ・控除を受ける年分の12月31日まで引き続き居住の用に供していること 注意 ・住宅の床面積が50m²以上であり、床面積の2分の1以上を専ら自己の居住の用に供していること ・控除を受ける年分の合計所得金額が、2,000万円以下であること 〈特例居住用家屋または特例認定住宅等の場合〉 住宅の床面積が40m²以上50m²未満で、控除を受ける年分の合計所得金額が、1,000万円以下であること (2024年12月31日までに建築確認を受けているものであること) ・10年以上にわたり分割して返済する方法の借入金または債務があること

主な適用要件 重要	・居住年およびその前2年の計3年間に譲渡所得の課税の特例の適用を受けていないこと ・住宅の取得は、その取得時および取得後も引き続き生計を一にする親族や特別な関係のある者からの取得でないこと

〈借入限度額・控除期間等（住宅の新築等）〉 重要

区　分	居　住　年		控除額の計算
	2022年・2023年	2024年・2025年	
認定長期優良住宅 認定低炭素住宅	5,000万円 【13年間】	4,500万円 【13年間】	年末残高×0.7%
ZEH水準省エネ住宅	4,500万円 【13年間】	3,500万円 【13年間】	
省エネ基準適合住宅	4,000万円 【13年間】	3,000万円 【13年間】	
一般の新築住宅	3,000万円 【13年間】	（2,000万円）※ （【10年間】）※	

※一般の新築住宅のうち、2023年12月31日までの建築確認を受けたものまたは2024年6月30日までに建築されたものは、借入限度額を2,000万円として10年間の控除が受けられる。

改正 住宅ローン控除について、2024年限りの措置として、子育て世帯等に対し、借入限度額を、認定住宅は5,000万円、ZEH水準省エネ住宅は4,500万円、省エネ基準適合住宅は4,000万円へと上乗せされる。

控除手続	控除を受ける最初の年分は確定申告書が必要。給与所得者の場合は、2年目以後の年分は、年末調整で適用を受けることができる。 注意
住民税からの控除	所得税額から控除しきれない場合、その控除しきれない金額を、所得税の課税総所得金額等の合計額の5%相当額（最高97,500円）を限度として、翌年度分の住民税の所得割額から控除することができる（2025年12月までに居住）。

6. 申告・納付

❶ 確定申告

申告・納付	確定申告義務のある者は、その年分の所得や税額を計算し、翌年2月16日から3月15日までの間に、確定申告書を提出しなければならない。確定申告により確定した所得税額は、申告書提出期限までに納付しなければならない。ただし、納付すべき税額の2分の1以上の金額を納期限までに納付した場合、原則として、残額を5月31日まで延納することができる。
給与所得者で確定申告が必要な場合	・その年中に支払を受ける給与等の金額が、2,000万円を超える場合 ・1か所から給与の支払を受けている者で、給与所得および退職所得以外の所得が20万円を超える場合 ・2か所以上から給与の支払を受けている者で、給与の全部が源泉徴収の対象となる場合において、年末調整されなかった給与の収入金額と給与所得および退職所得以外の所得金額との合計額が20万円を超える場合
公的年金等に係る確定申告不要制度	公的年金等の収入金額が400万円以下であり、かつ、公的年金等に係る雑所得以外の所得金額が20万円以下である場合には、確定申告を不要とすることができる。注意

❷ 青色申告

青色申告者	不動産所得、事業所得、山林所得がある者で、青色申告書提出について所轄税務署長の承認を受けた者
青色申告の承認申請・取りやめ	青色申告の承認を受けようとする者は、その年の3月15日までに青色申告承認申請書を所轄税務署長に提出する。ただし、その年の1月16日以後、新たに業務を開始したときは、その開始の日から2カ月以内に、その手続を行う。 青色申告を取りやめるときは、取りやめる年の翌年3月15日までに届出書を所轄税務署長に提出する。

青色申告者の主な特典	青色事業専従者給与	適正額であれば全額を必要経費に算入できる
	青色申告特別控除	最高55万円を差し引くことができる（電子保存・電子申告の場合は65万円）
	純損失の繰越控除	翌年以降3年間繰越控除ができる
	純損失の繰戻還付	前年分の所得税額から還付が受けられる

❸ 所得税・個人住民税の定額減税 改正

定額減税	2024年分の所得税・2024年度分の個人住民税について、納税者および配偶者を含めた扶養親族1人につき、所得税3万円・個人住民税1万円を控除。ただし、納税者の合計所得金額が1,805万円以下である場合に限る。

7. 個人住民税・個人事業税

❶ 個人住民税

個人住民税	前年の所得金額に応じて課税される**所得割**や、所得金額にかかわらず定額で課税される**均等割**などがある。	
納　付	普通徴収（給与所得者以外）	住民税額を4回に分割して納付 給与所得者で**給与所得以外の所得**がある場合、その所得に対応する住民税は普通徴収により納付することができる。 注意
	特別徴収（給与所得者）	住民税額を12カ月間で分割し、毎月の給料の支払の際に徴収される。

ふるさと納税	地方公共団体に対する寄附のうち、2,000円を超える部分の金額について、所得税および個人住民税から控除が受けられる。 〈ふるさと納税ワンストップ特例制度〉 重要 確定申告が不要な給与所得者については、ふるさと納税先が5団体以内の場合に限り、ふるさと納税先団体に申請することにより確定申告をしなくても、この控除を受けることができる制度。所得税の確定申告を行う者は、特例制度の適用を受けることができない。 注意

❷ 個人事業税

課税標準	その年度の初日（4月1日）の属する年の前年の不動産所得（事業的規模）と事業所得
税額計算	税額は、事業所得または不動産所得から各種控除（事業主控除は年間290万円）を行い、残りの所得に対して、事業種類（第1種～第3種）ごとの税率を乗じて計算する。 ※個人事業税では青色申告特別控除は適用できない。 注意
申告・納付	・原則として8月と11月に納税通知書により納付する。 ・所得税の確定申告をした場合は個人事業税の申告をする必要はない。

8. 法人税の仕組み

❶ 設立に伴う届出

法人設立届出書	法人を設立した場合には、設立の日以後2カ月以内に、所定の書類を添付して、法人設立届出書を納税地の所轄税務署長に提出しなければならない。

❷ 法人税の計算の仕組み

<table>
<tr><td>課税所得金額
計算</td><td>法人税の課税標準である各事業年度の所得の金額は、事業年度の「益金の額」から「損金の額」を控除した金額である。ただし、実際は益金から損金を控除して計算するのではなく、企業会計の損益計算書で収益から費用を控除して計算した当期純利益金額に企業会計と法人税の異なる部分を調整（加算・減算）して、法人税の課税所得金額を計算※する。
※実務上この計算は「法人税申告書別表四」で行う。</td></tr>
<tr><td>申告調整
計算</td><td>
<table>
<tr><td>益金不算入</td><td>収益ではあるが益金とならないもの</td></tr>
<tr><td>損金算入</td><td>費用・損失ではないが損金となるもの</td></tr>
<tr><td>益金算入</td><td>収益ではないが益金となるもの</td></tr>
<tr><td>損金不算入</td><td>費用・損失ではあるが損金とならないもの</td></tr>
</table>
課税所得金額＝当期純利益＋加算項目－減算項目
加算項目：益金算入、損金不算入
減算項目：損金算入、益金不算入
</td></tr>
<tr><td>税額計算
計算</td><td>
法人税額＝課税所得金額×法人税の税率
〈法人税の税率〉 重要
<table>
<tr><td colspan="2" rowspan="2">区分</td><td rowspan="2">所得金額</td><td colspan="2">税率</td></tr>
<tr><td>原則</td><td>特例</td></tr>
<tr><td rowspan="3">普通法人</td><td rowspan="2">資本金1億円以下※</td><td>年800万円以下の部分</td><td>19%</td><td>15%</td></tr>
<tr><td>年800万円超の部分</td><td>23.2%</td><td>－</td></tr>
<tr><td>上記以外の法人</td><td>所得区分なし</td><td>23.2%</td><td>－</td></tr>
</table>
※資本金1億円以下の法人のうち、資本金が5億円以上の大法人の100%子会社、100%グループ内の複数の大法人に発行済株式等の全部を保有されている法人等は除かれる。
</td></tr>
</table>

❸ 申告・納付

確定申告	・確定申告書は、原則として各事業年度終了の日の翌日から2カ月以内に提出しなければならない。 ・事業年度開始時における資本金の額が1億円超の法人は、原則として、法人税の申告をe-Tax（国税電子申告・納税システム）で行わなければならない。注意
中間申告	事業年度が6カ月を超える普通法人は、原則として、事業年度開始の日以後6カ月を経過した日から2カ月以内に中間申告書を提出しなければならない。重要

❹ 青色申告

青色申告承認申請	法人税の青色申告を受けようとする事業年度開始の日の前日まで、新設法人は設立の日以後3カ月を経過した日と当該事業年度終了の日とのうちいずれか早い日の前日までに、青色申告承認申請書を提出しなければならない。重要
青色申告書を提出した事業年度の欠損金の繰越控除	・確定申告書を提出する法人の各事業年度開始の日前10年以内に開始した事業年度で青色申告書を提出した事業年度に生じた欠損金額は、各事業年度の所得金額の計算上損金の額に算入される。重要 ・欠損金の繰越控除をする法人は、欠損金額が生じた事業年度において青色申告書である確定申告書を提出し、かつ、その後の各事業年度について連続して確定申告書を提出している法人である。 ・資本金の額が1億円以下である普通法人が、損金の額に算入することができる欠損金額は、当該事業年度の所得の金額が限度となる。資本金の額が1億円超である普通法人が、損金の額に算入することができる欠損金額は、当該事業年度の所得の金額の50%相当額が限度となる。重要 ・欠損金額が2以上の事業年度において生じたものからなる場合、そのうち最も古い事業年度において生じた欠損金額に相当する金額から順次損金の額に算入する。

9. 益金

受取配当等の益金不算入 重要

区分	益金不算入額
完全子法人株式等 （株式等保有割合100％）	全額
関連法人株式等 （株式等保有割合3分の1超）	全額（負債利子の控除あり）
その他の株式等 （株式等保有割合5％超3分の1以下）	受取配当等の額×50％
非支配目的株式等 （株式等保有割合5％以下）	受取配当等の額×20％

10. 損金

❶ 減価償却

〈少額の減価償却資産等の損金算入の取扱い〉 重要

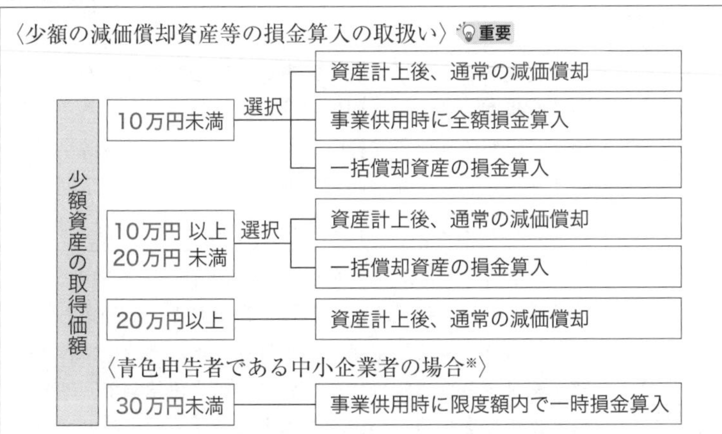

※中小企業者等で青色申告書を提出するもののうち常時使用する従業員の数が500人以下の法人（連結法人に該当するものを除く）に限られ、その損金算入限度額は30万円未満の減価償却資産の取得価額の合計額が300万円に達するまでの金額が限度（e-Taxにより法人税の確定申告書等に記載すべきものとされる事項を提供しなければならない法人のうち常時使用する従業員の数が300人を超えるものは除外）（2026年3月31日まで）。

償却方法の変更	償却方法を変更する場合には、変更しようとする事業年度開始の日の前日までに、変更承認申請書を所轄税務署長に提出して承認を受ける必要がある。

❷ 交際費

飲食費	改正 1人当たり10,000円以下の得意先等との一定の飲食費は、交際費等から除かれる（2024年4月1日～）。重要
交際費の損金算入限度額 重要 計算	下表参照

資本金等の額	損金算入限度額
資本金等の額が1億円以下の法人（大法人の子会社等を除く）	①接待飲食費の額×50% ②年間800万円 ①と②のいずれか多い金額
資本金等の額が1億円超で100億円以下の法人	接待飲食費の額×50%
資本金等の額が100億円超の法人	全額損金不算入

❸ 役員給与

定期同額給与	支給時期が1カ月以下の一定の期間ごとであり、かつ、当該事業年度の各支給時期における支給額が同額である給与いい、定期給与の各支給時期における支給額から源泉税等の額を控除した金額が同額である場合には、その定期給与のその支給時期における支給額は同額であるとみなされる。
事前確定届出給与	・その役員の職務につき所定の時期に①確定した額の金銭、②確定した数の株式または新株予約権および③確定した額の金銭債権に係る特定譲渡制限付株式または特定新株予約権を交付する旨の定めに基づいて支給する給与で、納税地の所轄税務署長にその定めの内容に関する届出をしているものをいう。 ・届け出た支給額と実際の支給額が異なる場合、事前確定届出給与に該当せず、増額支給・減額支給ともに、実際に支給した全額が損金不算入となる。注意

業績連動給与	利益の状況を示す指標、株式の市場価格の状況を示す指標その他の法人またはその法人との間に支配関係がある法人の業績を示す指標を基礎として算定される金銭または株式等による給与である。
役員退職金	役員退職給与のうち、**不相当に高額な場合**には、その高額であると認められる部分の額は損金の額に算入されない。 常勤役員が非常勤役員になったなど、**分掌変更によって役員としての地位や職務の内容が激変して、実質的に退職したと同様の事情にある場合**に退職金として支給したものは、退職金として**損金の額に算入することが認められる。** 注意
使用人兼務役員に対する賞与	使用人としての職務を有する役員に対して支給する使用人としての職務に対する賞与については、**他の使用人の賞与の支給時期と同時期に支給**し、かつ、**他の職務が類似する使用人の賞与の額と比較して適正な額である場合**に損金算入が認められる。

❹ 租税公課

損金不算入	法人税、地方法人税、住民税など	損金算入	事業税、固定資産税など

❺ 貸倒損失

金銭債権が切り捨てられた場合	次のような事実に基づいて切り捨てられた金額は、その事実が生じた事業年度の**損金の額に算入される。** ①会社更生法、金融機関等の更生手続の特例等に関する法律、会社法、民事再生法の規定により切り捨てられた金額 ②法令の規定による整理手続によらない債権者集会の協議決定および行政機関や金融機関などのあっせんによる協議で、合理的な基準によって切り捨てられた金額 ③債務者の債務超過の状態が相当期間継続し、その金銭債権の弁済を受けることができない場合に、その債務者に対して、**書面で明らかにした**債務免除額 注意

金銭債権の全額が回収不能となった場合	債務者の資産状況、支払能力等からその全額が回収できないことが明らかになった場合は、その明らかになった事業年度において貸倒れとして損金経理することができる。ただし、担保物があるときは、その担保物を処分した後でなければ損金経理はできない。
一定期間取引停止後弁済がない場合等	次の事実が発生した場合には、その債務者に対する売掛債権（貸付金などは含まない）について、その売掛債権の額から備忘価額を控除した残額を貸倒れとして損金経理をすることができる。重要 ①継続的な取引を行っていた債務者の資産状況、支払能力等が悪化したため、その債務者との取引を停止した場合において、その取引停止の時と最後の弁済の時などのうち最も遅い時から１年以上経過したとき（ただし、その売掛債権について担保物のある場合は除く） ※不動産取引のように、たまたま取引を行った債務者に対する売掛債権については、この取扱いの適用はない。注意 ②同一地域の債務者に対する売掛債権の総額が取立費用より少なく、支払を督促しても弁済がない場合

11. 会社役員間の税務

❶ 資産の売買

法人所有の資産を役員へ低額譲渡	法人側	時価で譲渡したものとされ、時価との差額は役員給与とされる。
	役員側	役員給与を支給されたものとして所得税・住民税が課税される（給与所得）。
法人所有の資産を役員へ高額譲渡	法人側	時価で譲渡したものとされ、時価との差額は受贈益として計上する。
	役員側	時価との差額は法人に寄附したものとみなされ、取得した資産は時価によって取得したものとして取り扱う。

<table>
<tr><td rowspan="2">役員所有の資産を法人へ低額譲渡
重要</td><td>法人側</td><td>時価で取得したものとされ、時価との差額は受贈益として計上する。</td></tr>
<tr><td>役員側</td><td>時価の２分の１未満の価額で譲渡した場合は、時価で譲渡したものとみなされ、時価の２分の１以上の価額で譲渡した場合は、原則として譲渡価額で譲渡したものとみなされる（譲渡所得）。</td></tr>
<tr><td rowspan="2">役員所有の資産を法人へ高額譲渡</td><td>法人側</td><td>時価で譲渡したものとされ、時価との差額は役員給与とされる。</td></tr>
<tr><td>役員側</td><td>役員給与を支給されたものとして所得税・住民税が課税される（給与所得）。</td></tr>
</table>

❷ 役員社宅の賃貸・金銭の貸借

<table>
<tr><td>役員社宅の賃貸</td><td colspan="2">役員から一定額以上の負担金を徴収していない場合には、法人が役員に対して経済的利益を与えたものとされ、役員給与として所得税・住民税が課税される。重要</td></tr>
<tr><td rowspan="2">金銭の貸借</td><td>法人から役員への金銭の貸付</td><td>役員が法人から無利息または低利率で金銭を借り入れた場合は、法人側では受取利息が認定課税され、役員側では「通常収受すべき利息」と「実際に収受した利息」との差額が役員給与とされる。</td></tr>
<tr><td>役員から法人への金銭の貸付</td><td>役員が法人に貸付を行った場合、役員が法人から受け取る利息は雑所得として課税される。役員が法人に無利息で貸付をした場合、原則として役員に受取利息が認定課税されない。注意</td></tr>
</table>

12. 消費税

❶ 主な非課税取引 重要

・土地の譲渡および貸付け（期間が1カ月以上）
・有価証券等の譲渡　　・支払手段の譲渡
・預貯金の利子および保険料を対価とする役務の提供等
・郵便切手類の譲渡　　・商品券などの物品切手等の譲渡
・社会保険医療の給付等　・介護保険サービスの提供等
・学校教育　　　　　　・住宅の貸付け

❷ 免税事業者

納税義務の免除	・課税期間の基準期間における課税売上高が1,000万円以下の事業者は、その課税期間における課税資産の譲渡等について、納税義務が免除される。 ・基準期間における課税売上高は、原則として、個人事業者の場合は前々年の課税売上高のことをいい、法人の場合は前々事業年度の課税売上高のことをいう。
課税事業者の選択の特例	・免税事業者は、納税地の所轄税務署長に「消費税課税事業者選択届出書」を提出する（適用しようとする課税期間の初日の前日まで）ことで課税事業者となることができる。 ・この届出書を提出した事業者は、事業を廃止した場合を除き、原則として、課税事業者となった日から2年間は免税事業者となることはできない。注意
新設法人の納税義務の免除の特例	新たに設立された法人については、設立1期目および2期目の基準期間はないので、原則として納税義務が免除される。しかし、その事業年度の基準期間がない新設法人のうち、その事業年度開始の日における資本金の額または出資の金額が1,000万円以上である法人については、その基準期間がない事業年度の納税義務は免除されない。重要

❸ 簡易課税制度

概　要	基準期間における課税売上高が5,000万円以下の事業者が、選択によって課税標準額（課税売上の合計額）に対する消費税額を基に仕入控除税額を計算する簡易な方式
簡易課税の選択	・簡易課税制度の適用を受けようとする事業者は、その課税期間の初日の前日までに、「消費税簡易課税制度選択届出書」を納税地の所轄税務署長に提出しなければならない。 ・消費税の簡易課税制度を選択した場合、課税売上に係る消費税額からみなし仕入率による仕入に係る消費税額を控除した金額はマイナスとならないため、消費税額の還付を受けられない。注意
適用の取りやめ	・簡易課税制度の適用を受けている事業者が、その適用をやめようとする場合には、その課税期間の初日の前日までに、「消費税簡易課税制度選択不適用届出書」を納税地の所轄税務署長に提出しなければならない。 ・事業を廃止した場合を除き、2年間継続して適用した後でなければ、「消費税簡易課税制度選択不適用届出書」を提出して、適用をやめることはできない。
2以上の事業を行っている場合のみなし仕入率	〈特例〉 2以上の事業を営む事業者で、特定の1事業のその課税期間の課税売上高が全体の75%以上を占める事業者については、その75%以上を占める事業のみなし仕入率を全体の課税売上に対して適用することができる。重要

❹ 申告と納付

法人の事業者	課税期間ごとに課税期間の終了の日の翌日から2カ月以内に、所轄税務署長に確定申告書を提出するとともに納税しなければならない。 ※法人税の申告期限の延長の特例の適用を受ける法人が、消費税申告期限延長届出書を所轄税務署長に提出した場合には、消費税の確定申告の期限を1カ月延長することができる。
個人事業者	12月31日の属する課税期間の消費税の確定申告と納税の期限は翌年の3月31日まで

所得税の仕組み

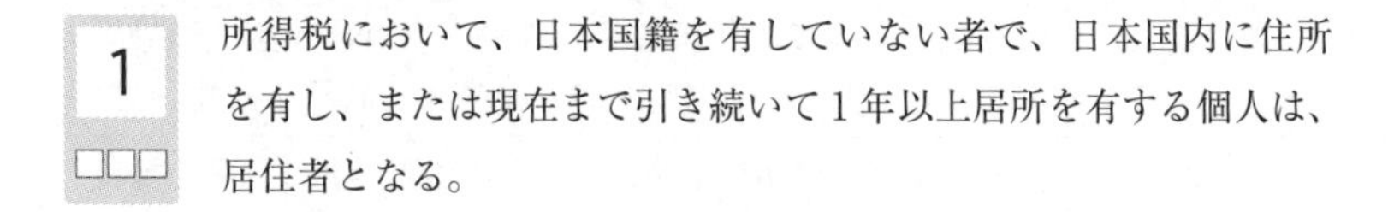

1 □□□

所得税において、日本国籍を有していない者で、日本国内に住所を有し、または現在まで引き続いて１年以上居所を有する個人は、居住者となる。

2 □□□

所得税において、居住者のうち日本国籍を有しておらず、過去10年以内において日本国内に住所または居所を有していた期間の合計が５年以下である個人は、非永住者となる。

3 □□□

非永住者以外の居住者は、日本国内で生じた所得のみ、日本国内において所得税が課される。

4 □□□

非永住者が日本国内の企業に勤務し、その企業で勤務することによって得られる給与所得については、日本国内において所得税が課される。

5 □□□

非居住者が日本国内に有する不動産を賃貸することで得られる不動産所得については、日本国内において所得税は課されない。

6 □□□

自転車などを使用して通勤している給与所得者に対し、勤務先から通常の給与に加算して支払われるべき通勤手当は、片道の通勤距離に応じて、非課税限度額が定められている。

1
○

なお、居住者以外の個人を非居住者という。

2
○

非永住者は、居住者のうち日本国籍がなく、かつ、過去10年以内の間に日本国内に住所または居所を有していた期間の合計が5年以下である個人をいう。

3
×

非永住者以外の居住者は、日本国内および日本国外で生じたすべての所得に対して、日本国内において所得税が課される。重要

4
○

非永住者は、国外源泉所得以外の所得および国外源泉所得で日本国内において支払われ、または国外から送金されたものに対して所得税が課される。

5
×

非居住者が日本国内に有する不動産の賃貸によって得られる不動産所得については、日本国内において所得税が課される。非居住者は、国内源泉所得について所得税が課される。

6
○

自動車・自転車などを使用して通勤している給与所得者の非課税となる1カ月当たりの限度額は、片道の通勤距離（通勤経路に沿った長さ）に応じて定められている。片道の通勤距離が55km以上の場合、1カ月の限度額は31,600円。

ワンポイントアドバイス

所得税における納税者の区分を押さえましょう。

7 □□□

交通機関を利用して通勤する給与所得者が、その通勤に必要な費用に充てるものとして通常の給与に加算して受ける通勤手当のうち、経済的かつ合理的と認められる通常の運賃等の額は、1カ月当たり15万円を上限として非課税とされる。

8 □□□

雇用保険法により支給を受ける基本手当や傷病手当等の求職者給付、高年齢雇用継続基本給付金や高年齢再就職給付金等の雇用継続給付はともに所得税が非課税とされる。

9 □□□

地方公共団体に寄附（ふるさと納税）をした者が、寄附に対する謝礼として受け取った返礼品に係る経済的利益は、その経済的利益が寄附金の額の2分の1以下であるときは所得税は非課税とされる。

各種所得

10 □□□

同一年中にA社株式の配当金10万円とB社株式の配当金30万円を受け取り、A社株式を取得するために要した負債の利子20万円を支払った者が、当該配当について確定申告を行う場合、配当所得の金額は30万円となる。

11 □□□

非上場株式の配当について、受け取った株主が有する当該株式数が当該発行会社の発行済株式総数の3%以上である場合、その支払の際に配当の金額に20.42%の税率を乗じて計算した金額の税額が源泉徴収される。

7
○

最も経済的かつ合理的な経路および方法による通勤手当や通勤定期券などの金額が、1カ月当たり15万円を超える場合には、**15万円が非課税となる限度額**となる。

8
○

求職者給付、雇用継続給付は、ともに所得税は課税されない。

9
×

地方公共団体に寄附（ふるさと納税）をした者が、寄附に対する謝礼として受け取った返礼品に係る経済的利益は、**所得税の課税対象**とされる（**一時所得**）。注意

10
×

配当所得は、**「収入金額－株式などを取得するための借入金の利子」**によって計算する。
借入金の利子は、借入金によって取得した株式等（A社株式）の配当等からだけでなく、**他の株式等（B社株式）の配当等からも控除できる**。よって、配当所得の金額は次のようになる。注意
（10万円＋30万円）－20万円＝20万円

11
○

非上場株式の配当の場合、**20.42%の税率**により所得税および復興特別所得税が源泉徴収される。発行済株式総数の3%以上の株式等を有する個人（大口株主等）が支払いを受ける上場株式等の配当等についても、**20.42%の税率**により源泉徴収される。重要

12
□□□
同一銘柄の非上場株式の配当で、1回の配当金額が8万円で配当計算期間が6カ月であるものを年2回受け取った場合、いずれの配当についても確定申告不要制度を選択することができる。

13
□□□
上場株式の配当に係る配当所得について確定申告をする場合は、その申告をする上場株式の配当に係る配当所得ごとに、総合課税または申告分離課税を選択することができる。

14
□□□
内国法人から支払を受ける上場株式の配当について、確定申告において申告分離課税を選択した場合は、配当控除の適用を受けることができない。

15
□□□
賃貸アパートの建物およびその敷地を譲渡するために、賃借人に立退料を支払った場合、その立退料は、不動産所得の金額の計算上、必要経費に算入する。

12
×

1回に支払を受けるべき配当等の金額が、次の計算式より計算した金額以下である場合（少額配当である場合）には、確定申告を不要とすることができる。

10万円×配当計算期間の月数÷12

本問の配当計算期間は6カ月なので、次のようになる。

10万円×6カ月÷12＝5万円

1回の配当金額が8万円なので、いずれの配当についても確定申告不要制度を選択することができない。

13
×

確定申告をする場合は、その申告をする上場株式の配当に係る配当所得のすべてについて、総合課税と申告分離課税のいずれかを選択しなければならない。

14
○

配当控除は、確定申告において総合課税の適用を受けた配当所得に限られる。

ワンポイントアドバイス

上場株式、非上場株式の配当所得の課税方法を整理しましょう。

15
×

不動産を譲渡するために、賃借人に立退料を支払った場合、その立退料は、譲渡所得の譲渡費用に算入する。

16
□□□

所有する土地に他者の建物の所有を目的とする借地権を設定し、その対価として当該土地の時価の２分の１を超える権利金を受け取ったことによる収入は、不動産所得の金額の計算上、総収入金額に算入する。

17
□□□

不動産所得において、貸間やアパート等について貸与することができる独立した室数が10室以上である場合や、貸与する独立家屋が５棟以上である場合には、特に反証がない限り、不動産所得を生ずべき当該建物の貸付は事業的規模として扱われる。

18
□□□

所有する賃貸住宅を取り壊したことにより生じた損失の金額は、不動産の貸付が事業的規模でない場合、不動産所得の金額の計算上、その損失の金額を差し引く前の不動産所得の金額を限度として必要経費に算入する。

19
□□□

広告等のため、土地、家屋の屋上また塀等を使用させる場合の使用料は、事業所得に該当する。

20
□□□

個人事業主が、事業所得を生ずべき事業の遂行上、取引先または使用人に対して貸し付けた貸付金の利子は、事業所得の金額の計算上、総収入金額に算入する。

16 ×

所有する土地に他者の建物の所有を目的とする借地権を設定し、その対価として当該土地の時価の2分の1を超える権利金を受け取ったことによる収入は、譲渡所得として課税される。**土地の時価の2分の1以下である権利金を受け取ったことによる収入は、**不動産所得の金額の計算上、**総収入金額に算入**する。重要

17 ○

なお、不動産の貸付が事業的規模と判定される場合であっても、所得区分はあくまで**不動産所得**である。

18 ○

なお、不動産の貸付けが**事業的規模で行われている場合**は、その**全額を必要経費に算入**する。重要

19 ×

広告等のため、土地、家屋の屋上また塀等を使用させる場合の使用料は、**不動産所得**に該当する。

20 ○

事業所得を生ずべき事業の遂行に付随して生じた貸付金の利子などのような収入は、事業所得の金額の計算上、**総収入金額に算入する**。

ワンポイントアドバイス

不動産所得の総収入金額、必要経費についてしっかり理解しましょう。

21 □□□

個人事業主が、事業所得を生ずべき事業の用に供している取得価額100万円の車両を売却した場合、事業所得の金額の計算上、当該車両の売却価額を総収入金額に算入する。

22 □□□

個人事業主が、使用可能期間が1年未満または取得価額が10万円未満の減価償却資産で事業の用に供しているものを譲渡したときは、原則として、事業所得の金額の計算上、その譲渡による収入金額を総収入金額に算入する。

23 □□□

個人事業主が、生計を一にする配偶者が所有する土地を賃借して事業の用に供している場合、その配偶者に支払う地代については、事業所得の金額の計算上、必要経費に算入することができる。

24 □□□

個人事業主が支出した交際費は、業務の遂行上直接必要と認められるものについては、事業所得の金額の計算上、その支出額の全額を必要経費に算入することができる。

25 □□□

青色事業専従者に対する給与は、青色事業専従者給与に関する届出書に記載された金額の範囲内で必要経費に算入することができ、青色事業専従者に対する退職金は、一般従業員に対する退職給与規程に従って算定されたものであれば、必要経費に算入することができる。

21
×

事業用車両を売却した場合は、事業所得ではなく、譲渡所得となる。注意

22
○

この場合は、資産の譲渡による所得であっても、譲渡所得ではなく、事業所得となる。

23
×

個人事業主が、**生計を一にする配偶者その他の親族に支払う地代家賃**などは、事業所得の金額の計算上、**必要経費に算入することはできない**。重要

24
○

交際費は、法人税においては、損金の額に算入することができる限度額が設けられているが、個人事業主の場合は、業務の遂行上直接必要と認められるものについては、その**支出額の全額を必要経費に算入することができる**。重要

25
×

青色事業専従者に対する給与は、青色事業専従者給与に関する届出書に記載された金額の範囲内で必要経費に算入することができる。しかし、青色事業専従者に対する**退職金**は、一般従業員に対する退職給与規程に従って算定されたものであっても、**必要経費に算入することはできない**。重要

ワンポイントアドバイス

事業所得の計算上、必要経費に算入できるもの、算入できないものを押さえましょう。

26 □□□

商品などを無償または低い価額で譲り受けたことによる経済的利益や土地、家屋その他の資産を無償または低い対価により借り受けたことによる経済的利益のうち、現物給与とされるものは、給与所得の金額の計算上、収入金額に算入する。

27 □□□

給与所得控除額は、給与等の収入金額が162万5,000円以下である場合は65万円となり、給与等の収入金額が850万円を超える場合は220万円となる。

28 □□□

給与所得者がその年中に支出した特定支出の額の合計額が給与所得控除額の2分の1相当額を超える場合、確定申告により、給与所得の金額の計算上、給与所得控除後の所得金額からその超える部分の金額を控除することができる。

29 □□□

その年中の給与等の収入金額が950万円である給与所得者（ほかに所得はない）が23歳未満の扶養親族を有する場合、総所得金額の計算上、所得金額調整控除として5万円が給与所得の金額から控除される。

30 □□□

ビットコインなどの暗号資産取引により生じた利益は、その暗号資産取引自体が事業と認められる場合等を除き、原則として一時所得に区分される。

31 □□□

一時払終身保険を契約から3年後に解約した場合、当該解約返戻金は、一時所得の収入金額として総合課税の対象となる。

26
○

給与所得の収入金額には、金銭で支給されるもののほか、給与の支払者から受けた経済的利益も含まれる。

27
×

給与所得控除額は、給与等の収入金額が162万5,000円以下である場合は**55万円**となり、給与等の収入金額が850万円を超える場合は**195万円**となる。

28
○

給与所得者が特定支出をした場合、その年の特定支出の額の合計額が、その年中の給与所得控除額の2分の1を超えるときは、**確定申告によりその**超える部分の金額を給与所得控除後の所得金額から差し引くことができる（給与所得者の特定支出控除）。

29
×

所得金額調整控除額は次の計算式で算出する。
{給与等の収入金額（1,000万円超の場合は1,000万円）－850万円}×10%
よって、次のようになる。重要　計算
(950万円－850万円) ×10%＝10万円

30
×

暗号資産取引により生じた利益は、その暗号資産取引自体が事業と認められる場合等を除き、原則として**雑所得**に区分される。

31
○

なお、**一時払養老保険等**で保険期間等が5年以下のものおよび保険期間等が5年超で5年以内に解約したものは、**源泉分離課税**が適用される。注意

32 □□□

居住者の外国為替証拠金取引の差金決済による所得の金額は、先物取引に係る雑所得等として総合課税の対象となる。

33 □□□

確定拠出年金の個人型年金の老齢給付金を一時金として一括で受け取った場合、老齢給付金として支給される一時金の額が退職所得の収入金額となる。

34 □□□

勤続26年4カ月で障害者になったことに直接基因して退職することとなり、退職金を受け取った。この場合、退職所得の金額の計算上、退職所得控除額は1,290万円となる。

35 □□□

退職所得の受給に関する申告書を提出しなかった場合、その支払われる退職手当等の金額に20.42%の税率を乗じて計算した金額に相当する税額が源泉徴収されるが、確定申告をすることにより、当該税額を精算することができる。

32
×

居住者の外国為替証拠金取引の差金決済による所得の金額は、他の所得と区分し、**先物取引に係る雑所得等として所得税および復興特別所得税 15.315%、住民税 5%の税率による申告分離課税**となる。

33
○

確定拠出年金から一時金として受け取る老齢給付金などは、退職所得とみなされる。

34
×

勤続年数20年超の退職所得控除額は、次の計算式で算出する。
800万円＋70万円×（勤続年数－20年）
勤続年数の1年未満の端数は1年に切り上げる。また、障害者になったことが直接の原因で退職した場合は**100万円を加算**する。
よって、次のようになる。重要　計算
800万円＋70万円×（27年－20年）＋100万円＝1,390万円
なお、同一年中に2カ所の勤務先から退職金を受け取った場合、最も長い勤続期間により勤続年数を算出する。ただし、その最も長い期間以外の期間のうちにその最も長い期間と重複していない期間がある場合は、その重複しない部分の期間を最も長い期間に加算して勤続年数を計算する。

35
○

なお、退職所得の受給に関する申告書を**提出した場合**は、支払者が所得税額等を計算し、その退職手当等の支払の際、退職所得の金額に応じた所得税等の額が源泉徴収されるため、原則として**確定申告は不要**である。

ワンポイントアドバイス

退職所得の金額と退職所得控除額の計算式を覚えましょう。

損益通算

居住者であるAさんの本年分の各種所得の金額が下記のとおりであった場合の総所得金額は50万円である。なお、記載のない事項については考慮しないものとし、▲が付された所得金額は、その所得に損失が発生していることを意味するものとする。

36
□□□

	所得金額	備考
不動産所得	▲120万円	・不動産賃貸業を営むことによる所得 ・不動産所得の金額の計算上の必要経費に当該所得を生ずべき土地の取得に要した負債の利子30万円を含んだ金額
事業所得	60万円	・個人商店を営むことによる所得 ・青色申告特別控除後の金額
一時所得	160万円	・個人年金保険（終身年金）の解約返戻金を受け取ったことによる所得
雑所得	▲50万円	・外貨預金で為替差損が生じたことによる所得

所得控除

雑損控除は、災害のうち、震災、風水害、冷害、雪害、落雷など自然現象の異変による災害や、火災、火薬類の爆発など人為による異常な災害、害虫などの生物による異常な災害によって被った損失などが対象となる。

36
×

不動産所得の損失が120万円であるが、不動産所得の金額の計算上の必要経費に当該所得を生ずべき土地の取得に要した負債の利子30万円は損益通算の対象とならないので、損益通算できる金額は90万円である。
また、雑所得の損失は損益通算の対象とならない。
まず一次通算として不動産所得の損失は経常所得の黒字（本問では事業所得）から差し引く。
60万円－90万円＝▲30万円
一次通算しても残った損失は、他のグループの黒字（本問では一時所得）から差し引く。
160万円－30万円＝130万円
※一時所得の金額は2分の1を乗じる前の金額
一時所得の金額の2分の1が総所得金額に算入される。
よって、総所得金額は次のようになる。
130万円×1／2＝65万円　重要　計算

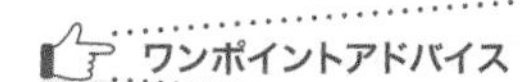

損益通算の順序を覚えましょう。

37
○

なお、盗難や横領は対象となるが、詐欺や恐喝の場合には、雑損控除は受けられない。

38 □□□

災害が原因で自己の所有する住宅について生じた損失の金額が300万円（うち災害関連支出の金額が100万円）である場合、被害を受けた年分の総所得金額等が700万円である居住者が雑損控除の適用を受けるときは、雑損控除の控除額は95万円である。

39 □□□

雑損控除の控除額がその年分の所得金額から控除しきれない場合、その残額について翌年以後3年間にわたって繰り越して、各年の所得金額から控除することができる。

40 □□□

納税者と生計を一にする長男に係る医療費を納税者が支払った場合、その支払った医療費は納税者の医療費控除の対象となる。

41 □□□

納税者と生計を一にする配偶者が受け取っている公的年金から特別徴収された介護保険料は、確定申告しても、納税者の社会保険料控除の対象とすることはできない。

42 □□□

納税者が、生計を一にする子が未納にしていた過去2年分の国民年金保険料を支払った場合、1年分に相当する金額がその支払った年分の社会保険料控除の対象となる。

43 □□□

納税者と生計を一にする配偶者に係る確定拠出年金の個人型年金の加入者掛金を納税者が支払った場合、その支払った掛金は納税者の小規模企業共済等掛金控除の対象となる。

38
×

雑損控除の控除額は、次の①と②のうちいずれか多いほうの金額である。

①損失額※－総所得金額等×10%

②災害関連支出の金額－5万円

※保険金などにより補てんされる金額を差し引いた金額

① 300万円－700万円×10%＝230万円

② 100万円－5万円＝95万円

よって、230万円となる。 計算

39
○

雑損控除の控除額がその年分の所得金額から控除しきれない場合、青色申告者、白色申告者ともに、その残額について翌年以後3年間にわたって繰越控除することができる（雑損失の繰越控除）。

40
○

納税者が、自己または自己と生計を一にする配偶者やその他の親族のために支払った医療費は、納税者の医療費控除の対象となる。

41
○

公的年金から特別徴収された介護保険料は、その年金受給者本人の社会保険料控除の対象となる。 注意

42
×

過去の年分のものであっても本年分の社会保険料控除の対象となる。過去2年分の国民年金保険料を支払った場合、納めた全額がその支払った年分の社会保険料控除の対象となる。 注意

43
×

納税者が配偶者に係る社会保険料を支払った場合、その保険料は納税者の社会保険料控除の対象となるが、確定拠出年金の個人型年金の加入者掛金を支払った場合、その掛金は納税者の小規模企業共済等掛金控除の対象とならない。 注意

44 □□□

納税者と生計を一にする配偶者が所有する家屋を目的とした地震保険の保険料を納税者が支払った場合、その支払った保険料は納税者の地震保険料控除の対象とならない。

45 □□□

納税者本人が特別障害者に該当する場合、その者に係る障害者控除の額は27万円である。

46 □□□

居住者と生計を一にする配偶者または扶養親族が特別障害者で、居住者との同居を常況としている者である場合、その者に係る障害者控除の額は75万円である。

47 □□□

夫と死別後に婚姻していない者が寡婦控除の適用を受けるためには、納税者本人の合計所得金額が500万円以下であること、本人と事実上婚姻関係と同様の事情にあると認められる一定の者がいないことの要件を満たす必要がある。

48 □□□

現に婚姻していない者がひとり親控除の適用を受けるためには、総所得金額等が38万円以下の生計を一にする子を有すること、納税者本人の合計所得金額が300万円以下であること、本人と事実上婚姻関係と同様の事情にあると認められる一定の者がいないことの3つの要件を満たす必要がある。

44
×

配偶者が所有する家屋を目的とした地震保険の保険料を納税者が支払った場合、その支払った保険料は**納税者の地震保険料控除の**対象となる。地震保険料控除の対象となる契約は、**自己や自己と生計を一にする配偶者その他の親族の所有する**居住用の家屋または生活に通常必要な生活用動産を保険や共済の対象としているものである。

ワンポイントアドバイス

納税者の所得控除になるかどうかに注意しましょう。

45
×

特別障害者に該当する場合、障害者控除の額は**40万円**である。

46
○

同居特別障害者に該当する場合、障害者控除の額は75万円である。

47
○

なお、夫と**離婚後**に婚姻していない者が寡婦控除の適用を受けるためには、**扶養親族がいる者**で、納税者本人の合計所得金額が500万円以下であること、本人と事実上婚姻関係と同様の事情にあると認められる一定の者がいないことの要件を満たす必要がある。

48
×

現に婚姻していない者がひとり親控除の適用を受けるためには、総所得金額等が**48万円以下**の生計を一にする子を有すること、納税者本人の合計所得金額が**500万円以下**であること、本人と事実上婚姻関係と同様の事情にあると認められる一定の者がいないことの3つの要件を満たす必要がある。

49 □□□

扶養控除の対象となる扶養親族は、納税者と生計を一にする親族（納税者の配偶者を除く）のうち、合計所得金額が38万円以下で、12歳以上の者である。

50 □□□

Aさん（納税者）およびAさんの配偶者が、控除対象扶養親族であるAさんの母Bさん（72歳）と同居していない場合、扶養控除の額は48万円である。

51 □□□

Cさん（納税者）が、控除対象扶養親族である義母Dさん（71歳、Cさんの配偶者の母）と同居している場合、扶養控除の額は63万円である。

52 □□□

Eさん（納税者）の合計所得金額が600万円で、控除対象配偶者である妻Fさん（72歳）がいる場合、配偶者控除の額は38万円である。

53 □□□

合計所得金額が1,000万円を超える納税者は、配偶者の合計所得金額の多寡にかかわらず、配偶者控除の適用を受けることはできないが、配偶者の合計所得金額に応じて配偶者特別控除の適用を受けることができる。

54 □□□

青色申告者の配偶者で青色事業専従者として給与の支払を受ける者は、その者の合計所得金額の多寡にかかわらず、控除対象配偶者には該当しない。

55 □□□

基礎控除の控除額は、納税者の合計所得金額の多寡にかかわらず、一律48万円である。

49
×

扶養控除の対象となる扶養親族は、納税者と生計を一にする親族（納税者の配偶者を除く）のうち、合計所得金額が**48万円以下**で、**16歳以上**の者である。重要

50
○

母Bさんは老人扶養親族に該当するので、扶養控除の額は**48万円**である。老人扶養親族とは、控除対象扶養親族のうち、その年12月31日現在の年齢が**70歳以上**の者をいう。

51
×

義母Dさんは、同居老親等に該当するので、扶養控除の額は**58万円**である。同居老親等とは、老人扶養親族のうち、納税者や配偶者の直系尊属で、納税者や配偶者との同居を常としている者をいう。注意

52
×

妻Fさんは、老人控除対象配偶者に該当するので、配偶者控除の額は**48万円**である。控除対象配偶者のうち、その年12月31日現在の年齢が70歳以上の者をいう。

53
×

合計所得金額が1,000万円を超える納税者は、配偶者の合計所得金額の多寡にかかわらず、**配偶者控除、配偶者特別控除のいずれの適用も受けることができない**。重要

54
○

なお、**白色申告者の配偶者で事業専従者に該当する者**も、その者の合計所得金額の多寡にかかわらず、控除対象配偶者には該当しない。重要

55
×

基礎控除は、納税者本人の**合計所得金額に応じて異なっている**。納税者の合計所得金額が**2,400万円以下**の場合、控除額は**48万円**であり、合計所得金額が**2,500万円超**の場合、控除額は**0円**となる。

税額控除

56 □□□

居住者であるAさんの本年分の所得の金額等が下記のとおりであった場合の所得税の配当控除の額は205,000円である。なお、配当所得は、東京証券取引所に上場している国内株式の配当を受け取ったことによる所得で、総合課税を選択したものとする。また、記載のない事項については考慮しないものとする。

配当所得の金額：205万円
不動産所得の金額：680万円
事業所得の金額：285万円
所得控除の額の合計額：150万円

57 □□□

2024年9月に認定住宅等を新築し、同月中に入居した場合、住宅借入金等特別控除の適用を受けることができる控除期間は、最長10年間である。

58 □□□

2024年9月に新築住宅を取得し、同月中に入居し、取得した住宅が認定長期優良住宅に該当する場合、住宅借入金等特別控除による各年の控除額は、住宅借入金等の年末残高等に0.7%を乗じた金額であり、最大28万円となる。

56
×

配当控除の控除額は、課税総所得金額等が1,000万円以下の部分の配当所得については「配当所得×10%」で計算し、課税総所得金額等が1,000万円超の部分の配当所得については「配当所得×5%」で計算する。 計算

課税総所得金額等：205万円（配当所得）＋680万円（不動産所得）＋285万円（事業所得）－150万円（所得控除）＝1,020万円

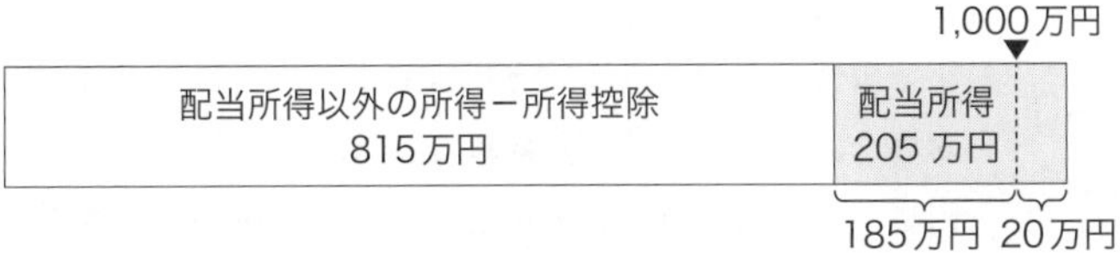

配当所得以外の所得－所得控除 815万円	配当所得 205万円（185万円／1,000万円／20万円）

1,000万円超の配当控除の控除額：20万円×5%＝10,000円

1,000万円以下の配当控除の控除額：（205万円－20万円）×10%＝185,000円

合計：10,000円＋185,000円＝195,000円

57
×

2024年9月に認定住宅等を新築し、同月中に入居した場合、住宅借入金等特別控除の適用を受けることができる控除期間は、最長13年間である。

58
×

2024年中に居住し、取得した住宅が**認定長期優良住宅に該当**する場合、**借入限度額が4,500万円**で、住宅借入金等の年末残高等に**0.7%を乗じた金額が各年の控除額**となる。よって、最大**31.5万円（4,500万円×0.7%）**となる。 重要

59 □□□

2024年9月に新築住宅を取得し、同月中に入居し、取得した住宅の床面積が100m²である場合、住宅借入金等特別控除の適用を受けるためには、納税者のその年分の合計所得金額が2,000万円以下でなければならない。

申告・納付

60 □□□

年末調整の対象となる給与所得者が給与所得以外に一時所得がある場合、この一時所得の金額に2分の1を乗じた後の金額が20万円以下であるときは、原則として、確定申告書を提出する必要はない。

61 □□□

確定申告により納付すべき所得税額の2分の1に相当する金額以上の所得税を納期限までに納付した者が、納期限までに納税地の所轄税務署長に延納届出書を提出した場合、原則として、その年の5月31日までにその残額を納付しなければならない。

62 □□□

青色申告をしていた被相続人の業務を承継した相続人が、承継後の期間に係る所得税について青色申告書を提出する場合、原則として、その相続の開始があったことを知った日の翌日から4カ月以内に「青色申告承認申請書」を納税地の所轄税務署長に提出しなければならない。

63 □□□

事業所得を生ずべき業務を営む青色申告者が、「棚卸資産の評価方法の届出書」を納税地の所轄税務署長に提出しなかった場合、売上原価に計上する棚卸資産の期末評価額の評価方法は、最終仕入原価法となる。

59
○

原則として住宅借入金等特別控除の適用を受けるためには、納税者のその年分の**合計所得金額が2,000万円以下**でなければならない。なお、住宅の床面積が40m² 以上50m² 未満の住宅の場合※は、その年分の合計所得金額が1,000万円以下でなければならない。注意

※ 2024年12月31日までに建築確認を受けているものであること。

ワンポイントアドバイス

住宅借入金等特別控除の適用要件・控除率などを覚えましょう。

60
○

給与所得および退職所得以外の所得金額が満期保険金の受領などの一時所得のみの場合については、一時所得の金額を**2分の1**にした**課税の対象となる金額が20万円を超えるとき**は確定申告をする必要がある。注意

61
○

所得税は翌年2月16日から3月15日までに申告・納付するのが原則であるが、納付すべき税額の2分の1以上を納期限までに納付すれば、残額の納付を5月31日まで延長することができる。

62
○

青色申告をしていた被相続人の業務を承継した場合は、その相続の開始を知った日の翌日から**4カ月以内**（死亡の日がその年の9月1日から10月31日の場合はその年12月31日、死亡の日がその年の11月1日から12月31日の場合は翌年2月15日）までに提出しなければならない。

63
○

なお、青色申告者は、棚卸資産の評価方法として、**低価法を選択**することができる。

64 □□□

青色申告者が、その年分以後の各年分の所得税について青色申告書の提出をやめようとするときは、原則として、やめようとする年の12月31日までに届出書を納税地の所轄税務署長に提出しなければならない。

個人住民税・個人事業税

65 □□□

個人住民税において、居住する住所地以外に営業店舗を有して事業を行う個人事業主は、その営業店舗の所在地において均等割額が課される。

66 □□□

個人住民税において、退職金の支払を受けた場合、当該退職金に係る所得割は、他の所得と総合して、退職金の支払を受けた翌年に課される。

67 □□□

給与所得者は、特別徴収の方法により毎月の給与から個人住民税が差し引かれるが、給与所得以外の所得がある場合には、その所得に対応する住民税ついては普通徴収の方法により納付することができる。

68 □□□

ふるさと納税では、原則として、市町村等の自治体に対する寄附額のうち3,000円を超える部分について所得税額または住民税額の計算にあたって控除されるが、控除額には収入や家族構成等に応じて一定の上限がある。

69 □□□

ふるさと納税ワンストップ特例制度は、ふるさと納税先が10団体以内の場合に限り、確定申告書を提出することなく寄附金税額控除の適用を受けることができる制度である。

64
×

青色申告者が、その年分以後の各年分の所得税について青色申告書の提出をやめようとするときは、原則として、やめようとする年の翌年3月15日までに届出書を納税地の所轄税務署長に提出しなければならない。

65
○

居住する住所地以外に事務所（店舗）がある場合には、事務所（店舗）の所在地において均等割額が課される。

66
×

個人住民税において、退職金の支払を受けた場合、当該退職金に係る所得割は、**他の所得と区分し、退職金の支払を受けた年に課される**。

67
○

給与所得者は、特別徴収の方法により毎月の給与から個人住民税が差し引かれる。**給与所得以外の所得**がある場合には、その所得に対応する住民税ついては普通徴収の方法により納付することができる。注意

68
×

ふるさと納税では、原則として、市町村等の自治体に対する寄附額のうち2,000円を超える部分について所得税額または住民税額の計算にあたって控除される。ただし、控除額には収入や家族構成等に応じて一定の上限がある。

69
×

ふるさと納税ワンストップ特例制度は、ふるさと納税先が5団体以内の場合に限り、確定申告書を提出することなく寄附金税額控除の適用を受けることができる制度である。

70 □□□

ふるさと納税ワンストップ特例制度の適用を受けるためには、「寄附金税額控除に係る申告特例申請書」をふるさと納税先団体に提出しなければならない。

71 □□□

給与所得者のうち、医療費控除の適用を受けるために所得税の確定申告を行う者は、ふるさと納税ワンストップ特例制度の適用を受けることができる。

72 □□□

ふるさと納税ワンストップ特例制度の適用を受けた場合、所得税からの還付は発生せず、翌年度分の住民税から控除される。

73 □□□

個人事業税の納税義務者が、前年分の所得税の青色申告書を申告期限内に e-Tax（国税電子申告・納税システム）を利用して提出し、一定の要件を満たしている場合、個人事業税における所得の金額の計算上、青色申告特別控除の適用を受けることができる。

74 □□□

個人事業税の税額計算において、事業主控除として年間 180 万円を所得金額から控除することができる。

75 □□□

個人事業税の納税義務者は、原則として、その年分の所得および納付すべき税額を記載した申告書の提出、およびその事業税の納税を翌年の 3 月 15 日までにしなければならない。

70 ○
ふるさと納税先団体に申請することにより、確定申告をしなくても適用を受けることができる。

71 ×
所得税の確定申告を行う者は、ふるさと納税ワンストップ特例制度の適用を受けることができない。確定申告を行う者が、ふるさと納税の控除を受けるためには、確定申告により適用を受ける必要がある。注意

72 ○
ふるさと納税ワンストップ特例制度の適用を受けた場合、所得税からの還付は発生せず、ふるさと納税を行った翌年度分の住民税から控除される。

73 ×
個人事業税では、青色申告特別控除の適用を受けることができない。

74 ×
個人事業税における事業主控除は年間290万円である。

75 ×
個人事業税は、翌年の3月15日まで申告書を提出する。ただし、所得税の確定申告や住民税の申告をした場合は個人事業税の申告をする必要はない。納税は、納税通知書により、原則として8月と11月に納付する。

ワンポイントアドバイス

ふるさと納税、特にふるさと納税ワンストップ特例制度についてしっかり理解しましょう。

法人税の仕組み

76 □□□

法人を設立した場合には、設立の日以後1カ月以内に、所定の書類を添付して、法人設立届出書を納税地の所轄税務署長に提出しなければならない。

77 □□□

法人を設立し、設立第1期目から青色申告の承認を受けようとする場合、原則として、設立の日以後2カ月を経過した日と設立第1期の事業年度終了の日とのうちいずれか遅い日の前日までに、青色申告承認申請書を納税地の所轄税務署長に提出しなければならない。

78 □□□

事業年度開始の時における資本金の額が1億円以下の法人は、原則として、法人税の申告をe-Tax（国税電子申告・納税システム）により行わなければならない。

79 □□□

過去に行った法人税の確定申告について、計算に誤りがあったことにより、当該申告書の提出により納付すべき税額が過大であることや、当該申告書に記載した還付金の額に相当する税額が過少であることが判明した場合、原則として、法定申告期限から2年以内に限り、更正の請求をすることができる。

80 □□□

青色申告法人の欠損金の繰越控除（必要とされる要件等はすべて満たしている）において、欠損金の繰越控除の適用を受けるためには、欠損金の生じた事業年度において青色申告書である確定申告書を提出し、かつ、その後において、連続して確定申告書を提出する必要がある。

76
×

法人を設立した場合には、設立の日以後**2カ月以内**に、所定の書類を添付して、法人設立届出書を納税地の所轄税務署長に提出しなければならない。

77
×

設立第1期目から青色申告の承認を受けようとする場合、原則として、設立の日以後**3カ月**を経過した日と設立第1期の事業年度終了の日とのうちいずれか**早い日**の前日までに、青色申告承認申請書を納税地の所轄税務署長に提出しなければならない。

78
×

法人税の申告をe-Tax（国税電子申告・納税システム）により行わなければならないのは、**資本金の額が1億円を超える法人**である。

重要

79
×

法人税の確定申告について、計算に誤りがあったことにより、納付すべき税額が過大であったり、還付金の額に相当する税額が過少であったりした場合、原則として、法定申告期限から**5年以内**に限り、更正の請求をすることができる。

80
○

欠損金の繰越控除をする法人は、欠損金額が生じた事業年度において青色申告書である確定申告書を提出し、かつ、その後の各事業年度について連続して確定申告書を提出している法人である。

81 □□□

青色申告法人の欠損金の繰越控除（必要とされる要件等はすべて満たしている）において、繰越欠損金の額が120万円で、その事業年度の繰越欠損金控除前の所得金額が100万円の場合には、120万円のうち100万円が損金の額に算入され、その事業年度の所得金額はゼロとなる。

82 □□□

青色申告法人の欠損金の繰越控除（必要とされる要件等はすべて満たしている）において、繰越欠損金額が2以上の事業年度で生じたものからなる場合、そのうち最も新しい事業年度において生じた欠損金額に相当する金額から順次損金の額に算入する。

益金

83 □□□

法人が保有する資産を評価換えをして、その資産の帳簿価額を増額した場合、その増額した部分の金額は、原則として、益金の額に算入する。

84 □□□

法人が他の者から債務の免除を受けた場合、その免除された債務の金額は、原則として、益金の額に算入する。

85 □□□

法人が法人税の還付を受けた場合、その還付された金額は、原則として、益金の額に算入される。

81 ○

なお、繰越控除される欠損金額は、各事業年度開始の日前10年※以内に開始した事業年度において生じた欠損金額である。重要

※ 2018年4月1日前に開始した事業年度において生じた欠損金額の繰越期間は9年である。

82 ×

欠損金額が2以上の事業年度において生じたものからなる場合、そのうち**最も古い事業年度**において生じた欠損金額に相当する金額から順次損金の額に算入する。

83 ×

法人が資産の評価換えを行い評価益を計上しても、法人税法上は原則として評価換えがなかったものとし、その評価益は**益金不算入**となる。注意

84 ○

法人が、他の者から資産を無償または低額で取得した場合および他の者から債務の免除を受けた場合には、原則として、その資産の譲受価額と時価との差額および債務免除された額が、**益金の額に算入される**。

85 ×

法人税や住民税は、課税所得金額の計算上**損金の額に算入されない**。納付しても損金の額に算入されない法人税の還付を受けた場合、その還付された金額は、原則として、還付加算金を除き、**益金の額に算入されない**。注意

86 □□□

発行済株式の100%を保有するA社から受けた完全子法人株式等に係る配当については、その配当の額の80%に相当する金額が益金不算入となる。

87 □□□

発行済株式の45%を保有するB社から受けた関連法人株式等に係る配当については、その配当の額から当該株式に係る負債利子額を控除した金額が益金不算入となる。

88 □□□

発行済株式の15%を保有するC社から受けた完全子法人株式等、関連法人株式等および非支配目的株式等のいずれにも該当しない株式等に係る配当については、その配当の額の50%に相当する金額が益金不算入となる。

89 □□□

発行済株式の2%を保有するD社から受けた非支配目的株式等に係る配当については、その配当の額の25%に相当する金額が益金不算入となる。

損金

90 □□□

当期に使用可能期間が1年以上で、取得価額が7万円である減価償却資産を取得して貸付の用に供した場合、当期においてその取得価額の全額を損金経理により損金の額に算入することができる。

86
×

発行済株式の100%を保有するA社から受けた完全子法人株式等に係る配当については、その全額が益金不算入となる。重要

87
○

株式保有割合が3分の1超100%未満の関連法人株式等に係る配当については、その配当の額から当該株式に係る負債利子額を控除した金額が益金不算入となる。

88
○

株式保有割合が5%超3分の1以下のその他の株式等に係る配当については、その配当の額の50%に相当する金額が益金不算入となる。注意

89
×

株式保有割合が5%以下の非支配目的株式等に係る配当については、その配当の額の20%に相当する金額が益金不算入となる。重要

ワンポイントアドバイス

受取配当等の益金不算入額について整理しましょう。

90
×

少額の減価償却資産について、減価償却資産を事業の用に供した事業年度において、その取得価額に相当する金額を損金経理した場合には、その損金経理をした金額は、損金の額に算入される。
①使用可能期間が1年未満のもの
②取得価額が10万円未満のもの
ただし、②の減価償却資産については、貸付（主要な事業として行われるものは除く）の用に供したものは除かれる。重要

91 □□□

中古資産90万円（取得価額80万円、事業の用に供するために支出した資本的支出の金額10万円）を取得して事業の用に供した場合、当該資産の耐用年数は、原則として、法定耐用年数ではなく、その事業の用に供した時以後の使用可能期間として見積もられる年数によることができる。

92 □□□

稼働を休止している機械装置については、事業の用に供していないため、必要な維持補修が行われていつでも稼働し得る状態にあるものであっても、価償却資産に該当しないので、減価償却することはできない。

93 □□□

取得価額が30万円未満の減価償却資産について「中小企業者等の少額減価償却資産の取得価額の損金算入の特例」の適用を受けることができる法人は、青色申告法人である中小企業者等で、常時使用する従業員の数が500人以下の法人とされている。

94 □□□

事業用の減価償却資産の償却方法を変更する場合、原則として、新たな償却方法を採用しようとする事業年度開始の日から1カ月以内に「減価償却資産の償却方法の変更承認申請書」を納税地の所轄税務署長に提出しなければならない。

91
○

ただし、その中古資産を事業の用に供するために支出した資本的支出の金額がその中古資産の再取得価額（中古資産と同じ新品のものを取得する場合のその取得価額）の50%に相当する金額を超える場合には、法定耐用年数を適用することになる。

92
×

稼動を休止している資産であっても、その休止期間中に必要な維持補修が行われており、いつでも稼動できる状態にあるものは、減価償却資産に該当するものとして減価償却することができる。注意

93
○

改正 2024年度の税制改正により、対象法人からe-Taxにより法人税の確定申告書等に記載すべきものとされる事項を提供しなければならない法人のうち常時使用する従業員の数が300人を超えるものは除外。

また、2022年4月1日以後に取得などする場合は、少額減価償却資産から貸付け（主要な事業として行われるものは除く）の用に供したものが除かれている。

94
×

事業用の減価償却資産の償却方法を変更する場合、原則として、新たに償却方法を採用しようとする事業年度開始の日の前日までに「減価償却資産の償却方法の変更承認申請書」を納税地の所轄税務署長に提出しなければならない。

ワンポイントアドバイス

減価償却は出題頻度が高く、重要です。

95 □□□

期末の資本金の額が1億円である法人が期中に支出した交際費等が、接待飲食費の金額1,200万円とそれ以外の金額600万円の合計1,800万円である場合、損金の額に算入することができる金額は、最大1,200万円である。

96 □□□

期末の資本金の額が10億円である法人が期中に支出した交際費等が、接待飲食費の金額1,200万円とそれ以外の金額600万円の合計1,800万円である場合、損金の額に算入することができる金額は、最大800万円である。

97 □□□

役員に対して継続的に供与される経済的利益のうち、その供与される利益の額が毎月おおむね一定であるものは定期同額給与に該当し、損金の額に算入することができる。

98 □□□

新設法人が設立時に開始する役員の職務につき所定の時期に支給した給与を事前確定届出給与として損金の額に算入する場合、原則として、設立後3カ月以内に納税地の所轄税務署長に所定の届出をしている必要がある。

99 □□□

役員に対して事前確定届出給与として税務署長に届け出た金額よりも増額した金額を役員賞与として支給した場合、その役員賞与のうち、増額部分の金額は損金の額に算入できず、事前に届け出た金額を限度として、損金の額に算入する。

95
×

資本金の額が1億円以下の中小法人の場合、次の①と②のいずれか多い金額まで損金の額に算入することができる。重要
①接待飲食費の額の50%相当額
②年間800万円
接待飲食費1,200万円×50%＜800万円なので、損金の額に算入することができる金額は、最大800万円である。

96
×

資本金の額が1億円超100億円以下の法人の場合、接待飲食費の額の50%相当額を損金の額に算入することができる。よって、損金の額に算入することができる金額は、最大600万円（1,200万円×50%）である。重要

ワンポイントアドバイス

交際費の損金算入限度額に注意しましょう。

97
○

なお、役員に対して継続的に供与される経済的利益のうち、その供与される利益の額が毎月おおむね一定であるものは定期同額給与に該当し、損金の額に算入されるが、その他のものは定額同額給与に該当せず、損金の額に算入されない。

98
×

新設法人が事前確定届出給与として損金の額に算入する場合、原則として、設立後2カ月以内に納税地の所轄税務署長に所定の届出をしている必要がある。既設法人の場合は、①株主総会等の決議をした日から1カ月を経過する日、②会計期間開始の日から4カ月を経過する日のうちいずれか早い日までである。

99
×

納税地の所轄税務署長へ届け出た支給額と実際の支給額が異なる場合には事前確定届出給与に該当しないこととなり、原則として、その支給額の全額が損金不算入となる。注意

100 □□□

業績連動給与とは、利益の状況を示す指標、株式の市場価格の状況を示す指標その他の法人またはその法人との間に支配関係がある法人の業績を示す指標を基礎として算定される金銭または株式等による給与である。

101 □□□

常勤役員が非常勤役員になったなど、分掌変更によって役員としての地位や職務の内容が激変して、実質的に退職したと同様の事情にある場合に退職金として支給したものであっても、実際に退職していなければ損金の額に算入することはできない。

102 □□□

役員退職金の損金算入時期は、原則として、株主総会の決議等によって退職金の額が具体的に確定した日の属する事業年度となる。

103 □□□

取引先に対して、貸付金500万円を有している。この取引先について会社更生法の更生計画認可の決定により切り捨てられることとなった部分の金額は、貸倒損失としてその事業年度の損金の額に算入される。

104 □□□

取引先に対して貸付金300万円を有しているが、その取引先の債務超過の状態が相当期間継続し、事業好転の見通しもなく、その貸付金の弁済を受けることができないと認められるため、口頭により貸付金の全額を免除する旨を取引先に申し出た。この場合、債務免除をした金額の全額が貸倒損失として認められる。

100
○
損金算入となる業績連動給与は、法人が、業務執行役員に対して支給する業績連動給与で、損金経理をしていることなどの一定の要件を満たすものである。重要

101
×
常勤役員が非常勤役員になったなど、**分掌変更によって役員としての地位や職務の内容が激変して、実質的に退職したと同様の事情にある場合**に退職金として支給したものは、退職金として損金**の額に算入することが認められる。**

102
○
なお、法人が役員に支給する退職金で適正な額のものは、損金の額に算入されるが、不相当に高額な部分の金額は損金の額に算入されない。

ワンポイントアドバイス

役員給与、役員退職金の税法上の扱いをしっかり理解しましょう。

103
○
会社更生法、金融機関等の更生手続の特例等に関する法律、会社法、民事再生法の規定により切り捨てられた金額は、その事実が生じた事業年度の損金の額に算入される。

104
×
債務者の債務超過の状態が相当期間継続し、その金銭債権の弁済を受けることができない場合に、その債務者に対して、**書面で明らかにした債務免除額**が貸倒損失として認められる。重要

105 □□□

継続的な取引を行っていた取引先に対して、売掛債権の残高500万円を有しているが、その取引先の支払能力等が悪化したため、弁済がなされないまま、取引を停止してから1年以上が経過した。この場合、売掛債権の全額が貸倒損失としてその事業年度の損金の額に算入される。

106 □□□

取引先に対して、貸付金2,000万円を有しているが、その取引先の資産状況、支払能力等からその全額が回収できないことが明らかとなった。当該金銭債権について抵当権1,000万円が設定されている場合、その抵当権が実行されなくても、貸倒損失として損金経理をすることができる。

107 □□□

S市内にある取引先A社と取引先B社の売掛債権について、A社は8万円、B社は4万円の残高があるが、支払を督促しても弁済がなされず、取立てのために要する旅費等が15万円程度かかると見込まれる。この場合、取引先ごとの売掛債権の額から備忘価額を控除した残額を貸倒損失として損金経理することができる。

108 □□□

1度の不動産取引のみを行った取引先に対して当該取引に係る売掛金500万円を有しているが、その取引先の資産状況、支払能力等が悪化し、売掛金の回収ができないまま1年以上が経過した。この場合、売掛金500万円から備忘価額を控除した残額が貸倒損失として認められる。

105
×

このような場合、売掛債権（貸付金等は含まない）について、その売掛債権の額から備忘価額を控除した残額を貸倒れとして損金経理をすることができる。注意

106
×

当該金銭債権について抵当権1,000万円が設定されている場合、その抵当権が実行された後でなければ、貸倒損失として損金経理をすることはできない。担保物があるときは、その担保物を処分した後でなければ損金経理はできない。重要

107
○

同一地域の債務者に対する売掛債権の総額が取立費用より少なく、支払を督促しても弁済がない場合、その債務者に対する売掛債権（貸付金等は含まない）について、その売掛債権の額から備忘価額を控除した残額を貸倒れとして損金経理をすることができる。重要

108
×

継続的な取引を行っていた債務者の資産状況、支払能力等が悪化したため、その債務者との取引を停止した場合において、その取引停止の時と最後の弁済の時などのうち最も遅い時から1年以上経過したとき、その債務者に対する売掛債権について、その売掛債権の額から備忘価額を控除した残額を貸倒れとして損金経理をすることができる。しかし、不動産取引のように、たまたま取引を行った債務者に対する売掛債権については、この取扱いの適用はない。

ワンポイントアドバイス

貸倒損失として処理できる場合について整理しましょう。

会社役員間の税務

109 □□□

A社とその役員の間の取引において、役員が所有する資産を適正な時価よりも高い価額でA社に譲渡した場合、A社側では時価と買入価額との差額について、役員に対して給与を支払ったものとして取り扱われ、役員側では時価と譲渡価額との差額が給与所得の収入金額として課税対象となる。

110 □□□

A社とその役員の間の取引において、A社が所有する資産を適正な時価よりも高い価額で役員に譲渡した場合、A社側では時価で譲渡したものとされるが、譲渡価額と時価との差額は受贈益とされない。

111 □□□

A社とその役員の間の取引において、権利金を授受する慣行がある地域で、役員が所有する土地をA社に建物の所有を目的として賃貸する場合に、A社から役員に権利金や相当の地代の支払がなく、「土地の無償返還に関する届出書」の提出がないときには、A社側では原則として借地権の受贈益が認定課税される。

112 □□□

A社とその役員の間の取引において、A社が役員から無利息で金銭を借り入れた場合、原則として、役員側では通常支払われるべき利息が受取利息として認定課税される。

113 □□□

A社とその役員の間の取引において、A社が所有する社宅をその規模等に応じた所定の方法により計算した通常支払われるべき賃貸料よりも低い家賃で役員に貸し付けた場合、役員側では実際に支払った賃貸料との差額が給与所得の収入金額として課税対象となる。

109
○

役員所有の資産を法人へ高額譲渡した場合、時価で取得したものとされ、時価との差額は**役員給与**とされる。役員側では、時価との差額は**役員給与**を支給されたものとして課税される（**給与所得**）。

110
×

法人が所有する資産を適正な時価よりも高い価額で役員に譲渡した場合、法人側では時価で譲渡したものとされ、譲渡価額と時価との差額が**受贈益**として**益金算入**となる。

111
○

なお、法人から役員に権利金や相当の地代を支払っている場合、「土地の無償返還に関する届出書」の提出している場合には、認定課税が行われない。重要

112
×

法人が役員から無利息で金銭を借り入れた場合、原則として、役員側では受取利息が**認定課税されない**。注意

113
○

法人が所有する社宅をその規模等に応じた所定の方法により計算した通常支払われるべき賃貸料よりも低い家賃で役員に貸し付けた場合、法人が役員に対して経済的利益を与えたものとされ、**給与所得**として**課税**される。

ワンポイントアドバイス

法人とその役員との取引における税務上の取扱いを整理しましょう。

法人住民税・法人事業税

114 □□□

期末の資本金の額が１億円を超える外形課税対象法人に課される法人事業税の額は、所得割額および付加価値割額の合算額となる。

115 □□□

複数の都道府県に事務所がある法人は、その法人の主たる事務所が所在する都道府県に、すべての都道府県分の法人事業税を一括して納付しなければならない。

116 □□□

法人事業税を納付した場合、原則として、法人事業税の申告書を提出した日の属する事業年度の損金の額に算入することができる。

117 □□□

特別法人事業税は、法人事業税の申告納付義務がある法人に対し、事務所または事業所が所在する都道府県が課する地方税である。

消費税

118 □□□

事業者が従業員の社宅として不動産業者から賃貸マンションを借り受ける契約に基づいて家賃を支払った場合、その取引は非課税取引となる。

119 □□□

個人事業者が棚卸資産を家事のために消費した場合、その取引は非課税取引となる。

114
×

期末の資本金の額が1億円を超える法人は外形標準課税制度が適用される。対象となる法人の法人事業税の額は、所得割額、付加価値割額および資本割額の合算額となる。

115
×

複数の都道府県に事務所等がある法人は、その法人が事務所等を構えている各都道府県に法人事業税を納付しなければならない。そのため、地方団体ごとにいくら納める必要があるかを決定するために「分割基準」が設けられている。

116
○

事業税、事業所税などの申告納税方式による税については、納税申告書を提出した事業年度の損金の額に算入できる。重要

117
×

特別法人事業税は、法人事業税の申告納付義務がある法人に対して課する国税である。

118
○

住宅の貸付けは、非課税取引である。ただし、1カ月未満の貸付けなどは非課税取引には当たらない。重要

119
×

個人事業者が棚卸資産を家事のために消費した場合、その取引は課税取引となる。注意

120 □□□

学校教育法に規定する学校を設置する者が当該学校で教育として行う役務の提供について授業料を受け取る場合、その取引は非課税取引となる。

121 □□□

インターネットを通じて行われる音楽や映像、広告の配信などの役務の提供について、その提供を行う事業者の事務所等の所在地が国外にある場合、消費税の課税対象となる国内取引に該当することはなく、その対価について消費税は課されない。

122 □□□

新設された株式会社は、設立１期目および２期目の基準期間がないため、その事業年度の開始の日における資本金の額の多寡にかかわらず、設立１期目および２期目は消費税の納税義務が免除される。

123 □□□

簡易課税制度の適用を受けようとする者は、原則として、その適用を受けようとする課税期間の開始の日から１カ月以内に、「消費税簡易課税制度選択届出書」を納税地の所轄税務署長に提出しなければならない。

124 □□□

消費税簡易課税制度選択届出書を提出した事業者は、原則として、事業を廃止した場合を除き、提出日の属する課税期間の翌課税期間の初日から２年を経過する日の属する課税期間の初日以後でなければ、消費税簡易課税制度選択不適用届出書を提出して適用をやめることはできない。

120
○

学校教育法に規定する学校、専修学校、修業年限が1年以上などの一定の要件を満たす各種学校等の授業料などは、非課税取引である。

121
×

インターネットを通じて行われる音楽や映像、広告の配信などの役務の提供について、その役務の提供が**国内の事業者・消費者に対して行われるものについては、国内、国外いずれから行われるものも国内取引として消費税が課税される**。注意

ワンポイントアドバイス

消費税の課税取引・非課税取引について整理しましょう。

122
×

新設された株式会社は、設立1期目および2期目の基準期間がないため、原則として、設立1期目および2期目は消費税の納税義務が免除される。ただし、その事業年度の開始の日における**資本金の額が1,000万円以上である場合、納税義務は免除されない**。重要

123
×

簡易課税制度の適用を受ける場合、原則として、その適用を受けようとする課税期間の**開始の日の前日**までに、「消費税簡易課税制度選択届出書」を納税地の所轄税務署長に提出しなければならない。注意

124
○

簡易課税制度の適用を受けている事業者は、事業を廃止した場合を除き、**2年間**継続して適用した後でなければ、消費税簡易課税制度選択不適用届出書を提出して、その適用をやめることはできない。重要

125 □□□

消費税の簡易課税制度を選択した場合、課税売上に係る消費税額からみなし仕入率による仕入に係る消費税額を控除した金額はマイナスとならないため、消費税額の還付を受けることはできない。

126 □□□

消費税の簡易課税制度の適用を受ける事業者が2種類以上の事業を営み、そのうち1種類の事業の課税売上高が全体の課税売上高の50%以上を占める場合、その事業のみなし仕入率を全体の課税売上に対して適用することができる。

127 □□□

消費税の簡易課税制度の適用を受ける事業者が、2種類以上の事業を営んでいる場合、当該課税期間における課税売上高を事業の種類ごとに区分していないときには、事業の種類にかかわらず、最も低い第六種事業のみなし仕入率（40%）を適用して仕入控除税額を計算する。

128 □□□

消費税の確定申告書は、原則として、消費税の課税事業者である法人は、事業年度の末日の翌日から3カ月以内に、納税地の所轄税務署長に提出しなければならない。

129 □□□

消費税の課税事業者である個人は、原則として、消費税の確定申告書をその年の翌年3月31日までに納税地の所轄税務署長に提出しなければならない。

125
○

消費税の簡易課税制度を選択した場合、売上に係る消費税額に、事業の種類の区分（事業区分）に応じて定められたみなし仕入率を乗じて算出した金額を仕入に係る消費税額として、売上に係る消費税額から控除することになる。そのため、マイナスにはならないので、**還付を受けることはできない**。重要

126
×

消費税の簡易課税制度の適用を受ける事業者が２種類以上の事業を営み、そのうち１種類の事業の課税売上高が全体の課税売上高の**75%以上**を占める場合、その事業のみなし仕入率を全体の課税売上に対して適用することができる。重要

127
×

消費税の簡易課税制度の適用を受ける事業者が、２種類以上の事業を営んでいる場合、当該課税期間における課税売上高を事業の種類ごとに区分していないときには、**その区分していない事業のうち一番低いみなし仕入率**を適用して仕入控除税額を計算する。

128
×

消費税の確定申告書は、原則として、消費税の課税事業者である法人は、事業年度の末日の翌日から**２カ月以内**に、納税地の所轄税務署長に提出しなければならない。

129
○

消費税の課税事業者である個人は、原則として、消費税の確定申告書をその年の翌年**３月31日**までに納税地の所轄税務署長に提出しなければならない（**3月15日まででではない**）。注意

ワンポイントアドバイス

消費税の簡易課税制度の仕組みをしっかり理解しましょう。

130 □□□

消費税の課税事業者で、「法人税の申告期限の延長の特例」の適用を受ける法人が、納税地を所轄する税務署長に「消費税申告期限延長届出書」を提出した場合、消費税の確定申告の期限が2カ月延長される。

131 □□□

適格請求書等保存方式（インボイス制度）の実施に伴い、基準期間における課税売上高が1億円以下である事業者が、2023年10月1日から2029年9月30日までの間に国内において行う課税仕入れについて、課税仕入れに係る支払対価の額が1万円未満である場合には、一定の事項が記載された帳簿のみの保存による仕入税額控除が認められる。

130
×

「法人税の申告期限の延長の特例」の適用を受ける法人が、納税地を所轄する税務署長に「消費税申告期限延長届出書」を提出した場合、消費税の確定申告の期限が１カ月延長される。

131
○

これに加え、適格請求書発行事業者の2023年10月1日から2026年9月30日までの日の属する各課税期間において、免税事業者が適格請求書発行事業者となったことにより事業者免税点制度の適用を受けられないこととなる場合には、その課税期間における課税標準額に対する消費税額から控除する金額を、当該課税標準額に対する消費税額に8割を乗じた額とすることにより、納付税額を当該課税標準額に対する消費税額の2割とすることができる。

〈適格請求書等保存方式（インボイス制度）における適格請求書の記載事項〉
①適格請求書発行事業者の氏名または名称および登録番号
②取引年月日
③取引内容（軽減税率の対象品目である旨）
④税率ごとに区分して合計した対価の額（税抜きまたは税込み）
　および適用税率
⑤税率ごとに区分した消費税額等
⑥書類の交付を受ける事業者の氏名または名称

医療費控除

次の〈Aさんの医療費等に関する資料〉に基づいて、所得税における医療費控除に関する以下の文章の空欄①～②に入る数値を答えなさい。

〈Aさんの医療費等に関する資料〉

(1) 人間ドックの費用：4万円

※人間ドックの検査で重大な疾病が発見され、引き続きその疾病の治療ため入院をした。

(2) 入院用の寝巻きや洗面具などの購入費：2万円

(3) 入院に伴って病院に支払った費用：24万円

※妻Bさんの希望により個室を使用したために支払った差額ベッド料5万円と入院時に病院から給付された食事の費用1万円を含んだ金額である。

※Aさんは、入院治療費について、医療保険から入院給付金10万円を受け取っている。

※高額療養費は支給されていない。

(4) 通院に伴って病院に支払った費用：3万円

Aさん（総所得金額等は600万円）が通常の医療費控除の適用を受ける場合、〈Aさんの医療費等に関する資料〉に基づく所得税に係る医療費控除の控除額は（　①　）円となる。
なお、Aさんが確定申告書を提出する際は、医療費控除の明細書の添付が必要となるが、確定申告期限等から（　②　）年を経過する日までの間は、税務署から医療費の領収書（医療費通知に係るものを除く）の提示または提出を求められる場合がある。

解答　解　説

1

①60,000　②5

医療費控除の対象となる医療費、対象とならない医療費は次のとおりである。

(1) 人間ドックの費用：**医療費控除の対象となる**　注意

人間ドック・健康診断等の費用は、疾病の治療を行うものではないので、原則として医療費控除の対象とはならないが、健康診断等の結果、重大な疾病が発見され、かつ、その診断等に引き続きその疾病の治療を行った場合には、その健康診断等のための費用も**医療費控除の対象になる**。

(2) 入院用の寝巻きや洗面具などの購入費：**医療費控除の対象とならない**

(3) 入院に伴って病院に支払った費用

本人や家族の都合だけで個室に入院したときなどの差額ベッド料：**医療費控除の対象とならない**　注意

入院時に病院から給付された食事の費用：**医療費控除の対象となる**

(4) 通院に伴って病院に支払った費用：**医療費控除の対象となる**

医療費控除の対象となる医療費の合計：4万円＋24万円－5万円＋3万円＝26万円

医療費控除の控除額は次の計算式で算出する。計算

医療費控除額＝支払った医療費の額－保険金等で補填される金額－10万円※　※総所得金額等が200万円未満の場合、総所得金額等×5%

よって、医療費控除の控除額は次のようになる

26万円－10万円－10万円＝6万円

確定申告期限等から5年を経過する日までの間は、税務署から医療費の領収書（医療費通知に係るものを除く）の提示または提出を求められる場合がある。

所得金額等の計算

2

□□□

次の〈Aさん（65歳）の収入等に関する資料〉に基づいて、①～②のAさんの所得金額を、それぞれ求めなさい。〈答〉は万円単位とすること。なお、記載のない事項については考慮しないものとする。また、Aさんは白色申告者であり、所得金額調整控除の適用対象者に該当していない。

①雑所得の金額

②総所得金額

〈Aさんの収入等に関する資料〉

(1) 給与所得の金額：1,200万円

(2) 不動産所得（賃貸アパートの経営による所得）

総収入金額：500万円

必要経費　：560万円（注）

（注）当該所得を生ずべき土地の取得に要した負債の利子20万円を含んだ金額

(3) 譲渡所得（上場株式を譲渡したことによる所得）

総収入金額：380万円

取得費等　：400万円

(4) 老齢基礎年金の年金額：62万円

(5) 確定拠出年金の老齢給付の年金額：25万円

(6) 個人年金保険契約に基づく年金収入：140万円（必要経費は90万円）

2

① 50万円　② 1,210万円

①雑所得の金額　〈計算

老齢基礎年金の年金額と確定拠出年金の老齢給付の年金額は、公的年金等に該当する。

公的年金等の収入金額の合計額：62万円＋25万円＝87万円

公的年金等の係る雑所得以外の所得の金額が1,000万円超2,000万円以下で、公的年金等の収入金額の合計額が100万円以下の場合(65歳以上)、公的年金等に係る雑所得の金額は0円となる。

個人年金保険契約に基づく年金収入は、公的年金等以外の雑所得となる。よって、雑所得の金額は次のようになる。

雑所得の金額：収入金額140万円－必要経費90万円＝50万円

②総所得金額

給与所得：1,200万円

不動産所得：総収入金額500万円－必要経費560万円＝▲60万円

ただし、必要経費の中には土地の取得に要した負債の利子20万円が含まれているので、この20万円については他の所得と損益通算することができない。〈注意

よって、損失60万円から20万円を差し引いた40万円と他の所得の金額を損益通算することになる。

総所得金額：給与所得1,200万円－40万円＋雑所得50万円＝1,210万円

なお、上場株式を譲渡したことによる譲渡所得は申告分離課税の対象となる。

ワンポイントアドバイス

土地の取得に要した負債の利子に相当する部分は、損益通算の対象とならない点に注意しましょう。

3
□□□

次の〈Aさん（65歳）の収入等に関する資料〉に基づいて、①〜②のAさんの所得金額を、それぞれ求めなさい。〈答〉は万円単位とすること。なお、記載のない事項については考慮しないものとする。また、Aさんは給与所得と年金所得の双方を有する者に対する所得金額調整控除の適用対象者である。

①総所得金額に算入される一時所得の金額
②総所得金額

〈Aさんの収入等に関する資料〉
(1) 給与の収入金額：1,250万円　給与所得控除額：195万円
(2) 老齢基礎年金の年金額：65万円
(3) 確定給付企業年金の老齢給付金の年金額：95万円
(4) 一時払終身保険の解約返戻金
契約から解約までの期間：2年4カ月
契約者（＝保険料負担者）・被保険者：Aさん
解約返戻金額：980万円　正味払込保険料：1,000万円
(5) 一時払変額個人年金保険（10年確定年金）の解約返戻金
契約から解約までの期間：4年2カ月
契約者（＝保険料負担者）・被保険者：Aさん
解約返戻金額：1,100万円　正味払込保険料：1,000万円
(6) 平準払養老保険の満期保険金
契約期間：30年
契約者（＝保険料負担者）・被保険者：Aさん
満期保険金受取人：Aさん
満期保険金額：800万円　正味払込保険料：600万円

〈資料〉公的年金等控除額（65歳以上）〈公的年金等に係る雑所得以外の所得に係る合計所得金額が1,000万円超2,000万円以下〉

公的年金等の収入金額：100万円超330万円以下	公的年金等控除額：1,000,000円

3

① 65万円　② 1,170万円

①総所得金額に算入される一時所得の金額　計算

総合課税されるのは、一時払終身保険の解約返戻金と平準払養老保険の満期保険金である。一時払変額個人年金保険（10年確定年金）の解約返戻金は、5年以内に解約しているので、金融類似商品として源泉分離課税が適用される。一時払終身保険も5年以内に解約しているが、一時払終身保険は解約時期にかかわらず、総合課税の対象となる。注意

一時所得の金額：(980万円＋800万円) − (1,000万円＋600万円) − 特別控除額50万円＝130万円

総所得金額に算入される一時所得の金額は、その2分の1の金額となるので次のようになる。

130万円×1／2＝65万円

②総所得金額

給与所得の金額：収入金額1,250万円 − 給与所得控除額195万円 − 所得金額調整控除額10万円＝1,045万円

※Aさんは所得金額調整控除の適用対象者である。注意

所得金額調整控除額：{給与所得控除後の給与等の金額（10万円超の場合は10万円）＋公的年金等に係る雑所得の金額（10万円超の場合は10万円）} − 10万円

雑所得の金額：(老齢基礎年金65万円＋確定給付企業年金95万円) − 公的年金等控除額100万円＝60万円

総所得金額：給与所得1,045万円＋雑所得60万円＋一時所得65万円＝1,170万円

ワンポイントアドバイス

一時払終身保険、一時払個人年金保険の解約返戻金の扱いに注意しましょう。

4
□□□

次の〈Aさんの収入等に関する資料〉に基づいて、小売業を営む個人事業主（青色申告者）のAさんの事業所得の金額を求めなさい。〈答〉は円単位とすること。なお、Aさんは、正規の簿記の原則（複式簿記）に従って記帳し、それに基づき作成した貸借対照表および損益計算書等を確定申告書に添付して、確定申告期限内にe-Tax（国税電子申告・納税システム）を使用して提出するものとし、事業所得の金額の計算上、青色申告特別控除額を控除すること。

〈Aさんの収入等に関する資料〉

・事業所得に関する事項

(1) 本年の売上高、仕入高等

項 目	金 額
売上高	8,420万円
仕入高	6,200万円
売上値引および返品高	15万円
年初の商品棚卸高	650万円
年末の商品棚卸高	660万円
必要経費※	595万円

※上記の必要経費は税務上適正に計上されている。なお、当該必要経費には、青色事業専従者給与は含まれているが、売上原価および下記(2)の減価償却費は含まれていない。

(2) 本年中に取得した減価償却資産（上記(1)の必要経費には含まれていない）

減価償却資産	備 考
車両1台※	9月5日に事業用として60万円で購入し、取得後直ちに事業の用に供している。（耐用年数4年、償却率（定率法 0.5 ／ 定額法 0.25））

※償却方法は法定償却方法とする。

4　15,500,000円

売上原価は次の計算式で算出する。〈計算〉

年初の商品棚卸高＋その年の仕入高－年末の商品棚卸高

売上原価：6,500,000円＋62,000,000円－6,600,000円＝61,900,000円

減価償却については、事業の用に供した9月から12月までの**4カ月で月割計算**をする。償却方法は法定償却方法とするので、**定額法により計算する**。〈注意〉

$$600{,}000円 \times 0.25 \times \frac{4}{12} = 50{,}000円$$

事業所得は、売上高から、売上原価・必要経費・減価償却費・青色申告特別控除額を控除して算出する。

なお、売上値引および返品高は売上高から控除する。

また、Aさんは所定の要件をすべて満たして電子申告をしているので、**青色申告特別控除額65万円を控除**することができる。

よって、事業所得は次のようになる。

事業所得：(84,200,000円－150,000円)－(61,900,000円＋5,950,000円＋50,000円)－650,000円＝15,500,000円

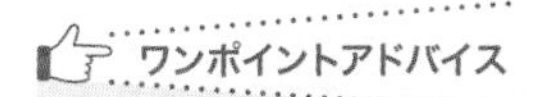

売上原価や減価償却費の計算方法を押さえておきましょう。

5
□□□

次の〈Aさんの収入等に関する資料〉に基づき、Aさんの所得税および復興特別所得税の申告納税額を計算した下表の空欄①～⑥に入る最も適切な数値を求めなさい。空欄⑥については、100円未満を切り捨てること。なお、Aさんの本年分の所得控除の合計額を300万円とし、配当控除の適用を受けるものとする。

〈Aさんの収入等に関する資料〉

(1) 事業所得　：　1,600万円（青色申告特別控除後）

(2) 本年中に受け取った非上場株式の配当金に関する事項

配当金額：80万円（源泉所得税控除前）

※支払の際に、所得税および復興特別所得税が源泉徴収されている。また、当該非上場株式を取得するための負債の利子はない。

項目	金額
事業所得の金額	□□□円
配当所得の金額	□□□円
(a) 総所得金額	（　①　）円
(b) 所得控除の額の合計額	3,000,000円
(c) 課税総所得金額（(a) − (b)）	□□□円
(d) (c) に対する所得税額	（　②　）円
(e) 配当控除	（　③　）円
(f) 差引所得税額（基準所得税額）（(d) − (e)）	□□□円
(g) 復興特別所得税額（(f) ×□□□%）	（　④　）円
(h) 所得税及び復興特別所得税の額（(f) + (g)）	□□□円
(i) 所得税及び復興特別所得税の源泉徴収税額	（　⑤　）円
(j) 所得税及び復興特別所得税の申告納税額 ((h) − (i)) ※100円未満切捨て	（　⑥　）円

〈資料〉所得税の速算表（一部抜粋）

課税総所得金額	税率	控除額
900万円超 1,800万円以下	33%	1,536,000円

5

① 16,800,000（円）　② 3,018,000（円）　③ 40,000（円）
④ 62,538（円）　⑤ 163,360（円）　⑥ 2,877,100（円）

①総所得金額　計算

事業所得：16,000,000円
配当所得：800,000円
総所得金額：16,000,000円＋800,000万円＝16,800,000円

②課税総所得金額に対する所得税額

課税総所得金額：16,800,000円－3,000,000円＝13,800,000円
所得税額：13,800,000円×33%－1,536,000円＝3,018,000円

③配当控除

課税総所得金額等から配当所得の金額を差し引いた金額が1,000万円超の場合、1,000万円超に相当する部分の控除額は配当所得金額の5%である。注意

800,000円×5%＝40,000円

④復興特別所得税額

差引所得税額（基準所得税額）：3,018,000円－40,000円＝2,978,000円
復興特別所得税額：2,978,000円×2.1%＝62,538円

⑤所得税及び復興特別所得税の源泉徴収税額

非上場株式の配当金は、その支払時に20.42%の税率により所得税および復興特別所得税が源泉徴収されている。注意

800,000円×20.42%＝163,360円

⑥所得税及び復興特別所得税の申告納税額

所得税及び復興特別所得税の額：2,978,000円＋62,538円＝3,040,538円
申告納税額：3,040,538円－163,360円＝2,877,178円→2,877,100円（100円未満を切り捨て）

法人税額等の計算

次のS社（資本金30,000千円）の当期（20×1年4月～20×2年3月）の〈資料〉に基づき、同社に係る〈略式別表四（一部抜粋）〉の空欄①～②に入る最も適切な数値を求めなさい。

※設例に示されている数値等以外の事項については考慮しないものとし、所得の金額の計算上、複数の方法がある場合は、所得の金額が最も低くなる方法を選択すること。

〈S社の当期における法人税の確定申告に係る資料〉

(1) 交際費等に関する事項：当期における交際費等の金額は11,000千円で、全額を損金経理により支出している。このうち、参加者1人当たり10千円以下の飲食費が500千円含まれており、その飲食費を除いた接待飲食費に該当するものが6,000千円含まれている（いずれも得意先との会食によるもので、専ら社内の者同士で行うものは含まれておらず、所定の事項を記載した書類も保存されている）。その他のものは、すべて税法上の交際費等に該当する。

(2) 受取配当金に関する事項：当期において、上場会社であるT社から、S社が前期首から同株数保有しているT社株式に係る配当金1,500千円（源泉所得税控除前）を受け取った。なお、T社株式は非支配目的株式等に該当する。

〈略式別表四（所得の金額の計算に関する明細書）〉　　（単位：円）

区分		総額
当期利益の額		＊＊＊
加算	損金経理をした納税充当金	＊＊＊
	交際費等の損金不算入額	（　①　）
	小計	＊＊＊
減算	納税充当金から支出した事業税等の金額	＊＊＊
	受取配当等の益金不算入額	（　②　）
	小計	＊＊＊

6

①2,500,000（円）　②300,000（円）

①交際費等の損金不算入額　重要　計算

1人当たり10,000円以下の得意先等との一定の飲食費は、交際費等から除かれる。改正 除外される一定の飲食費に係る金額が1人当たり1万円以下に引上げ（2024年4月1日～）

交際費計上金額11,000千円－税務上の交際費除外金額500千円＝10,500千円

資本金等の額が1億円以下である法人の場合、(1)と(2)のいずれか多い金額が損金算入限度額となる。

(1) 飲食のために支出する費用（役員・従業員等に対する接待等のために支出するものを除く）× 50%

(2) 年間8,000千円（定額控除限度額）

6,000千円 × 50% ＜ 8,000千円

よって、8,000千円を損金に算入することができる。

交際費等の損金不算入額：10,500千円－8,000千円＝2,500千円

②受取配当等の益金不算入額

非支配目的株式等の場合、益金不算入額は、受取配当等× 20%である。よって、受取配当等の益金不算入額は次のようになる。

1,500千円 × 20%＝300千円

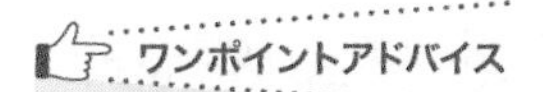

応用編では、〈略式別表四〉の数値を算出する問題がとてもよく出題されています。表の構成、各数値の算出方法をしっかり理解しましょう。

7 □□□

次のＳ社（資本金30,000千円）の当期（20×１年４月～20×２年３月）の〈資料〉に基づき、同社に係る〈略式別表四（一部抜粋）〉の空欄に入る最も適切な数値を求めなさい。

※設例に示されている数値等以外の事項については考慮しないものとする。

〈Ｓ社の当期における法人税の確定申告に係る資料〉

(1) 役員給与に関する事項：当期において、Ｓ社は取締役のＡさんから時価20,000千円の土地を25,000千円で買い取った。この土地の売買に係る事前確定届出給与に関する届出書は提出していない。

(2) 税額控除に関する事項：当期における給与等の支給額が増加した場合の法人税額の特別控除に係る控除対象雇用者給与等支給増加額は1,000千円である（給与等の増加割合1.5%・上乗せ措置の要件は満たしていない）。

〈略式別表四（所得の金額の計算に関する明細書）〉　（単位：円）

区分		総額
当期利益の額		＊＊＊
加算	役員給与の損金不算入額	（　　　）
	小計	＊＊＊
減算	納税充当金から支出した事業税等の金額	＊＊＊
	小計	＊＊＊
合計		＊＊＊
所得金額又は欠損金額		12,000,000

8 □□□

上記の問題を踏まえ、Ｓ社が当期の確定申告により納付すべき法人税額を求めなさい。〈答〉は100円未満を切り捨てて円単位とすること。

資本金１億円以下の法人等	年8,000千円以下の部分の金額	税率15%
	年8,000千円超の部分の金額	税率23.2%

7

5,000,000（円） 計算

・役員給与の損金不算入額

役員所有の資産を法人へ高額譲渡した場合、時価で取得したものとされ、**時価との差額は役員に対して支払った給与**とされる。事前確定届出給与に関する届出書を提出していないので、この役員給与は損金不算入となる。

役員給与の損金不算入額：25,000千円－20,000千円＝5,000千円

8

1,978,000（円）

・納付すべき法人税額 重要 計算

所得金額12,000,000円を速算表に当てはめ法人税額を計算する

8,000,000円×15%＋（12,000,000円－8,000,000円）×23.2%＝2,128,000円

2,128,000円－150,000円※＝1,978,000円

※法人税額の特別控除に係る税額控除額を法人税額から控除する。

〈給与等の支給額が増加した場合の法人税額の特別控除（中小企業向け）※〉

税額控除限度額は、次の算式により計算する（上乗せ措置なし）。

税額控除限度額：**控除対象雇用者給与等支給増加額×15%**

1,000千円×15%＝150千円

※改正 2027年3月31日までに開始される事業年度に適用。給与等の増加割合が2.5%以上の場合は控除率が30%。2024年4月1日からは**5年間の繰越し**が可能。

なお、賃上げ促進税制は、改正により強化され、2027年3月31日までに開始する各事業年度に適用。中堅企業向けが新設され、2024年4月1日からは企業区分が大企業向け、中堅企業向け、中小企業向けとなっている。改正

9
□□□

次のＳ社（資本金50,000千円）の当期（20×１年４月～20×２年３月）の〈資料〉に基づき、次ページの同社に係る〈略式別表四〉の空欄①～⑥に入る最も適切な数値を求めなさい。

※設例に示されている数値等以外の事項については考慮しないものとし、所得の金額の計算上、複数の方法がある場合は、所得の金額が最も低くなる方法を選択すること。

〈Ｓ社の当期における法人税の確定申告に係る資料〉

(1) 減価償却費に関する事項：当期において、３年前に取得した生産設備（当期首の帳簿価額5,000千円・耐用年数10年・償却率（定率法）0.200）について、減損損失2,000千円を計上し、600千円を減価償却費として損金経理したが、減損損失2,000千円の計上は、税務上損金の額として認められないことが判明した。

(2) 退職給付引当金に関する事項：当期において、決算時に退職給付費用4,000千円を損金経理するとともに、同額を退職給付引当金として負債に計上している。また、従業員の退職金支払の際に退職給付引当金を5,000千円取り崩し、同額を現金で支払っている。

(3) 受取配当金に関する事項：当期において、前期から保有している上場会社のＴ社株式（非支配目的株式等に該当）に係る配当金6,000千円（源泉所得税控除前）を受け取った。

(4) 当期における「中小企業者等が特定経営力向上設備等を取得した場合の法人税額の特別控除」に係る税額控除額が240千円ある。

(5)「法人税、住民税及び事業税」等に関する事項

❶損益計算書に表示されている「法人税、住民税及び事業税」は、預金の利子について源泉徴収された所得税額30千円・復興特別所得税額630円、受取配当金について源泉徴収された所得税額900千円・復興特別所得税額18,900円および当期確定申告分の見積納税額3,800千円の合計額4,749,530円である。なお、貸借対照

表に表示されている「未払法人税等」の金額は3,800千円である。

❷当期中に「未払法人税等」を取り崩して納付した前期確定申告分の事業税（特別法人事業税を含む）は1,100千円である。

❸源泉徴収された所得税額および復興特別所得税額は、当期の法人税額から控除することを選択する。

❹中間申告および中間納税については、考慮しないものとする。

〈略式別表四（所得の金額の計算に関する明細書）〉　（単位：円）

区分		総額
当期利益の額		17,550,470
加算	損金経理をした納税充当金	（　①　）
	減価償却の償却超過額	（　②　）
	退職給付費用の損金不算入額	（　③　）
	小計	***
減算	納税充当金から支出した事業税等の金額	1,100,000
	受取配当等の益金不算入額	（　④　）
	退職給付引当金の当期認容額	***
	小計	***
仮計		***
法人税額から控除される所得税額（注）		（　⑤　）
合計		***
欠損金又は災害損失金等の当期控除額		0
所得金額又は欠損金額		（　⑥　）

（注）法人税額から控除される復興特別所得税額を含む。

10 □□□

上記の問題を踏まえ、S社が当期の確定申告により納付すべき法人税額を求めなさい。〈答〉は100円未満を切り捨てて円単位とすること。

資本金1億円以下の法人等	年8,000千円以下の部分の金額	税率15%
	年8,000千円超の部分の金額	税率23.2%

9

① 3,800,000（円） ② 1,600,000（円） ③ 4,000,000（円）
④ 1,200,000（円） ⑤ 949,530（円） ⑥ 20,600,000（円）

①損金経理をした納税充当金

見積納税額（未払法人税等の金額）3,800千円は、損益計算書上、費用とされているが、法人税では損金算入できないため、「損金経理をした納税充当金」として加算する。

②減価償却の償却超過額 重要 計算

生産設備について、減損損失2,000千円を計上し、600千円を減価償却費として損金経理している。

減損損失：2,000千円

減価償却費：（帳簿価額5,000千円－減損損失2,000千円）×償却率0.200＝600千円

このうち、減損損失2,000千円は損金の額に算入できないので、損金に算入できる減価償却の金額は、次のようになる。

帳簿価額5,000千円×償却費0.200＝1,000千円

よって、減価償却の償却超過額は、次のようになる。

2,000千円＋600千円－1,000円＝1,600千円

なお、減損会計とは、資産の収益性の低下により投資額の回収が見込めなくなった場合に、一定の条件のもとで回収可能性を反映させるように帳簿価額を減額（減損損失を計上）する会計処理である。

③退職給付費用の損金不算入額

退職給付引当金は損金の額に算入できないので、退職給付費用4,000千円が損金不算入額となる。

④受取配当等の益金不算入額 計算

非支配目的株式等の場合、益金不算入額は、受取配当等×20％である。よって、受取配当等の益金不算入額は次のようになる。

6,000千円×20％＝1,200千円

⑤法人税額から控除される所得税額

預金の利子および受取配当金について源泉徴収された所得税額および復興特別所得税額は、当期の法人税額から控除することを選択するので、「法人税額から控除される所得税額」は次のようになる（合計額を加算する）。

30,000円＋630円＋900,000円＋18,900円＝949,530円

⑥所得金額又は欠損金額　〈計算〉

所得金額又は欠損金額は、「当期利益の額＋加算合計－減算合計＋法人税額から控除される所得税額」で計算する。

※本問では欠損金又は災害損失金等の当期控除額は0円

当期利益の額：17,550,470円

加算合計：3,800,000円＋1,600,000円＋4,000,000円＝9,400,000円

減算合計：1,100,000円＋1,200,000円＋5,000,000円※＝7,300,000円

※当期に退職金を5,000千円支払っているので、退職給付引当金の当期認容額は5,000千円となる。

法人税額から控除される所得税額：949,530円

所得金額又は欠損金額：17,550,470円＋9,400,000円－7,300,000円＋949,530円＝20,600,000円

10

2,933,600（円）

前問の空欄⑥より所得金額は20,600,000円となる　〈計算〉

8,000,000円×15％＋（20,600,000円－8,000,000円）×23.2％＝4,123,200円

4,123,200円－240,000円※－949,530円※＝2,933,670円

→2,933,600円（100円未満を切り捨て）

※法人税額の特別控除に係る税額控除額および法人税額から控除される所得税額は、法人税額から控除する。

11

□□□

次のS社（資本金30,000千円）の当期（20×1年4月～20×2年3月）の〈資料〉に基づき、次ページの同社に係る〈略式別表四〉の空欄①～⑦に入る最も適切な数値を求めなさい。

※設例に示されている数値等以外の事項については考慮しないものとし、所得の金額の計算上、複数の方法がある場合は、所得の金額が最も低くなる方法を選択すること。

〈S社の当期における法人税の確定申告に係る資料〉

(1) 減価償却費に関する事項：当期における減価償却費は、その全額について損金経理を行っている。このうち、備品の減価償却費は4,200千円であるが、その償却限度額は4,000千円であった。一方、建物の減価償却費は6,600千円であるが、その償却限度額は7,000千円であった。なお、前期からの繰越償却超過額が当該建物について450千円ある。

(2) 役員給与に関する事項：取締役のAさんに支給した役員給与は、当期の4月分から12月分までは月額600千円であったが、1月分から3月分までは月額800千円に増額した。このAさんに対する役員給与について、増額する臨時改定事由は特になく、S社は事前確定届出給与に関する届出書を提出していない。

(3) 役員退職金に関する事項：当期において、退任した取締役のBさんに役員退職金を25,000千円支給した。この退職金の税法上の適正額は、最終報酬月額600千円、役員在任期間15年、功績倍率2.5倍として功績倍率方式により算定した金額が妥当であると判断されたため、支給額のうち功績倍率方式により計算された適正額を上回る部分については、別表四において自己否認を行うことにした。

(4)「法人税、住民税及び事業税」等に関する事項

❶損益計算書に表示されている「法人税、住民税及び事業税」は、預金の利子について源泉徴収された所得税額20千円・復興特別所得税額420円および当期確定申告分の見積納税額3,500千円の

合計額3,520,420円である。なお、貸借対照表に表示されている「未払法人税等」の金額は3,500千円である。

❷源泉徴収された所得税額および復興特別所得税額は、当期の法人税額から控除することを選択する。

❸中間申告および中間納税については、考慮しないものとする。

〈略式別表四（所得の金額の計算に関する明細書）〉　　　　（単位：円）

区分		総額
当期利益の額		11,179,580
加算	損金経理をした納税充当金	（　①　）
	減価償却の償却超過額	（　②　）
	役員給与の損金不算入額	（　③　）
	役員退職給与の損金不算入額	（　④　）
	小計	
減算	減価償却超過額の当期認容額	（　⑤　）
	小計	***
仮計		***
法人税額から控除される所得税額(注)		（　⑥　）
合計		***
欠損金又は災害損失金等の当期控除額		0
所得金額又は欠損金額		（　⑦　）

（注）法人税額から控除される復興特別所得税額を含む。

12
□□□

上記の問題を踏まえ、S社が当期の確定申告により納付すべき法人税額を求めなさい。〈答〉は100円未満を切り捨てて円単位とすること。

資本金1億円以下の法人等	年8,000千円以下の部分の金額	税率15%
	年8,000千円超の部分の金額	税率23.2%

11

① 3,500,000（円） ② 200,000（円） ③ 600,000（円）
④ 2,500,000（円） ⑤ 400,000（円） ⑥ 20,420（円）
⑦ 17,600,000（円）

①損金経理をした納税充当金

見積納税額（未払法人税等の金額）3,500千円は、損益計算書上、費用とされているが、法人税では損金算入できないため、「損金経理をした納税充当金」として加算する。

②減価償却の償却超過額 重要 計算

備品の減価償却費は4,200千円で、償却限度額が4,000千円なので、償却限度額を超える部分が減価償却の償却超過額となる。

4,200千円－4,000千円＝200千円

③役員給与の損金不算入額 重要 計算

1月分から3月分までの増額については、臨時改定事由に該当せず、事前確定届出給与に関する届出書も提出していないので、増額前と増額後の差額が損金不算入となる。

(800千円－600千円)×3カ月＝600千円

④役員退職給与の損金不算入額 重要 計算

過大な役員退職給与は損金不算入となる。過大であるかどうかの判定方法の目安として功績倍率がある。設例では、功績倍率方式により算定した適正額を上回る部分については自己否認を行うことにしている。

役員退職金の支給額：25,000千円

役員退職金の適正額：600千円×15年×2.5倍＝22,500千円

自己否認額：25,000千円－22,500千円＝2,500千円

⑤減価償却超過額の当期認容額

建物の減価償却費は6,600千円で、償却限度額は7,000千円なので、償却不足となっている。前期からの繰越償却超過額が450千円あるので、この金額を上限に、当期における償却不足額について減価償却超過額の認容処理を行う。

償却不足額：7,000千円－6,600千円＝400千円

⑥法人税額から控除される所得税額

預金の利子について源泉徴収された所得税額および復興特別所得税額は、当期の法人税額から控除することを選択するので、「法人税額から控除される所得税額」は次のようになる（合計額を加算する）。

20,000円＋420円＝20,420円

⑦所得金額又は欠損金額　計算

所得金額又は欠損金額は、「当期利益の額＋加算合計－減算合計＋法人税額から控除される所得税額」で計算する。

※本問では欠損金又は災害損失金等の当期控除額は0円

当期利益の額：11,179,580円

加算合計：3,500,000円＋200,000円＋600,000円＋2,500,000円＝6,800,000円

減算合計：400,000円

法人税額から控除される所得税額：20,420円

所得金額又は欠損金額：11,179,580円＋6,800,000円－400,000円＋20,420円＝17,600,000円

12

3,406,700（円）

前問の空欄⑦より所得金額は17,600,000円となる　計算

8,000,000円×15%＋（17,600,000円－8,000,000円）×23.2%＝3,427,200円

3,427,200円－20,420円※＝3,406,780円 → 3,406,700円

（100円未満を切り捨て）

※法人税額から控除される所得税額は、法人税額から控除する。

ワンポイントアドバイス

〈略式別表四〉の問題のパターンに慣れましょう。

第５章　不動産

近年の出題傾向一覧

※ FP 技能検定１級学科（基礎編）

項目	2021.9	2022.1	2022.5	2022.9	2023.1	2023.5	2023.9	2024.1
不動産登記	★★		★	★	★			★★
売買契約上の留意点			★	★				★
宅地建物取引業法		★			★	★		
借地借家法	★	★	★		★		★	
都市計画法		★	★	★	★		★	
建築基準法	★	★	★		★	★		★
区分所有法	★			★			★	
その他法令上の規制	★	★		★		★	★★	★
不動産の取得・保有と税金		★	★	★	★	★★	★	★★
不動産の譲渡と税金	★	★	★	★	★	★	★	★
土地の有効活用			★		★			
不動産の投資判断等	★	★		★		★★	★	

※★は出題数を表している。複数の項目にわたる問題の場合は、その問題の中心となる項目としている。また、いずれの項目にも該当しない問題については、より関連する項目としている。

不動産

合格ポイント整理

一問一答演習

合格ポイント整理

1. 不動産登記

❶ 登記記録の構成

表題部	土地：登記原因、所在、地番、地積など 建物：登記原因、所在、家屋番号、種類、構造、床面積など
権利部	甲区：所有権に関する事項（差押え含む）注意 乙区：所有権以外の権利に関する事項（抵当権、賃借権など）

❷ 仮登記

- 本登記できないときに、将来の本登記のために**順位を保全**しておくもの。
- 所有権に関する仮登記に基づく本登記は、**登記上の利害関係を有する第三者の承諾がある**ときに限り、申請することができる（抵当権設定の仮登記を本登記にする場合は第三者の承諾は不要）。注意
- 本登記の順位は、仮登記の順位による。

❸ 不動産登記の調査

登記事項証明書	・登記記録に記録されている事項の全部または一部が記載され、登記官による**認証文や職印**が付された書面。 ・窓口請求、郵送請求、オンライン請求で、誰でも交付を請求できる。注意
登記事項要約書	・現在の所有者等、登記記録の概要のみが記載されたもの（職印等はない）。 ・請求は窓口に限られる。注意
分筆・合筆	分筆：1筆の土地を2筆以上に法的に分割すること 合筆：数筆の土地を合併して1筆の土地にすること 合筆するには、**字名、地目、所有者が同じ**であり、土地同士が接続している必要がある。合筆しようとしている2筆の土地のうち、1筆に抵当権の登記がある場合、抵当権者の承諾書を添付しても、**合筆の登記はできない**。重要

❹ 相続登記（2024年4月1日〜）改正

相続登記の義務化	相続によって不動産を取得した相続人は、自己のために相続の開始があったことを知り、かつ、その所有権を取得したことを知った日から3年以内に相続登記の申請をしなければならない。 ※ 2024年3月31日以前に相続の開始があった場合も、義務化の対象となる。注意

2. 売買契約上の留意点

手付金	民法上、手付金は特に定めのない限り、解約手付と推定される。 契約の相手方が契約の履行に着手するまでは、買主は手付金を放棄して、売主は手付金の倍額を現実に提供して、契約を解除することができる。重要
危険負担	民法上、契約締結後から引渡し前までの間に、売主の責めによらない事由（自然災害等）により、建物が滅失した場合、買主は売買代金の支払の履行を拒絶できる。
契約不適合責任	売買において、引き渡された目的物が契約の内容に適合していない場合、売主は買主に対してその責任を負わなくてはならない。この場合、売主と買主のいずれに帰責事由があるかに応じて、買主は売主に対して、次のように請求することができる。 （下表参照） ※○：できる　×：できない なお、買主は、契約に適合しないことを知ってから1年以内にその旨を通知する必要がある。重要

	買主に帰責事由あり	双方とも帰責事由なし	売主に帰責事由あり
損害賠償	×	×	○
解除	×	○	○
追完請求	×	○	○
代金減額	×	○	○

3. 宅地建物取引業法

<table>
<tr><td>宅地建物
取引業</td><td>宅地建物取引業とは、宅地・建物の売買、交換やその代理あるいは貸借の代理、媒介を業として行うことをいい、免許が必要。自ら所有する物件を自ら賃貸することは、宅地建物取引業ではないので、免許は不要。</td></tr>
<tr><td>業務上の
規制
重要</td><td>・宅地建物取引業者が自ら売主となる不動産の売買契約の場合（買主が業者以外）、売主は売買代金の額の2割を超える手付金を受領することができない。
・宅地建物取引業者が自ら売主となる不動産の売買契約の場合（買主が業者以外）、買主が契約不適合を売主に通知する期間を、目的物の引渡しの日から2年以上とする特約は有効。</td></tr>
<tr><td>媒介契約
重要</td><td>
<table>
<tr><th></th><th>一般媒介
契約</th><th>専任媒介
契約</th><th>専属専任
媒介契約</th></tr>
<tr><td>複数業者への
依頼</td><td>できる</td><td>できない</td><td>できない</td></tr>
<tr><td>自己発見取引</td><td>できる</td><td>できる</td><td>できない</td></tr>
<tr><td>契約期間</td><td>自由</td><td>3カ月を
上限※</td><td>3カ月を
上限※</td></tr>
<tr><td>指定流通機構
への登録義務</td><td>なし</td><td>7日以内</td><td>5日以内</td></tr>
<tr><td>業務報告義務</td><td>なし</td><td>2週間に
1回以上</td><td>1週間に
1回以上</td></tr>
</table>
※3カ月より長い期間を定めた場合は超える部分が無効とされる。 注意
</td></tr>
</table>

4. 借地借家法

❶ 借地権（普通借地権）

建物用途	制限なし

契約方法	制限なし
存続期間	30年以上（期間の定めのない場合は30年）
更　新	借地人からの更新請求は建物が存在する場合に限り認められる。地主による更新拒絶には**正当事由が必要**。注意 更新しない場合は、借地人は地主に対して建物を時価で買い取ることを請求できる。
更新後の期間	最初の更新：20年以上 2回目以降：10年以上

❷ 定期借地権

	一般定期借地権	事業用定期借地権等	建物譲渡特約付借地権
建物用途	制限なし	事業用に限る（一部でも居住用は不可）	制限なし
契約方法	公正証書等の書面	公正証書に限る	制限なし
存続期間	50年以上	事業用定期借地権：30年以上50年未満 事業用借地権：10年以上30年未満	30年以上
更　新	更新なし 原則、更地で返還		更新なし 建物を地主が譲り受けることによって、借地権は消滅。建物の使用者が使用の継続を請求すると、**期間の定めのない建物賃貸借が締結されたとみなされる**。注意

❸ 借家権

	普通借家契約	定期借家契約
更　新	更新あり。貸主の更新拒絶には正当事由が必要。	更新なし。再契約は可能。
存続期間	1年以上。 1年未満の期間を定めた場合は、期間の定めのない契約とみなされる。	自由（1年未満でも可）
契約方法	制限なし	公正証書等の書面
事前説明	—	貸主は、あらかじめ、借主に対し、契約の更新がなく、期間の満了により賃貸借は終了する旨を記載した書面を交付して説明しなければならない。
契約期間満了通知	—	契約期間が1年以上である場合、賃主は、期間満了の1年前から6カ月前までの間に、借主に対して期間の満了により建物の賃貸借が終了する旨の通知が必要。注意
中途解約	期間の定めのない契約は解約可能。解約の申入れ後、貸主の申出から6カ月後、借主の申出から3カ月後に終了。貸主からの場合は正当事由が必要。	居住用建物で床面積が200m²未満である場合、転勤、療養、親族の介護等のやむを得ない事情により自己の生活の本拠として使用することが困難なときは、特約がなくても中途解約できる。重要

5. 都市計画法 重要

❶ 都市計画区域、準都市計画区域

<table>
<tr><td rowspan="3">都市計画区域</td><td rowspan="2">区域区分</td><td>市街化区域</td><td>既に市街地を形成している区域およびおおむね10年以内に優先的かつ計画的に市街化を図るべき区域</td></tr>
<tr><td>市街化調整区域</td><td>市街化を抑制すべき区域</td></tr>
<tr><td colspan="2">非線引き都市計画区域</td><td>線引きをしない区域</td></tr>
<tr><td>準都市計画区域</td><td colspan="3">都市計画区域外の区域のうち、そのまま土地利用を整序し、または環境を保全するための措置を講ずることなく放置すれば、将来における一体の都市としての整備、開発および保全に支障が生じるおそれがあると認められる一定の区域</td></tr>
</table>

❷ 用途地域

区域	用途地域
市街化区域	必ず定める
市街化調整区域	原則として定めない
非線引き都市計画区域、準都市計画区域	定めることができる

❸ 開発許可制度

開発行為	建築物の建築または特定工作物を建設するために行う土地の区画形質の変更。単なる分筆や合筆など権利区分の変更だけでは区画の変更にならない。 注意
開発許可	都市計画区域内、準都市計画区域内で開発行為を行うとする者は、原則として、事前に都道府県知事等の許可を受けなければならない。

許可が不要とされる主な開発行為	・市街化区域内で行う1,000m²※未満の開発行為 ・非線引き都市計画区域、準都市計画区域内で行う3,000m²※未満の開発行為 重要 ※条令により300m²まで引下げ可能

※開発許可を受けた者の相続人その他の一般承継人は、手続することなく許可に基づく地位を承継する。売買等により土地を取得した特定承継人は都道府県知事等の承認を受けなければならない。

6. 建築基準法

❶ 道路に関する制限

接道義務	都市計画区域・準都市計画区域内では、建築物の敷地は、原則として幅員4m以上の道路に2m以上接していなければならない。
建築基準法上の道路	幅員4m以上の道路 ・1号道路：道路法による道路 ・2号道路：都市計画法、土地区画整理法等による道路 ・3号道路：建築基準法第3章適用の際、既にあった公道、私道 ・4号道路：道路法、都市計画法等による新設または変更の事業計画のある道路で、2年以内にその事業が執行される予定のものとして特定行政庁が指定したもの ・5号道路：土地を建築物の敷地として利用するため、道路法、都市計画法、土地区画整理法等によらないで築造する政令で定める基準に適合する道で、これを築造しようとする者が特定行政庁からその位置の指定を受けたもの（位置指定道路） 重要
セットバック	建築基準法施行の際、現に建築物が立ち並んでいる幅員4m未満の道で、特定行政庁の指定した道路（42条2項道路）は、建築基準法上の道路とみなされる。

セットバック	この場合、原則として、その**中心線から水平距離で2m後退した線**が、その道路の境界線とみなされる。ただし、一方が崖地や川等である場合においては、当該崖地や川等の**道の側の境界線から水平距離で4m後退した線**が、その道路の境界線とみなされる。注意 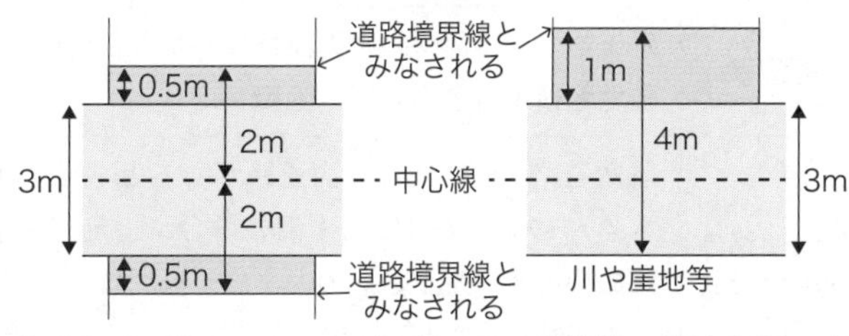 後退部分（セットバック部分）は、建築物の敷地として利用できず、建蔽率や容積率の算定おいても**敷地面積に含まれない**。

❷建蔽率

建蔽率	建築物の建築面積の敷地面積に対する割合のこと **敷地面積×建蔽率＝建築面積** 計算
建蔽率の緩和措置 重要 計算	①特定行政庁が指定する**角地**等：10%加算 ②**防火地域内**にある**耐火建築物等**（指定建蔽率が80％以外の地域）：10%加算 ③**準防火地域内**にある**耐火建築物等**または**準耐火建築物等**：10%加算 ④上記の条件を同時に満たす場合：（①＋②または①＋③）：20%加算 ⑤指定建蔽率が**80%**の地域内で、**防火地域内**にある**耐火建築物等**：建蔽率の制限なし（100%建築可能） ※建築物の敷地が2以上の建蔽率の異なる地域にわたる場合には、それぞれの地域の建蔽率を**加重平均**して計算する。 ※建築物の敷地が、防火地域の内外にわたる場合、敷地内の建築物の全部が耐火建築物等であるときは、その敷地は**すべて防火地域に**あるものとみなして建蔽率の緩和の規定を適用する。

建蔽率の緩和措置 重要 計算	※準防火地域と防火・準防火の指定のない区域にわたり、敷地内の建築物の全部が耐火建築物等または準耐火建築物等であるときは、その敷地はすべて準防火地域にあるものとみなして建蔽率の緩和の規定を適用する。注意

❸ 容積率

容積率	建築物の延べ面積の敷地面積に対する割合のこと 敷地面積×容積率＝延べ面積 計算
前面道路の幅員による制限 重要 計算	前面道路（2以上の前面道路があるときは、幅員の最大のもの）の幅員が12m未満の場合、指定容積率と「前面道路の幅員×法定乗数」のいずれか低いほうが限度となる。 ・住居系地域：10の4 ・商業系地域・工業系地域：10分の6 ※建築物の敷地が2以上の容積率の異なる地域にわたる場合には、それぞれの地域の容積率を加重平均して計算する。
特定道路による容積率制限の緩和 重要 計算	建築物の敷地が幅員15m以上の道路（特定道路）から70m以内にあり、建築物の敷地の前面道路が6m以上12m未満である場合、特定道路までの延長距離に応じた数値（W_1）を前面道路の幅員に加算し、これに法定乗数を乗じて容積率の最高限度を計算することができる。 $W_1 = \frac{(12 - W_2) \times (70 - L)}{70}$ W_1：前面道路幅員に加算される数値 W_2：前面道路の幅員（m） L：特定道路までの距離（m）
容積率不算入の規定	・自動車車庫・駐輪場：建物全体の延べ面積の5分の1を限度として、容積率の計算上、延べ面積に算入しない。 ・住宅の地階：住宅等の地階（天井が地盤面から高さ1m以下にあるもの）の床面積は、建築物の住宅等部分の延べ面積の3分の1を限度として、容積率の計算上、延べ面積に算入しない 。

容積率不算入の規定	・共同住宅の共用部分：共同住宅（マンション等）の共用の廊下、階段、エントランスホール等の部分は、容積率の計算上、延べ面積に算入しない。

❹ 建築物の高さの制限

絶対高さ制限	第一種・第二種低層住居専用地域および田園住居地域では、建築物の原則として10mまたは12mのうち都市計画で定めた高さを超えてはならない。

〈斜線制限〉　○：適用あり　×：適用なし　重要

用途地域	絶対高さ制限	道路斜線制限	隣地斜線制限	北側斜線制限
第一種・第二種低層住居専用地域 田園住居地域	○	○	×	○
第一種・第二種中高層住居専用地域	×	○	○	○※
第一種・第二種住居地域、準住居地域、近隣商業地域、商業地域、準工業地域、工業地域、工業専用地域	×	○	○	×
用途地域指定区域外	×	○	○	×

※日影規制の対象区域は×

天空率	各斜線制限と同程度以上の採光、通風等が確保されているものとして一定の基準に適合する建築物については、各斜線制限は適用されない。
日影規制	商業地域、工業地域、工業専用地域以外（地方公共団体の条例で定める区域）で適用される。 ※日影規制には斜線制限のような天空率の取扱いはない。　注意

❺ 防火規制

建築物が防火規制の異なる地域にまたがる場合、原則として、建築物全部に防火規制の厳しいほうの制限を受ける。

7. 区分所有法

❶ 集会の決議 重要

決議内容	区分所有者および議決権
共用部分の変更（その形状または効用の著しい変更を伴わないものを除く）	各４分の３以上の賛成 規約で区分所有者の定数を過半数まで減じることができる。 注意
管理組合法人の設立、解散	各４分の３以上の賛成 規約で変更不可
規約の設定・変更・廃止	各４分の３以上の賛成 特別の影響を受ける区分所有者の承諾が必要
建物価格の２分の１超が滅失した場合の共用部分の復旧	各４分の３以上の賛成 規約で変更不可
建替え	各５分の４以上の賛成 規約で変更不可

※区分所有者の承諾を得て専有部分を占有する者は、会議の目的たる事項につき利害関係を有する場合には、集会に出席して**意見を述べることができる**（議決権を行使することはできない）。

❷ 建替え

集会の招集	建物の建替えの決議事項を会議の目的とする集会を招集するときは、集会の会日より少なくとも２月前に発しなければならない。ただし、この期間は、規約で伸長することができる。
説明会	集会を招集した者は、集会の会日より少なくとも１月前までに、当該招集の際に通知すべき事項について区分所有者に対し説明を行うための説明会を開催しなければならない。

売渡請求	集会において建替え決議がなされた場合、決議に賛成した区分所有者は、建替えに参加しない旨を回答した区分所有者に対し、一定期間内に区分所有権および敷地利用権を時価で売り渡すべきことを請求することができる。

8. その他法令上の規制

❶ 農地法

	3条(権利移動)	4条(転用)	5条(権利移動と転用)
内　容	農地を農地として売買する場合等	自ら農地を宅地等に転用する場合	農地を宅地等に転用する目的で売買する場合等
許可権者	農業委員会	都道府県知事（指定市町村は市長村長）	
市街化区域の特例 重要	特例なし	農業委員会に事前に届出（許可不要）	

※農地の所有権を相続により個人が取得した場合、当該権利を取得したことを知った時点からおおむね10カ月以内に、農業委員会にその旨を届け出なければならない。重要

❷ 生産緑地法

指　定	市街化区域内の、農業を継続して営む条件を備えている500m²以上の一団の農地等について、土地所有者の同意を得たうえで、都市計画により生産緑地地区に定めることができる。 生産緑地に指定されると、固定資産税等が大幅に減額される。
買取りの申出	生産緑地の所有者は、次のいずれかの場合、市町村に対して時価による買取りを申し出ることができる。 ・都市計画決定の告示から30年を経過したとき 特定生産緑地に指定されると、買取りの申出は、30年経過後10年間延長される（再延長できる）。 ・農林漁業の主たる従事者が死亡し、または農林漁業に従事することを不可能にさせる故障を有するに至ったとき

行為制限の解除	市町村長に買取りの申出を行い、その申出の日から起算して3カ月以内に当該生産緑地の所有権の移転（相続その他の一般承継による移転を除く）が行われなかったときは、行為制限が解除され、宅地造成等の転用が可能となる。
固定資産税の納付	生産緑地の所有者の申出により生産緑地の指定が解除された場合、所有者はそれまで減免されていた固定資産税額を納付する必要はない。注意

9. 不動産の取得・保有と税金

❶ 不動産取得税

<table>
<tr><td>概　要</td><td>登記の有無を問わず、土地・建物を取得した者に対し、都道府県が課税。相続（包括遺贈や相続人になされた遺贈を含む）、法人の合併等による取得は非課税（死因贈与は課税）。注意
不動産取得税額：固定資産税評価額×税率
税率：土地3%、住宅用建物3%、非居住用建物4%
※標準税率は原則4%であるが、特例措置により土地・住宅は3%（2027年3月31日まで）。</td></tr>
<tr><td>宅地の課税標準の特例</td><td>宅地の課税標準については、その2分の1となる（固定資産税評価額×1／2）。
※2027年3月31日まで</td></tr>
<tr><td>住宅の課税標準の特例</td><td>
<table>
<tr><th></th><th>控除額</th><th>床面積</th></tr>
<tr><td>新築住宅（自己居住用、貸家）</td><td>固定資産税評価額から1,200万円控除（共同住宅については各戸ずつ）</td><td>50m² 以上240m² 以下（戸建て以外の貸家は40m² 以上240m² 以下）</td></tr>
<tr><td>中古住宅（自己居住用のみ）</td><td>控除額は建築時期により異なる（100万円～1,200万円）</td><td>50m² 以上240m² 以下</td></tr>
</table>
※新築の認定長期優良住宅の場合は、控除額が1,300万円となる（2026年3月31日まで）。
</td></tr>
</table>

❷ 登録免許税

<table>
<tr><td>概　要</td><td>不動産の登記をする場合等に国が課税。表題登記には登録免許税が課されない。
登録免許税額：固定資産税評価額（抵当権設定登記は債権金額）×税率</td></tr>
<tr><td>軽減税率</td><td>土地と一定の自己居住用の住宅用家屋は、軽減税率が適用される。
<table><tr><th rowspan="2"></th><th rowspan="2">本則</th><th colspan="2">軽減税率</th></tr><tr><th>土地※1</th><th>自己居住用の住宅家屋※2</th></tr><tr><td>所有権保存登記</td><td>0.4%</td><td>－</td><td>0.15%</td></tr><tr><td>所有権移転登記</td><td>2.0%</td><td>1.5%</td><td>0.3%</td></tr><tr><td>抵当権設定登記</td><td>0.4%</td><td>－</td><td>0.1%</td></tr></table>※1　2026年3月31日まで
※2　自己居住用、新築・売買等による取得後1年以内に登記をする必要がある（贈与は対象外）。2027年3月31日まで　注意</td></tr>
</table>

❸ 固定資産税

<table>
<tr><td>概　要</td><td>毎年1月1日現在において、土地・家屋の所有者として固定資産課税台帳に登録されている者に対して市町村（東京23区は都）が課税
税額：固定資産税評価額×1.4%（標準税率）</td></tr>
<tr><td>住宅用地の課税標準の特例
重要</td><td><table><tr><td>小規模住宅用地
（1戸当たり200m²以下の部分）</td><td>課税標準が
6分の1</td></tr><tr><td>一般住宅用地
（1戸当たり200m²を超える部分）</td><td>課税標準が
3分の1</td></tr></table>※自己居住用だけでなく、賃貸用も適用できる。　注意
※住宅用地は、住宅の延べ面積の10倍までが対象。
※店舗併用住宅が4階以下の耐火建築物、または耐火建築物以外の場合は、次のように扱う。</td></tr>
</table>

住宅用地の課税標準の特例 重要	・住宅部分50%以上　店舗部分50%以下 →全体を住宅用地扱い ・住宅部分25%以上　店舗部分75%以下 →50%を住宅用地扱い
新築住宅の税額軽減の特例	一定の要件を満たす新築住宅は3年間（3階建て以上の中高層耐火建築物は5年間）、床面積120m²以下の部分の固定資産税が2分の1に減額される。 ※2026年3月31日まで

❹ 都市計画税

概　要	原則として、都市計画区域の市街化区域内に所在する土地・家屋の所有者に対して市町村（東京23区は都）が課税。 税額：固定資産税評価額×0.3%（制限税率）
住宅用地の課税標準の特例	小規模住宅用地（1戸当たり200m²以下の部分）：課税標準が3分の1 一般住宅用地（1戸当たり200m²を超える部分）：課税標準が3分の2 ※自己居住用だけでなく、賃貸用も適用できる。

10. 不動産の譲渡と税金

❶ 短期と長期の区分

短期譲渡所得	取得の日の翌日から譲渡した年の1月1日までの期間が5年以下
長期譲渡所得	取得の日の翌日から譲渡した年の1月1日までの期間が5年超

❷ 譲渡所得金額の計算

譲渡所得金額	譲渡所得金額：総収入金額－（取得費＋譲渡費用）－特別控除額 〈計算
取得費 〈計算	取得費： 取得に要した金額＋設備費・改良費－償却費相当額 概算取得費： 取得費が不明、また少額なときは、総収入金額の5%を取得費とすることができる。 相続税の取得費加算の特例：相続により取得した財産を、相続開始のあった日の翌日から**相続税の申告期限の翌日以後3年**を経過する日までに譲渡したときは、支払った相続税のうち一定金額を取得費に加算することができる。
譲渡費用	譲渡に直接要した仲介手数料・印紙代・測量費、賃借人への立退料、建物の取壊費用等
譲渡益に対する税率 〈計算	短期譲渡所得：39.63%（所得税30.63%※、住民税9%） 長期譲渡所得：20.315%（所得税15.315%※、住民税5%） ※所得税に対して2.1%の復興特別所得税が上乗せされている。

❸ 居住用財産の譲渡の特例

居住用財産の譲渡の特例の共通事項 重要	・譲渡の年の前年または前々年に、居住用財産の譲渡の各特例を適用している場合には適用できない（3年に1回適用できる）。 ・**配偶者、直系血族、生計を一にする親族**など特別の関係がある者への譲渡には適用できない。 ・居住用に供さなくなった日から3年**を経過する日の属する年の12月31**までに譲渡すれば適用できる。

<table>
<tr>
<td>居住用財産を譲渡した場合の3,000万円の特別控除
重要
計算</td>
<td>居住用財産（借地権を含む）を譲渡した場合、譲渡益から最高3,000万円を控除することができる。
〈主な適用要件〉
①所有期間は問わない。 注意
②居住用家屋を取り壊した場合は、次の要件を満たすことが必要である。
・その敷地の譲渡契約が、家屋を取り壊した日から1年以内に締結され、かつ、居住の用に供さなくなった日から3年を経過する日の属する年の12月31日までに譲渡すること
・家屋を取り壊してから譲渡契約を締結した日まで、その敷地を貸駐車場などその他の用に供していないこと</td>
</tr>
<tr>
<td>居住用財産を譲渡した場合の長期譲渡所得の特例（軽減税率の特例）</td>
<td>譲渡した年の1月1日で所有期間10年超（土地・家屋ともに）の居住用財産を譲渡した場合、長期譲渡所得の税額を通常よりも低い税率で計算することができる。居住用財産の3,000万円特別控除と併用でき、3,000万円控除後の所得金額に対する税率が軽減される。
<table>
<tr><td>課税長期譲渡所得金額のうち6,000万円以下の部分</td><td>14.21%（所得税10.21%※、住民税4%）</td></tr>
<tr><td>課税長期譲渡所得金額のうち6,000万円超の部分</td><td>20.315%（所得税15.315%※、住民税5%）</td></tr>
</table>
※所得税に対して2.1%の復興特別所得税が上乗せされている。</td>
</tr>
<tr>
<td>特定の居住用財産の買換えの特例
※2025年12月31日まで
重要
計算</td>
<td>譲渡した年の1月1日における所有期間が10年超、居住期間が10年以上の居住用財産を譲渡し、新たに居住用財産を買い換えた場合に適用できる。3,000万円特別控除や軽減税率の特例との重複適用はできない。 注意</td>
</tr>
</table>

<table>
<tr><td>特定の居住用財産の買換えの特例
※2025年12月31日まで
重要
計算</td><td>〈主な適用要件〉
①譲渡資産
・譲渡した年の1月1日現在の所有期間が10年超
・居住期間が通算10年以上
※自宅を建て替えた場合、居住期間は建替え前の期間と建替え後の期間を通算することができる。注意
・譲渡資産の対価の額が1億円以下
②買換資産
・建物：50m²以上、土地：500m²以下
・譲渡した年の前年1月1日から翌年12月31日に取得すること
・譲渡した年または取得した年いずれか遅い年の翌年12月31日までに居住すること
〈特例の計算（100％課税繰延べ：譲渡資産の価額＞買換資産の価額の場合）〉
a 収入金額：譲渡資産の譲渡価額－買換資産の取得価額
b 取得費・譲渡費用：（譲渡資産の取得費＋譲渡費用）× a収入金額 / 譲渡資産の譲渡価額
譲渡益：a－b</td></tr>
<tr><td>居住用財産の譲渡損失の損益通算および繰越控除
※2025年12月31日まで</td><td>譲渡した年の1月1日における所有期間が5年超である居住用財産を譲渡して譲渡損失が生じたときは、一定の要件のもとで他の所得と損益通算を行い、通算しきれない損失の金額は、翌年以降3年間にわたり繰越控除できる。繰越控除できるのは、その年分の合計所得金額が3,000万円以下の年に限られる。</td></tr>
</table>

居住用財産の譲渡損失の損益通算および繰越控除 ※2025年12月31日まで	居住用財産の買換え等の場合の譲渡損失の損益通算および繰越控除	特定の居住用財産の譲渡損失の損益通算および繰越控除
	居住用財産を譲渡して譲渡損失が生じ、新たに住宅ローンを利用して居住用財産を買い換えた場合に、適用を受けることができる。通常では、譲渡損失の全額が損益通算および繰越控除の対象となる。	住宅ローン残高のある居住用財産を譲渡して譲渡損失が生じた場合に、適用を受けることができる（買い換えなくてもよい）。損益通算および繰越控除の対象となる金額は、「譲渡損失」のうち「譲渡資産の住宅ローン残高－譲渡価額」が限度となる。
	※住宅借入金等特別控除と併用できる。	

❹ その他の不動産の譲渡の特例

被相続人の居住用財産（空き家）に係る譲渡所得の特別控除 ※2027年12月31日まで 重要	相続または遺贈により取得した被相続人の居住用家屋またはその敷地を相続開始から3年を経過する年の12月31日までに譲渡した場合、譲渡者ごとに譲渡益から最高3,000万円※を控除することができる。 ※2024年1月1日以後に行う譲渡で被相続人居住用家屋および被相続人居住用家屋の敷地等を相続または遺贈により取得した相続人の数が3人以上である場合は2,000万円までとなる。 〈主な適用要件〉 ・1981年5月31日以前に建築され（区分所有建物を除く）、相続開始の直前において、被相続人以外に居住をしていた者がいなかったこと。要介護認定等を受け、被相続人が老人ホーム等に入所していても、一定の要件等を満たせば適用できる。 ・相続の時から譲渡の時まで事業の用、貸付けの用または居住の用に供されていたことがないこと。 ・譲渡の対価の額（全体の合計額）が1億円以下であること。 ※相続税の取得費加算の特例とは、併用できない。

<table>
<tr><td>特定の事業用資産の買換えの特例
重要
計算</td><td>個人が、事業の用に供している土地建物等（譲渡資産）を譲渡して、一定期間内に土地建物等の特定の資産（買換資産）を取得し、その取得の日から1年以内にその買換資産を事業の用に供したときは、一定の要件のもと、譲渡益の一部に対する課税を将来に繰り延べることができる（原則80%課税繰延べ）。
〈主な適用要件〉
・譲渡資産と買換資産は、ともに事業用のものに限られる。
・譲渡資産と買換資産とが、一定の組合せに当てはまるものであること。
・買換資産が土地等であるときは、取得する土地等の面積が、原則として譲渡した土地等の面積の5倍以内であること。5倍を超えると、超える部分は特例の対象とならない。
・資産を譲渡した年か、その前年中、あるいは譲渡した年の翌年中に買換資産を取得すること。
〈特例の計算（80%課税繰延べの場合〉
a 収入金額：譲渡資産の譲渡価額－(譲渡資産の譲渡価額と買換資産の取得価額の低いほうの金額)×80%
b 取得費＋譲渡費用：(譲渡資産の取得費＋譲渡費用)
$\times \dfrac{\text{a収入金額}}{\text{譲渡資産の譲渡価額}}$
譲渡益：a－b</td></tr>
<tr><td>固定資産の交換の特例
計算</td><td>土地や建物等の固定資産を、同じ種類の固定資産と交換したときは、譲渡がなかったものとして、課税を繰り延べることができる。
〈主な適用要件〉
・交換譲渡資産および交換取得資産は、いずれも固定資産であること。販売のために所有している土地などの資産（棚卸資産）は対象とならない。</td></tr>
</table>

固定資産の交換の特例 〈計算	・交換により譲渡する資産および取得する資産は、いずれも土地と土地、建物と建物のように互いに**同じ種類の資産**であること（借地権は土地の種類に含まれる）。 ・交換譲渡資産は**1年以上所有**していたものであること。 ・交換により取得する資産は、交換の相手が**1年以上所有**していたものであり、かつ交換のために取得したものでないこと。 ・交換取得資産を交換譲渡資産の交換直前の**用途と同一の用途**に供すること。 ・交換時における交換譲渡資産の時価と交換取得資産の時価との差額が、これらの時価のうちいずれか**高いほうの価額の20%以内**であること。 〈特例の計算〉 a 収入金額：**交換差金等＝交換譲渡資産の時価－交換取得資産の時価** b 取得費・譲渡費用：**（交換譲渡資産の取得費＋譲渡費用）× a収入金額 / 交換譲渡資産の時価** ※交換に要する費用が譲渡分と取得分に明確に区分できない場合は**半分ずつ**（譲渡資産の譲渡費用 50%、取得資産の取得費 50%）として取り扱う。 注意 譲渡益：**a－b**
収用等による資産の譲渡に関する特例	公共事業の施行に伴う収用等により、所有する土地建物等を譲渡し対価補償金を取得した場合には、「5,000 万円の特別控除」または「代替資産を取得した場合の特例」**いずれかを選択適用**できる。 〈5,000 万円の特別控除〉 ・収用等により譲渡した譲渡益から**5,000 万円**までを控除することができる。 ・最初に買取り等の申出があった日から**6カ月**を経過した日までに土地建物を譲渡していることが要件。

収用等による資産の譲渡に関する特例	〈代替資産を取得した場合の特例〉 収用等により取得した補償金等で代替資産を取得した場合、譲渡した資産はその譲渡がなかったものとされ課税が繰り延べられる。 ・補償金≦代替資産の取得価額：譲渡がなかったものとされる。 ・補償金＞代替資産の取得価額：差額について譲渡があったものとされる。

11．土地の有効活用

自己建設方式	土地所有者自らが有効活用事業を行う。企画、建物の設計・施工、建物の管理・運営などすべての業務を土地所有者が行うため収益の全部を享受できるが、業務負担が大きい。土地所有者が事業資金の調達を行う。
事業受託方式	デベロッパーが企画、建物の設計・施工、建物の管理・運営を土地所有者から受託する。土地所有者が事業資金の調達を行うため、資金リスクを負う。
建設協力金方式	建物（商業用店舗等）に入居するテナントから建物の建設資金を借り受けて、そのテナントの要望に沿った店舗等を建設し、その店舗等をテナントに賃貸する方式。建設協力金は、受け取った家賃の中からテナントに返還される。
等価交換方式	地主が所有する土地の全部または一部を提供し、事業者が建設資金を負担して当該土地にマンション等を建設し、完成した区分所有建物とその敷地の所有権等を地主と事業者がそれぞれの出資割合に応じて保有する手法。土地所有者は新規に事業資金を調達する必要がない。
定期借地権方式	事業者である借主が土地を契約で一定期間賃借し、借主が建物を建設する手法。土地を貸し付けるだけなので、他の事業方式に比べリスクは少ない。賃貸借期間満了後は、原則として、土地は更地で地主に返還される。

12. 不動産の投資判断等

❶ 不動産の投資判断

<table>
<tr><td>DCF法
〈計算〉</td><td>将来のキャッシュフローを現在価値に割り引き評価する方法。不動産から継続的に発生する各期の純収益と保有期間終了後の復帰価格を求め、それぞれを発生時期に応じて割引率により現在価値に割り引いて収益価格を求める。係数を使用して現在価値を算出する際には、現価係数を使用する。
〈計算例〉
・毎期末に 1,000 万円の純収益が得られる物件
・3 年経過後に 1 億 2,000 万円で売却
・割引率は年 3%
<table><tr><th>期間(年)</th><th>1 年</th><th>2 年</th><th>3 年</th></tr><tr><td>現価係数</td><td>0.971</td><td>0.943</td><td>0.915</td></tr></table>・各期の純収益の現在価値
1 年後の現在価値：1,000 万円× 0.971 ＝ 971 万円
2 年後の現在価値：1,000 万円× 0.943 ＝ 943 万円
3 年後の現在価値：1,000 万円× 0.915 ＝ 915 万円
3 年間の純収益の現在価値：971 万円＋ 943 万円＋ 915 万円＝ 2,829 万円
・復帰価格の現在価値
3 年後の売却価格の現在価値：1 億 2,000 万円× 0.915 ＝ 1 億 980 万円
・収益価格：2,829 万円＋ 1 億 980 万円＝ 1 億 3,809 万円</td></tr>
<tr><td>NPV法
（正味現在価値法）</td><td>将来生み出すであろう純収益の現在価値と保有期間終了後の復帰価格の現在価値の合計額（収益価格）から投資予定額を差し引く。プラスであれば投資価値があると判断し、マイナスであれば投資価値がないと判断する方法</td></tr>
</table>

IRR法(内部収益率法)	将来生み出すであろう純収益の現在価値と保有期間終了後の復帰価格の現在価値の合計額（収益価格）が、投資額と同じになる割引率（内部収益率）を求める。その内部収益率が投資家の期待収益率を上回れば投資価値があると判断し、下回れば投資価値がないと判断する方法。
DSCR(借入金償還余裕率) 計算	借入金返済の安全度を測る尺度。DSCRが高いほど借入金返済に余裕があることを示す。 DSCR：$\frac{\text{元利金返済前のキャッシュフロー（年間純収益）}}{\text{年間借入金元利返済額}}$ 〈計算例〉 投資物件：賃貸マンション 投資額　：1億円（資金調達：自己資金5,000万円、借入金額：5,000万円） 賃貸収入：年間1,000万円 運営費用：年間380万円（借入金の支払利息は含まれていない） 借入金返済額：年間310万円（元利均等返済、返済期間20年） 年間純収益：1,000万円－380万円(運営費用)＝620万円 DSCR：$\frac{620\text{万円}}{310\text{万円}} = 2.00$

❷ 不動産の価格の評価手法

原価法	価格時点における対象不動産の再調達原価を求め、この再調達原価について減価修正を行って積算価格を求める。
取引事例比較法	取引価格に事情補正・時点修正を行い、地域要因の比較・個別的要因の比較を行って求められた価格を比較考量し、比準価格を求める。
収益還元法	対象不動産が将来生み出すであろうと期待される純収益の現在価値の総和を求めることにより、収益価格を求める。自用不動産や更地でも賃貸を想定することにより適用できる。注意

不動産登記

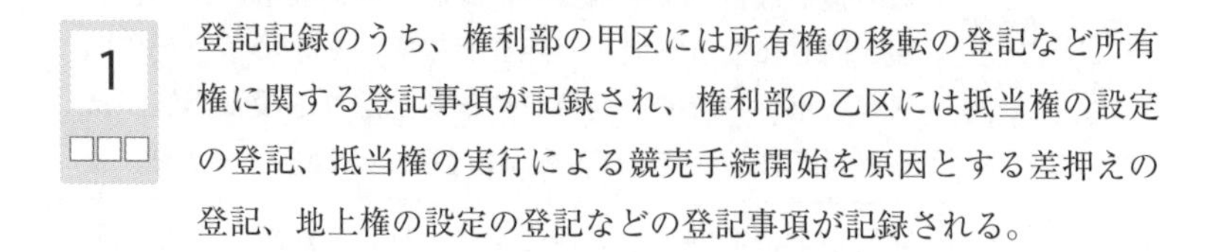

1 □□□

登記記録のうち、権利部の甲区には所有権の移転の登記など所有権に関する登記事項が記録され、権利部の乙区には抵当権の設定の登記、抵当権の実行による競売手続開始を原因とする差押えの登記、地上権の設定の登記などの登記事項が記録される。

2 □□□

抵当権の設定の仮登記に基づき本登記を申請する場合に、その本登記について登記上の利害関係を有する第三者があるときは、申請書に当該第三者の承諾書を添付する必要はない。

3 □□□

不動産の登記において、地目が異なる二筆の土地については、当該土地が接しており、表題部所有者または所有権の登記名義人が同一であれば、合筆の登記をすることができる。

4 □□□

不動産の登記において、合筆しようとしている二筆の土地のうち、一筆に抵当権の設定の登記がある場合、抵当権者の承諾書を添付すれば、合筆の登記をすることができる。

5 □□□

現在事項証明書には、登記記録に記録されている事項のうち現に効力を有するものが記載されている。

6 □□□

登記事項証明書は、登記記録に記録されている事項の全部または一部が記載され、登記官による認証文や職印が付された書面であり、利害関係者のみその交付を請求することができる。

解答	解　説
1 ×	差押えの登記は、登記記録のうち、権利部の甲区に記録される。 注意
2 ○	抵当権の設定の仮登記に基づく本登記の場合には第三者の承諾は不要。なお、所有権に関する仮登記に基づく本登記の場合には、登記上の利害関係を有する第三者の承諾がある場合に限り、申請をすることができる。
3 ×	地目が異なる二筆の土地については、合筆の登記をすることはできない。
4 ×	合筆しようとしている二筆の土地のうち、一筆に抵当権の設定の登記がある場合、抵当権者の承諾書を添付しても、合筆の登記はできない。 重要
5 ○	登記事項証明書には、全部事項証明書、現在事項証明書などがある。
6 ×	登記事項証明書は、誰でもその交付を請求することができる。

7 □□□

登記事項証明書および登記事項要約書は、インターネットを利用してオンラインによる交付請求をすることができる。

8 □□□

不動産の登記の申請を行うにあたって、対象不動産に係る登記識別情報を紛失により提供できない場合は、登記官に対し、登記識別情報の失効の申出および再交付の申請を行う必要がある。

9 □□□

不動産登記法第14条に基づく地図は、一筆または二筆以上の土地ごとに作成され、各土地の区画を明確にし、地番を表示する図面である。

10 □□□

登記所に備え付けられている公図（旧土地台帳附属地図）は、不動産登記法第14条に基づく地図に比べて、土地の面積や形状などの精度は低い。

売買契約上の留意点

11 □□□

不動産の売買契約において買主が売主に手付金を交付した場合、売主が契約の履行に着手する前であれば、売主はその倍額を買主に対して現実に提供することで、契約を解除することができる。

12 □□□

不動産の売買において、売買契約の締結後、売主が買主に目的物を引き渡すまでの間に、その目的物が当事者双方の責めに帰することができない事由によって滅失した場合、買主は、その滅失を理由として、代金の支払を拒むことはできない。

7 ×

登記事項証明書は、インターネットを利用してオンラインによる交付請求をすることができるが、登記事項要約書の請求は窓口に限られる。

8 ×

登記識別情報を紛失したときは、再交付されない。

9 ○

不動産登記法第14条に基づく地図は、一定の現地復元能力を有した図面である。

10 ○

公図（旧土地台帳附属地図）は、土地の位置関係を把握する資料として有用であるが、不動産登記法第14条に基づく地図に比べて、土地の面積や形状などの精度は低い。

ワンポイントアドバイス

合筆の登記、登記事項証明書・登記事項要約書に注意しましょう。

11 ×

買主が売主に手付金を交付した場合、買主が契約の履行に着手する前であれば、売主はその倍額を買主に対して現実に提供することで、契約を解除することができる。

12 ×

売買契約の締結後、売主が買主に目的物を引き渡すまでの間に、その目的物が当事者双方の責めに帰することができない事由によって滅失した場合、買主は、その滅失を理由として、代金の支払を拒むことができる。重要

13
□□□

不動産の取引で引き渡された目的物が品質に関して契約の内容に適合しないものである場合、売主に帰責事由がなければ、買主は、売主に対して、目的物の修補を請求（追完請求）することができない。

14
□□□

不動産の取引で引き渡された目的物が品質に関して契約の内容に適合しないものである場合、売主が目的物の引渡時にその不適合を知り、または重大な過失により知らなかった場合を除き、買主はその不適合を知った時から1年以内にその旨を売主に通知しないと、その不適合を理由として、契約の解除をすることができない。

15
□□□

不動産の売買において、売主が債務を履行しない場合、買主が相当の期間を定めてその履行の催告をし、その期間内に履行がないときは、その期間を経過した時における債務の不履行がその売買契約および取引上の社会通念に照らして軽微である場合等を除き、買主は、その売買契約を解除することができる。

宅地建物取引業法

16
□□□

宅地建物取引業者が自ら売主で、買主が宅地建物取引業者でない場合、宅地または建物の売買契約において、買主が目的物の種類または品質に関する契約不適合を売主に通知する期間を、目的物の引渡しの日から3年間とする旨の特約は無効である。

13
×

不動産の取引で引き渡された目的物が品質に関して契約の内容に適合しないものである場合、**売主に帰責事由がなくとも**、買主は、売主に対して、目的物の修補を請求（追完請求）することができる。 重要

14
○

買主は引き渡された目的物の不適合を知った時から**1年以内にその旨を売主に通知**しないと、その不適合を理由として、契約不適合責任を請求できなくなる。

15
○

売主が債務を履行しない場合、買主が相当の期間を定めてその履行の催告をし、その期間内に履行がないときは、買主は、その売買契約を解除することができる。ただし、その期間を経過した時における債務の不履行がその契約および取引上の社会通念に照らして軽微であるときは、この限りでない。

ワンポイントアドバイス

手付金、危険負担、契約不適合責任、債務不履行について整理しておきましょう。

16
×

宅地建物取引業者が自ら売主で、買主が宅地建物取引業者でない場合、宅地または建物の売買契約において、買主が目的物の種類または品質に関する契約不適合を売主に通知する期間を、目的物の引渡しの日から**2年以上とする特約は有効**なので、3年間とする旨の特約は有効である。

17 □□□

宅地建物取引業者が自ら売主となる不動産の売買契約において、買主が宅地建物取引業者でない場合、売主の宅地建物取引業者は、売買代金の額の２割を超える手付金を受領することができない。

18 □□□

宅地建物取引業法の媒介契約において、一般媒介契約を締結した宅地建物取引業者は、契約の相手方を探索するため、その契約の締結の日から７日以内に指定流通機構に物件情報の登録をしなければならない。

19 □□□

宅地建物取引業法の媒介契約において、専属専任媒介契約を締結した宅地建物取引業者は、依頼者に対し、当該専属専任媒介契約に係る業務の処理状況を、１週間に１回以上報告しなければならない。

20 □□□

宅地建物取引業法の媒介契約において、専任媒介契約の有効期間は３カ月が上限とされ、これより長い期間を定めた場合は契約自体が無効となる。

21 □□□

宅地建物取引業法の媒介契約において、専任媒介契約の有効期間は、依頼者の申出により、更新することができ、当初の契約締結時にあらかじめ自動更新する旨の特約を定めることもできる。

22 □□□

一般媒介契約では、複数業者への依頼が可能であるが、重ねて依頼する宅地建物取引業者を明示しない契約とすることはできない。

17
○

手付金の額は原則として自由であるが、宅地建物取引業者が自ら売主となる不動産の売買契約の場合（買主が業者以外）、売主は売買代金の額の２割を超える手付金を受領することができない。重要

18
×

専任媒介契約を締結した宅地建物取引業者は、契約の相手方を探索するため、その契約の締結の日から７日以内に指定流通機構に物件情報の登録をしなければならない。一般媒介契約の場合は登録義務はない。なお、専属専任媒介契約の場合は５日以内である。重要

19
○

専属専任媒介契約を締結した宅地建物取引業者は、依頼者に対し、当該専属専任媒介契約に係る業務の処理状況を、１週間に１回以上報告しなければならない。専任媒介契約の場合は２週間に１回以上である。注意

20
×

専任媒介契約や専属専任媒介契約の有効期間は３カ月が上限とされている。これより長い期間を定めた場合は超える部分が無効とされる。契約自体が無効となるわけではない。注意

21
×

専任媒介契約の有効期間は、依頼者の申出により、更新することができるが、自動更新は認められていない。

22
×

一般媒介契約では、複数業者への依頼が可能であり、重ねて依頼する宅地建物取引業者を明示しない契約とすることもできる。

ワンポイントアドバイス

宅建業法の業務上の規制、媒介契約などを押さえておきましょう。

借地借家法

23 □□□

普通借地権の存続期間が満了する場合において、借地権者が契約の更新を請求し、借地権設定者に更新を拒絶する正当の事由がないときは、借地上に建物がなくても、従前の契約と同一の条件で契約を更新したものとみなされる。

24 □□□

建物の所有を目的とする賃借権である借地契約の更新後に建物の滅失があった場合、借地権者が借地権設定者の承諾を得ないで残存期間を超えて存続すべき建物を築造しても、借地権設定者は、借地権者に対し、土地の賃貸借の解約の申入れをすることはできない。

25 □□□

存続期間を30年以上とする建物譲渡特約付借地権は、事業の用に供する建物に限られ、居住の用に供する建物の所有を目的として設定することはできない。

26 □□□

存続期間を50年以上とする定期借地権の設定を目的とする契約および存続期間を10年以上50年未満とする事業用定期借地権等の設定を目的とする契約は、いずれも公正証書によってしなければならない。

27 □□□

存続期間15年の事業用借地権について、借主側から存続期間を5年延長したいとの申出があった場合、貸主と借主の双方の合意があれば、存続期間を延長することができる。

23
×

普通借地権の存続期間が満了する場合において、借地権者が契約の更新を請求し、借地権設定者に更新を拒絶する正当の事由がないときは、借地上に建物がある場合に限り、従前の契約と同一の条件で契約を更新したものとみなされる。 重要

24
×

借地契約の更新後に建物の滅失があった場合、借地権者が借地権設定者の承諾を得ないで残存期間を超えて存続すべき建物を築造したときは、借地権設定者は、借地権者に対し、土地の賃貸借の解約の申入れをすることができる。

25
×

建物譲渡特約付借地権は、建物の用途について制限はない。

26
×

存続期間を50年以上とする定期借地権（一般定期借地権）の設定を目的とする契約は、公正証書等の書面によってしなければならない。存続期間を10年以上50年未満とする事業用定期借地権等の設定を目的とする契約は、公正証書によってしなければならない。 注意

27
○

事業用借地権は、契約の更新はできないが、貸主と借主の双方の合意があれば、法定期間の範囲内で延長は可能である。

ワンポイントアドバイス

定期借地権の存続期間、用途、契約方式などを整理しておきましょう。

28 □□□

土地所有者に対する建物の譲渡により建物譲渡特約付借地権が消滅した場合において、当該建物の使用を継続している賃借人が請求をしたときは、その建物につき賃借人と借地権設定者との間で期間の定めのない建物賃貸借が締結されたとみなされる。

29 □□□

普通借家契約において、賃貸人および賃借人が建物の使用を必要とする事情や建物の利用状況などを考慮して、正当の事由があると認められる場合でなければ、賃貸人は賃借人に対し、建物の賃貸借の解約の申入れをすることはできない。

30 □□□

期間の定めがある普通借家契約の場合、賃貸人が賃借人に対して期間満了の１年前から６カ月前までの間に更新をしない旨の通知をしなかったときは、従前の契約と同一の期間で契約を更新したものとみなされる。

31 □□□

期間の定めのない普通借家契約において、正当な事由に基づき、建物の賃貸人が賃貸借の解約の申入れをした場合、建物の賃貸借は、解約の申入れの日から３カ月を経過することによって終了する。

32 □□□

定期借家契約を締結する場合、建物の賃貸人は、あらかじめ、建物の賃借人に対し、建物の賃貸借は契約の更新がなく、期間の満了により当該建物の賃貸借は終了することについて、その旨を口頭で説明しなければならない。

28
○

建物譲渡特約付借地権は**更新がなく**、建物を借地権設定者が譲り受けることによって、借地権は消滅する。建物の使用者が使用の継続を請求すると、**期間の定めのない建物賃貸借**が締結されたとみなされる。重要

29
○

普通借家契約において、正当の事由があると認められる場合でなければ、賃貸人は賃借人に対し、建物の賃貸借の解約の申入れをすることはできない。

30
×

期間の定めがある普通借家契約の場合、賃貸人が賃借人に対して期間満了の1年前から6カ月前までの間に更新をしない旨の通知をしなかったときは、従前の契約と**同一の条件**で契約を更新したものとみなされるが、**更新後の期間は**期間の定めのないもの**とされる**。注意

31
×

期間の定めのない普通借家契約において、正当な事由に基づき、建物の**賃貸人が賃貸借の解約の申入れ**をした場合、建物の賃貸借は、解約の申入れの日から6カ月を経過することによって終了する。

32
×

建物の賃貸人は、あらかじめ、建物の賃借人に対し、建物の賃貸借は契約の更新がなく、期間の満了により当該建物の賃貸借は終了することについて、**その旨を記載した書面を交付して**説明しなければならない。なお、建物の賃貸人が説明をしなかったときは、契約の更新がないこととする旨の定めは、無効とされる。

33 □□□

2000年3月1日より前に締結した居住用建物の普通借家契約は、当事者間で当該契約を合意により解約すれば、引き続き、同一の建物を目的とする新たな定期借家契約を締結することができる。

34 □□□

定期建物賃貸借契約は、その契約期間の長短にかかわらず、賃借人に対して、期間の満了により建物の賃貸借が終了する旨の通知をすることなく、その期間が満了すれば、当然に建物の賃貸借は終了し、賃借人は必ず退去しなければならない。

35 □□□

自己の居住の用に供するために賃借している、床面積100m²建物の定期建物賃貸借契約において、転勤により建物を自己の生活の本拠として使用することが困難となったときは、賃借人は、解約の申入れの日から1カ月後に当該賃貸借を終了させることができる。

都市計画法

36 □□□

都市計画区域および準都市計画区域として指定された区域において、計画的な市街化を図るために必要があるときは、都市計画に市街化区域と市街化調整区域の区分を定めることができる。

37 □□□

都市計画区域のうち、市街化区域は既に市街地を形成している区域およびおおむね10年以内に優先的かつ計画的に市街化を図るべき区域とされる。

33
×

2000年3月1日より前に締結した居住用建物の普通借家契約は、当事者間で当該契約を合意により解約しても、引き続き、同一の建物を目的とする**定期借家契約を締結することはできない**。注意

34
×

定期建物賃貸借契約は、その契約期間が**1年以上**である場合、賃貸人は、**期間満了の1年前から6カ月前までの間**に、賃借人に対して期間の満了により建物の賃貸借が終了する旨の**通知をしなければ、その終了を建物の賃借人に対抗することができない**。重要

35
○

居住用の建物賃貸借で床面積が**200m²未満**である場合、転勤、療養、親族の介護等のやむを得ない事情により自己の生活の本拠として使用することが困難なときは、特約がなくても中途解約できる（解約の申入れの日から1カ月を経過することによって終了）。

重要

ワンポイントアドバイス

普通借家契約と定期借家契約の違いに注意しましょう。

36
×

都市計画区域では、都市計画に市街化区域と市街化調整区域の区分を定めることができる。**準都市計画区域**では、区分を定めることができない。

37
○

なお、市街化調整区域は**市街化を抑制すべき区域**とされる。

38
□□□

都市計画区域のうち、市街化区域および市街化調整区域については用途地域を定めるものとされ、区域区分が定められていない都市計画区域では必要に応じて用途地域を定めることができる。

39
□□□

準都市計画区域として指定された区域では、用途地域や高度地区を定めることができる。

40
□□□

都市計画法上において、「開発行為」とは、主として建築物の建築または特定工作物の建設の用に供する目的で行う土地の区画形質の変更のことをいう。

41
□□□

市街化区域内において行う開発行為で、その規模が3,000m²（三大都市圏の一定の区域の市街化区域では1,000m²）未満であるものは、原則として、都道府県知事等の許可は不要である。

42
□□□

準都市計画区域内において行う開発行為で、その規模が3,000m²以上であるものは、原則として、都道府県知事等の許可は不要である。

43
□□□

区域区分が定められていない都市計画区域において行う開発行為は、その規模が3,000m²以上であるものは、原則として都道府県知事等の許可を受けなければならないが、その規模を都道府県等の条例により300m²まで引き下げることができる。

38
×

都市計画区域のうち、**市街化区域**については**用途地域を定める**ものとし、**市街化調整区域**については、原則として、**用途地域を定めない**ものとされる。区域区分が定められていない都市計画区域では必要に応じて用途地域を定めることができる。重要

39
○

なお、準都市計画区域とは、都市計画区域外の区域のうち、そのまま土地利用を整序し、または環境を保全するための措置を講ずることなく放置すれば、将来における一体の都市としての整備、開発および保全に支障が生じるおそれがあると認められる一定の区域を、都道府県が指定するものである。

40
○

都市計画区域または準都市計画区域内において開発行為をしようとする者は、あらかじめ、都道府県知事（政令指定都市は市長）の**許可を受けなければならない**。

41
×

市街化区域内において行う開発行為で、その規模が**1,000m²**（三大都市圏の一定の区域の市街化区域では**500m²**）**未満**であるものは、原則として、都道府県知事等の許可は不要である。重要

42
×

準都市計画区域内において行う開発行為で、その規模が3,000m² 以上であるものは、原則として、都道府県知事等の**許可を受ける必要がある**（**3,000m² 未満は許可不要**）。

43
○

区域区分が定められていない都市計画区域および準都市計画区域内において行う開発行為で、その規模が3,000m² 以上のものは、原則として都道府県知事等の許可を受ける必要がある、ただし、その規模を都道府県等の条例により**300m² まで引き下げる**ことができる。

44 □□□

市街化区域内の土地において、その土地の面積が1,000m^2（三大都市圏の既成市街地等は500m^2）以上の場合、建築物の建築のために分筆登記を行うときは、土地の区画形質の変更として開発行為の許可を受けなければならない。

45 □□□

開発許可を受けた者の相続人が、被相続人が有していた当該許可に基づく地位を承継した場合は、承継したことを知った時点から3カ月以内に、都道府県知事等に承認を受けるための届出書を提出しなければならない。

建築基準法

46 □□□

位置指定道路とは、土地を建築物の敷地として利用するため、道路法、都市計画法、土地区画整理法等によらないで築造する政令で定める基準に適合する道で、これを築造しようとする者が特定行政庁からその位置の指定を受けたものである。

47 □□□

都市計画法の開発許可を受けて開発が行われた際に築造された幅員4m以上の道路は、特定行政庁の指定がなくても建築基準法上の道路となる。

48 □□□

道路法、都市計画法、土地区画整理法等による新設または変更の事業計画のある道路で、5年以内にその事業が執行される予定のものとして特定行政庁が指定したものは、建築基準法上の道路となる。

44
×

分筆登記は、権利区分の変更だけで土地の区画形質の変更にならないため、原則として開発行為に該当せず許可は不要である。注意

45
×

開発許可を受けた者の相続人その他の一般承継人は、手続をすることなく許可に基づく地位を承継する。重要

ワンポイントアドバイス

開発許可の要・不要を押さえましょう。

46
○

位置指定道路（建築基準法42条1項5号）は、土地を建築物の敷地として利用するため、道路法、都市計画法等によらないで築造する一定の基準に適合する道で、これを築造しようとする者が特定行政庁からその位置の指定を受けたものである。

47
○

道路法、都市計画法、土地区画整理法等による道路は、建築基準法上の道路となる（建築基準法42条1項2号）。

48
×

道路法、都市計画法、土地区画整理法等による新設または変更の事業計画のある道路で、２年以内にその事業が執行される予定のものとして特定行政庁が指定したものは、建築基準法上の道路となる（建築基準法42条1項4号）。

49
□□□

建築基準法施行後に都市計画区域に編入された時点で、現に建築物が立ち並んでいる幅員4m未満の道で、特定行政庁が指定したものは建築基準法上の道路となり、原則として、その中心線からの水平距離2m後退した線が、その道路の境界線とみなされる。

50
□□□

建築基準法42条2項に規定する道路で、道の中心線から水平距離2m未満で、一方が川である場合においては、道路中心線から水平距離で2m後退した線が、その道路の境界線とみなされる。

51
□□□

準住居地域では、前面道路の幅員が12m未満である場合、建築物の容積率は、都市計画で定められた数値と当該前面道路の幅員に10分の6を乗じた数値のいずれか少ない数値以下でなければならない。

52
□□□

建築物の敷地が、幅員15m以上の道路に接続する幅員6m以上12m未満の前面道路のうち、当該特定道路からの延長が70m以内の部分において接する場合、都市計画で定められた指定容積率に当該前面道路の幅員に10分の6を乗じた数値を加算したものが容積率の最高限度となる。

53
□□□

建築物の容積率の計算において、共同住宅の共用の廊下や階段の用に供する部分の床面積は、原則として、建築物の容積率の算定の基礎となる延べ面積に算入する。

49
○

このような道路の場合、原則として、その**中心線から水平距離で2m後退した線**が、その道路の境界線とみなされる（セットバック）。重要

50
×

建築基準法42条2項に規定する道路で、道の中心線から水平距離2m未満で、一方が崖地や川等である場合においては、当該崖地や川等の**道の側の境界線から水平距離で4m後退した線**が、その道路の境界線とみなされる。注意

ワンポイントアドバイス

建築基準法上の道路となるか、また道路の境界線に注意しましょう。

51
×

準住居地域では、前面道路の幅員が12m未満である場合、建築物の容積率は、都市計画で定められた数値と当該前面道路の幅員に**10分の4**を乗じた数値のいずれか少ない数値以下でなければならない。

住居系地域：**10の4**、商業系地域・工業系地域：**10分の6**

52
×

建築物の敷地が、幅員15m以上の道路（特定道路）に接続する幅員6m以上12m未満の前面道路のうち、特定道路からの延長が70m以内の部分において接する場合、当該前面道路の幅員に、**特定道路からの延長距離に応じた数値を加えたもの**とされる。これに法定乗数を乗じて容積率の最高限度を計算できる（特定道路による容積率制限の緩和）。

53
×

建築物の容積率の計算において、共同住宅の共用の廊下や階段の用に供する部分の床面積は、**延べ面積に算入しない**。

54 □□□

第一種低層住居専用地域内における建築物の高さは、原則として、10 mまたは12 mのうち都市計画で定められた限度を超えることができない。

55 □□□

道路斜線制限は、商業地域、工業地域および工業専用地域以外の用途地域内における一定の建築物に適用される。

56 □□□

道路斜線制限は、用途地域の指定のない区域内における建築物には適用されない。

57 □□□

隣地斜線制限は、第一種低層住居専用地域、第二種低層住居専用地域および田園住居地域内における建築物には適用されない。

58 □□□

第一種中高層住居専用地域内において日影規制が適用される建築物には、北側斜線制限は適用されない。

59 □□□

日影規制は、原則として、工業地域および工業専用地域以外の地域または区域のうち、地方公共団体の条例で指定する区域内における一定の建築物に適用される。

54 ○

第一種低層・第二種低層住居専用地域および田園住居地域内における建築物の高さは、原則として、10ｍまたは12ｍのうち都市計画で定められた限度を超えることができない。

55 ×

道路斜線制限は、すべての用途地域内における一定の建築物に適用される。重要

56 ×

道路斜線制限は、用途地域の指定のない区域内における建築物にも適用される。注意

57 ○

なお、隣地斜線制限とは、隣地の通風・採光を確保することを目的とした制限である。

58 ○

第一種・第二種中高層住居専用地域内において日影規制が適用される建築物には、北側斜線制限は適用されない。重要

59 ×

日影規制は、原則として、商業地域、工業地域および工業専用地域以外の地域または区域のうち、地方公共団体の条例で指定する区域内における一定の建築物に適用される。

ワンポイントアドバイス

建築物の高さの制限（各斜線制限）について整理しておきましょう。

60 □□□

天空率により計算した採光、通風等が日影規制により高さが制限された場合と同程度以上である建築物を建築する場合、当該建築物については、日影規制は適用されない。

区分所有法

61 □□□

建物の区分所有等に関する法律において、各区分所有者の議決権の割合は、規約に別段の定めがない限り、その有する専有部分の床面積の割合による。

62 □□□

敷地利用権が数人で有する所有権である場合、区分所有者は、規約に別段の定めがない限り、原則として、その有する専有部分とその専有部分に係る敷地利用権とを分離して処分することができない。

63 □□□

建物の区分所有等に関する法律において、管理組合を法人化するには、区分所有者および議決権の各3分の2以上の多数による集会の決議と、その主たる事務所の所在地において登記をする必要がある。

64 □□□

建物の区分所有等に関する法律において、建物価格の2分の1以下に相当する共用部分の滅失があった場合、各区分所有者は、滅失した共用部分および自己の専有部分を復旧することができる。

65 □□□

建物の区分所有等に関する法律において、規約を変更するためには、区分所有者および議決権の各3分の2以上の多数による集会の決議が必要である。

60
×

天空率により計算した採光、通風等が**各斜線制限**により高さが制限された場合と同程度以上である建築物を建築する場合、当該建築物については、**各斜線制限は適用されない。日影規制にはこのような取扱いはない。**

61
○

各区分所有者の議決権の割合は、規約に別段の定めがない限り、その有する専有部分の床面積の割合による。

62
○

敷地利用権が数人で有する所有権である場合には、区分所有者は、その有する専有部分とその専有部分に係る敷地利用権とを**分離して処分することができない**。ただし、規約に別段の定めがあるときは、この限りでない。

63
×

管理組合を法人化するには、区分所有者および議決権の**各４分の３以上**の多数による集会の決議と、その主たる事務所の所在地において登記をする必要がある。重要

64
○

ただし、共用部分を復旧する旨の集会の決議があったとき等は、この限りではない。

65
×

建物の区分所有等に関する法律において、規約を変更するためには、区分所有者および議決権の**各４分の３以上**の多数による集会の決議が必要である。なお、この変更が一部の区分所有者の権利に特別の影響を及ぼすべきときは、当該区分所有者の承諾を得なければならない。重要

66
□□□

建物の区分所有等に関する法律において、形状または効用の著しい変更を伴う共用部分の変更を行うためには、原則として、区分所有者および議決権の各3分の2以上の多数による集会の決議が必要である。

67
□□□

建物の区分所有等に関する法律において、区分所有建物の建替え決議は、集会において区分所有者および議決権の各5分の4以上の多数による必要があるが、この区分所有者および議決権の定数については規約で減ずることができる。

68
□□□

建物の区分所有等に関する法律において、集会において建替え決議がなされた場合、決議に賛成した区分所有者は、建替えに参加しない旨を回答した区分所有者から、区分所有権および敷地利用権を時価で買い取らなければならない。

69
□□□

建物の区分所有等に関する法律において、区分所有者の承諾を得て専有部分を占有する者は、会議の目的たる事項につき利害関係を有する場合には、集会に出席して議決権を行使することができる。

その他法令上の規制

70
□□□

農地の所有権を相続により個人が取得した場合、当該権利を取得したことを知った時点からおおむね10カ月以内に、農業委員会の許可を受けなければならない。

66 ×

建物の区分所有等に関する法律において、形状または効用の著しい変更を伴う共用部分の変更を行うためには、原則として、区分所有者および議決権の各4分の3以上の多数による集会の決議が必要である。なお、この区分所有者の定数については規約で過半数まで減ずることができる。注意

67 ×

建替え決議は、区分所有者および議決権の各5分の4以上の多数による必要があり、この区分所有者および議決権の定数については規約で減ずることはできない。

68 ×

集会において建替え決議がなされた場合、決議に賛成した区分所有者は、建替えに参加しない旨を回答した区分所有者に対し、一定期間内に区分所有権および敷地利用権を時価で売り渡すべきことを請求することができる。重要

69 ×

区分所有者の承諾を得て専有部分を占有する者は、会議の目的たる事項につき利害関係を有する場合には、集会に出席して意見を述べることができるが、議決権を行使することはできない。

ワンポイントアドバイス

区分所有法における集会の決議の内容、区分所有者・議決権の割合を覚えましょう。

70 ×

農地の所有権を相続により個人が取得した場合、当該権利を取得したことを知った時点からおおむね10カ月以内に、農業委員会にその旨を届け出なければならない。重要

71 □□□ 農業を営む個人が、所有する市街化区域内の農地を駐車場用地として自ら転用する場合、あらかじめ農業委員会に届け出れば、農地法に基づく都道府県知事等の許可を受ける必要はない。

72 □□□ 市街化区域内にある農地を農地として他の農業者に譲渡する場合、都道府県知事等の許可を受ける必要はなく、あらかじめ農業委員会に届け出ればよい。

73 □□□ 市街化調整区域内の農地を駐車場用地として自ら転用する場合、都道府県知事等の許可を受ける必要はなく、あらかじめ農業委員会に届け出ればよい。

74 □□□ 農業者である個人が、自己が所有する農地に耕作のための農業用施設を建設する場合、施設に必要な敷地面積が200m^2未満であるときは、農地法第4条に基づく都道府県知事等の許可を受ける必要はない。

75 □□□ 市街化区域内にある農地を商業施設の用地として転用する目的で譲渡する場合、その面積が1,000m^2以上のものは都道府県知事等の許可を受けなければならないが、1,000m^2未満のものは、あらかじめ農業委員会に届け出ればよい。

76 □□□ 生産緑地法において、生産緑地の所有者が、申出基準日以後において、市町村長に対して当該生産緑地の買取りの申出を行い、その申出の日から6カ月以内に所有権の移転（相続その他の一般承継による移転を除く）が行われなかった場合、行為制限が解除され、宅地造成等の転用が可能となる。

71
○

市街化区域内の農地を宅地等に自ら転用する場合、あらかじめ農業委員会に届け出ればよい（許可不要）。

72
×

市街化区域内にある農地を農地として他の農業者に譲渡する場合（農地法3条）、農業委員会の許可を受ける必要がある。農地法3条は、市街化区域の特例はない。 注意

73
×

市街化調整区域内の農地を宅地等として自ら転用する場合、原則として都道府県知事等の許可を受ける必要がある。

74
○

農業者である個人が、自己が所有する農地に耕作のための農業用施設を建設する場合、敷地面積が200m²未満であれば、農地法第4条に基づく都道府県知事等の許可は不要である。

75
×

市街化区域内にある農地を商業施設の用地として転用する目的で譲渡する場合（農地法5条）、市街化区域の特例により、面積にかかわらず、都道府県知事等の許可を受ける必要はなく、あらかじめ農業委員会に届け出ればよい。

ワンポイントアドバイス

農地法における市街化区域の特例に注意しましょう。

76
×

市町村長に対して生産緑地の買取りの申出を行い、その申出の日から3カ月以内に所有権の移転（相続その他の一般承継による移転を除く）が行われなかった場合、行為制限が解除され、宅地造成等の転用が可能となる。 重要

77 □□□

生産緑地法において、市町村長は、生産緑地の所有者等の同意を得ることなく、当該生産緑地に係る生産緑地地区に関する都市計画についての都市計画法の規定による告示の日から起算して30年を経過する日までに、当該生産緑地を特定生産緑地として指定することができる。

78 □□□

生産緑地法において、特定生産緑地に指定された場合、買取りの申出をすることができる時期が、生産緑地地区に関する都市計画決定の告示の日から30年を経過後から10年間延長される。

79 □□□

生産緑地法において、生産緑地に係る農業の主たる従事者が農業に従事することを不可能にさせる故障を有するに至ったときは、当該生産緑地に係る生産緑地地区に関する都市計画についての都市計画法の規定による告示の日から起算して30年を経過していない場合であっても、当該生産緑地を時価で買い取るべき旨を申し出ることができる。

80 □□□

生産緑地に対する固定資産税は、税負担が軽減されており、生産緑地の所有者の申出により生産緑地の指定が解除された場合、それまで減免されていた固定資産税をさかのぼって納付しなければならない。

81 □□□

土地区画整理法において、宅地の所有権または借地権を有する者は、1人で、または数人共同して、当該権利の目的である宅地に係る土地区画整理事業の施行者となることができる。

77
×

市町村長は、生産緑地の所有者等（利害関係人）の同意を得て、当該生産緑地に係る生産緑地地区に関する都市計画についての都市計画法の規定による告示の日から起算して30年を経過する日までに、当該生産緑地を特定生産緑地として指定することができる。

78
○

なお、10年延長後、再延長することができる。重要

79
○

農業の主たる従事者が農業に従事することを不可能にさせる故障を有するに至ったときは、30年を経過していない場合であっても、生産緑地を時価で買い取るべき旨を申し出ることができる。

80
×

生産緑地の所有者の申出により生産緑地の指定が解除されても、それまで減免されていた固定資産税をさかのぼって納付する必要はない。注意

ワンポイントアドバイス

生産緑地法はたびたび出題されているので、要注意です。

81
○

宅地について所有権または借地権を有する者は、1人で、または数人共同して、当該権利の目的である宅地について、土地区画整理事業を施行することができる。

82
□□□
土地区画整理法において、仮換地が指定された場合、従前の宅地の所有者は、換地処分の公告がある日まで、従前の宅地について所有権移転の登記や抵当権設定の登記をすることができない。

不動産の取得・保有と税金

83
□□□
不動産取得税は、被相続人の相続人が、被相続人との死因贈与契約に基づき、被相続人の相続開始に伴って土地を取得した場合は課されない。

84
□□□
不動産取得税は、被相続人の相続人以外の者が、被相続人が作成した遺言による特定遺贈により土地を取得した場合は課されない。

85
□□□
不動産取得税は、課税標準となるべき額が土地の取得の場合は23万円、家屋の取得の場合は1戸につき10万円に満たない場合は課されない。

86
□□□
不動産取得税において、2024年中に、認定長期優良住宅に該当する自己の居住用として新築の戸建て住宅を購入した場合、課税標準となるべき価格から最高1,600万円が控除される。

87
□□□
戸建て住宅を新築し、建設工事を請け負った工務店から引渡しを受け、直ちにその家屋の所在や種類、構造、床面積等を記録するための建物の表題登記をする場合、登録免許税は課されない。

82
×

仮換地が指定された場合、従前の宅地の所有者は、換地処分の公告がある日まで、従前の宅地について使用収益できないが、所有権移転の登記や抵当権設定の登記をすることはできる。

83
×

死因贈与により不動産を取得した場合には、不動産取得税が課される。注意

84
×

被相続人の相続人以外の者が、被相続人が作成した遺言による特定遺贈により土地を取得した場合、不動産取得税が課される。相続による土地の取得については不動産取得税は課されないが、相続人以外の者に対してなされた特定遺贈による土地の取得については、不動産取得税が課される。

85
×

課税標準となるべき額が土地の取得の場合は10万円、家屋の取得の場合は1戸につき23万円に満たない場合、不動産取得税は課されない。

86
×

2024年中に、認定長期優良住宅に該当する自己の居住用として新築の戸建て住宅を購入した場合、課税標準となるべき価格から最高1,300万円が控除される（2026年3月31日まで）。

87
○

表題登記には、登録免許税は課されない。

88 □□□

新築した住宅用家屋の所有権の保存登記に係る登録免許税について「住宅用家屋の所有権の保存登記の税率の軽減」の適用を受けるためには、当該家屋の新築後３カ月以内に登記を受ける必要がある。

89 □□□

子が父の所有する戸建て住宅の贈与を受けて自己の居住の用に供し、父から子への所有権移転登記をする場合、当該住宅が所定の要件を満たしていれば、登録免許税の算出にあたって0.3%の軽減税率が適用される。

90 □□□

年の途中で土地や家屋の売買があった場合であっても、固定資産税の納税義務者は、賦課期日であるその年１月１日現在におけるその土地や家屋の所有者である。

91 □□□

「住宅用地に対する固定資産税の課税標準の特例」は、自己の居住用住宅の敷地である宅地に適用されるため、賃貸アパート等の共同住宅の敷地である宅地については適用されない。

92 □□□

「住宅用地に対する固定資産税の課税標準の特例」において、一戸の住居の敷地で、本特例の対象となる住宅用地の面積が280m² である場合、当該土地に係る固定資産税の課税標準は、200m² 相当分について課税標準となるべき価格の６分の１の額となり、残りの80m² 相当分について課税標準となるべき価格の３分の１の額となる。

93 □□□

店舗併用住宅が４階以下の耐火建築物または耐火建築物以外で、床面積が200m²（うち居住部分の床面積は100m²）で、その敷地である土地の面積が200m² である場合、「住宅用地に対する固定資産税の課税標準の特例」の対象となる土地の面積は100m² である。

88
×

新築した住宅用家屋の所有権の保存登記に係る登録免許税について「住宅用家屋の所有権の保存登記の税率の軽減」の適用を受けるためには、当該家屋の新築後１年以内に登記を受ける必要がある。重要

89
×

自己の居住用の住宅を**贈与により**所有権移転登記をする場合、軽減税率の適用はない（2.0％）。注意

90
○

なお、年の途中でその土地や家屋の売買があった場合、売買契約の締結時に売主と買主の間で、その年度分の固定資産税額の相当分を日割り按分して負担する等の取り決めを行うことができる。

91
×

「住宅用地に対する固定資産税の課税標準の特例」は、自己の居住用住宅の敷地である宅地だけでなく、賃貸アパート等の共同住宅の敷地である宅地についても適用される。注意

92
○

「住宅用地に対する固定資産税の課税標準の特例」では、土地に係る固定資産税の課税標準は、200m² 相当分について課税標準となるべき価格の**６分の１**の額となり、200m² を超える部分について課税標準となるべき価格の**３分の１**の額となる。重要

93
×

「住宅用地に対する固定資産税の課税標準の特例」は、店舗併用住宅※の場合、居住部分の割合が**２分の１以上**であるときは、全体を**住宅用地**として扱うので、対象となる土地の面積は**200m²** である。

※地上階数５以上を有する耐火建築物以外の家屋

94 □□□

新築の中高層耐火住宅については、新たに固定資産税が課されることとなった年度から5年度分の固定資産税額に限り、当該住宅に係る固定資産税額（当該住宅の居住部分の床面積が120m²を超える場合は120m²に相当する部分の額）の2分の1に相当する額が減額される。

不動産の譲渡と税金

95 □□□

「居住用財産を譲渡した場合の3,000万円の特別控除」は、借地上にある自己の居住用家屋とともに、借地権を譲渡した場合、家屋の譲渡は特例の対象となるが、借地権の譲渡は特例の対象にならない。

96 □□□

自己の居住用家屋とその敷地である宅地を、生計を一にし同居している長女の夫に譲渡し、譲渡後も引き続き長女の夫と生計を一にし同居している場合、長女の夫は直系血族ではないが、「居住用財産を譲渡した場合の3,000万円の特別控除」の適用を受けることはできない。

97 □□□

2021年5月に居住の用に供さなくなった自宅（家屋とその敷地）について、当該家屋とその敷地を2024年9月に譲渡契約を締結して譲渡した場合における当該家屋および敷地に係る譲渡は、「居住用財産を譲渡した場合の3,000万円の特別控除」適用を受けることができる。

94
○

なお、新築の一般住宅については、新たに固定資産税が課されることとなった年度から３年度分の固定資産税額に限り、当該住宅に係る固定資産税額の２分の１に相当する額が減額される。

ワンポイントアドバイス

「住宅用地に対する固定資産税の課税標準の特例」の適用要件、減額内容を押さえましょう。

95
×

「居住用財産を譲渡した場合の3,000万円の特別控除」は、借地権の譲渡も特例の対象になる。重要

96
○

「居住用財産を譲渡した場合の3,000万円の特別控除」は、配偶者、直系血族、生計を一にする親族、譲渡後に譲渡者とその居住用財産に同居する親族に譲渡する等の場合は、適用を受けることができない。

97
○

「居住用財産を譲渡した場合の3,000万円の特別控除」は、居住の用に供さなくなった日から３年を経過する日の属する年の12月31日までに譲渡することが要件となっている。

2021年5月	2024年5月	2024年9月	2024年12月
居住しなくなった	3年を経過	譲渡	

98 □□□

2023年4月に居住の用に供していた自宅（家屋とその敷地）の家屋を取り壊し、他者に貸し付けることなく更地のまま所有していた敷地を、2024年11月に譲渡契約を締結して譲渡した場合における当該敷地に係る譲渡は、「居住用財産を譲渡した場合の3,000万円の特別控除」の適用を受けることができる。

99 □□□

自宅（建物とその敷地）を譲渡し、新たな自宅（建物とその敷地）を取得した場合、「特定の居住用財産の買換えの場合の長期譲渡所得の課税の特例」と「居住用財産を譲渡した場合の3,000万円の特別控除」について、要件を満たしていれば、重複して適用を受けることができる。

100 □□□

20年間所有していた自宅（建物とその敷地）を譲渡した場合、「居住用財産を譲渡した場合の3,000万円の特別控除」と「居住用財産を譲渡した場合の長期譲渡所得の課税の特例」（軽減税率の特例）は、要件を満たしていれば、重複して適用を受けることができる。

98
×

「居住用財産を譲渡した場合の3,000万円の特別控除」は、家屋を取り壊した場合には、次の要件を満たす必要がある。

・その敷地の譲渡契約が、家屋を取り壊した日から1年以内に締結され、かつ、居住の用に供さなくなった日から3年を経過する日の属する年の12月31日までに譲渡すること
・家屋を取り壊してから譲渡契約を締結した日まで、その敷地を貸駐車場などその他の用に供していないこと

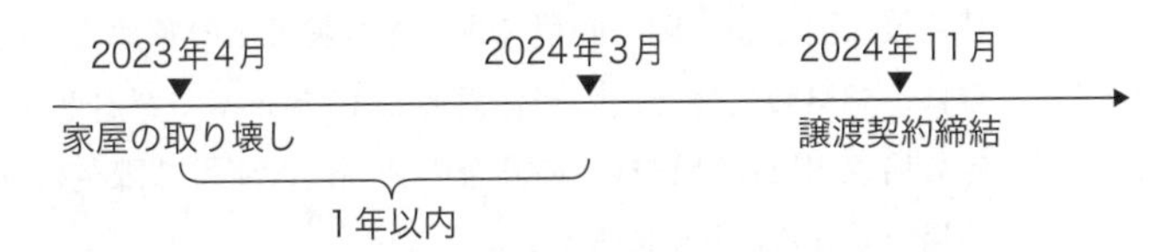

家屋を取り壊した日から1年以内に譲渡契約を締結していないので、特例の適用を受けることはできない。注意

99
×

「特定の居住用財産の買換えの場合の長期譲渡所得の課税の特例」と「居住用財産を譲渡した場合の3,000万円の特別控除」は、重複して適用を受けることができない。注意

100
○

「居住用財産を譲渡した場合の3,000万円の特別控除」と「居住用財産を譲渡した場合の長期譲渡所得の課税の特例」（軽減税率の特例）は重複して適用を受けることができる。重要

ワンポイントアドバイス

「居住用財産を譲渡した場合の3,000万円の特別控除」は出題頻度が高く、重要です。適用要件を整理しておきましょう。

101
□□□

居住の用に供している家屋とその敷地を譲渡した場合に、譲渡した年の1月1日において、家屋の所有期間が10年以下で、敷地の所有期間が10年超であるときは、家屋および敷地に係る譲渡所得はいずれも「特定の居住用財産の買換えの場合の長期譲渡所得の課税の特例」の適用を受けることができない。

102
□□□

10年以上居住の用に供していた家屋を同一の場所で建て替え、建替え後に引き続き居住の用に供した家屋とその敷地を譲渡した場合に、家屋の建替え後の居住期間が10年未満であるときは、「特定の居住用財産の買換えの場合の長期譲渡所得の課税の特例」の適用を受けることができない。

103
□□□

相続により取得した住宅（建物とその敷地）を譲渡した場合、「被相続人の居住用財産（空き家）に係る譲渡所得の特別控除」と「相続財産に係る譲渡所得の課税の特例」（相続税の取得費加算の特例）について、要件を満たしていれば、重複して適用を受けることができる。

104
□□□

被相続人の居住用財産（空き家）に係る譲渡所得の特別控除の特例は、被相続人が生前に有料老人ホームに入居したため、被相続人の居住の用に供されなくなっていた家屋およびその敷地を被相続人の子が相続により取得して譲渡した場合、被相続人が有料老人ホームの入居時に要介護認定または要支援認定を受けていなくても、その家屋は被相続人居住用家屋に該当し、子は特例の適用を受けることができる。

101
○

「特定の居住用財産の買換えの場合の長期譲渡所得の課税の特例」の適用を受けるためには、譲渡した年の1月1日において、家屋やその敷地の所有期間がともに10年を超えていなければならない。注意

102
×

建替え後に引き続き居住の用に供した家屋とその敷地を譲渡した場合、居住期間は建替え前の期間と建替え後の期間を通算することができるので、通算して10年以上あれば、特例の適用を受けることができる。注意

103
×

「被相続人の居住用財産（空き家）に係る譲渡所得の特別控除」と「相続財産に係る譲渡所得の課税の特例」（相続税の取得費加算の特例）は、重複して適用を受けることはできない。

104
×

被相続人の居住用財産（空き家）に係る譲渡所得の特別控除の特例は、被相続人が生前に有料老人ホームに入居したため、被相続人の居住の用に供されなくなっていた家屋およびその敷地を被相続人の子が相続により取得して譲渡した場合、被相続人が有料老人ホームの入居時に要介護認定または要支援認定を受けていなければ、その家屋は被相続人居住用家屋に該当せず、子は特例の適用を受けることができない。注意

ワンポイントアドバイス

居住用財産の譲渡の特例が重複適用できるかどうかを押さえましょう。

105 □□□

「被相続人の居住用財産（空家）に係る譲渡所得の特別控除の特例」において、被相続人Ａさんが居住し、かつ、ＡさんとＡさんの子がそれぞれ２分の１の持分で共有していた家屋およびその敷地について、子がＡさんの持分を相続し、当該家屋およびその敷地の全体を１億6,000万円で譲渡した場合、子は特例の適用を受けることができない。

106 □□□

「居住用財産の買換え等の場合の譲渡損失の損益通算及び繰越控除」の適用を受けるためには、譲渡した居住用財産の所有期間が譲渡した年の１月１日において10年を超えていなければならない。

107 □□□

「居住用財産の買換え等の場合の譲渡損失の損益通算及び繰越控除」の適用を受けた場合は、買換資産に係る住宅借入金について、住宅借入金等特別控除の適用を受けることができない。

108 □□□

「特定の事業用資産の買換えの場合の譲渡所得の課税の特例」の適用を受けるためには、取得した買換資産は、その取得の日から３年を経過する日の属する年の12月31日までに、取得した者の事業の用に供しなければならない。

109 □□□

「特定の事業用資産の買換えの場合の譲渡所得の課税の特例」において、譲渡した土地の面積が300m²、買い換えた土地の面積が1,800m²である場合、原則として、買い換えた土地のうち900m²を超える部分は買換資産に該当しない。

105
○

「被相続人の居住用財産（空家）に係る譲渡所得の特別控除の特例」は、譲渡対価の額が1億円以下であることが要件である。この要件は譲渡者ごとではなく、全体で判定される。

106
×

「居住用財産の買換え等の場合の譲渡損失の損益通算及び繰越控除」の適用を受けるためには、譲渡した居住用財産の所有期間が譲渡した年の1月1日において5年を超えていなければならない。

107
×

「居住用財産の買換え等の場合の譲渡損失の損益通算及び繰越控除」の適用を受けた場合であっても、買換資産に係る住宅借入金について、所定の要件を満たせば、住宅借入金等特別控除の適用を受けることができる。注意

108
×

「特定の事業用資産の買換えの場合の譲渡所得の課税の特例」の適用を受けるためには、取得した買換資産は、その取得の日から1年以内に、取得した者の事業の用に供しなければならない。

109
×

「特定の事業用資産の買換えの場合の譲渡所得の課税の特例」では、買換資産が土地等であるときは、取得する土地等の面積が、原則として譲渡した土地等の面積の5倍以内でなければならず、5倍を超える部分は特例の対象とならない。よって、譲渡した土地の面積が300m²、買い換えた土地の面積が1,800m²である場合、原則として、買い換えた土地のうち1,500m²を超える部分は買換資産に該当しない。

110 □□□

「固定資産の交換の場合の譲渡所得の特例」では、交換により譲渡する資産は、1年以上所有していたものでなければならず、交換により取得する資産は、交換の相手が1年以上所有していたものでなければならない。

111 □□□

A土地（時価7,000万円）とB土地（時価9,000万円）を交換し、交換差金が2,000万円であった場合、「固定資産の交換の場合の譲渡所得の特例」の適用を受けることができる。

112 □□□

収用等によりその所有する土地建物を譲渡し、「収用等に伴い代替資産を取得した場合の課税の特例」の適用を受けた場合、譲渡益のうち代替資産の取得価額の80％に相当する部分の金額に対する課税を将来に繰り延べることができる。

113 □□□

収用等によりその所有する土地建物を譲渡し、「収用交換等の場合の譲渡所得等の特別控除」の適用を受けた場合、譲渡所得の金額の計算上、譲渡益から特別控除として最大3,000万円を控除することができる。

土地の有効活用

114 □□□

等価交換方式は、地主が所有する土地の全部または一部を提供し、事業者が建設資金を負担して当該土地にマンション等を建設し、完成した区分所有建物とその敷地の所有権等を地主と事業者がそれぞれの出資割合に応じて保有する手法である。

110
○

なお、「固定資産の交換の場合の譲渡所得の特例」は、個人が、土地や建物などの固定資産を同じ種類の固定資産と交換したときは、譲渡がなかったものとする特例である。

111
×

「固定資産の交換の場合の譲渡所得の特例」は、交換により譲渡する資産の時価と取得する資産の時価との差額が、これらの時価のうちいずれか高いほうの価額の20%以内でなければならない。
9,000万円×20%＝1,800万円＜2,000万円
よって、特例の適用を受けることができない。

112
×

「収用等に伴い代替資産を取得した場合の課税の特例」の適用を受けた場合、譲渡益のうち代替資産の取得価額の100%に相当する部分の金額に対する課税を将来に繰り延べることができる。
・補償金≦代替資産の取得価額：譲渡がなかったものとされる。
・補償金＞代替資産の取得価額：差額について譲渡があったものとされる。

113
×

「収用交換等の場合の譲渡所得等の特別控除」の適用を受けた場合、譲渡所得の金額の計算上、譲渡益から特別控除として最大5,000万円を控除することができる。

114
○

等価交換方式は、地主は自己資金を使わず、収益物件を取得できるというメリットがある。

115 □□□

事業用定期借地権方式は、事業者である借主が土地を契約で一定期間賃借し、借主が建物を建設する手法であり、賃貸借期間満了後、土地は地主に返還されるが、残存建物は地主が買い取らなければならないことになっている。

不動産の投資判断

116 □□□

毎期末に1,000万円の純収益が得られる賃貸マンションを取得し、取得から3年経過後に1億2,000万円で売却する場合、DCF法による当該不動産の収益価格は、1億4,774万円である。なお、割引率は年4%とし、下記の係数表を利用すること。また、記載のない事項については考慮しないものとする。

〈年4%の各種係数〉

	現価係数	年金終価係数	資本回収係数
1年	0.961	1.000	1.040
2年	0.924	2.040	0.530
3年	0.889	3.122	0.360

117 □□□

下記の〈条件〉に基づく不動産投資におけるDSCRは2.15である。なお、記載のない事項については考慮せず、計算結果は小数点以下第3位を四捨五入すること。

〈条件〉

投資物件：賃貸マンション（RC造5階建て、築6年）
投資額　：3億円（資金調達：自己資金1億5,000万円、借入金額1億5,000万円）
賃貸収入：年間2,000万円
運営費用：年間800万円（借入金の支払利息は含まれていない）
借入金返済額：年間930万円（元利均等返済・金利2.5%、返済期間20年）

115
×

事業用定期借地権方式は、事業者である借主が土地を契約で一定期間賃借し、借主が建物を建設する手法であり、賃貸借期間満了後、原則として、**土地は更地で地主に返還される**。

116
×

DCF 法では、各期の純収益と保有期間終了後の復帰価格を求め、それぞれを発生時期に応じて割引率により**現在価値に割り引いて収益価格を求める**。現在価値を算出する際には、**現価係数を使用**する。 重要 計算

・各期の純収益の現在価値

1 年後の現在価値：1,000 万円×0.961＝961 万円

2 年後の現在価値：1,000 万円×0.924＝924 万円

3 年後の現在価値：1,000 万円×0.889＝889 万円

3 年間の純収益の現在価値：961 万円＋924 万円＋889 万円＝2,774 万円

・復帰価格の現在価値

3 年後の売却価格の現在価値：1 億 2,000 万円×0.889＝1 億 668 万円

・収益価格：2,774 万円＋1 億 668 万円＝1 億 3,442 万円

117
×

DSCR（借入金償還余裕率）は、次の計算式で算出する。 計算

$$\text{DSCR}：\frac{\text{元利金返済前キャッシュフロー（年間純収益）}}{\text{年間借入金元利返済額}}$$

年間純収益：2,000 万円－800 万円＝1,200 万円

$$\frac{1{,}200\text{万円}}{930\text{万円}}＝1.290\cdots\rightarrow 1.29$$

ワンポイントアドバイス

DCF 法による収益価格と DSCR の計算方法をマスターしましょう。

建築基準法

1 □□□

次のA土地およびB土地について、以下の①〜③に答えなさい。〈答〉はm^2表示とすること。なお、記載のない事項については考慮しないものとする。

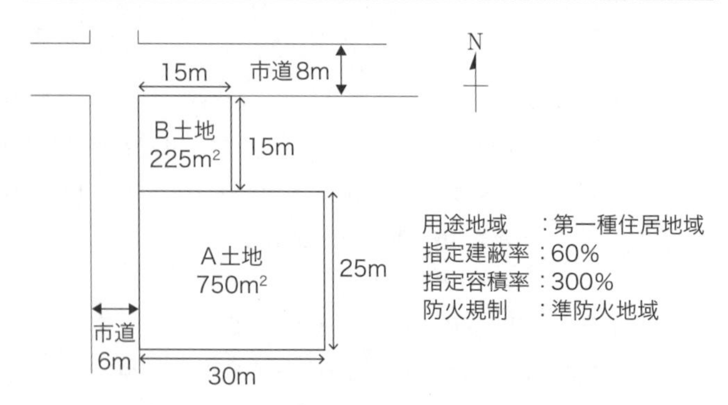

・A土地は750m^2の長方形の土地であり、B土地は225m^2の正方形の土地である。

・B土地、A土地とB土地を一体とした土地は、建蔽率の緩和について特定行政庁が指定する角地である。

・指定建蔽率および指定容積率とは、それぞれ都市計画において定められた数値である。

・特定行政庁が都道府県都市計画審議会の議を経て指定する区域ではない。

①A土地に単独で耐火建築物を建設した場合の容積率の上限となる延べ面積はいくらか。

②A土地とB土地を一体とした土地に耐火建築物を建設した場合、建蔽率の上限となる建築面積はいくらか。

③A土地とB土地を一体とした土地に耐火建築物を建設した場合、容積率の上限となる延べ面積はいくらか。

1

① 1,800m^2 〈計算〉

・指定容積率：300%

・前面道路の幅員 × 法定乗数：6 m × $\frac{4}{10}$ = $\frac{24}{10}$ → 240%

※法定乗数は、住居系用途地域の場合は4／10。

いずれか数値の低いほうが限度となるので、240%となる。

容積率の上限となる延べ面積：750m^2 × 240% ＝ 1,800m^2

② 780m^2 〈計算〉

準防火地域内で耐火建築物を建築する場合、建蔽率が10%緩和される。また、A土地とB土地を一体とした土地は、建蔽率の緩和について特定行政庁が指定する角地なので10%緩和される。

建蔽率の上限となる建築面積：(750m^2 + 225m^2) × (60% + 10% + 10%) ＝780m^2

③ 2,925m^2 〈計算〉

・指定容積率：300%

・前面道路の幅員 × 法定乗数：8 m × $\frac{4}{10}$ = $\frac{32}{10}$ → 320%

※法定乗数は、住居系用途地域の場合は4／10。前面道路が2以上ある場合は最大のもの。

いずれか数値の低いほうが限度となるので、300%となる。

容積率の上限となる延べ面積：(750m^2 + 225m^2) × 300% ＝ 2,925m^2

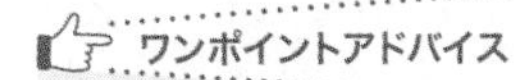

建蔽率の上限となる建築面積と、容積率の上限となる延べ面積の計算は、毎回出題されています。計算方法をしっかり理解しましょう。

2

□□□

次のA土地とB土地とを一体とした土地に耐火建築物を建築する場合、次ページの①および②に答えなさい。〈答〉はm^2表示とすること。なお、記載のない事項については考慮しないものとする。

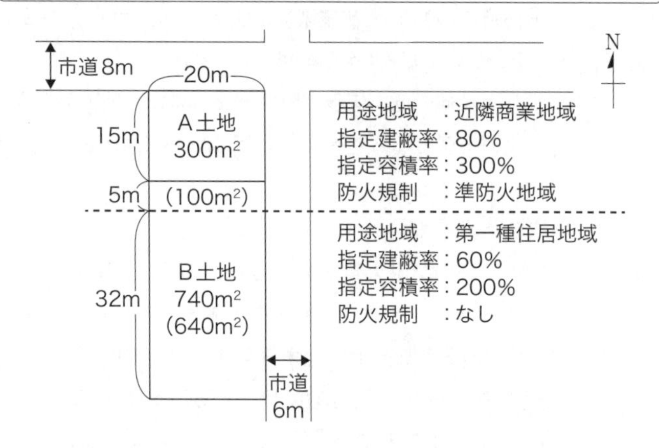

・A土地は300m^2の長方形の土地である。B土地は740m^2の長方形の土地であり、近隣商業地域に属する部分は100m^2、第一種住居地域に属する部分は640m^2である。

・A土地およびB土地の用途地域等は図に記載のとおりである。なお、点線は用途地域の境を示しており、点線の北側が近隣商業地域で、点線の南側が第一種住居地域である。

・A土地、A土地とB土地を一体とした土地は、建蔽率の緩和について特定行政庁が指定する角地である。

・指定建蔽率および指定容積率とは、それぞれ都市計画において定められた数値である。

・特定行政庁が都道府県都市計画審議会の議を経て指定する区域ではない。

①A土地とB土地を一体とした土地上に耐火建築物を建築する場合、建蔽率の上限となる建築面積はいくらか。

②A土地とB土地を一体とした土地上に耐火建築物を建築する場合、容積率の上限となる延べ面積はいくらか。

2

① 912m^2 〈電計算〉

〈近隣商業地域の部分〉

準防火地域内で耐火建築物を建築する場合、建蔽率が10%緩和される。また、A土地とB土地を一体とした土地は、建蔽率の緩和について特定行政庁が指定する角地なので10%緩和される。

建蔽率の上限となる建築面積：$(300m^2 + 100m^2) \times (80\% + 10\% + 10\%) = 400m^2$

〈第一種住居地域の部分〉

準防火地域と防火・準防火の指定のない区域にわたり、敷地内の建築物の全部が耐火建築物等または準耐火建築物等であるときは、その敷地はすべて準防火地域にあるものとみなして建蔽率の緩和の規定を適用する。よって、準防火地域内で耐火建築物を建築する場合の建蔽率の緩和（10%）、また角地の緩和（10%）が適用される。

建蔽率の上限となる建築面積：$640m^2 \times (60\% + 10\% + 10\%) = 512m^2$

A土地とB土地を一体とした土地上に耐火建築物を建築する場合の建蔽率の上限となる建築面積：$400m^2 + 512m^2 = 912m^2$

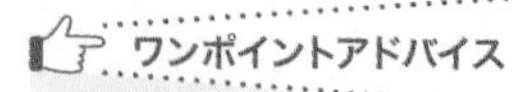

建蔽率が緩和される場合の計算に注意しましょう。

② 2,480m² 〈計算〉

〈近隣商業地域の部分〉

・指定容積率：300%

・前面道路の幅員 × 法定乗数：8 m × $\frac{6}{10}$ ＝ $\frac{48}{10}$ → 480%

※法定乗数は、商業系用途地域の場合は 6／10。前面道路が2以上ある場合は最大のもの。

いずれか数値の低いほうが限度となるので、300%となる。

容積率の上限となる延べ面積：(300m² ＋ 100m²) × 300% ＝ 1,200m²

〈第一種住居地域の部分〉

指定容積率：200%

前面道路の幅員 × 法定乗数：8 m × $\frac{4}{10}$ ＝ $\frac{32}{10}$ → 320%

※法定乗数は、住居系用途地域の場合は 4／10。

いずれか数値の低いほうが限度となるので、200%となる。

容積率の上限となる延べ面積：640m² × 200% ＝ 1,280m²

A土地とB土地を一体とした土地上に耐火建築物を建築する場合の容積率の上限となる延べ面積：1,200m² ＋ 1,280m² ＝ 2,480m²

ワンポイントアドバイス

前面道路の幅員の容積率の制限に注意しましょう。

3

□□□

次のA土地およびB土地について、以下の①および②に答えなさい〈答〉はm^2表示とすること。なお、記載のない事項については考慮しないものとする。

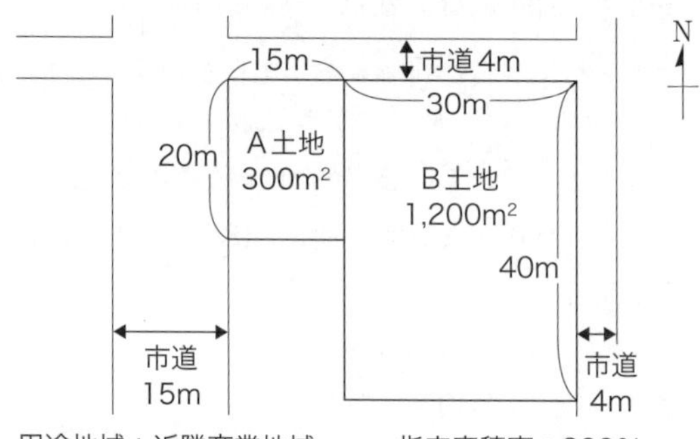

・A土地は300m^2の長方形の土地であり、B土地は1,200m^2の長方形の土地である。

・指定建蔽率および指定容積率とは、それぞれ都市計画において定められた数値である。

・特定行政庁が都道府県都市計画審議会の議を経て指定する区域ではない。

①B土地上に単独で耐火建築物（マンション）を建築する場合、容積率の上限となる延べ面積はいくらか。

②A土地とB土地を一体とした土地上に耐火建築物（マンション）を建築する場合、容積率の上限となる延べ面積はいくらか。

3

① 2,880m² 〈計算〉

・指定容積率：300%

・前面道路の幅員 × 法定乗数：4 m × $\frac{6}{10}$ ＝ $\frac{24}{10}$ → 240%

※法定乗数は、商業系用途地域の場合は6／10。前面道路が2以上ある場合は最大のもの。

いずれか数値の低いほうが限度となるので、240%となる。

容積率の上限となる延べ面積：1,200 m² × 240% ＝ 2,880 m²

※幅員 15 m以上の道路から 70 m以内にあるが、建築物の敷地の前面道路の幅員が 6 m以上 12 m未満ではないため、「特定道路による容積率制限の緩和」の適用を受けることはできない。〈注意〉

② 4,500m² 〈計算〉

前面道路の幅員が 12 m以上なので、指定容積率が適用される。

指定容積率：300%

(300 m² ＋ 1,200 m²) × 300% ＝ 4,500 m²

4

□□□

次のＡ土地上に耐火建築物を建築する場合、次の①および②に答えなさい。〈答〉は m² 表示とすること。なお、記載のない事項については考慮しないものとする。

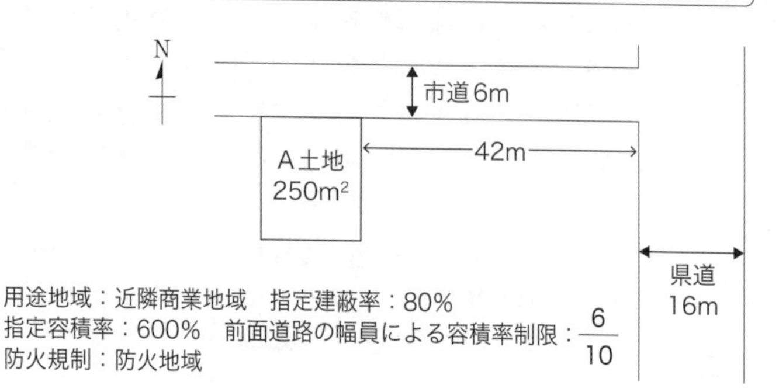

・Ａ土地は 250m² の長方形の土地である。

・幅員 16 m の県道は建築基準法第 52 条第 9 項の特定道路であり、特定道路からＡ土地までの延長距離は 42 m である。

・指定建蔽率および指定容積率とは、それぞれ都市計画において定められた数値である。

・特定行政庁が都道府県都市計画審議会の議を経て指定する区域ではない。

①建蔽率の上限となる建築面積はいくらか。

②容積率の上限となる延べ面積はいくらか。なお、特定道路までの距離による容積率制限の緩和を考慮すること。

〈特定道路までの距離による容積率制限の緩和に関する計算式〉

$$W_1 = \frac{(a - W_2) \times (b - L)}{b}$$

W_1：前面道路幅員に加算される数値
W_2：前面道路の幅員（m）
L：特定道路までの距離（m）
※「a、b」は、問題の性質上、伏せてある。

4

① 250m² 〈計算〉

指定建蔽率が80％の地域で、防火地域内にある耐火建築物等を建築する場合、建蔽率が100％となる。

建蔽率の上限となる建築面積：250m² × 100％ ＝ 250m²

② 1,260m² 〈計算〉

特定道路までの延長距離に応じて求められる数値（W_1）を**前面道路の幅員に加算**し、これに法定乗数を乗じて容積率の最高限度を計算する。

$$W_1 = \frac{(12 - W_2) \times (70 - L)}{70}$$ 重要

W_1：前面道路幅員に加算される数値

W_2：6（m）

L：42（m）

$$W_1 : \frac{(12 - 6) \times (70 - 42)}{70} = 2.4$$

・前面道路の幅員 × 法定乗数：$(6 + 2.4) \times \frac{6}{10} = \frac{50.4}{10}$
　→ 504%

・指定容積率：600%

いずれか数値の低いほうが限度となるので、504%となる。

容積率の上限となる延べ面積：250m² × 504% ＝ 1,260m²

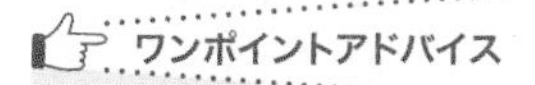

特定道路までの距離による容積率制限の緩和に関する計算式を覚えましょう。

5
□□□

次のA土地とB土地とを一体とした土地に耐火建築物を建築する場合、次の①および②に答えなさい。〈答〉はm^2表示とすること。なお、記載のない事項については考慮しないものとする。

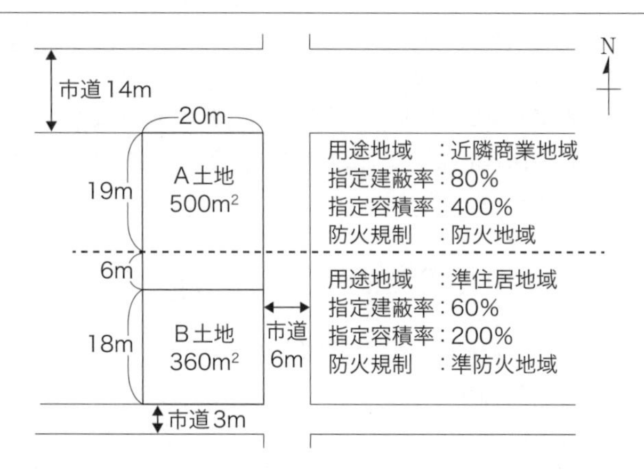

・A土地は500m^2の長方形の土地であり、近隣商業地域に属する部分は380m^2、準住居地域に属する部分は120m^2である。
・B土地は360m^2の長方形の土地である。
・指定建蔽率および指定容積率は、それぞれ都市計画において定められた数値である。
・A土地、A土地とB土地とを一体とした土地は、建蔽率の緩和について特定行政庁が指定する角地であるが、B土地は建蔽率の緩和について特定行政庁が指定する角地ではない。
・B土地の南側、幅員3m市道は建築基準法第42条第2項により特定行政庁の指定を受けた道路である。3m市道の中心線は、当該道路の中心部にある。また、3m市道のB土地の反対側は宅地であり、がけ地や川等ではない。

①建蔽率の上限となる建築面積はいくらか。

②容積率の上限となる延べ面積はいくらか。

5

① 756m² 〈計算〉

〈近隣商業地域の部分〉

指定建蔽率が80％の地域で、防火地域内にある耐火建築物等を建築する場合、建蔽率が100％となる。

建蔽率の上限となる建築面積：380m² × 100％＝380m²

〈準住居地域の部分〉

B土地の南側は幅員3mの道路なので、**道路中心線から水平距離2mずつ両側に後退した線が道路境界線とみなされる**（セットバック）。

セットバックによる後退距離：(4m－3m) ÷ 2＝0.5m 〈注意〉

セットバック後の敷地面積：(6m＋18m－0.5m) × 20m＝470m²

建築物の敷地が、防火地域の内外にわたる場合、敷地内の建築物の全部が耐火建築物等であるときは、その敷地は**すべて防火地域にあるもの**とみなして建蔽率の緩和の規定が適用され、建蔽率が10％緩和される。また、A土地とB土地とを一体とした土地は、建蔽率の緩和について特定行政庁が指定する角地なので、さらに10％緩和される。

建蔽率の上限となる建築面積：470m² × (60％＋10％＋10％)＝376m²

A土地とB土地を一体とした土地上に耐火建築物を建築する場合の建蔽率の上限となる建築面積：380m²＋376m²＝756m²

② 2,460m² 〈計算〉

A土地とB土地とを一体とした土地の前面道路は14mであるため、指定容積率が適用される。

※前面道路が2以上ある場合は最大のもの。

近隣商業地域の部分：380m² × 400％＝1,520m²

準住居地域の部分：470m² × 200％＝940m²

A土地とB土地を一体とした土地上に耐火建築物を建築する場合の容積率の上限となる延べ面積：1,520m²＋940m²＝2,460m²

不動産の譲渡と税金

6

□□□

下記の〈譲渡資産および買換資産に関する資料〉に基づき、自宅を買い換えた場合、次の①および②に答えなさい。〈答〉は100円未満を切り捨てて円単位とすること。なお、本問の譲渡所得以外の所得や所得控除等は考慮しないものとする。

〈譲渡資産および買換資産に関する資料〉

・譲渡資産の譲渡価額：8,000万円
・譲渡資産の取得費　：不明
・譲渡費用　　　　　：600万円
・買換資産の取得価額：6,000万円

①「特定の居住用財産の買換えの場合の長期譲渡所得の課税の特例」の適用を受けた場合の譲渡所得の金額に係る所得税および復興特別所得税、住民税の合計額はいくらか。

②「居住用財産を譲渡した場合の3,000万円の特別控除」および「居住用財産を譲渡した場合の長期譲渡所得の課税の特例」の適用を受けた場合の譲渡所得の金額に係る所得税および復興特別所得税、住民税の合計額はいくらか。

6

① 3,555,100円　重要　計算

譲渡資産の価額8,000万円＞買換資産の価額6,000万円

なので、差額部分についてのみ譲渡があったものとされる。

収入金額：8,000万円－6,000万円＝2,000万円

取得費・譲渡費用：(8,000万円×5%※＋600万円)×$\frac{2{,}000万円}{8{,}000万円}$

＝250万円

※取得費が不明なので、譲渡価額の5%を概算取得費とする。

譲渡益：2,000万円－250万円＝1,750万円

所得税：17,500,000円×15%＝2,625,000円

復興特別所得税：2,625,000円×2.1%＝55,125円

上記合計額：2,625,000円＋55,125円＝2,680,125円

→2,680,100円（100円未満を切り捨て）

住民税：17,500,000円×5%＝875,000円

合計額：2,680,100円＋875,000円＝3,555,100円

② 5,684,000円　重要　計算

収入金額：8,000万円

取得費・譲渡費用：8,000万円×5%※＋600万円＝1,000万円

※取得費が不明なので、譲渡価額の5%を概算取得費とする。

譲渡益：8,000万円－1,000万円－3,000万円（特別控除）＝

4,000万円

所得税：40,000,000円×10%＝4,000,000円

復興特別所得税：4,000,000円×2.1%＝84,000円

上記合計額：4,000,000円＋84,000円＝4,084,000円

住民税：40,000,000円×4%＝1,600,000円

合計額：4,084,000円＋1,600,000円＝5,684,000円

※譲渡所得金額6,000万円以下の部分は、所得税10%、住民税4%の税率が適用される（軽減税率）。

7

□□□

以下の〈条件〉で事業用資産である土地を譲渡し、別の土地を取得して、「特定の事業用資産の買換えの場合の譲渡所得の課税の特例」の適用を受けた場合、次の①および②に答えなさい。〈答〉は100円未満を切り捨てて円単位とすること。なお、課税の繰延割合は80%であるものとし、本問の譲渡所得以外の所得や所得控除等は考慮しないものとする。

〈条件〉

〈譲渡資産および買換資産に関する資料〉
・譲渡資産の譲渡価額：7,000万円
・譲渡資産の所有期間：43年
・譲渡資産の取得費　：不明
・譲渡費用　　　　　：500万円
・買換資産の面積　　：400m²
・買換資産の取得価額：9,000万円

①課税長期譲渡所得金額はいくらか。

②課税長期譲渡所得金額に係る所得税および復興特別所得税、住民税の合計額はいくらか。

7

① 12,300,000円　重要　計算

収入金額：譲渡資産の譲渡価額ー(譲渡資産の譲渡価額と買換資産の取得価額の低いほうの金額)× 80%

7,000万円－ 7,000万円× 80%＝ 1,400万円

取得費＋譲渡費用：

$$(\text{譲渡資産の取得費}+\text{譲渡費用})\times\frac{\text{収入金額}}{\text{譲渡資産の譲渡価額}}$$

$$(7{,}000\text{万円}\times 5\%+500\text{万円})\times\frac{1{,}400\text{万円}}{7{,}000\text{万円}}=170\text{万円}$$

※取得費が不明なので、譲渡価額の5%を概算取得費とする。

譲渡益：1,400万円－ 170万円＝ 12,300,000円

② 2,498,700円　計算

所得税：12,300,000円× 15%＝ 1,845,000円

復興特別所得税：1,845,000円× 2.1%＝ 38,745円

上記合計額：1,845,000円＋ 38,745円＝ 1,883,745円

→ 1,883,700円（100円未満を切り捨て）

住民税：12,300,000円× 5%＝ 615,000円

合計額：1,883,700円＋ 615,000円＝ 2,498,700円

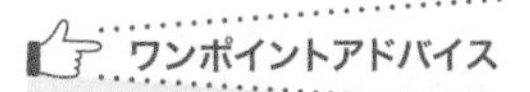

各特例の適用を受けた場合の譲渡所得の計算方法、また譲渡所得に係る税金の計算方法をマスターしましょう。

8

□□□

下記の〈条件〉で土地（所有権）を交換し、「固定資産の交換の場合の譲渡所得の特例」の適用を受けた場合、次の①および②に答えなさい。〈答〉は100円未満を切り捨てて円単位とすること。なお、本問の譲渡所得以外の所得や所得控除等は考慮しないものとする。

〈条件〉

〈交換譲渡資産〉
・交換譲渡資産　：土地（所有権）
※2010年に相続により取得
・交換譲渡資産の取得費　：不明
・交換譲渡資産の時価　：6,000万円（交換時）
・交換費用（仲介手数料等）：400万円（譲渡と取得の費用区分は不明）
〈交換取得資産〉
・交換取得資産　：土地（所有権）
・交換取得資産の時価　：5,400万円（交換時）
〈交換差金〉
・交換差金　：600万円

①課税長期譲渡所得金額はいくらか。

②課税長期譲渡所得金額に係る所得税および復興特別所得税、住民税額の合計額はいくらか。

8

① 5,500,000円　重要　計算

収入金額：交換差金等＝交換譲渡資産の時価－交換取得資産の時価

6,000万円－5,400万円＝600万円

取得費・譲渡費用：

$$(\text{交換譲渡資産の取得費}+\text{譲渡費用})\times\frac{\text{収入金額}}{\text{交換譲渡資産の時価}}$$

$$(6{,}000\text{万円}\times5\%+400\text{万円}\times50\%)\times\frac{600\text{万円}}{6{,}000\text{万円}}=50\text{万円}$$

※取得費が不明なので、譲渡価額の5%を概算取得費とする。また、交換に要する費用が譲渡分と取得分に明確に区分できない場合は**半分ずつ**（譲渡資産の譲渡費用50%、取得資産の取得費50%）として取り扱う。注意

譲渡益：600万円－50万円＝5,500,000円

② 1,117,300円

所得税：5,500,000円×15%＝825,000円

復興特別所得税：825,000円×2.1%＝17,325円

上記合計額：825,000円＋17,325円＝842,325円→842,300円（100円未満を切り捨て）

住民税：5,500,000円×5%＝275,000円

合計額：842,300円＋275,000円＝1,117,300円

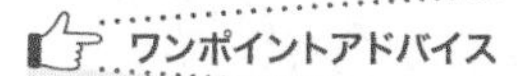

交換に要する費用の取扱いに注意しましょう。

第６章　相続・事業承継

近年の出題傾向一覧

※ FP 技能検定１級学科（基礎編）

項目	2021.9	2022.1	2022.5	2022.9	2023.1	2023.5	2023.9	2024.1
贈与と法律	★			★		★	★	★
贈与と税金	★	★★★	★★	★	★	★★	★	
相続と法律	★★	★★	★★★	★	★★	★★	★★	★★★
相続と税金	★★★★	★★★	★★★★	★★	★★★★	★★	★★	★★
財産評価（不動産以外）		★				★		★
財産評価（不動産）	★			★	★	★		★
取引相場のない株式の評価				★★			★★	★
会社法				★	★		★	

※★は出題数を表している。複数の項目にわたる問題の場合は、その問題の中心となる項目としている。また、いずれの項目にも該当しない問題については、より関連する項目としている。

※「会社法」については、一問一答演習でのみ取り上げている。

相続・事業承継

合格ポイント整理

一問一答演習

合格ポイント整理

1. 贈与と法律

贈与の種類

定期贈与	定期の給付を目的とする贈与。**贈与者または受贈者の死亡**によって、その**効力を失う**。贈与税額の計算上、定期金に関する権利の価額が贈与税の課税価格となる。重要
負担付贈与	受贈者に一定の給付をなすべき義務を負わせる贈与。負担付贈与における贈与者は、その**負担の限度**において売主と同じく**担保の責任を負い**、その性質に反しない限り**双務契約に関する民法の規定が準用**される。 受贈者が負担を履行しない場合は、贈与者は負担付贈与契約を**解除できる**。 負担付贈与は、贈与財産の価額から負担額を控除した価額に対して贈与税が課される。 負担付贈与により土地の贈与を受けた場合は、贈与税額の計算上、原則として、当該土地の**通常の取引価額**に相当する金額から負担額を控除した金額を贈与により取得したものとされる。注意
死因贈与	贈与者の**死亡によってその効力を生じる**贈与。その性質に反しない限り**遺贈に関する民法の規定が準用**される。**遺贈**は遺言による**一方的な意思表示**であるのに対し、死因贈与は**贈与者と受贈者との合意**によってなされる。注意 死因贈与は**相続税**の課税対象とされ、贈与税は課されない。

2. 贈与と税金

❶ 贈与税の課税財産

本来の贈与財産	贈与によって取得した金銭に見積もることができる経済的価値のあるすべての財産
みなし贈与財産	・保険料を負担した者以外の者が保険金を受け取った場合、または定期金の給付を受け取る場合

みなし贈与財産	・著しく低い価額で財産を譲り受けた場合 ・債務の免除等による利益を受けた場合
離婚による財産分与	財産分与により財産の移転があった場合、その分与財産の額が、その夫婦の婚姻中に得た財産の額や社会的地位などから相当な額であれば、**贈与税は課されない**。分与された財産の額が婚姻中の夫婦の協力によって得た財産の額やその他すべての事情を考慮してもなお多すぎる場合、その多すぎる部分に贈与税が課される。 財産分与が土地や建物などで行われた場合、その資産を時価で譲渡したものとして、分与した者に対して譲渡所得の課税が行われる。注意

❷ 贈与税の非課税財産

- ・法人から贈与を受けた財産（所得税・住民税の課税対象）
- ・扶養義務者からの通常必要と認められる生活費、教育費
- ・社交上、必要と認められる香典、贈答、見舞い、祝物
- ・**相続や遺贈により財産を取得した者が、相続があった年に被相続人から**贈与により取得した財産

❸ 贈与税の計算

その年に贈与により取得した財産の合計－基礎控除（110万円）＝控除後の課税価格

控除後の課税価格×税率＝贈与税額 計算

同年中に特例贈与財産と一般贈与財産の両方の贈与を受けた場合の贈与税額は、次のように計算する。重要

①**特例贈与財産の価額＋一般贈与財産の価額＝合計贈与価額**

②**合計贈与価額－基礎控除110万円＝基礎控除後の課税価格**

③**(基礎控除後の課税価格×特例贈与財産に係る税率－控除額)**

$$\times \frac{\text{特例贈与財産の価額}}{\text{合計贈与価額}} = \text{特例贈与税額}$$

④**(基礎控除後の課税価格×一般贈与財産に係る税率－控除額)**

$$\times \frac{\text{一般贈与財産の価額}}{\text{合計贈与価額}} = \text{一般贈与税額}$$

⑤③＋④＝贈与税額

※特例贈与財産：18歳以上の者が、直系尊属から贈与により取得した財産。一般贈与財産：特例贈与財産以外。

❹ 贈与税の配偶者控除

概　要	婚姻期間が20年以上の夫婦の間で、居住用不動産または居住用不動産を取得するための金銭の贈与が行われた場合、**基礎控除110万円のほかに最高2,000万円まで控除**（配偶者控除）できる。重要
適用要件	・夫婦の婚姻期間が20年を過ぎた後に贈与が行われたこと ・配偶者から贈与された財産が、**居住用不動産**であることまたは**居住用不動産を取得するための金銭**であること ・贈与を受けた年の翌年3月15日までに、贈与により取得した居住用不動産または贈与を受けた金銭で取得した居住用不動産に、贈与を受けた者が現実に住んでおり、その後も引き続き住む見込みであること ・配偶者控除は同じ配偶者からの贈与については一生に一度しか適用を受けることができない
店舗併用住宅の場合	店舗兼住宅の持分の贈与を受けた場合、**居住用部分から優先的に贈与を受けたもの**として配偶者控除を適用することができる。居住用部分がおおむね90%以上の場合はすべて居住用不動産として扱うことができる。重要
相続が発生した場合	贈与者が死亡した場合でも、配偶者控除の適用を受けた居住用不動産等（配偶者控除2,000万円超の部分は除く）は相続税の課税価格に加算されない。注意

❺ 相続時精算課税

適用対象者	・贈与者：60歳以上の父母または祖父母（特定贈与者という） ・受贈者：18歳以上の推定相続人である子または孫 ※年齢は贈与の年の1月1日で判定。

適用手続	選択に係る最初の贈与を受けた年の翌年2月1日から3月15日までの間（贈与税の申告書の提出期間）に納税地の所轄税務署長に対して相続時精算課税選択届出書を贈与税の申告書に添付して提出。 相続時精算課税は、受贈者が贈与者ごとに選択できるが、いったん選択すると選択した年以後贈与者の相続時まで継続して適用され、暦年課税に変更することはできない。 いったん制度を選択した者は、養子縁組を解消しても引き続き本制度の適用を受ける。注意
適用対象財産等	贈与財産の種類、金額、贈与回数に制限はない。
贈与税額の計算	本制度を選択した特定贈与者ごとに、贈与財産の価額の合計額から特別控除額2,500万円（複数年にわたり利用でき、累計で2,500万円）を控除し、その控除後の金額に一律20%の税率を乗じて算出する。 改正 2024年1月1日以後は、暦年課税に係る基礎控除とは別途、課税価格から相続時精算課税に係る基礎控除額110万円を控除できる。
相続税額の計算	特定贈与者の相続時に、本制度を利用した贈与財産の累計額を相続財産に加算して計算した相続税額から、すでに納めた本制度に係る贈与税相当額を控除して算出する。 相続税額から控除しきれない本制度に係る贈与税相当額については、相続税の申告により還付を受けることができる。 相続財産と合算する贈与財産の価額は、贈与時の価額とされている。 改正 2024年1月1日以後は、土地または建物が災害によって一定の被害を受けた場合には、相続税の課税価格への加算等の基礎となる当該土地または建物の価額は、贈与の時における価額から災害によって被害を受けた部分に相当する額を控除した残額とされる。

❻ 直系尊属から住宅取得等資金の贈与を受けた場合の贈与税の非課税

概　要	直系尊属からの贈与により、自己の居住の用に供する住宅用の家屋の新築、取得または増改築等の対価に充てるための金銭を取得した場合において、一定の要件を満たすときは、非課税限度額までの金額について、贈与税が非課税となる（2026年12月31日まで）。
非課税限度額	・省エネ等住宅の場合：1,000万円まで ・それ以外の住宅の場合：500万円まで

❼ 直系尊属から教育資金の一括贈与を受けた場合の贈与税の非課税

概　要	受贈者（30歳未満の者）の教育資金に充てるためにその直系尊属が金銭等を拠出し、金融機関等に信託等した場合、受贈者1人につき1,500万円（学校等以外のものに支払われる金銭については500万円を限度）まで贈与税が非課税となる（2026年3月31日まで）。 ただし、前年分の受贈者の合計所得金額が1,000万円を超える場合には、適用を受けることができない。
契約の終了	受贈者が30歳に達するなどにより教育資金口座に係る契約が終了した場合には、非課税拠出額から教育資金支出額を控除（管理残額がある場合には、管理残額も控除する）した残額があるときは、その残額はその契約終了時に贈与があったこととされる（贈与税が課される）。 受贈者が30歳に達した場合等において、非課税拠出額から教育資金支出額を控除した残額に贈与税が課されるときは、一般税率が適用される（2023年4月1日～）。

契約期間中に贈与者が死亡した場合	契約期間中に贈与者が死亡した場合には、原則として、その死亡日における非課税拠出額から教育資金支出額を控除した残額に、一定期間内にその贈与者から取得をした信託受益権または金銭等のうち、この非課税制度の適用を受けたものに相当する部分の価額がその非課税拠出額のうちに占める割合を乗じて算出した金額（管理残額）を、贈与者から**相続等により取得したこと**とされる。 贈与者の死亡日において受贈者が23歳未満である場合や学校等に在学している場合など、一定の場合には相続等により取得したこととされない。 ただし、贈与者の死亡に係る相続税の課税価格の合計額が5億円を超えるときは、受贈者が23歳未満である場合等であっても、贈与者から相続等により取得したものとみなされる（2023年4月1日～）。

❽ 直系尊属から結婚・子育て資金の一括贈与を受けた場合の贈与税の非課税

概　要	受贈者（18歳以上50歳未満の者）の結婚・子育て資金に充てるためにその直系尊属が金銭等を拠出し、金融機関等に信託等した場合、受贈者1人につき1,000万円（結婚費用は300万円を限度）まで贈与税が非課税となる（2025年3月31日まで）。 ただし、前年分の受贈者の合計所得金額が1,000万円を超える場合には、適用を受けることができない。
契約の終了	受贈者が50歳に達することなどにより、結婚・子育て資金口座に係る契約が終了した場合には、非課税拠出額から結婚・子育て資金支出額を控除（管理残額がある場合には、管理残額も控除する）した残額があるときは、その残額はその契約終了時に贈与があったこととされる。 受贈者が50歳に達した場合等において、非課税拠出額から結婚・子育て資金支出額を控除した残額に贈与税が課されるときは、**一般税率が適用**される（2023年4月1日～）。

契約期間中に贈与者が死亡した場合	契約期間中に贈与者が死亡した場合には、死亡日における非課税拠出額から結婚・子育て資金支出額を控除した残額を、贈与者から相続等により取得したこととされる。

❾ 贈与税の申告と納付

原　則	贈与を受けた年の翌年の2月1日から3月15日までに受贈者の住所地の所轄税務署長に申告書を提出する。重要
贈与を受けた者が死亡した場合	贈与税の申告書を提出すべき者が、提出期限前に申告書を提出しないで死亡した場合、その者の相続人は、原則として、その相続の開始があったことを知った日の翌日から10カ月以内に、その死亡した者に代わって、その死亡した者の住所地の所轄税務署長に贈与税の申告書を提出しなければならない。重要
期限後申告	期限内申告書を提出すべき義務がある者は、期限内申告書の提出期限後においても、税務署長より課税価格および税額の決定の通知があるまでは、**期限後申告**として期限後申告書を提出することができる。ただし、原則として**無申告加算税**が課される。
更　正	贈与税の申告書を提出した後で、計算や評価方法に誤りがあり、申告した税額が過大であることが判明した場合、原則として、法定申告期限から6年以内に限り、更正の請求をすることができる。注意
延　納	申告期限までに金銭一括納付を原則とするが、一定の要件のもと延納（5年以内の年賦による納税）が認められる（**物納は認められていない**）。 〈延納を受けるための要件〉 延納を受けるには、次の要件を満たすことが必要。 ・納付税額が10万円を超えていること ・金銭で一度に納付することが困難な理由があること ・担保を提供すること（延納税額が100万円以下で延納期間が3年以下の場合、担保は不要）

3. 相続と法律

❶ 養子縁組

	普通養子縁組	特別養子縁組
養親の制限	20歳以上	少なくとも一方が25歳以上（もう一方は20歳以上）の夫婦（夫婦ともに養親）
養子の制限	養親より年少者。年長者は対象外	原則として15歳未満
手　続	未成年者を養子とする場合は、原則として家庭裁判所の許可が必要	・原則として養子となる者の実父母の同意が必要 ・家庭裁判所の審判が必要
親族関係	実方の血族との親族関係は存続する。	実方の血族との親族関係は終了する。

❷ 法定相続分 重要

	相続人	法定相続分	備考
第１順位	配偶者と子	配偶者：２分の１ 子：２分の１	養子も同順位で相続人となる。胎児も相続人となる（死産を除く）。
第２順位	配偶者と直系尊属	配偶者：３分の２ 直系尊属：３分の１	－
第３順位	配偶者と兄弟姉妹	配偶者：４分の３ 兄弟姉妹：４分の１	父母のいずれか一方を同じくする兄弟姉妹の相続分は、父母とも同じ兄弟姉妹の２分の１。

※同一順位の者が複数いるときは、半血兄弟を除き各人均等（嫡出子と非嫡出子の相続分も均等）。

※相続人の身分が重複した場合（二重身分）は**両方の法定相続分を合算する**（たとえば、被相続人の孫養子が代襲相続人である場合）。注意

❸ 寄与分

寄与分	共同相続人の中に、被相続人の財産の維持または増加について特別の寄与をした者があるときは、被相続人が相続開始時において有した財産の価額から共同相続人の協議で定めたその者の寄与分を控除したものを相続財産とみなして算定した相続分に、その寄与分を加えた額をその者の相続分とする。 寄与分権利者以外の相続人は、この残額を相続財産とし、各共同相続人の相続分を乗じて相続分を算出する。
特別寄与者	相続人以外の親族が被相続人に対して無償で療養看護その他の労務の提供をしたことにより被相続人の財産の維持または増加について特別の寄与をした場合は、相続の開始後、相続人に対し、寄与に応じた額の金銭（特別寄与料）の支払を請求することができる。重要 特別寄与者は、相続人ではないため、遺産分割協議には参加できない。 特別寄与料の支払について、相続人と特別寄与者の間に協議が調わないときは、特別寄与者は、家庭裁判所に対して協議に代わる処分を請求することができる。ただし、その申立は、相続の開始があったことを知った時から6カ月以内、または相続開始の時から1年以内にしなければならない。 特別寄与料は、特別寄与者が被相続人から遺贈により取得したものとみなされる。納付すべき相続税額が算出されるときは、原則として、**特別寄与料の額が確定したことを知った日**の翌日から**10カ月**以内に相続税の申告書を提出しなければならない。重要

❹ 承認と放棄

単純承認	・被相続人の財産のすべてを無条件で相続。 ・相続の開始があったことを知った時から3カ月以内に、限定承認または放棄をしなかった場合は、単純承認したものとみなされる。

限定承認	・相続人は受け継いだ資産（積極財産）の範囲内で負債（消極財産）を支払い、積極財産を超える消極財産は責任を負わない。 ・相続の開始があったことを知った時から３カ月以内に、相続人全員が家庭裁判所へ申述しなければならない。
相続の放棄	・被相続人の財産の承継をすべて拒否すること。 ・相続開始があったことを知った時から３カ月以内に家庭裁判所に申述しなければならない。共同相続の場合でも、各相続人が単独で放棄できる。 ・相続の放棄をした者は、その相続に関しては**初めから相続人とならなかった**とみなされる。 ・被相続人の生前に相続の放棄はできない。

❺ 遺産分割

指定分割	・遺言により分割する方法。 ・遺言の全部はもちろん遺言の一部についてだけ行うこともできる。 ・原則として協議分割、家庭裁判所の審判による分割より優先される。
協議分割	・共同相続人全員の参加のもと、全員の同意により分割する方法。 ・協議成立後、全員の署名押印により**遺産分割協議書**（法律上、**特に定められた形式はない**）を作成する。 ・必ずしも法定相続分に従う必要はない。
調停分割	協議が調わない場合に、共同相続人の申立てにより家庭裁判所の調停により分割する方法。
審判分割	・家庭裁判所の調停によっても分割協議が成立しない場合に、家庭裁判所の審判により分割する方法。 ・共同相続人全員の合意がない限り、法定相続分に反する分割はできない。

❻ 財産分割の方法

現物分割	個別特定財産について、相続する数量、金額、割合を定めて分割する方法。
換価分割	共同相続人が相続によって取得した財産の全部または一部を**金銭に換価**して、その換価代金を分割する方法。
代償分割	・共同相続のうち特定の者が被相続人の遺産を取得し、その代償としてその者が自己の固有財産を他の相続人に交付する方法。 ・代償分割によって取得した財産は、相続税の課税対象となる。 ・代償交付財産が土地・建物のように譲渡所得の課税対象となる資産であるときは、その財産を**時価で譲渡**したものとして、財産を交付した者に対して**譲渡所得税**が課される。

❼ 遺言

遺言の種類

	自筆証書遺言	公正証書遺言	秘密証書遺言
全文の筆者	本人※（代筆は不可）	公証人	制限なし
証人の立会い	不要	公証人および証人2人以上	公証人1人および証人2人以上
検認	要	不要	要

※財産目録については、自筆が不要。注意

証人になれる者

・証人には行為能力が求められる。
・遺言者の推定相続人、受遺者およびその配偶者ならびに直系血族などは証人になることができない。

検　認	検認は、検認の日現在における遺言書の内容を明確にして、遺言書の偽造・変造を防止する手続きであり、**遺言の有効性を判断する手続ではない**。 自筆証書遺言を法務局で保管した場合および公正証書遺言の場合は、**検認の手続は必要ない**。
遺言の撤回	遺言は、いつでも、その全部または一部を**遺言によって撤回することができる**（先に作成した遺言と**同じ方式である必要はない**）。次の行為をした場合には、抵触する部分は撤回したものとみなされる。 ・**前の遺言と後の遺言が抵触する部分**（前の遺言を撤回したものとみなされる） ・遺言者が、遺言をした後に、その内容と**抵触する生前処分その他法律行為**をした場合 ・遺言者が故意に遺言書を破棄したときは、その破棄した部分。公正証書遺言の場合は原本が公証人役場に保管されているため、遺言者が正本を破棄しても**撤回の効力は生じない**。注意 ・遺言者が遺贈の目的物を故意に破棄したときは、その目的物
遺言の効力	受遺者は、遺言者（被相続人）が死亡したときに生存している必要がある。受遺者が遺言者の相続開始前に死亡していた場合、受遺者に対する遺贈は**無効**となり、受遺者に対する**代襲相続は生じない**。注意
法務局による自筆証書遺言保管制度	・自筆証書遺言を作成した本人が法務局に遺言書の保管を申請することができ、**検認手続が不要**となる。重要 ・遺言書の保管の申請は、遺言者の住所地、本籍地または遺言者が所有する不動産の所在地を管轄する遺言書保管所（法務局）に**遺言者本人が出頭**して行わなければならない。

法務局による自筆証書遺言保管制度	・遺言者は、いつでも保管の申請の撤回をすることにより、遺言書の返還を受けることができる。撤回するときは、遺言書が保管されている遺言書保管所に遺言者本人が出頭して行わなければならない。注意 ・遺言者の相続が開始した後、相続人が遺言書情報証明書の交付の請求をし、当該相続人に遺言書情報証明書が交付された場合、原則として、他の相続人、受遺者、遺言執行者に遺言書を保管している旨が通知される。重要

❽ 遺留分

遺留分権利者	遺留分は、相続人のうち配偶者、子（代襲相続人を含む）および直系尊属に認められ、兄弟姉妹には認められない。
遺留分の放棄	遺留分権利者は、被相続人の生前に遺留分を放棄することができる（家庭裁判所の許可が必要）。遺留分の放棄をしても、相続人としての地位など相続に関する権利は喪失しない。注意 推定相続人の１人が相続開始前に遺留分の放棄をしても、他の遺留分権利者の遺留分の額は増加しない（相続の放棄とは異なる）。注意
遺留分算定の基礎となる財産	遺留分を算定するための財産の価額は、被相続人が相続開始の時において有した財産の価額に、その贈与した財産の価額を加えた額から債務の全額を控除した額である。加算する贈与は、相続人に対する贈与は相続開始前10年間にした特別受益、相続人以外に対する贈与は相続開始前１年間にしたものである。重要 ※贈与財産の価額は、原則として相続開始時点の評価額による。
遺留分の割合	相続人が直系尊属だけの場合：遺留分算定基礎財産の３分の１ その他の場合：遺留分算定基礎財産の２分の１

遺留分侵害額請求権	遺留分が侵害された場合には、遺留分権利者は、贈与や遺贈を受けた者に対し、遺留分侵害額に相当する金銭を請求することができる。 遺留分侵害額請求権は、遺留分権利者が、相続の開始および遺留分を侵害する贈与・遺贈があったことを知った時から1年以内、あるいは相続開始の時から10年以内に行使しなければ時効によって消滅する。

❾ 遺留分に関する民法の特例

概　要	後継者が旧代表から特例中小企業者の取引相場のない株式（自社株式）の贈与を受けた場合は、後継者を含めた旧代表者の推定相続人の全員（遺留分を有する者に限る）と書面によって合意し、合意をした日から1カ月以内に経済産業大臣の確認をとり、家庭裁判所の許可を受けることによって、遺留分の特例（除外合意・固定合意）が適用される。重要
除外合意 固定合意	・除外合意：自社株式を遺留分算定基礎財産から除外できる制度 ・固定合意：自社株式の価額を合意時点の評価額に固定できる制度

❿ 相続預金の払戻し制度

払戻し制度	各相続人は、相続預金のうち、口座ごとに次の計算式で求められる額については、家庭裁判所の判断を経ずに、金融機関から単独で払戻しを受けることができる。ただし、同一の金融機関からの払戻しは150万円が上限になる。払戻しができる額＝相続開始時の預金額 × 1/3 ×払戻しを行う相続人の法定相続分

⓫ 配偶者居住権・配偶者短期居住権

配偶者居住権 重要	配偶者居住権は、被相続人の同居配偶者が相続開始の時に居住していた建物について無償で使用および収益をすることができる権利であり、相続開始後の遺産分割によって取得する場合のほか、被相続人が遺贈または死因贈与によって取得させることもできる。

配偶者居住権 重要	配偶者居住権の取得は被相続人の配偶者に限られ、配偶者はこれを他者に対して**譲渡することはできず**、配偶者が死亡した場合に相続の対象にもならない。 配偶者は、居住建物の所有者の承諾を得なければ、居住建物の改築・増築をし、また第三者に居住建物の使用・収益をさせることができない。 配偶者が取得した配偶者居住権を第三者に対抗するためには、配偶者居住権の設定の登記が必要である。
配偶者短期居住権	配偶者短期居住権は、相続開始時に無償で居住していた被相続人所有の建物について、一定期間無償での使用を配偶者に認める権利である。 対象となる居住建物について配偶者を含む共同相続人間で遺産分割をする場合、遺産分割により居住建物の帰属が確定した日と相続開始の時から6カ月を経過する日のいずれか遅い日までの間、配偶者は居住建物を無償で使用する権利を有する。それ以外の場合は、建物の取得者による配偶者短期居住権の消滅の申入れから6カ月を経過するまでの間適用される。

4. 相続と税金

❶ 相続税の課税財産

本来の相続財産	相続または遺贈によって取得した金銭に見積もることができる経済的価値のあるすべての財産
みなし相続財産	・生命保険金等（被相続人が負担した保険料に対応する部分の金額） ・死亡後3年以内に**支給が確定**（支給される時期は問わない）した死亡退職金、退職手当金等 注意

❷ 生前贈与加算

相続開始前の贈与	相続や遺贈に係る贈与によって財産を取得した者が、被相続人からその相続開始前3年以内に贈与によって取得した

相続開始前の贈与	財産があるときには、その者の相続税の課税価格に贈与により取得した財産の贈与時の価額を加算する（～2023年）。 改正 2024年1月1日以後に贈与により取得する財産に係る相続税については、相続や遺贈により財産を取得した者が、相続開始前7年以内に相続に係る被相続人から贈与により財産を取得したことがある場合には、贈与により取得した財産の価額（延長4年間分については、財産の価額の合計額から100万円を控除した残額）を相続税の課税価格に加算する。
相続時精算課税による贈与	相続時精算課税の適用を受けた贈与財産については、**期間にかかわらず**、相続財産に加算される。

❸ 相続税の非課税財産

死亡保険金の非課税金額	非課税限度額：**500万円×法定相続人の数** 計算 法定相続人の数は、相続を放棄した者がいても**放棄はなかったものとして**数に含める。養子には一定の制限がある（P.475参照）。 相続を放棄した者や相続人でない者には、**非課税の適用はない**。注意
死亡退職金の非課税金額	相続人が受け取った死亡退職金等のうち、死亡保険金と同様の算式によって計算した金額が非課税金額となる。 弔慰金等は、次の金額までは非課税とされる。 ・被相続人の死亡が**業務上**である場合：死亡時の普通給与の3年分 ・被相続人の死亡が**業務上でない**場合：死亡時の**普通給与**の6カ月分 注意 死亡退職金は、死亡後3年以内にその支給額が確定した場合、実際の支給が死亡後3年を経過した後であっても、当該死亡退職金は相続税の課税対象となる。注意

❹ 債務控除

	控除できるもの	控除できないもの
債　務	・銀行借入金 ・不動産を購入したときの未払金 ・入院費などの未払医療費 ・所得税、固定資産税などの未払税金 ・敷金や保証金など返還義務のあるもの	・墓地や墓石など、生前に非課税財産を購入したときの未払金 ・遺言執行費用 ・税理士に対する相続税申告費用 ・相続登記のための登録免許税

※保証債務は、原則として、債務控除の対象とならない。ただし、主たる債務者が弁済不能の状態で保証債務を履行しなければならない場合で、かつ、主たる債務者に求償しても返還を受ける見込みがない場合には、当該債務者が弁済不能の部分の金額について、債務控除の対象となる。重要

	控除できるもの	控除できないもの
葬式費用	・葬式や葬送費用、火葬や埋葬、納骨をするために要した費用 ・通夜に要した費用 ・寺へのお布施・戒名料	・香典返戻費用 ・墓地の購入費・墓地の借入料 ・法要費用など

※相続の放棄をした者には、原則として、債務控除が認められない。ただし、現実に被相続人の葬式費用を負担した場合、その負担額は、その者の遺贈によって取得した財産の価額から債務控除しても差し支えないとされている。注意

❺ 相続税の計算

遺産に係る基礎控除額	遺産に係る基礎控除額：3,000万円＋600万円×法定相続人の数 計算

遺産に係る基礎控除額	法定相続人の数は、相続を放棄した者がいても**放棄はなかったもの**として数に含める。 相続税の計算をする場合、次の項目については、法定相続人の数を基に行う。 ・遺産に係る基礎控除額 ・生命保険金の非課税限度額 ・死亡退職金の非課税限度額 ・相続税の総額の計算 これらの計算をするときの法定相続人の数に含める被相続人の養子の数は、一定数に制限されている。重要 ・被相続人に実子がいる場合：**1人**まで ・被相続人に実子がいない場合：**2人**まで 次の者は実子とみなされる。 ・**特別養子縁組**による養子 注意 ・**配偶者の実子で被相続人の養子**となった者 ・代襲相続人は養子の子でも実子とみなされる
課税遺産総額	課税遺産総額：**課税価格の合計額－遺産に係る基礎控除額** 計算
相続税の総額	課税遺産総額を、各法定相続人が**法定相続分に従って**取得したものとして、各法定相続人の取得金額を計算する。この各法定相続人ごとの取得金額にそれぞれの税率を乗じて求めた税額を合計して相続税の総額を計算する。計算
各人の相続税額	相続税の総額に各人の按分割合を乗じて、各人の相続税額（算出税額）を計算する。計算 各人の按分割合：$\dfrac{\text{各人の課税価格}}{\text{課税価格の合計額}}$
各人の納付税額	相続税額の2割加算：被相続人の**一親等の血族（代襲相続人となる孫を含む）**および**配偶者以外**の場合は、その者の相続税額にその**2割**に相当する金額を加算する。重要

各人の納付税額	贈与税額控除：相続または遺贈により財産を取得した者が被相続人から相続開始前7年※以内に贈与を受けた財産について支払った贈与税額は、相続税額から控除する。 ※2023年12月31日以前に贈与により取得する財産に係る相続税については、相続開始前3年以内 配偶者に対する相続税額の軽減： 被相続人の配偶者が遺産分割や遺贈により実際に取得した正味の遺産額が、次の金額のいずれか多い金額までは配偶者に相続税はかからない。 ・1億6千万円 ・配偶者の法定相続分相当額 ※配偶者に婚姻期間の要件はない。婚姻していない、いわゆる内縁関係にある者は適用を受けられない。

❻ 相続税の申告・納付

申告と納付	課税価格の合計額が遺産に係る基礎控除額を超える場合、相続税の申告が必要である。相続税の申告期限は相続開始があったことを知った日の翌日から10カ月以内。納付期限は申告期限と同じ。
申告によって課税されない場合	小規模宅地等についての相続税の課税価格の計算の特例や配偶者に対する相続税額の軽減の適用を受ける場合には、相続税額がゼロとなる場合でも申告が必要である。注意
相続税の申告が不要な場合	生命保険金や死亡退職金の非課税は、申告することが要件となっていない。注意 相続時精算課税を適用して贈与を受けた財産を相続財産に加算した結果、課税価格の合計額が遺産に係る基礎控除額以下となる場合、相続税の申告をする必要はない。注意 ただし、相続時精算課税を適用した財産について既に納めた贈与税がある場合、相続税の申告をすることによって還付を受けることができる。

相続財産が未分割の場合	相続財産が未分割の場合、原則として、共同相続人が**法定相続分に従って相続財産を取得したもの**として計算した相続税を申告期限までに納付しなければならない。 〈未分割の相続財産について遺産分割協議が成立した後の申告・納付〉 納付額が多かった場合：原則として、遺産分割協議が成立した日の翌日から４カ月以内に納税地の所轄税務署長に更正の請求をする必要がある。重要 納付額が少なかった場合：修正申告書を納税地の所轄税務署長に提出してその差額を納付する。この場合、原則として、**延滞税や過少申告加算税は課されない**。
更　正	相続税の申告書を提出した後で、計算や評価方法に誤りがあり、申告した税額が過大であることが判明した場合、原則として、法定申告期限から５年以内に限り、更正の請求をすることができる。
延　納	相続税額が10万円を超え、金銭で納付することを困難とする事由がある場合には、納税者の申請により、その納付を困難とする金額を限度として、担保※を提供することにより、年賦で納付することができる。 ※納税額が100万円以下で、かつ、延納期間が３年以下である場合には担保は不要。重要
物　納	延納によっても金銭で納付することを困難とする事由がある場合には、納税者の申請により、その納付を困難とする金額を限度として一定の相続財産による物納が認められる。物納申請財産は、納付すべき相続税額の**課税価格計算の基礎となった相続財産**のうち、一定の財産で、その所在が日本国内にあるものに限られる。相続時精算課税または非上場株式の納税猶予を適用している場合には、それらの適用対象となっている財産は、物納の対象とすることはできない。注意

物　納	収納価額は、原則として相続税の課税価格計算の基礎となったその財産の価額になる。**小規模宅地等についての相続税の課税価格の計算の特例**の適用を受けた相続財産を物納する場合の収納価額は、特例適用後の価額となる。重要 相続税額よりも物納許可財産の収納価額が上回ることとなったときには、**差額が金銭により還付される**。
特定物納制度	延納の許可を受けた相続税額について、その後に延納条件を履行することが困難となった場合には、申告期限から10年以内に限り、分納期限が未到来の税額部分について、延納から物納への変更を行うことができる。

❼ 非上場株式等についての贈与税の納税猶予及び免除の特例

概　要	後継者である受贈者が、中小企業における経営の承継の円滑化に関する法律の認定を受けている非上場会社の株式等を贈与により取得した場合において、その非上場株式等に係る贈与税について、一定の要件のもと、その納税が猶予される制度である。一般措置と特例措置（2018年1月1日から2027年12月31日までの10年間の制度）の2つの制度がある。
先代経営者（贈与者の要件）	・認定贈与承継会社の代表者であったこと ・贈与時において代表権を有していないこと（役員として残留することは可能） ・同族関係者と合わせた議決権数の合計が、認定贈与承継会社の総議決権数の50%を超え、かつ、その同族関係者内で経営承継受贈者を除き筆頭株主であること ・その他一定の要件を満たすこと
後継者（受贈者）の要件	後継者（受贈者）は、贈与により認定贈与承継会社の非上場株式等を取得した個人で、贈与時において次の要件のすべてを満たす者である。重要 ・認定贈与承継会社の代表者であること

後継者(受贈者)の要件	・贈与日現在18歳以上であり、かつ役員就任から継続して3年以上経過していること ・同族関係者と合わせた議決権数の合計が、認定贈与承継会社の総議決権数の50%を超え、かつ、その同族関係者内で筆頭株主となること ・その他一定の要件を満たすこと
担保の提供等	贈与税の申告書の提出期限までに、納税が猶予される贈与税額と利子税の額の合計額に相当する担保を提供する必要がある。ただし、特例の適用を受ける非上場株式等の**すべてを担保として提供した場合**には、当該贈与税額および利子税の額に相当する担保が提供されたものとみなされる。重要
贈与者の死亡時	特例の適用を受けた非上場株式等は、贈与者が死亡した場合、相続または遺贈により取得したものとみなして、**贈与時の価額により相続税の課税価格に算入される**。この場合、一定の要件を満たせば、「相続税の納税猶予及び免除の特例」の適用を受けることができる。重要
特例措置と一般措置の違い	(下表参照)

	特例措置	一般措置
事前の計画策定	特例承継計画の提出※	不要
対象株数	全株式	総株式数の最大3分の2まで
納税猶予割合	100%	相続等：80% 贈与　：100%
承継パターン	複数の株主から最大3人の後継者	複数の株主から1人の後継者

※改正 特例承継計画の提出期限の延長：2026年3月末まで

❽ 個人の事業用資産についての贈与税の納税猶予及び免除

概　要	受贈者（18歳以上である者）が、2019年1月1日から2028年12月31日までの間に、事業に係る特定事業用資産のすべてを贈与により取得した場合には、その事業の継続等、一定の要件のもと、受贈者が納付すべき贈与税のうち、特例事業用資産に係る課税価格に対応する贈与税の納税が猶予される。
特定事業用資産	特定事業用資産とは、先代事業者（贈与者）の事業の用に供されていた次の資産で、贈与の日の属する年の前年分の事業所得に係る青色申告書の貸借対照表に計上されていたものをいう。重要 ①宅地等（400m²まで） ②建物（床面積800m²まで） ③②以外の減価償却資産で一定のもの
主な適用要件	〈後継者である受贈者〉重要 ・贈与の日において18歳以上であること ・贈与の日まで引き続き3年以上にわたり、特定事業用資産に係る事業に従事していたこと 〈先代事業者である贈与者〉 ・廃業届出書を提出していること、または贈与税の申告期限までに提出する見込みであること ・贈与の日の属する年、その前年およびその前々年の確定申告書を青色申告書により提出していること
贈与者の死亡時	適用を受けた特例受贈事業用資産は、相続等により取得したものとみなして、贈与時の価額により他の相続財産と合算して相続税を計算する。その際、都道府県知事の確認を受け、一定の要件を満たす場合には、そのみなされた特例受贈事業用資産について「個人の事業用資産についての相続税の納税猶予及び免除」の適用を受けることができる。

5. 財産評価（不動産以外）

金融資産の評価

預貯金	・普通預金等で既経過利子の額が少額なもの：預入残高 ・定期預金等：預入残高＋既経過利子の額－源泉徴収税額 ・外貨預金：原則、取引金融機関が公表する課税時期における最終のTTBにより邦貨換算
個人向け国債	課税時期において**中途換金した場合に取扱金融機関から支払を受けることができる価額**（額面金額＋経過利子相当額－中途換金調整額）により評価する。重要
生命保険契約に関する権利	保険事故が発生していない生命保険契約に関する権利の評価額は、原則として、課税時期の解約返戻金相当額による。
上場株式	上場株式は次の価額のうち、**最も低い価額**で評価する。 ・課税時期の終値 ・課税時期の属する月の毎日の終値の月平均額 ・課税時期の属する月の前月の毎日の終値の月平均額 ・課税時期の属する月の前々月の毎日の終値の月平均額

6. 財産評価（不動産）

❶ 宅地の評価

路線価方式	自用地価額：**路線価×奥行価格補正率×地積** ※このほか、側方路線影響加算、二方路線影響加算など必要な調整を加える。 ※路線価図において路線価は千円単位で表示され、接する路線が複数ある場合、路線価に奥行価格補正率を乗じた価額の最も高い路線が正面路線価になる。注意
倍率方式	自用地価額：**固定資産税評価額×倍率**

❷ 宅地の上に存する権利の評価

貸宅地・借地権	貸宅地の価額：自用地価額×（1－借地権割合） 借地権の価額：自用地価額×借地権割合 ※借地権割合は、路線価の後にアルファベットで表示される。A：90%、B：80%、C：70、D：60%、E：50%。F：40、G：30%となっている。重要 計算
貸家建付地	貸家建付地の価額：自用地価額×（1－借地権割合×借家権割合×賃貸割合）重要 計算
貸家建付借地権	貸家建付借地権の価額：自用地価額×借地権割合×（1－借家権割合×賃貸割合） ※貸家建付借地権は、借地人が貸家を建てて、貸し付けている場合の借地権。

❸ 地積規模の大きな宅地の評価

地積規模の大きな宅地	三大都市圏においては500m²以上の地積の宅地、三大都市圏以外の地域においては1,000m²以上の地積の宅地 重要
対象となる宅地	路線価地域に所在するものについては、地積規模の大きな宅地のうち、普通商業・併用住宅地区および普通住宅地区に所在するものとなる。 倍率地域に所在するものについては、地積規模の大きな宅地に該当する宅地であれば対象となる。
評価方法	路線価地域に所在する場合、路線価に、奥行価格補正率や不整形地補正率などの各種画地補正率のほか、規模格差補正率を乗じて求めた価額に、その宅地の地積を乗じて計算した価額によって評価する。

❹ 家屋の評価

自用家屋	自用家屋の価額：固定資産税評価額×1.0 ※建物と構造上一体となっている電気設備や給排水設備等は家屋の評価額に含めて評価。

貸　家	貸家の価額：固定資産税評価額×（1－借家権割合×賃貸割合）
建築中の家屋	建築中の家屋の価額：費用現価※×70% ※費用現価の額とは、課税時期までにその家屋に投下された建築費用の額を、課税時期の価額に引き直した額の合計額のこと。

❺ 小規模宅地等についての相続税の課税価格の計算の特例

特定居住用宅地等

利用区分	限度面積	減額割合
居住用	330m²	80%

〈要件〉重要

取得者	取得者の要件
配偶者	要件なし（配偶者が取得した場合は、居住を継続しなかった場合や売却した場合も、適用を受けられる）注意
同居親族	申告期限まで引き続き居住し、かつ、所有していること
別居親族	・被相続人に配偶者も同居相続人もいないこと ・相続開始前３年以内に日本国内にある取得者・取得者の配偶者・取得者の三親等内の親族等が所有する家屋に居住したことがないこと ・相続開始時に居住している家屋を過去に所有したことがないこと ・宅地等を相続開始時から相続税の申告期限まで所有していること

※完全分離型の二世帯住宅も適用可能。

※要介護認定または要支援認定を受けて養護老人ホーム等に入所していた場合は、被相続人の居住用とされる。重要

<table>
<tr><td>特定事業用
宅地等</td><td>
<table>
<tr><th>利用区分</th><th>限度面積</th><th>減額割合</th></tr>
<tr><td>貸付事業以外の事業用</td><td>400m²</td><td>80%</td></tr>
</table>
〈要件〉
・取得した親族が被相続人の事業を引き継ぎ、申告期限まで宅地等を所有して事業を継続している場合
・被相続人と生計を一にしていた被相続人の親族の事業の用に供されていた宅地等を親族が取得し、申告期限まで宅地等を所有し、相続開始直前から申告期限まで引き続き事業を継続している場合
※その相続の開始前3年以内に新たに事業の用に供された宅地等（一定の特定事業用宅地等は除く）は対象外。
</td></tr>
<tr><td>貸付事業用
宅地等</td><td>
<table>
<tr><th>利用区分</th><th>限度面積</th><th>減額割合</th></tr>
<tr><td>貸付事業用</td><td>200m²</td><td>50%</td></tr>
</table>
〈要件〉
・取得した親族が被相続人の貸付事業を引き継ぎ、申告期限まで宅地等を所有して貸付事業を継続している場合
・被相続人と生計を一にしていた被相続人の親族の貸付事業の用に供されていた宅地等を親族が取得し、申告期限まで宅地等を所有し、相続開始直前から申告期限まで引き続き貸付事業を継続している場合
※相続の開始前3年以内に新たに貸付事業の用に供された宅地等を除く（相続開始の日まで3年を超えて引き続き事業的規模で貸付けを行っている場合は適用可）。
</td></tr>
<tr><td>適用面積の
調整</td><td>
特定居住用宅地等と特定事業用宅地等は適用面積の調整は必要なく、それぞれの適用対象面積まで適用可能である（完全併用）。重要
貸付事業用宅地等に適用できる面積は、次のように調整が必要になる。計算
</td></tr>
</table>

適用面積の調整	特定事業用宅地等の適用面積× $\frac{200m^2}{400m^2}$ ＋特定居住用宅地等の適用面積× $\frac{200m^2}{330m^2}$ ＋貸付事業用宅地等の適用面積≦ $200m^2$

7. 取引相場のない株式の評価

❶ 評価方式

株主区分 評価方式	同族株主等 原則的評価方式 ①が原則　②の選択も可能	同族株主等以外の株主 特例的評価方式
大会社	①類似業種比準方式 ②純資産価額方式	配当還元方式※2
中会社	①併用方式※1 ②純資産価額方式	
小会社	①純資産価額方式 ②併用方式	

※1　類似業種比準方式と純資産価額方式の併用方式。

※2　原則的評価方式のほうが低いときには、原則的評価方式による。

❷ 会社規模の判定

会社の事業規模に応じ、大会社、中会社（大・中・小）、小会社に区分される。会社規模は、従業員数が70人以上の会社が大会社となり、従業員数が70人未満の会社は、直前期末以前1年間における**取引金額**、直前期末における**純資産価額および従業員数**を判定基準として、業種の区分ごとに判定される。

❸ 類似業種比準方式 重要 計算

・類似業種比準価額：

$$A \times \frac{\frac{b}{B}+\frac{c}{C}+\frac{d}{D}}{3} \times 斟酌率 \times \frac{1株当たりの資本金等の額}{50円}$$

斟酌率：大会社 0.7、中会社 0.6、小会社 0.5

※業種は業種項目別に、大分類、中分類、小分類に区分されている、その業種目が小分類に区分されているものにあっては小分類による業種目、小分類に区分されていない中分類のものにあっては中分類の業種目による。ただし、納税義務者の選択により、類似業種が小分類による業種目にあってはその業種目が属する中分類の業種目、類似業種が中分類による業種目にあってはその業種目が属する大分類の業種目を、それぞれ類似業種とすることができる。

※要素別比準割合（各分数式）および比準割合は小数点以下第2位未満を切り捨て。1株当たりの資本金等の額50円当たりの類似業種比準価額は10銭未満を切り捨て、評価会社の1株当たりの類似業種比準価額は円未満を切り捨て。

〈類似業種〉

A：株価（課税時期の属する月以前3カ月、前年平均および以前2年間平均のうち最も低いもの）

B：1株当たりの年配当金額

C：1株当たりの年利益金額

D：1株当たりの純資産価額

〈評価する会社の50円当たり〉

b：1株当たりの年配当金額（前2年間の平均、非経常的なものは除く）10銭未満切り捨て

c：1株当たりの年利益金額（直前期1年間または前2年間の平均、非経常的な利益を除く） 円未満切り捨て

d：1株当たりの純資産価額（直前期末の帳簿価額） 円未満切り捨て

※c、dがマイナスの場合はゼロとする。

〈比準要素の算出〉

・1株当たりの資本金等の額

①直前期末の資本金等の額

②直前期末の発行済株式数

③直前期末の自己株式数
④１株当たりの資本金等の額：①÷（②−③）
⑤１株当たりの資本金等の額を50円とした場合の発行済株式数：①÷50円
・１株当たりの配当金額（ｂ）
①直前期の経常的な配当金額：直前期の年配当金額−左のうち非経常的な配当金額
②直前々期の経常的な配当金額：直前々期の年配当金額−左のうち非経常的な配当金額
③前２年平均配当金額：（①＋②）÷２
④１株当たり配当金額：③÷１株当たりの資本金等の額を50円とした場合の発行済株式数
・１株当たりの利益金額（ｃ）
①法人税の課税所得金額
②非経常的な利益金額
③受取配当等の益金不算入額−受取配当金にかかる所得税額
④損金に算入した繰越欠損金の控除額
⑤差引利益金額：①−②＋③＋④
⑥１株当たりの利益金額：⑤÷１株当たりの資本金等の額を50円とした場合の発行済株式数
直前期末以前１年間と直前期末以前２年間の平均額の金額のうち、いずれかを選択できる。
・１株当たりの純資産価額（ｄ）
①直前期末の資本金等の額
②直前期末の利益積立金額（法人税法の規定による）
③純資産価額：①＋②
④１株当たりの純資産価額：③÷１株当たりの資本金等の額を50円とした場合の発行済株式数

❹ 純資産価額方式 重要 計算

①相続税評価額による純資産価額：**相続税評価額による資産の合計額－負債の合計額**
②帳簿価額による純資産価額：**帳簿価額による資産の合計額－負債の合計額**
③評価差額に相当する金額：①－②
④評価差額に対する法人税等相当額：③× 37%
⑤課税時期現在の純資産価額：①－④
⑥課税時期現在の1株当たりの純資産価額：⑤÷**課税時期現在の発行済株式数（自己株式を除く）**

❺ 併用方式 重要 計算

類似業種比準方式と純資産価額方式で算出したそれぞれの評価額を一定の割合（Ｌの割合）で加重平均して評価額を算出する方式。
類似業種比準価額×Ｌ＋純資産価額×（Ｌ－１）
Ｌの割合：中会社の大 0.90、中会社の中 0.75、中会社の小 0.60、小会社 0.50

❻ 配当還元方式

同族株主等以外の株主が取得した株式は、特例的評価方式である配当還元方式によって評価。

配当還元額：$\dfrac{\text{その株式に係る年配当金額}}{10\%} \times \dfrac{\text{1株当たりの資本金等の額}}{50\text{円}}$

※その株式に係る年配当金額は、1株当たりの資本金等の額を50円とした場合の金額であり、課税時期直前期以前2年の平均とする。平均額が2円50銭未満のときは2円50銭とする。
※原則的評価方式のほうが低いときには、原則的評価方式による。

❼ 特定の評価会社

特定の評価会社の評価方式	特定の評価会社の株式は、その会社規模にかかわらず、原則として純資産価額方式により評価する。ただし、次の①から④で同族株主等以外の株主が取得した株式は、配当還元価額によることができる。

①土地保有特定会社	相続税評価額での土地保有割合が次に該当する会社 ・大会社：70%以上 ・中会社：90%以上 ・小会社：総資産価額に応じて異なる。重要
②株式保有特定会社	相続税評価額での株式等保有割合が50%以上の会社
③開業後3年未満・3比準要素がすべてゼロである会社	・課税時期において開業後３年未満の会社 ・類似業種比準方式で評価する場合の３つの比準要素である配当金額、利益金額および純資産価額（簿価）の直前期末の比準要素がいずれもゼロである会社
④比準要素数1の会社	類似業種比準方式で評価する場合の３つの比準要素である配当金額、利益金額および純資産価額（簿価）のうち直前期末の比準要素のいずれか２つがゼロであり、かつ、直前々期末の比準要素のいずれか２つ以上がゼロである会社。比準要素数１の会社は、純資産価額方式による評価額と類似業種比準価額のＬの割合が0.25の併用方式のいずれか低い評価額となる。
⑤開業前または休業中の会社の株式	開業前または休業中である特定の評価会社の株式は、同族株主等以外の株主が取得した場合も、純資産価額方式により評価する。注意

一問一答演習・基礎編

贈与と法律

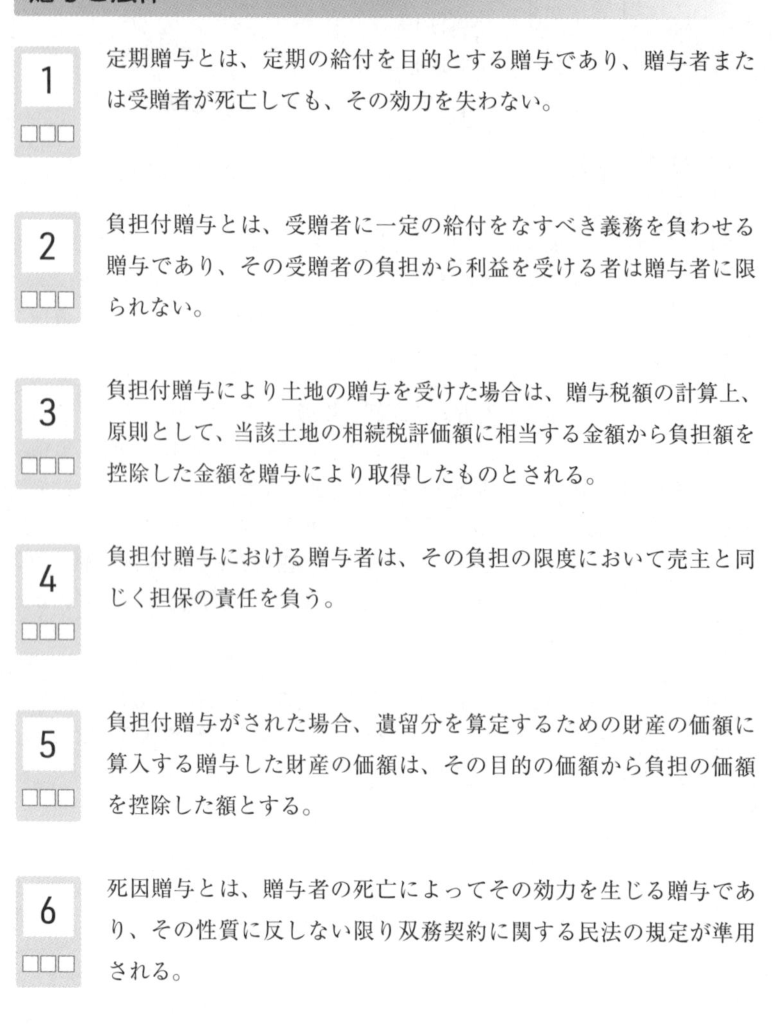

1 □□□
定期贈与とは、定期の給付を目的とする贈与であり、贈与者または受贈者が死亡しても、その効力を失わない。

2 □□□
負担付贈与とは、受贈者に一定の給付をなすべき義務を負わせる贈与であり、その受贈者の負担から利益を受ける者は贈与者に限られない。

3 □□□
負担付贈与により土地の贈与を受けた場合は、贈与税額の計算上、原則として、当該土地の相続税評価額に相当する金額から負担額を控除した金額を贈与により取得したものとされる。

4 □□□
負担付贈与における贈与者は、その負担の限度において売主と同じく担保の責任を負う。

5 □□□
負担付贈与がされた場合、遺留分を算定するための財産の価額に算入する贈与した財産の価額は、その目的の価額から負担の価額を控除した額とする。

6 □□□
死因贈与とは、贈与者の死亡によってその効力を生じる贈与であり、その性質に反しない限り双務契約に関する民法の規定が準用される。

7 □□□
死因贈与契約は、贈与者の一方的な意思表示により成立する。

解答	解　説
1 ✕	定期贈与とは、定期の給付を目的とする贈与であるが、**贈与者または受贈者の死亡**によって、**その効力を失う**。なお、贈与税額の計算上、定期金に関する権利の価額が贈与税の課税価格となる。重要
2 ○	負担付贈与とは、受贈者に一定の給付をなすべき義務を負わせる贈与である。その受贈者の負担から利益を受ける者は**贈与者に限られない**。注意
3 ✕	負担付贈与により土地の贈与を受けた場合は、贈与税額の計算上、原則として、当該土地の**通常の取引価額**に相当する金額から負担額を控除した金額を贈与により取得したものとされる。
4 ○	なお、その性質に反しない限り**双務契約に関する民法の規定が準用**される。
5 ○	遺留分を算定するための財産の価額に算入する贈与した財産の価額は、その目的の価額から**負担の価額を控除した額**とする。
6 ✕	死因贈与とは、贈与者の死亡によってその効力を生じる贈与であるが、その性質に反しない限り**遺贈に関する民法の規定が準用**される。注意
7 ✕	**遺贈**は遺言による**一方的な意思表示**であるのに対し、死因贈与は**贈与者と受贈者との合意**によってなされる。なお、死因贈与契約は書面による必要はない。注意

贈与と税金

8
□□□

兄が所有する土地（時価5,000万円）を、その土地上に事業所の建築を検討している弟に2,000万円で譲渡した場合、その差額に相当する金額を弟が兄から贈与により取得したものとみなされる。

9
□□□

本年10月に死亡した叔母から同年5月に現金2,000万円の贈与を受けていた甥が、叔母の相続または遺贈により財産を取得しなかった場合、叔母から贈与により取得した財産については、相続税の課税価格に加算されるため、甥には贈与税は課されない。

10
□□□

離婚により、夫が妻に居住用建物を分与した場合、原則として、その財産を取得した妻に贈与税が課されることはなく、その財産を分与した夫に対して譲渡所得として課税対象となる。

11
□□□

長男・二男・三男の3人が共有している財産について、長男がその持分を放棄した場合、その持分は二男・三男に帰属するが、長男に係る持分を二男・三男が各自の持分に応じて贈与を受けたものと扱われる。

8
○
個人から**著しく低い価額の対価で財産を譲り受けた場合**には、その財産の**時価と支払った対価との差額**に相当する金額は、財産を譲渡した人から贈与により取得したものとみなされる。

9
×
相続または遺贈により**財産を取得した者**が、その相続のあった年にその被相続人から贈与を受けた財産は、相続税の課税対象となる。相続または遺贈により**財産を取得しなかった場合**は、**贈与税**が課される。注意

10
○
財産分与により財産の移転があった場合、その分与財産の額が、その夫婦の婚姻中に得た財産の額や社会的地位などから相当な額であれば、贈与税は課されない。また、財産分与が土地や建物などで行われた場合、その資産を時価で譲渡したものとして、分与した者に対して譲渡所得の課税が行われる。重要

11
○
共有財産について、共有者の１人が持分を放棄した場合、その持分は他の共有者に帰属する。その者に係る持分は他の共有者が各自の持分に応じて**贈与を受けたもの**と扱われる。

ワンポイントアドバイス

贈与税の課税財産・非課税財産を押さえましょう。

12 □□□

Aさん（30歳）は、事業資金として、本年6月に父親から現金500万円の贈与を受け、同年10月に姉から現金500万円の贈与を受けた。Aさんの本年分の贈与税額は177万円である。なお、いずれも贈与税の課税対象となり、暦年課税を選択するものとする。また、Aさんは本年中にほかに贈与は受けていないものとする。

〈贈与税の速算表（一部抜粋）〉

<table>
<tr><th rowspan="2" colspan="2">基礎控除後の課税価格</th><th colspan="2">特例贈与財産</th><th colspan="2">一般贈与財産</th></tr>
<tr><th>税率</th><th>控除額</th><th>税率</th><th>控除額</th></tr>
<tr><td></td><td>200万円以下</td><td>10%</td><td>－</td><td>10%</td><td>－</td></tr>
<tr><td>200万円超</td><td>300万円以下</td><td rowspan="2">15%</td><td rowspan="2">10万円</td><td>15%</td><td>10万円</td></tr>
<tr><td>300万円超</td><td>400万円以下</td><td>20%</td><td>25万円</td></tr>
<tr><td>400万円超</td><td>600万円以下</td><td>20%</td><td>30万円</td><td>30%</td><td>65万円</td></tr>
<tr><td>600万円超</td><td>1,000万円以下</td><td>30%</td><td>90万円</td><td>40%</td><td>125万円</td></tr>
</table>

13 □□□

贈与税の配偶者控除において、夫が所有する居住用家屋およびその敷地の用に供されている土地のうち、妻が土地のみを贈与により取得した場合、妻は配偶者控除の適用を受けることができる。

14 □□□

贈与税の配偶者控除において、夫から妻に対して、店舗併用住宅持分の贈与が行われた場合、居住用部分から優先的に贈与を受けたものとして配偶者控除を適用することができる。

12
×

同年中に特例贈与財産（父からの贈与）と一般贈与財産（姉からの贈与）の両方の贈与を受けた場合の贈与税額は、次のように計算する。

①合計贈与価額：500万円＋500万円＝1,000万円

②基礎控除後の課税価格：1,000万円－110万円＝890万円

③特例贈与税額：(890万円×30%－90万円)×$\frac{500万円}{1,000万円}$＝88.5万円

④一般贈与税額：(890万円×40%－125万円)×$\frac{500万円}{1,000万円}$＝115.5万円

⑤贈与税額：88.5万円(③)＋115.5万円(④)＝204万円

重要　計算

ワンポイントアドバイス

贈与税額の計算をマスターしましょう。

13
○

贈与税の配偶者控除は、居住用家屋とその敷地は一括して贈与を受ける必要がなく、居住用家屋のみまたは居住用家屋の敷地のみ贈与を受けた場合も配偶者控除を適用できる。注意

14
○

なお、住用部分がおおむね90%以上の場合はすべて居住用不動産として扱うことができる。

15 □□□

Aさんは、妻Bさんに対して、本年8月にAさん所有の店舗併用住宅（店舗部分70%、住宅部分30%）の敷地の2分の1を贈与した。妻Bさんが贈与税の配偶者控除の適用を受けた場合、本年分の贈与税の課税価格（配偶者控除の額および基礎控除の額を控除した後の課税価格）は、690万円である。なお、店舗併用住宅の敷地全体の相続税評価額は4,000万円であり、妻Bさんにはこれ以外に受贈財産はなく、贈与税の配偶者控除の適用を受けるにあたって最も有利となるような計算をするものとする。

16 □□□

贈与税の配偶者控除において、夫から妻に対して、居住用不動産の贈与が行われ、妻が贈与税の配偶者控除の適用を受けた年の翌年に夫が死亡した場合、夫の相続により財産を取得した妻の相続税の課税価格に配偶者控除相当額が加算される。

17 □□□

養親から相続時精算課税を適用して贈与を受けた養子が、その後、養子縁組を解消し、その特定贈与者の養子でなくなった場合、養子縁組の解消後にその者からの贈与により取得した財産については、相続時精算課税ではなく暦年課税が適用される。

18 □□□

2026年12月31日までに贈与により住宅取得等資金を取得した場合、贈与者の年齢がその年の1月1日において60歳未満であっても、受贈者は相続時精算課税制度の適用を受けることができる。

19 □□□

相続時精算課税の特定贈与者の相続において、相続時精算課税を適用して贈与を受けた財産を相続財産に加算した金額が遺産に係る基礎控除額以下であっても、相続税の申告をしなければならない。

15
○

店舗併用住宅の贈与の場合、居住用部分についてのみ贈与税の配偶者控除の適用を受けることができ、居住用部分から優先的に贈与を受けたものとして配偶者控除を適用することができる。

贈与税の配偶者控除の額：4,000万円×30%＝1,200万円

贈与税の課税価格：4,000万円×$\frac{1}{2}$－1,200万円－110万円＝690万円 計算

16
×

配偶者控除相当額については、相続税の課税価格に加算されない。
注意

17
×

いったん相続時精算課税を選択した者は、養子縁組を解消しても引き続き相続時精算課税の適用を受ける。 重要

18
○

なお、受贈者は原則通り18歳以上の者である。

19
×

相続時精算課税を適用して贈与を受けた財産を相続財産に加算した金額が遺産に係る基礎控除額以下であれば、相続税の申告をする必要はない。ただし、相続時精算課税を適用した財産について既に納めた贈与税がある場合には、相続税の申告をすることにより還付を受けることができる。

20 □□□

2024年1月1日以後に贈与により取得する財産については、相続時精算課税の適用を受ける者が特定贈与者から贈与により取得した財産に係るその年分の贈与税について、暦年課税に係る基礎控除とは別途、課税価格から基礎控除額110万円を控除することができる。

21 □□□

2024年1月1日以後、相続時精算課税適用者が特定贈与者から贈与により取得した一定の土地または建物が贈与の日から当該特定贈与者の死亡に係る相続税の申告書の提出期限までの間に災害によって一定の被害を受けた場合には、相続税の課税価格への加算等の基礎となる当該土地または建物の価額は、贈与の時における価額から災害によって被害を受けた部分に相当する額を控除した残額とされる。

22 □□□

「直系尊属から教育資金の一括贈与を受けた場合の贈与税の非課税」（2023年4月1日以後に教育資金管理契約を締結）において、受贈者が30歳に達した場合等において、非課税拠出額から教育資金支出額を控除した残額に贈与税が課されるときは、一般税率が適用される。

23 □□□

「直系尊属から教育資金の一括贈与を受けた場合の贈与税の非課税」（2023年4月1日以後に教育資金管理契約を締結）において、信託等があった日から教育資金管理契約の終了の日までの間に贈与者が死亡した場合において、当該贈与者の死亡に係る相続税の課税価格の合計額が1億円を超えるときは、受贈者が23歳未満である場合等であっても、その死亡の日における非課税拠出額から教育資金支出額を控除した残額を、当該受贈者が当該贈与者から相続等により取得したものとみなされる。

20
○

改正 相続時精算課税適用者が特定贈与者から贈与により取得した財産に係るその年分の贈与税については、暦年課税に係る基礎控除とは**別途**、課税価格から**基礎控除額110万円を控除**でき、特定贈与者の死亡に係る相続税の課税価格に加算等をされる当該特定贈与者から贈与により取得した財産の価額は、上記の**控除をした後の残額**とされる（2024年1月1日以後に贈与により取得する財産に係る相続税または贈与税について適用）。

21
○

改正 土地または建物が災害によって一定の被害を受けた場合には、相続税の課税価格への加算等の基礎となる当該土地または建物の価額は、贈与の時における価額から災害によって被害を受けた部分に相当する額を控除した残額とされる（2024年1月1日以後に生ずる災害により被害を受ける場合について適用）。

22
○

受贈者が30歳に達した場合等において、非課税拠出額から教育資金支出額を控除した残額に贈与税が課されるときは、**一般税率**が適用される（2023年4月1日以後に取得する信託受益権等に係る贈与税について適用）。

23
×

信託等があった日から教育資金管理契約の終了の日までの間に贈与者が死亡した場合において、当該贈与者の死亡に係る相続税の課税価格の合計額が**5億円**を超えるときは、受贈者が23歳未満である場合等であっても、その死亡の日における非課税拠出額から教育資金支出額を控除した残額を、当該受贈者が当該贈与者から相続等により取得したものとみなされる（2023年4月1日以後に取得する信託受益権等に係る相続税について適用）。

24 □□□

「直系尊属から教育資金の一括贈与を受けた場合の贈与税の非課税」(2021年4月1日以後に教育資金管理契約を締結)において、受贈者が贈与者の孫である場合、相続等により取得したものとみなされる管理残額に対応する相続税額については、相続税額の2割加算の対象とならない。

25 □□□

贈与税の申告書は、原則として、贈与を受けた年の翌年2月16日から3月15日までの間に、贈与者の納税地の所轄税務署長に提出しなければならない。

26 □□□

贈与税の申告書を提出すべき者が、提出期限前に申告書を提出しないで死亡した場合、その者の相続人は、原則として、その相続の開始があったことを知った日の翌日から10カ月以内に、当該申告書を死亡した者の納税地の所轄税務署長に提出しなければならない。

27 □□□

贈与税の申告書を法定申告期限内に提出しなかった場合でも、贈与税の調査通知がある前に、法定申告期限から3カ月以内に自主的に期限後申告書の提出が行われ、期限内に申告書の提出をする意思があったと認められる一定の場合に該当するときは、無申告加算税は課されない。

24
×

相続等により取得したものとみなされる管理残額に対応する相続税額については、相続税額の２割加算の対象となる。受贈者が贈与者の孫（代襲相続人ではない）である場合、加算の対象となる。

※ 2021 年 4 月 1 日以後は加算の対象。

ワンポイントアドバイス

贈与税の特例について整理しておきましょう。

25
×

贈与税の申告書は、原則として、贈与を受けた年の翌年２月１日から３月 15 日までの間に、受贈者の住所地の所轄税務署長に提出しなければならない。

26
○

贈与税の申告書を提出すべき者が、提出期限前に申告書を提出しないで死亡した場合、その者の相続人は、原則として、その相続の開始があったことを知った日の翌日から 10 カ月以内に、その死亡した者に代わって、当該申告書を死亡した者の住所地の所轄税務署長に提出しなければならない。重要

27
×

期限後申告の場合、原則として無申告加算税が課される、ただし、期限後申告であっても、次の要件をすべて満たす場合には無申告加算税は課されない。

- その期限後申告が、法定申告期限から１カ月以内に自主的に行われていること
- 期限内申告をする意思があったと認められる一定の場合に該当すること

28 □□□

贈与税の申告書を提出した後で、計算や評価方法に誤りがあり、申告した税額が過大であることが判明した場合、原則として、法定申告期限から3年以内に限り、更正の請求をすることができる。

29 □□□

贈与税の延納の許可を受けるにあたり、延納税額が500万円以下で、かつ、その延納期間が3年以下である場合は、担保を提供する必要はない。

30 □□□

贈与税を延納する場合の延納期間は、贈与財産のうち不動産等の価額が占める割合が75%以上であり、延納税額が200万円以上の場合は最長20年となる。

相続と法律

31 □□□

尊属または年長者を普通養子（特別養子縁組以外の縁組による養子）とすることはできない。

32 □□□

未成年者を普通養子（特別養子縁組以外の縁組による養子）とするには、原則として、家庭裁判所の許可を得なければならない。

28 ×

贈与税の申告書を提出した後で、計算や評価方法に誤りがあり、申告した税額が過大であることが判明した場合、原則として、法定申告期限から6年以内に限り、更正の請求をすることができる。注意

29 ×

贈与税の延納の許可を受けるにあたり、延納税額が100万円以下で、かつ、その延納期間が3年以下である場合は、担保を提供する必要はない。

30 ×

贈与税を延納する場合の延納期間は、最長5年である。相続税の延納は、相続財産のうち不動産等の価額が占める割合が75%以上であり、延納税額が200万円以上の場合、不動産等に係る延納税額の延納期間は最長20年となる。

ワンポイントアドバイス

贈与税の申告と納付については細かなところまで出題されます。また、相続税との違いについて押さえておきましょう。

31 ○

兄弟姉妹の間であれば、弟（妹）が年長者である兄（姉）を普通養子にすることはできない。

32 ○

ただし、自己または配偶者の直系卑属を養子とする場合は、この限りでない。重要

33 □□□

普通養子（特別養子縁組以外の縁組による養子）は、養子縁組の日から養親の嫡出子としての身分を取得し、養親に対する相続権を有するが、実親との親族関係も終了するため、実親に対する相続権は有しない。

34 □□□

特別養子縁組は、原則として、養親となる者は配偶者のある者で30歳以上であること、養子となる者は18歳未満の未成年者であることが要件となる。

35 □□□

特別養子縁組の成立には、養子となる者の父母の同意が不要である。

36 □□□

次のAさん（被相続人）の親族関係図における孫Eさんの法定相続分は、4分の1である。

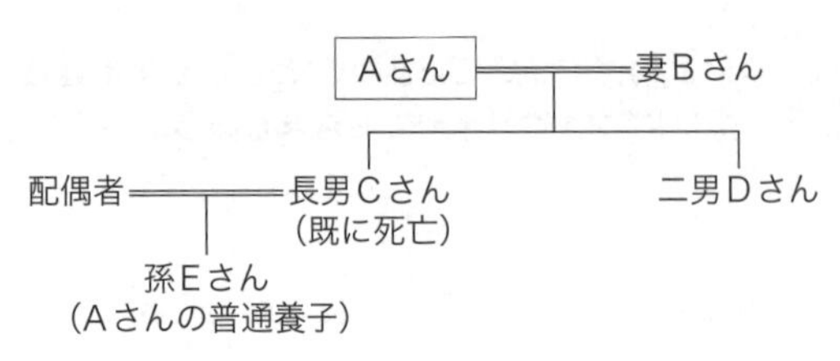

37 □□□

被相続人の財産の維持または増加について特別の寄与をした特別寄与者は、特別寄与料の支払を請求することができるが、特別寄与者は被相続人の親族以外の者に限られる。

33
×

普通養子縁組の場合は、実親との親族関係も継続するため、実親に対する相続権も有する。特別養子縁組の場合は、実親との親族関係は終了する。注意

34
×

特別養子縁組は、原則として、養親となる者は配偶者のある者で25歳以上であること、養子となる者は15歳未満の未成年者であることが要件となる。

35
×

特別養子縁組の成立には、養子となる者の父母の同意がなければならない。

36
×

孫Ｅさんは、既に死亡した長男Ｃさんの代襲相続人であると同時にＡさんの普通養子でもある（二重身分）。相続人の地位が重複した場合（二重身分）は、両方の相続分を合算する。重要

相続人	妻Bさん	二男Dさん	孫Eさん
法定相続分	$\frac{1}{2}$	$\frac{1}{6}$	$\frac{1}{6}+\frac{1}{6}=\frac{1}{3}$

代襲相続　普通養子

ワンポイントアドバイス

法定相続分について確認しておきましょう。

37
×

被相続人の財産の維持または増加について特別の寄与をした特別寄与者は、特別寄与料の支払を請求することができる。特別寄与者は相続人以外の被相続人の親族に限られる。よって、内縁関係にある者や親族以外の者は対象とならない。重要

38
□□□

特別寄与料に係る特別の寄与は、被相続人に対して無償で療養看護その他の労務の提供とされている。

39
□□□

特別寄与料の支払について、相続人と特別寄与者の間で協議が調わない場合、特別寄与者は家庭裁判所に対して協議に代わる処分を請求することができるが、その申立は相続の開始があったことを知った時から3カ月以内、または相続開始の時から1年以内にしなければならない。

40
□□□

特別寄与者は、特別寄与料の支払を請求することができるので、遺産分割協議に参加することができる。

41
□□□

特別寄与料は、特別寄与者が相続人から贈与により取得したものとみなされ、納付すべき贈与税額が算出されるときは、贈与税の申告書を提出しなければならない。

42
□□□

特別寄与者が複数の相続人に対して特別寄与料の支払を請求した場合、各相続人が負担する額は、特別寄与料の額に当該相続人の相続分を乗じた額となる。

38
○

特別の寄与は、寄与分に比べて、その範囲は限定されている。

39
×

特別寄与料の支払について、相続人と特別寄与者の間で協議が調わない場合、特別寄与者は家庭裁判所に対して協議に代わる処分を請求することができる。その申立は相続の開始および相続人を知った時から６カ月以内、または相続開始の時から１年以内にしなければならない。注意

40
×

特別寄与者は、相続人ではないので、遺産分割協議に参加できない。注意

41
×

特別寄与料は、特別寄与者が被相続人から遺贈により取得したものとみなされる。納付すべき相続税額が算出されるときは、原則として、**特別寄与料の額が確定したことを知った日**の翌日から10カ月以内に相続税の申告書を提出しなければならない。重要

42
○

各相続人が負担する額は、特別寄与料の額に当該相続人の相続分を乗じた額となる。

ワンポイントアドバイス

特別の寄与はよく出題されています。制度の内容を押さえておきましょう。

43 □□□

検認は、遺言書の偽造・変造を防止する手続きであり、相続人が自筆証書遺言を発見し、家庭裁判所の検認を受ける前に開封した場合であっても、その遺言は無効とならない。

44 □□□

公正証書遺言を作成する場合、証人２人以上の立会いが必要であるが、遺言者の推定相続人および受遺者は、この証人になることはできないが、これらの配偶者および直系血族は、この証人になることができる。

45 □□□

公正証書遺言は、遺言者が公正証書遺言の正本を破棄した場合、遺言を撤回したものとみなされる。

46 □□□

公正証書遺言を作成していた遺言者が、公正証書遺言の内容に抵触する自筆証書遺言を作成した場合であっても、その抵触する部分については、自筆証書遺言で公正証書遺言を撤回したものとみなされない。

47 □□□

受遺者が遺言者の相続開始前に死亡していた場合、原則として、受遺者に対する遺贈は効力を生じないが、当該受遺者に子があるときは、その子が代襲して受遺者となる。

43
○

検認は、検認の日現在における遺言書の内容を明確にして、遺言書の偽造・変造を防止する手続きであり、**遺言の有効性を判断する手続ではない。**

44
×

公正証書遺言を作成する場合、証人2人以上の立会いが必要である。この場合の証人には、遺言者の推定相続人および受遺者ならびに**これらの配偶者および直系血族はなることができない。** 注意

45
×

公正証書遺言は、原本が公証役場に保管されているため、遺言者が公正証書遺言の正本を破棄したとしても、遺言を撤回したものとはみなされない。 注意

46
×

前の遺言と後の遺言が抵触する部分は撤回したものとみなされる。公正証書遺言を作成していた遺言者が、公正証書遺言の内容に抵触する自筆証書遺言を作成した場合、その抵触する部分については**撤回したものとみなされる。**

47
×

受遺者が遺言者の相続開始前に死亡していた場合、受遺者に対する遺贈は**無効となり、受遺者に対する代襲相続は生じない。** 注意

ワンポイントアドバイス

各遺言方式、遺言の効力などについて理解しましょう。

48 □□□

遺言者は、遺言により１人または数人の遺言執行者を指定することができるが、未成年者および破産者は遺言執行者となることができない。

49 □□□

遺言執行者は、自己の責任で第三者にその任務を行わせることができない。

50 □□□

法務局における遺言書の保管等に関する法律において、遺言書の保管の申請は、遺言者の住所地、本籍地または遺言者が所有する不動産の所在地を管轄する遺言書保管所に遺言者本人または代理人が出頭して行わなければならない。

51 □□□

法務局における遺言書の保管等に関する法律において、遺言者は、その申請に係る遺言書が保管されている遺言書保管所の遺言書保管官に対し、いつでも当該遺言書の閲覧を請求することができる。

52 □□□

法務局における遺言書の保管等に関する法律において、遺言者は、遺言書の保管の申請を撤回することはできない。

53 □□□

法務局における遺言書の保管等に関する法律において、遺言者の相続が開始した後、相続人が遺言書情報証明書の交付の請求をし、当該相続人に遺言書情報証明書が交付された場合、原則として、他の相続人、受遺者、遺言執行者に遺言書を保管している旨が通知される。

48
○

遺言者は、遺言により１人または数人の遺言執行者を指定することができ、また、その指定を第三者に委託することができる。ただし、未成年者および破産者は遺言執行者となることができない。

49
×

遺言執行者は、自己の責任で第三者にその任務を行わせることができる。ただし、遺言者がその遺言に別段の意思を表示したときは、その意思に従う。

50
×

遺言書の保管の申請は、遺言者の住所地、本籍地または遺言者が所有する不動産の所在地を管轄する遺言書保管所（法務局）に遺言者本人が出頭して行わなければならない。

51
○

なお、遺言書の閲覧を請求するときは、自ら出頭して行わなければならない。

52
×

遺言者は、**いつでも保管の申請の撤回をすることにより、遺言書の返還を受けることができる**。撤回するときは遺言書が保管されている遺言書保管所に遺言者本人が出頭して行わなければならない。注意

53
○

遺言者の相続が開始した後、相続人に遺言書情報証明書が交付された場合、原則として、他の相続人、受遺者、遺言執行者に遺言書を保管している旨が通知される。

54 □□□

推定相続人の１人が相続開始前に家庭裁判所の許可を受けて、遺留分の放棄をした場合、他の相続人の遺留分の額は増加する。

55 □□□

推定相続人の１人が相続開始前に遺留分の放棄をした場合、その者は、その相続に関して、相続人としての地位など相続に関する権利も喪失することになる。

56 □□□

遺留分を算定するための財産の価額に算入される贈与の範囲は、相続人に対する贈与は相続開始前10年間にした特別受益、相続人以外に対する贈与は相続開始前１年間にしたものである。

57 □□□

「遺留分に関する民法の特例」において、後継者が旧代表者から贈与を受けた非上場株式について特例の適用を受けるためには、旧代表者の遺留分を有する推定相続人全員および後継者で合意をし、所定の事項を記載した合意書面を作成しなければならない。

58 □□□

「遺留分に関する民法の特例」の合意は、後継者が合意をした日から１カ月以内に家庭裁判所の確認を申請し、当該確認を受けた日から１カ月以内にした申立てにより、経済産業大臣の許可を受けることによって、その効力を生ずる。

54
×

推定相続人の１人が相続開始前に遺留分の放棄をしても、他の遺留分権利者の**遺留分の額は増加しない**。なお、相続開始前に遺留分の放棄をするには家庭裁判所の許可が必要である。注意

55
×

遺留分の放棄をしても、遺留分に関する権利を放棄するだけであって、相続人としての地位など**相続に関する権利は喪失しない**。

56
○

遺留分を算定するための財産の価額は、被相続人が相続開始の時において有した財産の価額に、その贈与した財産の価額を加えた額から債務の全額を控除した額である。加算する贈与は、相続人に対する贈与は**相続開始前10年間**にした特別受益、相続人以外に対する贈与は**相続開始前１年間**にしたものである。重要

57
○

「遺留分に関する民法の特例」の適用を受けるためには、旧代表者の**遺留分を有する推定相続人全員**および後継者で合意をし、所定の事項を記載した合意書面を作成する必要がある。

58
×

「遺留分に関する民法の特例」の合意は、後継者が合意をした日から**1カ月以内に経済産業大臣の確認**を申請し、当該確認を受けた日から１カ月以内にした申立てにより、**家庭裁判所の許可を受ける**ことによって、その効力を生ずる。重要

ワンポイントアドバイス

遺留分は要注意です。「民法の特例」も含めてしっかり押さえておきましょう。

59 □□□

被相続人が相続開始時に居住建物を配偶者以外の者と共有していた場合は、配偶者は配偶者居住権を取得することができない。

60 □□□

配偶者居住権の存続期間は、遺産分割協議や遺言等において別段の定めがされた場合を除き、30年の間とされている。

61 □□□

配偶者が取得した配偶者居住権は、配偶者が居住建物に居住していれば、登記がなくても、第三者に対抗することができる。

62 □□□

配偶者居住権は、譲渡することはできず、配偶者は、当該居住建物を第三者に使用させることもできない。

63 □□□

任意後見契約は、法務省令で定める様式の公正証書によってしなければならない。

64 □□□

任意後見契約において、複数の者や法人が任意後見受任者となることはできない。

59
○
被相続人が相続開始の時に居住建物を配偶者以外の者と共有していた場合、配偶者は配偶者居住権を取得することができない。 注意

60
×
配偶者居住権の存続期間は、遺産分割協議や遺言等において別段の定めがされた場合を除き、配偶者の終身の間とされている。

61
×
配偶者居住権を第三者に対抗するためには、配偶者居住権の設定の登記をしなければならない。 重要

62
×
配偶者居住権は、譲渡することはできない。ただし、配偶者は、居住建物の所有者の承諾を得れば、当該居住建物を第三者に使用させることができる。 重要

ワンポイントアドバイス

配偶者居住権の概要を押さえておきましょう。

63
○
任意後見契約は公正証書により行わなければならない。

64
×
任意後見契約において、複数の者や法人が任意後見受任者となることもできる。

65 □□□

任意後見契約は、任意後見の開始をする必要が生じた場合、本人や任意後見受任者などの請求により、家庭裁判所で任意後見監督人が選任された時から、その効力が生じる。

66 □□□

任意後見人は、任意後見契約に定めた事項に関する被後見人の法律行為について、代理権を有する。

相続と税金

67 □□□

被相続人が購入した不動産について、所有権の移転登記が行われる前に相続が開始し、当該不動産を被相続人の配偶者が相続により取得した場合、当該不動産は、相続税の課税対象とならない。

68 □□□

被相続人の死亡により相続人に支給される退職手当金は、死亡後３年以内にその支給額が確定した場合、実際の支給が死亡後３年を経過した後であっても、当該退職手当金は相続税の課税対象となる。

69 □□□

特別寄与者が支払を受けるべき特別寄与料の額が確定した場合、当該特別寄与料の額に相当する金額は、相続税の課税対象となる。

70 □□□

被相続人を契約者（＝保険料負担者）および被保険者、被相続人の子を死亡保険金受取人とする終身保険契約において、子が死亡保険金のほかに、払戻しによる前納保険料を受け取った場合、当該前納保険料は相続税の課税対象とならない。

65
○
本人や任意後見受任者などの請求により、家庭裁判所で任意後見監督人が選任された時から、任意後見契約の効力が生じる。

66
○
なお、任意後見人は、取消権は有しない。

67
×
被相続人が購入した不動産で、まだ登記をしていないものも、相続税の課税対象となる。

68
○
被相続人の死亡によって、被相続人に支給されるべきであった退職手当金等を受け取る場合で、被相続人の死亡後3年以内に支給が確定したものは、相続財産とみなされて相続税の課税対象となる（支給が3年を経過した後であっても課税対象）。重要

69
○
特別寄与料の額に相当する金額は、相続税の課税対象となる。

70
×
子が死亡保険金のほかに、払戻しによる前納保険料を受け取った場合、当該前納保険料は相続税の課税対象となる。

71 □□□

老齢基礎年金の受給権者が死亡し、その死亡後に支給期が到来する死亡した者の年金をその配偶者が受け取った場合、当該年金は、相続税の課税対象となる。

72 □□□

被相続人を契約者（＝保険料負担者）および被保険者、被相続人の子を死亡保険金受取人とする終身保険において、子が相続の放棄をした場合であっても、当該死亡保険金について、死亡保険金の非課税金額の規定の適用を受けることができる。

73 □□□

被相続人の死亡により相続人に支給される弔慰金は、被相続人の死亡が業務上の死亡である場合、退職手当金等に該当すると認められるものを除き、被相続人の死亡当時における普通給与の6カ月分に相当する金額までは相続税の課税対象とならない。

74 □□□

被相続人の保証債務は、原則として、債務控除の対象とならないが、主たる債務者が弁済不能の状態で保証債務を履行しなければならない場合で、かつ、主たる債務者に求償しても返還を受ける見込みがない場合には、当該債務者が弁済不能の部分の金額について、債務控除の対象となる。

75 □□□

相続の放棄をした者が、現実に被相続人の葬式費用を負担した場合であっても、相続放棄者には債務控除が認められないため、その負担額は、その者の遺贈によって取得した財産の価額からの債務控除の対象とはならない。

71
×

未支給年金請求権については、死亡した受給権者に係る遺族が、未支給年金を自己の固有の権利として請求するものであり、死亡した受給権者に係る相続税の課税対象とならない。注意

ワンポイントアドバイス

相続税の課税財産・非課税財産を整理しておきましょう。

72
×

相続を放棄した者や**相続人でない者**は、死亡保険金の非課税金額の規定の適用を受けることができない。重要

73
×

被相続人の死亡が**業務上**の死亡である場合、被相続人の死亡当時における**普通給与の３年分**に相当する金額までは相続税の課税対象とならない。被相続人の死亡が**業務上の死亡でない**場合は、被相続人の死亡当時における**普通給与の６カ月分**に相当する金額までである。重要

74
○

被相続人の保証債務は、原則として、債務控除の対象とならない。ただし、主たる債務者が弁済不能の状態で保証債務を履行しなければならない場合で、かつ、主たる債務者に求償しても返還を受ける見込みがない場合には、当該**債務者が弁済不能の部分の金額について、債務控除の対象となる**。

75
×

相続の放棄をした者には、原則として、債務控除が認められない。ただし、現実に被相続人の葬式費用を負担した場合、その負担額は、その者の遺贈によって取得した財産の価額から**債務控除しても差し支えない**とされている。注意

76 □□□

相続人が相続により取得した不動産を相続登記するために支払った登録免許税は、債務控除の対象とならない。

77 □□□

被相続人が所有していた賃貸アパートについて、被相続人が入居の際に賃借人から預かった敷金は、債務控除の対象とならない。

78 □□□

相続人が、相続財産の価額の算定のために要する鑑定費用を支払った場合、その費用は、社会通念上相当な金額であっても、債務控除の対象とならない。

79 □□□

被相続人は、所有していた不動産の固定資産税を４期に分けて支払っており、第１期分支払終了後に相続が開始した場合、相続開始時に納期限が到来していない第２期から第４期までの固定資産税は、債務控除の対象となる。

80 □□□

連帯債務者が２人（弁済不能の状態にある者はいない）である債務について、そのうち１人に相続が開始した場合、相続人が承継する被相続人の連帯債務の負担割合が２分の１の場合、当該連帯債務の２分の１が債務控除の対象となる。

76
○
なお、相続税申告のために支払った税理士への報酬や、弁護士に支払った遺言執行費用も対象とならない。

77
×
被相続人が所有していた賃貸アパートについて、被相続人が入居の際に賃借人から預かった敷金は、債務控除の対象となる。敷金や保証金など返還義務のあるものは、債務控除の対象となる。注意

78
○
相続財産の価額の算定のために要する鑑定費用は、債務控除の対象とならない。

79
○
所得税や住民税、固定資産税などの未払税金は、債務控除の対象となる。

80
○
連帯債務については、連帯債務者のうちで債務控除を受けようとする者の負担すべき金額が明らかとなっている場合には、当該負担金額を控除する。

ワンポイントアドバイス

債務控除の対象となるもの、対象とならないものを整理しましょう。

次の81・82については、以下のAさん（被相続人）の親族関係図に基づき、答えなさい。

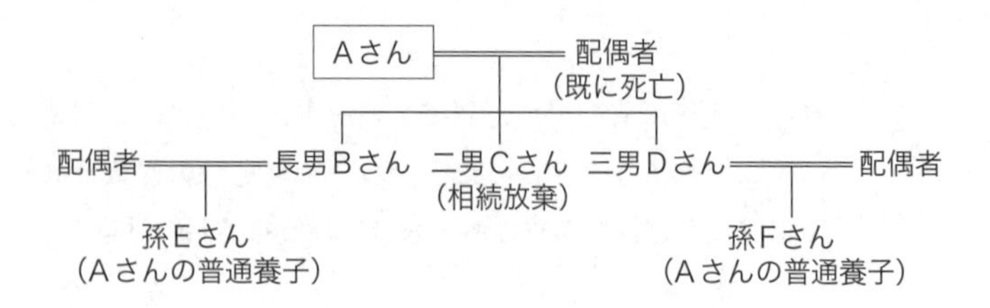

81 □□□

遺産に係る基礎控除額は、5,400万円である。

82 □□□

相続税額の2割加算の対象となる者は、孫Eさんおよび孫Fさんの2人である。

81
○

遺産に係る基礎控除額を計算するときの法定相続人の数に含める被相続人の養子の数は、被相続人に実子がいる場合は１人までとされている。また、相続放棄をした者があっても、その放棄がないとした場合の相続人の数とする。よって、長男Ｂさん、二男Ｃさん、三男Ｄさん、孫Ｅさん・孫Ｆさんのうち１人の４人として計算する。

遺産に係る基礎控除額：3,000万円＋600万円×４人＝5,400万円 注意

82
○

被相続人の一親等の血族（代襲相続人となる孫を含む）および配偶者以外の場合は、その者の相続税額にその２割に相当する金額を加算する。被相続人の普通養子となった孫は２割加算の対象となる。よって、２割加算の対象となる者は、孫Ｅさんおよび孫Ｆさんの２人である。

次の83・84については、以下のAさん（被相続人）の親族関係図に基づき、答えなさい。

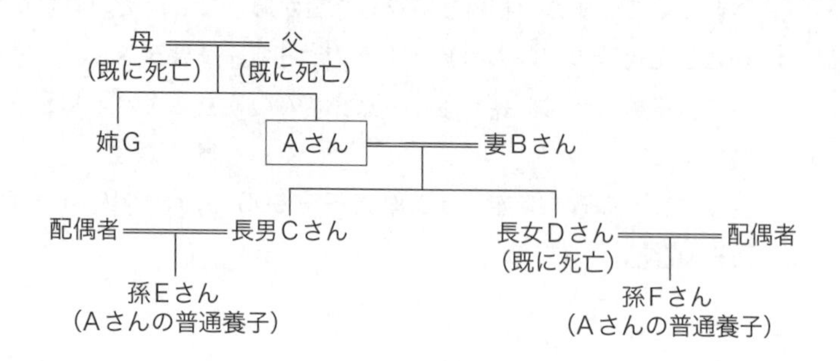

83 □□□

遺産に係る基礎控除額は、4,800万円である。

84 □□□

相続税額の2割加算の対象となる者は、孫Eさん、孫Fさん、姉Gさんの3人である。

83
×

遺産に係る基礎控除額を計算するときの法定相続人の数に含める被相続人の養子の数は、被相続人に**実子がいる場合は１人まで**とされている。ただし、孫Ｆさんについては、**代襲相続人**であるため普通養子であるが**実子とみなされる**。よって、妻Ｂさん、長男Ｃさん、孫Ｅさん、孫Ｆさんの４人として計算する。注意
遺産に係る基礎控除額：3,000万円＋600万円×４人＝5,400万円

ワンポイントアドバイス

遺産に係る基礎控除額の計算における法定相続人の数に注意しましょう。

84
×

被相続人の**一親等の血族**（**代襲相続人となる孫**（**孫Ｆさん**）を含む）**および配偶者以外**の場合は、その人の相続税額にその２割に相当する金額を加算する。被相続人の普通養子となった孫は２割加算の対象となる。よって、２割加算の対象となるのは、**孫Ｅさん**、**姉Ｇさん**の２人である。重要

次の 85・86 については、各問において、被相続人が本年中に死亡し、相続人は配偶者と子２人の合計３人であり、相続の放棄をした者はないものとした場合について、答えなさい。

85 □□□

相続開始時に被相続人が所有していた財産は 3,000 万円（相続税評価額）であるが、そのほかに、契約者（＝保険料負担者）および被保険者を被相続人とする生命保険契約により配偶者が受け取った死亡保険金 3,000 万円がある場合、相続人は相続税の申告をしなくてもよい。

86 □□□

相続開始時に被相続人が所有していた財産は 8,000 万円（相続税評価額）であるが、配偶者がすべての財産を相続により取得し、「配偶者に対する相続税額の軽減」の適用を受けることにより納付すべき相続税額が算出されない場合、相続人は相続税の申告をしなくてもよい。

87 □□□

相続財産が未分割の場合、原則として、共同相続人が民法に規定する相続分に従って相続財産を取得したものとして計算した相続税を申告期限までに納付しなければならない。

85
○

遺産に係る基礎控除額は、3,000万円＋600万円×3人（法定相続人の数）＝4,800万円となる。課税価格の合計額が、この4,800万円を超えた場合、原則として相続税の申告が必要となる。
配偶者が受け取った死亡保険金3,000万円のうち、相続税の課税価格に算入されるのは、次の金額である。
3,000万円－500万円×3人（法定相続人の数）＝1,500万円
相続開始時に被相続人が所有していた財産3,000万円との合計は4,500万円であり、4,800万円を超えていないので、相続税の申告をする必要はない。なお、**生命保険金や死亡退職金の非課税は、申告することが要件となっていない。** 重要

86
×

相続開始時に被相続人が所有していた財産は8,000万円で、基礎控除額4,800万円を超えている。配偶者がすべての財産を相続により取得し、「配偶者に対する相続税額の軽減」の適用を受けることにより納付すべき相続税額が算出されないが、「配偶者に対する相続税額の軽減」の適用を受ける場合は、**相続税の申告が必要である。**

ワンポイントアドバイス

相続税の申告が必要な場合、不要な場合を押さえましょう。

87
○

相続財産が未分割の場合、原則として、共同相続人が**法定相続分に従って相続財産を取得したもの**として計算した相続税を申告期限までに納付しなければならない。

88 □□□

未分割の相続財産に基づく相続税を申告期限内に納付後、成立した遺産分割協議に従って計算した相続税の納付税額が既に納付した相続税額よりも増加した相続人が、修正申告書を納税地の所轄税務署長に提出してその差額を納付する場合、原則として、延滞税や過少申告加算税が課される。

89 □□□

未分割の相続財産に基づく相続税を申告期限内に納付後、成立した遺産分割協議に従って計算した相続税の納付税額が既に納付した相続税額よりも減少した相続人が、その差額の還付を受けようとする場合、原則として、遺産分割協議が成立した日の翌日から10カ月以内に納税地の所轄税務署長に更正の請求をする必要がある。

90 □□□

相続税額を納期限までに金銭で一時納付することを困難とする事由があり、納付すべき相続税額が100万円を超える場合、所定の手続により、延納が認められる。

91 □□□

相続税の物納に充てることができる財産は、相続税の課税価格の計算の基礎となった財産であるが、その種類による申請順位があり、第1順位は不動産、船舶、国債証券、地方債証券、上場株式等、第2順位は非上場株式等、第3順位は動産とされている。

92 □□□

相続税の物納において、物納の許可限度額を超える価額の財産による物納が許可された場合に、許可に係る相続税額よりも物納許可財産の収納価額が上回ることとなっても、差額が還付されることはない。

88
×

未分割の相続財産に基づく相続税を申告期限内に納付後、成立した遺産分割協議に従って計算した相続税の納付税額が既に納付した相続税額よりも増加した相続人が、修正申告書を納税地の所轄税務署長に提出してその差額を納付する場合、原則として、延滞税や過少申告加算税は課されない。

89
×

未分割の相続財産に基づく相続税を申告期限内に納付後、成立した遺産分割協議に従って計算した相続税の納付税額が既に納付した相続税額よりも減少した相続人が、その差額の還付を受けようとする場合、原則として、遺産分割協議が成立した日の翌日から４カ月以内に納税地の所轄税務署長に更正の請求をする必要がある。重要

90
×

相続税額を納期限までに金銭で一時納付することを困難とする事由があり、納付すべき相続税額が10万円を超える場合、所定の手続により、延納が認められる。なお、分納税額を納付する際に利子税を併せて納付しなければならない。

91
○

物納申請財産は、納付すべき相続税額の課税価格計算の基礎となった一定の相続財産で、その所在が日本国内にあることが要件となっている。

92
×

許可に係る相続税額よりも物納許可財産の収納価額が上回ることとなったときには、差額が金銭により還付される。

ワンポイントアドバイス

相続税の延納と物納の要件などを確認しておきましょう。

93
□□□

延納の許可を受けた相続税額について、その後に延納条件を履行することが困難となった場合には、申告期限から10年以内に限り、分納期限が未到来の税額部分について、延納から物納への変更を行うことができる。

94
□□□

「非上場株式等についての贈与税の納税猶予及び免除の特例」の適用を受けるためには、先代経営者である贈与者は、贈与の時において、会社の代表権を有していないことが要件となっている。

95
□□□

「非上場株式等についての贈与税の納税猶予及び免除の特例」の適用を受けるためには、後継者である受贈者は、贈与の時において、会社の代表権を有していること、取締役や監査役等の役員等の就任から１年以上経過していること等の要件を満たす必要がある。

96
□□□

「非上場株式等についての贈与税の納税猶予及び免除の特例」の適用を受けるためには、贈与税の申告書の提出期限までに、納税が猶予される贈与税額と利子税の額の合計額に相当する担保を提供する必要があるが、特例の適用を受ける非上場株式等の２分の１以上を担保として提供した場合には、当該贈与税額および利子税の額に相当する担保が提供されたものとみなされる。

97
□□□

「非上場株式等についての贈与税の納税猶予及び免除の特例」の適用を受けた非上場株式等は、贈与者が死亡した場合、相続または遺贈により取得したものとみなして、相続時の価額により相続税の課税価格に算入されるが、一定の要件を満たせば、相続税の納税猶予及び免除の特例の適用を受けることができる。

93
○

特定物納制度である。なお、特定物納に係る財産の収納価額は、**特定物納申請の時の価額**となる。注意

94
○

ただし、役員として残留することは可能である。

95
×

本特例の適用を受けるためには、後継者である受贈者は、贈与の時において、会社の代表権を有していること、取締役や監査役等の役員等の就任から継続して**3年以上**経過していること等の要件を満たす必要がある。

96
×

本特例の適用を受けるためには、贈与税の申告書の提出期限までに、納税が猶予される贈与税額と利子税の額の合計額に相当する担保を提供する必要がある。ただし、特例の適用を受ける非上場株式等の**すべてを担保として提供した場合**には、当該贈与税額および利子税の額に相当する担保が提供されたものとみなされる。

97
×

本特例の適用を受けた非上場株式等は、贈与者が死亡した場合、相続または遺贈により取得したものとみなして、**贈与時の価額により相続税の課税価格に算入される**。この場合、一定の要件を満たせば、相続税の納税猶予及び免除の特例の適用を受けることができる。

98
□□□

「個人の事業用資産についての贈与税の納税猶予及び免除」における特定事業用資産のうち、宅地等は800m^2以下の部分、建物は床面積400m^2以下の部分が制度の対象となる。

99
□□□

贈与により特定事業用資産を取得した受贈者が「個人の事業用資産についての贈与税の納税猶予及び免除」の適用を受けた場合、当該受贈者が納付すべき贈与税額のうち、本制度の適用を受ける特定事業用資産の課税価格の80%相当額に対応する贈与税額の納税が猶予される。

100
□□□

「個人の事業用資産についての贈与税の納税猶予及び免除」の適用を受けるためには、先代事業者である贈与者は、贈与の日の属する年、その前年およびその前々年の確定申告書を青色申告書により提出していること等の要件を満たす必要がある。

101
□□□

「個人の事業用資産についての贈与税の納税猶予及び免除」の適用を受けるためには、後継者である受贈者は、贈与の日において18歳以上であること、贈与の日まで引き続き5年以上にわたり特定事業用資産に係る事業に従事していたこと等の要件を満たす必要がある。

102
□□□

「個人の事業用資産についての贈与税の納税猶予及び免除」の制度の適用を受けるためには、受贈者は贈与者が事業の用に供している特定事業用資産のすべてを贈与により取得する必要はなく、特定事業用資産の一部の贈与についても本制度の適用を受けることができる。

98
×

特定事業用資産のうち、宅地等は 400m² 以下の部分、建物は床面積 800m² 以下の部分が制度の対象となる。なお、「特定事業用資産」とは、先代事業者の事業の用に供されていた一定の資産で、贈与の日の属する年の前年分の事業所得に係る青色申告書の貸借対照表に計上されていたものをいう。

99
×

「個人の事業用資産についての贈与税の納税猶予及び免除」の適用を受けた場合、当該受贈者が納付すべき贈与税額のうち、本制度の適用を受ける特定事業用資産に係る**課税価格に対応する贈与税額**の納税が猶予される。 **重要**

100
○

先代事業者である贈与者は、贈与の日の属する年、その前年およびその前々年の確定申告書を青色申告書により提出していること等の要件を満たす必要がある。

101
×

適用を受けるためには、後継者である受贈者は、贈与の日において 18 歳以上であること、贈与の日まで引き続き３年以上にわたり特定事業用資産に係る事業に従事していたこと等の要件を満たす必要がある。

102
×

適用を受けるためには、受贈者は贈与者が事業の用に供している特定事業用資産の**すべてを贈与**により取得する必要がある。特定事業用資産の**一部の贈与**について本制度の適用を受けることはできない。

ワンポイントアドバイス

「個人の事業用資産についての贈与税の納税猶予及び免除」は要注意です。適用要件などを押さえましょう。

財産評価（不動産以外）

103 □□□

金融資産等の相続税評価において、個人向け国債は、課税時期において中途換金した場合に取扱金融機関から支払を受けることができる価額により評価する。

104 □□□

金融資産等の相続税評価において、被相続人が自宅で保管していた外貨（現金）の邦貨換算は、原則として、相続開始の日における相続人の取引金融機関が公表する最終の対顧客直物電信売相場（TTS）またはこれに準ずる相場による。

105 □□□

証券会社を通じて購入した上場株式であるＳ社株式を1,000株所有しているＡさんが、本年11月10日に死亡した。Ａさんの相続において、下記の〈Ｓ社株式の終値〉から算出されるＳ社株式（1,000株）の相続税評価額は250万円である。なお、Ｓ社株式の権利落ちや配当落ちはないものとする。

〈Ｓ社株式の終値〉

11月10日の終値	2,800円
11月の毎日の終値の月平均額	2,700円
10月の毎日の終値の月平均額	2,900円
9月の毎日の終値の月平均額	2,600円
8月の毎日の終値の月平均額	2,650円
7月の毎日の終値の月平均額	2,500円

103
○

個人向け国債は、課税時期において中途換金した場合に取扱金融機関から支払を受けることができる価額（額面金額＋経過利子相当額－中途換金調整額）により評価する。

104
×

外貨（現金）の邦貨換算は、原則として、相続開始の日における相続人の取引金融機関が公表する最終の対顧客直物電信買相場（TTB）またはこれに準ずる相場による。

105
×

上場株式は次の価額のうち、最も低い価額で評価する。
課税時期の終値：2,800円
課税時期の属する月の毎日の終値の月平均額：2,700円
課税時期の属する月の前月の毎日の終値の月平均額：2,900円
課税時期の属する月の前々月の毎日の終値の月平均額：2,600円
よって、次のようになる。
2,600円×1,000株＝260万円

財産評価（不動産）

106
□□□

被相続人の居住の用に供されていた宅地を、相続開始直前において被相続人と同居していた内縁の妻が遺贈により取得した場合、他の要件を満たせば、当該宅地は特定居住用宅地等として小規模宅地等についての相続税の課税価格の計算の特例の適用を受けることができる。

107
□□□

被相続人の居住の用に供されていた宅地を被相続人と同居していた被相続人の子が相続により取得した場合で、その子が相続開始前3年以内に国内にあるその者またはその者の配偶者の所有する家屋に居住したことがあるときには、当該宅地は特定居住用宅地等として小規模宅地等についての相続税の課税価格の計算の特例の適用を受けることはできない。

108
□□□

被相続人の事業の用に供されていた宅地を被相続人の配偶者が相続により取得した場合、その配偶者が当該宅地を相続税の申告期限までに売却したとしても、当該宅地は特定事業用宅地等として小規模宅地等についての相続税の課税価格の計算の特例の適用を受けることができる。

109
□□□

被相続人が8年前から駐車場業の用に供していた宅地は、その事業規模を問わず、小規模宅地等についての相続税の課税価格の計算の特例における貸付事業用宅地等の対象とならない。

106 ×

小規模宅地等についての相続税の課税価格の計算の特例は、**被相続人の親族が取得した場合**に適用対象となる。内縁の妻は親族ではないため、特例の適用を受けることができない。重要

107 ×

被相続人と**同居していた親族**については、相続開始の直前から相続税の申告期限まで引き続きその建物に居住し、かつ、その宅地等を相続開始時から相続税の申告期限まで有していれば、小規模宅地等についての相続税の課税価格の計算の特例の適用を受けることができる。**配偶者と同居親族以外の親族**については、相続開始前3年以内に国内にあるその者またはその者の配偶者等の所有する家屋に居住したことがない等の要件がある。重要

108 ×

特定事業用宅地等は、**その宅地等を相続税の申告期限まで有していること**が要件となっているので、配偶者が当該宅地を売却した場合、当該宅地は特例の適用を受けることができない。なお、**特定居住用宅地等**の場合は、被相続人の配偶者には取得者ごとの要件はないので、売却しても適用を受けることができる。注意

109 ×

被相続人が不動産貸付業、駐車場業、自転車駐車場業の用に供していた宅地については、相続開始前3年以内に新たに貸付を開始した一定の宅地等を除き、その事業規模を問わず、貸付事業用宅地等の対象となる。

110 □□□

被相続人が有料老人ホームに入所したことで、被相続人の居住の用に供されなくなった宅地を、入所前に同居し、引き続き居住している被相続人の子が相続により取得した場合に、相続開始の直前において被相続人が要介護認定または要支援認定を受けているときは、当該宅地は特定居住用宅地等として小規模宅地等についての相続税の課税価格の計算の特例の適用を受けることができる。

111 □□□

特定居住用宅地等（280m²）、特定事業用宅地等（450m²）の２つの宅地を相続により取得した場合、２つの宅地の面積の合計が730m²以下となるため、２つの宅地のすべての面積について小規模宅地等についての相続税の課税価格の計算の特例の適用を受けることができる。

取引相場のない株式の評価

112 □□□

類似業種比準方式において、直前期末を基準にして計算した３つの比準要素の金額がいずれもゼロである場合、直前々期末を基準にして計算した３つの比準要素の金額により類似業種比準価額を算出する。

113 □□□

純資産価額方式において、評価会社が課税時期前３年以内に取得した土地および家屋がある場合、純資産価額（相続税評価額）の計算上、当該土地および家屋の相続税評価額は、原則として、取得価額によって評価する。

110
○

要介護認定または要支援認定を受けていた被相続人が老人ホーム等に入所していた場合は、相続開始の直前において被相続人の居住の用に供されていなかった宅地等についても被相続人の**居住用**とみなされる。

111
×

小規模宅地等についての相続税の課税価格の計算の特例において、特定事業用宅地等（限度面積 $400m^2$）と特定居住用宅地等（限度面積 $330m^2$）の両方を選択すると合計 $730m^2$ まで適用を受けることができる。特定居住用宅地等については、$280m^2$ まで適用を受けることができるが、特定事業用宅地等については、$450m^2$ のうち**$400m^2$ までしか適用を受けることができない**。

ワンポイントアドバイス

「小規模宅地等についての相続税の課税価格の計算の特例」は重要です。適用要件などをしっかり押さえましょう。

112
×

類似業種比準方式において、直前期末を基準にして計算した３つの比準要素の金額がいずれもゼロである場合、**特定の評価会社として評価する**ので、原則として**純資産価額方式**により評価する。

113
×

純資産価額方式において、評価会社が課税時期前３年以内に取得した土地および家屋がある場合、純資産価額（相続税評価額）の計算上、当該土地および家屋の相続税評価額は、原則として、通常の取引価額によって評価する。注意

114 □□□

配当還元方式において、評価会社が直前期末以前2年間において無配である場合、配当還元価額の計算上、1株（50円）当たりの年配当金額は1円50銭とする。

115 □□□

下記の〈S社の配当金額等のデータ〉に基づき計算したS社株式の1株当たりの配当還元価額は、4,000円である。なお、記載のない事項については考慮しないものとする。

〈S社の配当金額等のデータ〉

・直前期の年配当金額　　　：90万円
・直前々期の年配当金額　　：70万円
・直前期末の資本金等の額：1,000万円
・直前期末の発行済株式数：2万株

116 □□□

大会社に区分される会社で、課税時期において総資産価額（相続税評価額）に占める土地等の価額の合計額の割合が70%以上である評価会社は、土地保有特定会社に該当する。

117 □□□

課税時期において総資産価額（相続税評価額）に占める株式等の価額の合計額の割合が30%以上である評価会社は、当該会社の業種等にかかわらず、株式等保有特定会社に該当する。

118 □□□

開業後3年未満である特定の評価会社の株式は、同族株主以外の株主等が取得した場合、原則として、配当還元方式により算出した価額によって評価する。

114
×

直前期末以前2年間の平均額が2円50銭未満のときは、2円50銭として計算する。

115
×

配当還元価額：　計算

$$\frac{\text{その株式に係る年配当金額}}{10\%} \times \frac{\text{1株当たりの資本金等の額}}{50\text{円}}$$

年配当金額は、1株当たりの資本金等の額を50円とした場合の直前期末以前2年間の年平均

1株当たりの資本金等の額を50円とした場合の発行済株式数：

1,000万円÷50円＝200,000株

年配当金額：$\frac{(90\text{万円}+70\text{万円})\div 2}{200{,}000\text{株}}=4.0\text{円}$

1株当たりの資本金等の額：1,000万円÷2万株＝500円

$$\frac{4.0\text{円}}{10\%} \times \frac{500\text{円}}{50\text{円}} = 400\text{円}$$

116
○

大会社：総資産価額（相続税評価額）に占める土地等の価額の合計額の割合が70%以上

中会社：総資産価額（相続税評価額）に占める土地等の価額の合計額の割合が90%以上　重要

117
×

課税時期において総資産価額（相続税評価額）に占める株式等の価額の合計額の割合が50%以上である評価会社は、当該会社の業種等にかかわらず、株式等保有特定会社に該当する。

118
○

開業後3年未満である特定の評価会社の株式は、純資産価額方式で評価する。ただし、同族株主以外の株主等が取得した場合は配当還元方式により評価する。　注意

119 □□□

開業前または休業中である特定の評価会社の株式は、同族株主以外の株主等が取得した場合、原則として、配当還元方式により算出した価額によって評価する。

会社法

120 □□□

会社法における種類株式において、議決権制限株式は、発行会社が公開会社である場合、その数が発行済株式総数の３分の１を超えてはならない。

121 □□□

会社法における種類株式において、取得請求権付株式の株主は、株式会社に対して、当該株主の有する取得請求権付株式を取得することを請求することができる。

122 □□□

会社法における種類株式において、拒否権付株式は、株主総会または取締役会で決議すべき一定の事項について、当該決議のほか、当該種類の株式の株主を構成員とする種類株主総会の決議が必要となる株式である。

123 □□□

譲渡制限株式を発行している会社が、相続等により当該会社の譲渡制限株式を承継した者に対して、その株式を会社に売り渡すことを請求することができる旨を定めている場合、相続人が相続により承継した株式を会社が買い取るためには、その都度、株主総会の特別決議が必要となるが、この決議において売主である相続人は、原則として議決権を行使できる。

119
×

開業前または休業中である特定の評価会社の株式は、同族株主以外の株主等が取得した場合、**配当還元方式**により評価することはできず、純資産価額方式により評価する。

ワンポイントアドバイス

特定の評価会社の判定基準、評価方式を整理しておきましょう。

120
×

議決権制限株式は、発行会社が公開会社である場合、その数が発行済株式総数の２分の１を超えてはならない。

121
○

取得請求権付株式の株主は、株式会社に対して、当該株主の有する取得請求権付株式を取得することを請求できる。

122
○

拒否権付株式は、株主総会または取締役会で決議すべき一定の事項について、当該決議のほか、種類株主による種類株主総会の決議が必要となる株式である。

123
×

相続人が相続により承継した株式を会社が買い取るためには、その都度、株主総会の**特別決議**が必要となるが、この決議において**売主である相続人は、原則として議決権を行使できない。**！注意

124
□□□

譲渡制限株式を発行している会社が、相続等により当該会社の譲渡制限株式を承継した者に対して、その株式を会社に売り渡すことを請求することができる旨を定めている場合、相続人が相続により承継した株式を会社が買い取るためには、当該会社は相続があったことを知った日から6カ月以内に相続人に対して売渡しの請求をしなければならない。

125
□□□

譲渡制限株式を発行している会社が、相続等により当該会社の譲渡制限株式を承継した者に対して、その株式を会社に売り渡すことを請求することができる旨を定めている場合、相続人が相続により承継した株式を会社が買い取る売買価格について、会社または相続人は、売渡しの請求があった日から30日以内に、裁判所に対し、売買価格の決定の申立てをすることができる。

126
□□□

会社法における特別支配株主の株式等売渡請求制度の特別支配株主とは、株式会社の総株主の議決権の10分の8（これを上回る割合を当該株式会社の定款で定めた場合はその割合）以上を有する株主とされる。

127
□□□

会社法における特別支配株主の株式等売渡請求制度において、特別支配株主は、本制度による所定の手続を経ることによって、他の株主が有する対象会社の株式を、他の株主の承諾を得て、金銭を対価として取得することができる。

124
×

相続人が相続により承継した株式を会社が買い取るためには、当該会社は相続があったことを知った日から1年以内に相続人に対して売渡しの請求をしなければならない。

125
×

相続人が相続により承継した株式を会社が買い取る売買価格について、会社または相続人は、売渡しの請求があった日から20日以内に、裁判所に対し、売買価格の決定の申立てをすることができる。

126
×

特別支配株主とは、株式会社の総株主の議決権の10分の9（これを上回る割合を当該株式会社の定款で定めた場合はその割合）以上を有する株主とされる。

127
×

特別支配株主は、特別支配株主の株式等売渡請求制度による所定の手続を経ることによって、他の株主が有する対象会社の株式を、他の株主の承諾の有無にかかわらず、金銭を対価として取得することができる。注意

相続と税金

1 □□□

2024年1月1日以後に贈与により取得する財産に係る相続税については、相続または遺贈により財産を取得した者が、当該相続の開始前（　①　）年以内（2023年12月31日以前：3年以内）に当該相続に係る被相続人から贈与により財産を取得したことがある場合には、当該贈与により取得した財産の価額（財産のうち相続の開始前3年以内に贈与により取得した財産以外の財産（延長4年間分）については、財産の価額の合計額から（　②　）万円を控除した残額）を相続税の課税価格に加算する。

2 □□□

相続税の申告期限において、相続財産の全部または一部について遺産分割協議が成立していない場合、未分割の相続財産に基づく相続税を申告期限内に納付後、成立した遺産分割協議に従って計算した相続税の納付税額が既に納付した相続税額よりも減少した相続人が、その差額の還付を受けようとするときは、原則として、遺産分割協議が成立した日の翌日から（　　　）以内に納税地の所轄税務署長に更正の請求をする必要がある。

解答	解　説
1	①7　②100 改正 2024年1月1日以後に贈与により取得する財産に係る相続税については、相続または遺贈により財産を取得した者が、当該相続の開始前7年以内（2023年12月31日以前：3年以内）に当該相続に係る被相続人から贈与により財産を取得したことがある場合には、当該贈与により取得した財産の価額（財産のうち相続の開始前3年以内に贈与により取得した財産以外の財産（延長4年間分）については、財産の価額の合計額から100万円を控除した残額）を相続税の課税価格に加算する。

ワンポイントアドバイス

改正事項に注意しましょう。

2	4カ月　　未分割の相続財産に基づく相続税を申告期限内に納付後、成立した遺産分割協議に従って計算した相続税の納付税額が既に納付した相続税額よりも減少した相続人が、その差額の還付を受けようとするときは、原則として、遺産分割協議が成立した日の翌日から4カ月以内に納税地の所轄税務署長に更正の請求をする必要がある。 なお、相続税の申告書を提出した後で、計算や評価額の誤りなどで、課税価格や税額が多すぎたことに気づいたときは、**法定申告期限から5年以内**に限り、誤っていた課税価格や税額を正当な額に直すよう更正の請求をすることができる。

3 □□□

以下の〈Aさんの親族関係図〉において、Aさんが死亡し、孫Eさんに係る相続税の課税価格が690万円、相続税の課税価格の合計額が1億3,800万円である場合、次の①および②に答えなさい。〈答〉は万円単位とすること。

〈Aさんの親族関係図〉

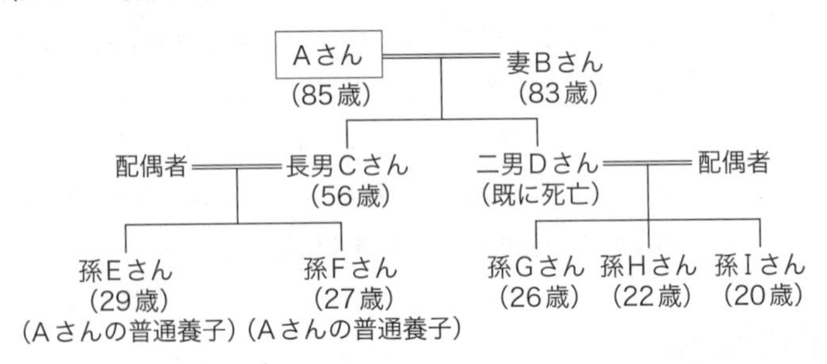

※Aさんは、孫Eさんおよび孫Fさんとそれぞれ普通養子縁組（特別養子縁組以外の縁組）をしている。

※二男Dさんは既に死亡している。

〈資料〉相続税の速算表

法定相続分に応ずる取得金額			税率	控除額
万円超		万円以下		
	～	1,000	10%	－
1,000	～	3,000	15%	50万円
3,000	～	5,000	20%	200万円
5,000	～	10,000	30%	700万円
10,000	～	20,000	40%	1,700万円
20,000	～	30,000	45%	2,700万円
30,000	～	60,000	50%	4,200万円
60,000	～		55%	7,200万円

①相続税の総額を求めなさい。

②孫Eさんの納付すべき相続税額を求めなさい。

3

① 900万円　② 54万円 〈計算〉

①相続税の総額

遺産に係る基礎控除額および相続税の総額を計算するときの法定相続人の数に含める被相続人の養子の数は、被相続人に実子がいる場合は1人までとされている。

よって、本問における法定相続人は、妻Bさん、長男Cさん、代襲相続人である孫Gさん、孫Hさん、孫Iさん、普通養子1人分の6人となる。

遺産に係る基礎控除額：3,000万円＋600万円×6人＝6,600万円

課税遺産総額：1億3,800万円－6,600万円＝7,200万円

相続税の総額の基となる税額

妻Bさん：7,200万円×1／2＝3,600万円

3,600万円×20%－200万円＝520万円

長男Cさん・普通養子1人：7,200万円×1／6＝1,200万円

1,200万円×15%－50万円＝130万円

孫Gさん・孫Hさん・孫Iさん：7,200万円×1／18＝400万円

400万円×10%＝40万円

相続税の総額：520万円＋130万円×2人＋40万円×3人＝900万円

②孫Eさんの納付すべき相続税額

相続税の総額に各人の按分割合を乗じて、各人の算出税額を計算する。$900\text{万円} \times \dfrac{690\text{万円}}{1\text{億}3{,}800\text{円}} = 45\text{万円}$

被相続人の一親等の血族および配偶者以外の場合は、その人の相続税額にその2割に相当する金額を加算する（孫Eさんは加算の対象）。

45万円＋45万円×0.2＝54万円

ワンポイントアドバイス

相続税額の2割加算に注意しましょう。

4
□□□

以下の〈Aさんの親族関係図〉において、Aさんが死亡し、相続税の課税価格の合計額が1億7,400万円である場合の相続税の総額を求めなさい。〈答〉は万円単位とすること。

〈Aさんの親族関係図〉

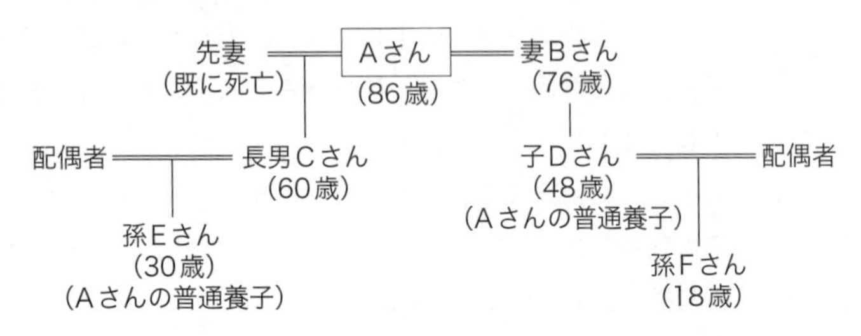

※Aさんは、孫Eさんおよび後妻である妻Bさんの子Dさんとそれぞれ普通養子縁組（特別養子縁組以外の縁組）をしている。

〈資料〉相続税の速算表

法定相続分に応ずる取得金額	税率	控除額
万円超　　万円以下		
～　1,000	10%	－
1,000　～　3,000	15%	50万円
3,000　～　5,000	20%	200万円
5,000　～　10,000	30%	700万円
10,000　～　20,000	40%	1,700万円
20,000　～　30,000	45%	2,700万円
30,000　～　60,000	50%	4,200万円
60,000　～	55%	7,200万円

4　1,850 万円　計算

遺産に係る基礎控除額および相続税の総額を計算するときの法定相続人の数に含める被相続人の養子の数は、被相続人に実子がいる場合は１人までとされている。ただし、**特別養子縁組による養子や、配偶者の実子で被相続人の養子となった者は実子とみなされる**（子Ｄさん）。

よって、本問における法定相続人は、妻Ｂさん、長男Ｃさん、子Ｄさん、孫Ｅさんの４人となる。注意

遺産に係る基礎控除額：3,000 万円＋600 万円×４人＝5,400 万円

課税遺産総額：１億 7,400 万円－5,400 万円＝１億 2,000 万円

相続税の総額の基となる税額

妻Ｂさん：１億 2,000 万円×１／２＝6,000 万円

6,000 万円×30％－700 万円＝1,100 万円

長男Ｃさん・子Ｄさん・孫Ｅさん：１億 2,000×１／６＝2,000 万円

2,000 万円×15％－50 万円＝250 万円

相続税の総額：1,100 万円＋250 万円×３人＝1,850 万円

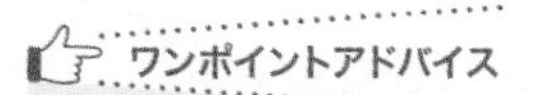

相続税の総額の計算の流れを押さえましょう。また、養子の扱いに注意しましょう。

財産の評価（不動産）

5

□□□

以下の〈Aさんが所有しているS土地およびT土地に関する資料〉に基づき、「小規模宅地等についての相続税の課税価格の計算の特例」の適用を受けた場合の①および②に答えなさい。〈答〉は万円単位とすること。なお、「小規模宅地等についての相続税の課税価格の計算の特例」の適用にあたって、S土地のうち自宅に対応する部分は特定居住用宅地等、賃貸マンションに対応する部分は貸付事業用宅地等、T土地は特定事業用宅地等にそれぞれ該当するものとし、課税価格の計算上、減額される金額の合計額が最大となるように計算すること。

〈Aさんが所有しているS土地およびT土地に関する資料〉

(1) S土地（Aさんが所有している自宅兼賃貸マンションの敷地）

宅地面積　：264m²　　自用地評価額：7,200万円

借地権割合：60％　　借家権割合　：30％

※S土地上にある賃貸マンションは4階建て（480m²）であり、各階の床面積は同一である（各階120m²）。

※4階部分はAさんが家族とともに自宅として使用し、1階から3階部分は第三者に賃貸している（入居率100％）。

(2) T土地（Aさんが所有している事業用建物の敷地）

宅地面積　：166m²　　自用地評価額：5,200万円

①特例適用後の相続税の課税価格に算入すべきS土地の価額を求めなさい。

②特例適用後の相続税の課税価格に算入すべきT土地の価額を求めなさい。

5

① 3,927円　② 1,040万円　〈計算〉

Ｓ土地における特定居住用宅地等と貸付事業用宅地等

特定居住用宅地等に該当する部分：66m²（$264m^2 \times \frac{120m^2}{480m^2} = 66m^2$）

貸付事業用宅地等に該当する部分：198m²（$264m^2 \times \frac{360m^2}{480m^2} = 198m^2$）

特定居住用宅地等（330m²まで）と特定事業用宅地等（400m²まで）は適用面積の調整は必要なく完全併用できるため、これらの宅地等について優先適用する。貸付事業用宅地等に適用できる面積は、次のように調整が必要になる。

$166m^2 \times \frac{200m^2}{400m^2} + 66m^2 \times \frac{200m^2}{330m^2}$＋貸付事業用宅地等の適用面積≦200m²

83m²＋40m²＋貸付事業用宅地等の適用面積≦200m²

よって、貸付事業用宅地等の適用面積は77m²となる。

①Ｓ土地の価額

特定居住用宅地等は80%、貸付事業用宅地等は50%減額できる。

特定居住用宅地等：7,200万円×$\frac{66m^2}{264m^2}$＝1,800万円

1,800万円－1,800万円×80%＝360万円

貸付事業用宅地等：7,200万円×$\frac{198m^2}{264m^2}$＝5,400万円

5,400万円×（1－60%×30%×100%）＝4,428万円※

※貸家建付地の評価額

4,428万円－4,428万円×$\frac{77m^2}{198m^2}$×50%＝3,567万円

合計：360万円＋3,567万円＝3,927円

②Ｔ土地の価額

特定事業用宅地等は80%減額

特定事業用宅地等：5,200万円－5,200万円×$\frac{166m^2}{166m^2}$×80%＝1,040万円

取引相場のない株式の評価

6 □□□

以下の〈S社の概要〉に基づき、S社株式の1株当たりの類似業種比準価額を求めなさい。〈答〉は円未満を切り捨てて円単位とすること。また、端数処理については、1株当たりの資本金等の額を50円とした場合の株数で除した年配当金額は10銭未満を切り捨て、1株当たりの資本金等の額を50円とした場合の株数で除した年利益金額は円未満を切り捨て、各要素別比準割合および比準割合は小数点第2位未満を切り捨て、1株当たりの資本金等の額50円当たりの類似業種比準価額は10銭未満を切り捨て、S社株式の1株当たりの類似業種比準価額は円未満を切り捨てること。

〈S社の概要〉

(1) 資本金等の額：10,000万円（発行済株式総数500,000株）

(2) 会社規模：大会社

(3) S社の比準要素

1株（50円）当たりの年配当金額	11.5円
1株（50円）当たりの年利益金額	63円
1株（50円）当たりの簿価純資産価額	539円

(4) 類似業種の比準要素等

1株（50円）当たりの株価	380円
1株（50円）当たりの年配当金額	10.0円
1株（50円）当たりの年利益金額	60円
1株（50円）当たりの簿価純資産価額	490円

6 1,170円

・類似業種比準価額

$$A \times \frac{\frac{b}{B} + \frac{c}{C} + \frac{d}{D}}{3} \times \text{斟酌率} \times \frac{\text{1株当たりの資本金等の額}}{\text{50円}}$$

A：類似業種の1株当たりの株価

B：類似業種の1株当たりの年配当金額

C：類似業種の1株当たりの年利益金額

D：類似業種の1株当たりの純資産価額

b：評価会社の1株当たりの年配当金額

c：評価会社の1株当たりの年利益金額

d：評価会社の1株当たりの純資産価額

1株当たりの資本金等の額：直前期末の資本金等の額÷直前期末の発行済株式数（自己株式を除く）

10,000万円÷500,000株＝200円

斟酌率：S社は大会社の大なので0.7を用いる

$$380\text{円} \times \frac{\frac{11.5}{10.0} + \frac{63}{60} + \frac{539}{490}}{3} \times 0.7 \times \frac{200\text{円}}{50\text{円}}$$

$$= 380\text{円} \times \frac{1.15 + 1.05 + 1.10}{3} \times 0.7 \times \frac{200\text{円}}{50\text{円}}$$

$$= 380\text{円} \times 1.10 \times 0.7 \times 4$$

＝1,170.4 → 1,170円（円未満切捨て）

ワンポイントアドバイス

類似業種比準方式の計算は、とてもよく出題される頻出事項です。計算方法を覚えましょう。

7 □□□

以下の〈Ｓ社の概要〉に基づき、次の①および②に答えなさい。〈答〉は円未満を切り捨てて円単位とすること。

〈Ｓ社の概要〉

(1) 資本金等の額：5,000万円（発行済株式総数100,000株）

(2) 会社規模：中会社の中

(3) Ｓ社の資産・負債の状況

直前期のＳ社の資産・負債の相続税評価額と帳簿価額は、次のとおりである。

科 目	相続税評価額	帳簿価額	科 目	相続税評価額	帳簿価額
流動資産	22,000万円	22,000万円	流動負債	8,000万円	8,000万円
固定資産	18,000万円	14,000万円	固定負債	7,000万円	7,000万円
合 計	40,000万円	36,000万円	合 計	15,000万円	15,000万円

①Ｓ社株式の１株当たりの純資産価額を求めなさい。

②Ｓ社株式の１株当たりの類似業種比準価額を2,600円とした場合の、Ｓ社株式の１株当たりの類似業種比準方式と純資産価額方式の併用方式による価額を求めなさい。

7

① 2,352円　重要　計算

・純資産価額

❶相続税評価額による純資産価額：40,000万円－15,000万円＝25,000万円

❷帳簿価額による純資産価額：36,000万円－15,000万円＝21,000万円

❸評価差額に相当する金額：25,000万円－21,000万円＝4,000万円

❹評価差額に対する法人税等相当額：4,000万円×37%＝1,480万円

❺課税時期現在の純資産価額：25,000万円－1,480万円＝23,520万円

❻課税時期現在の１株当たりの純資産価額：23,520万円÷100,000株＝2,352円

② 2,538円

・類似業種比準方式と純資産価額方式の併用方式による価額

類似業種比準価額×Ｌ＋純資産価額×（1－Ｌ）

Ｓ社は中会社の中なのでＬの割合は0.75である。

2,600円×0.75＋2,352円×（1－0.75）＝2,538円

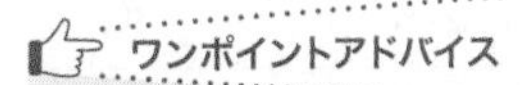

純資産価額方式・併用方式の計算もよく出題されます。計算方法をマスターしましょう。

8
□□□

以下の〈S社の概要〉に基づき、次ページの①～③に答えなさい。〈答〉は円未満を切り捨てて円単位とすること。また、端数処理については、1株当たりの資本金等の額を50円とした場合の株数で除した年配当金額は10銭未満を切り捨て、1株当たりの資本金等の額を50円とした場合の株数で除した年利益金額は円未満を切り捨て、各要素別比準割合および比準割合は小数点第2位未満を切り捨て、1株当たりの資本金等の額50円当たりの類似業種比準価額は10銭未満を切り捨て、S社株式の1株当たりの類似業種比準価額は円未満を切り捨てること。なお、S社株式の類似業種比準価額および相続税評価額の算定にあたり、複数の方法がある場合は、最も低い価額となる方法を選択するものとする。

〈S社の概要〉

(1) 資本金等の額：4,000万円（発行済株式総数80,000株、すべて普通株式で1株につき1個の議決権を有している）

(2) S社株式の評価（相続税評価額）に関する資料

・S社の財産評価基本通達上の規模区分は「中会社の大」である。
・S社は、特定の評価会社には該当しない。
・比準要素の状況

比準要素	S社	類似業種
1株（50円）当たりの年配当金額	□□□円	7.5円
1株（50円）当たりの年利益金額	□□□円	30円
1株（50円）当たりの簿価純資産価額	430円	430円

※すべて1株当たりの資本金等の額を50円とした場合の金額である。
※「□□□」は、問題の性質上、伏せてある。

(3) 類似業種の1株（50円）当たりの株価の状況

課税時期の属する月の平均株価	675円
課税時期の属する月の前月の平均株価	642円
課税時期の属する月の前々月の平均株価	612円
課税時期の前年の平均株価	609円
課税時期の属する月以前2年間の平均株価	600円

(4) S社の過去3年間の決算（売上高・所得金額・配当金額）の状況

事業年度	売上高	所得金額	配当金額
直前期	85,000万円	6,360万円	300万円
直前々期	82,000万円	6,340万円（注）	180万円
直前々期の前期	81,000万円	6,200万円	180万円

(注) 保険差益による非経常的な利益金額700万円が含まれている。

(5) S社の資産・負債の状況

直前期のS社の資産・負債の相続税評価額と帳簿価額は、次のとおりである。

科目	相続税評価額	帳簿価額	科目	相続税評価額	帳簿価額
流動資産	31,000万円	31,000万円	流動負債	10,500万円	10,500万円
固定資産	24,000万円	22,400万円	固定負債	8,500万円	8,500万円
合計	55,000万円	53,400万円	合計	19,000万円	19,000万円

①S社株式の1株当たりの類似業種比準価額を求めなさい。

②S社株式の1株当たりの純資産価額を求めなさい。

③S社株式の1株当たりの類似業種比準方式と純資産価額方式の併用方式による価額を求めなさい。

8

① 4,680円　重要　計算

・1株当たりの年配当金額

直前期末以前2年間の平均額を求める。

(300万円＋180万円)÷2＝240万円

これを1株当たりの資本金等の額を50円とした場合の発行済株式数で除して、1株当たりの年配当金額を算出する。

240万円÷800,000株※＝3.0円

※1株当たりの資本金等の額を50円とした場合の発行済株式数は、「資本金等の額÷50円」で算出

4,000万円÷50円＝800,000株

・1株当たりの年利益金額

直前期末以前1年間と直前期末以前2年間の平均額の金額のうち、いずれか低い金額を選択する。また、保険差益による非経常的な利益金額を控除して算出する。

1年間：6,360万円

2年間の平均額：(6,360万円＋6,340万円－700万円)÷2＝6,000万円

よって、6,000万円を使って算出する。

6,000万円÷800,000株＝75円

・1株当たり資本金等の額

資本金等の額を発行済株式数で除して算出する。

4,000万円÷80,000株＝500円

・類似業種比準価額

$$A \times \frac{\frac{b}{B}+\frac{c}{C}+\frac{d}{D}}{3} \times 斟酌率 \times \frac{1株当たりの資本金等の額}{50円}$$

類似業種の株価：課税時期の属する月以前3カ月、前年平均および以前2年間平均のうち最も低いもの

斟酌率：Ｓ社は中会社の大なので 0.6 を用いる

$$600\text{円} \times \frac{\frac{3.0}{7.5} + \frac{75}{30} + \frac{430}{430}}{3} \times 0.6 \times \frac{500\text{円}}{50\text{円}}$$

$$= 600\text{円} \times \frac{0.40 + 2.50 + 1.00}{3} \times 0.6 \times \frac{500\text{円}}{50\text{円}}$$

$$= 600\text{円} \times 1.30 \times 0.6 \times 10$$

$$= 4{,}680\text{円}$$

② 4,426 円　重要　計算

・純資産価額

❶相続税評価額による純資産価額：55,000 万円－ 19,000 万円
＝ 36,000 万円

❷帳簿価額による純資産価額：53,400 万円－ 19,000 万円＝
34,400 万円

❸評価差額に相当する金額：36,000 万円－ 34,400 万円＝ 1,600 万円

❹評価差額に対する法人税等相当額：1,600 万円× 37%＝ 592 万円

❺課税時期現在の純資産価額：36,000 万円－ 592 万円＝
35,408 万円

❻課税時期現在の１株当たりの純資産価額：35,408 万円÷ 80,000 株＝ 4,426 円

③ 4,654 円

・類似業種比準方式と純資産価額方式の併用方式による価額

類似業種比準価額 × Ｌ ＋ 純資産価額 ×（1 － Ｌ）

Ｓ社は中会社の大なのでＬの割合は 0.90 である。

4,680 円 × 0.90 ＋ 4,426 円 ×（1 －0.90）＝4,654.6 → 4,654 円（円未満切捨て）

9 □□□

以下の〈S社の概要〉に基づき、次ページの①～④に答えなさい。〈答〉は円未満を切り捨てて円単位とすること。また、端数処理については、1株当たりの資本金等の額を50円とした場合の株数で除した年配当金額は10銭未満を切り捨て、1株当たりの資本金等の額を50円とした場合の株数で除した年利益金額は円未満を切り捨て、各要素別比準割合および比準割合は小数点第2位未満を切り捨て、1株当たりの資本金等の額50円当たりの類似業種比準価額は10銭未満を切り捨て、S社株式の1株当たりの類似業種比準価額は円未満を切り捨てること。なお、S社株式の類似業種比準価額および相続税評価額の算定にあたり、複数の方法がある場合は、最も低い価額となる方法を選択するものとする。

〈S社の概要〉

(1) 医薬品製造業

(2) 資本金等の額 5,000万円（発行済株式総数1,000,000株、すべて普通株式で1株につき1個の議決権を有している）

(3) S社株式の評価（相続税評価額）／S社の比準要素に関する資料

・S社の財産評価基本通達上の規模区分は「中会社の大」である。
・S社は、特定の評価会社には該当しない。

比準要素	S社
1株（50円）当たりの年配当金額	12.0円
1株（50円）当たりの年利益金額	72円
1株（50円）当たりの簿価純資産価額	510円

(4) 類似業種比準価額計算上の業種目／業種目別株価／比準要素に関する資料

・化学工業（中分類）

1株（50円）当たりの株価	480円
1株（50円）当たりの年配当金額	8.0円
1株（50円）当たりの年利益金額	32円
1株（50円）当たりの簿価純資産価額	340円

・医薬品製造業（小分類）

1株（50円）当たりの株価	840円
1株（50円）当たりの年配当金額	11.0円
1株（50円）当たりの年利益金額	48円
1株（50円）当たりの簿価純資産価額	380円

(5)　S社の資産・負債の状況

直前期のS社の資産・負債の相続税評価額と帳簿価額は、次のとおりである。

科　目	相続税評価額	帳簿価額	科　目	相続税評価額	帳簿価額
流動資産	52,000万円	52,000万円	流動負債	44,000万円	44,000万円
固定資産	125,600万円	105,600万円	固定負債	62,600万円	62,600万円
合　計	177,600万円	157,600万円	合　計	106,600万円	106,600万円

①S社株式の1株当たりの類似業種比準価額を求めなさい。

②S社株式の1株当たりの純資産価額を求めなさい。

③S社株式の1株当たりの類似業種比準方式と純資産価額方式の併用方式による価額を求めなさい。

④S社株式の1株当たりの配当還元方式による価額を求めなさい。

9

① 504円 重要 計算

・類似業種比準価額

S社は小分類の業種区分の業種目（医薬品製造業）に該当するので、原則として小分類による業種目を類似業種とする。ただし、選択により、その業種目が属する**中分類の業種目を類似業種**することもできる。小分類と中分類の類似業種比準価額を計算すると、中分類のほうが低いため、中分類の業種目を類似業種とする。

$$A \times \frac{\frac{b}{B}+\frac{c}{C}+\frac{d}{D}}{3} \times 斟酌率 \times \frac{1株当たりの資本金等の額}{50円}$$

斟酌率：S社は中会社の大なので0.6を用いる

1株当たり資本金等の額：資本金等の額を発行済株式数で除して算出

5,000万円÷1,000,000株＝50円

$$480円 \times \frac{\frac{12.0}{8.0}+\frac{72}{32}+\frac{510}{340}}{3} \times 0.6 \times \frac{50円}{50円}$$

$$=480円 \times \frac{1.50+2.25+1.50}{3} \times 0.6 \times \frac{50円}{50円}$$

$$=480円 \times 1.75 \times 0.6 \times 1$$

$$=504円$$

なお、小分類で計算すると次のようになる。

$$840円 \times \frac{\frac{12.0}{11.0}+\frac{72}{48}+\frac{510}{380}}{3} \times 0.6 \times \frac{50円}{50円}$$

$$=840円 \times \frac{1.09+1.50+1.34}{3} \times 0.6 \times \frac{50円}{50円}$$

$$=840円 \times 1.31 \times 0.6 \times 1$$

＝660.24 → 660円（円未満切捨て）

② 636円 重要 計算

・純資産価額

❶相続税評価額による純資産価額：177,600万円－106,600万円＝71,000万円

❷帳簿価額による純資産価額：157,600万円－106,600万円＝51,000万円

❸評価差額に相当する金額：71,000万円－51,000万円＝20,000万円

❹評価差額に対する法人税等相当額：20,000万円×37％＝7,400万円

❺課税時期現在の純資産価額：71,000万円－7,400万円＝63,600万円

❻課税時期現在の１株当たりの純資産価額：63,600万円÷1,000,000株＝636円

③ 517円 重要 計算

・類似業種比準方式と純資産価額方式の併用方式による価額

類似業種比準価額×Ｌ＋純資産価額×（1－Ｌ）

Ｓ社は中会社の大なのでＬの割合は0.90である。

504円×0.90＋636円×（1－0.90）＝517.2→517円（円未満切捨て）

④ 120円

配当還元価額：

$$\frac{\text{その株式に係る年配当金額}^{※}}{10\%}\times\frac{\text{1株当たりの資本金等の額}}{\text{50円}}$$

$$\frac{\text{12円}}{10\%}\times\frac{\text{50円}}{\text{50円}}=\text{120円}$$

※年配当金額は、１株当たりの資本金等の額を50円とした場合の金額であり、類似業種比準方式における１株当たりの年配当金額を用いる。

〈著者紹介〉

前田 信弘（まえだ のぶひろ）

１級ファイナンシャル・プランニング技能士。CFP®。長年、大学・短大や専門学校などでFPを中心にさまざまなビジネス教育に取り組むとともに、幅広く執筆・コンサルティング業務を行う。主な著書に『マンガでやさしくわかる日商簿記３級』『マンガでやさしくわかる日商簿記２級　商業簿記』『マンガでやさしくわかる日商簿記２級　工業簿記』『マンガでやさしくわかる会社の数字』（日本能率協会マネジメントセンター）、『オールカラー　超入門！　マンガでわかるFP3級』（ナツメ社）、『知識ゼロからのNISA&iDeCo』『知識ゼロからの新NISA活用術』（幻冬舎）などがある。

2024-2025年版　FP技能士１級　学科
合格ポイント＆一問一答セレクト問題集

2024年 7 月 30 日　　初版第１刷発行

著　者――前田 信弘

発行者――張 士洛
発行所――日本能率協会マネジメントセンター

〒103-6009 東京都中央区日本橋 2-7-1 東京日本橋タワー
TEL　03（6362）4339（編集）／03（6362）4558（販売）
FAX　03（3272）8127（編集・販売）
https://www.jmam.co.jp/

装　丁――冨澤 崇（EBranch）
イラスト――Gugu／PIXTA（ピクスタ）
本文DTP――株式会社森の印刷屋
印刷所――シナノ書籍印刷株式会社
製本所――ナショナル製本協同組合

本書の内容に関するお問い合わせは、２ページにてご案内しております。

ISBN 978-4-8005-9249-1　C2033
落丁・乱丁はおとりかえします。
PRINTED IN JAPAN